■2025年度中学受験用

浦和実業学園中学校

3年間スーパー過去問

●収録内容一覧

入試問題と解説・解答の収録内容

2024年度　1回午前	算数・社会・理科・国語
2024年度　1回午後	算数・国語 (解答のみ)
2024年度　1回適性検査型	適性検査Ⅰ・適性検査Ⅱ (解答のみ)
2024年度　2回適性検査型	適性検査Ⅲ (解答のみ)
2023年度　1回午前	算数・社会・理科・国語
2023年度　1回午後	算数・国語 (解答のみ)
2023年度　1回適性検査型	適性検査Ⅰ・適性検査Ⅱ (解答のみ)
2023年度　2回適性検査型	適性検査Ⅲ (解答のみ)
2022年度　1回午前	算数・社会・理科・国語
2022年度　1回午後	算数・国語 (解答のみ)
2022年度　1回適性検査型	適性検査Ⅰ・適性検査Ⅱ (解答のみ)
2022年度　2回適性検査型	適性検査Ⅲ (解答のみ)

～本書ご利用上の注意～　以下の点について，あらかじめご了承ください。

★別冊解答用紙は巻末にございます。本書に収録している試験の実物解答用紙は，弊社サイトの各校商品情報ページより，一部または全部をダウンロードできます。

★編集の都合上，学校実施のすべての試験を掲載していない場合がございます。

★当問題集のバックナンバーは，弊社には在庫がございません（ネット書店などに一部在庫あり）。

合格を勝ち取るための
『スーパー過去問』の使い方

本書に掲載されている過去問をご覧になって,「難しそう」と感じたかもしれません。でも,多くの受験生が同じように感じているはずです。なぜなら,中学入試で出題される問題は,小学校で習う内容よりも高度なものが多く,たくさんの知識や解き方のコツを身につけることも必要だからです。ですから,初めて本書に取り組むさいには,点数を気にしすぎないようにしましょう。本番でしっかり点数を取れることが大事なのです。

過去問で重要なのは「まちがえること」です。自分の弱点を知るために,過去問に取り組むのです。当然,まちがえた問題をそのままにしておいては意味がありません。

本書には,長年にわたって中学入試にたずさわっているスタッフによるていねいな解説がついています。まちがえた問題はしっかりと解説を読み,できるようになるまで何度も解き直しをしてください。理解できていないと感じた分野については,参考書や資料集などを活用し,改めて整理しておきましょう。

このページも参考にしてみましょう！

◆どの年度から解こうかな 「入試問題と解説・解答の収録内容一覧」

本書のはじめには収録内容が掲載されていますので,収録年度や収録されている入試回などを確認できます。

※著作権上の都合によって掲載できない問題が収録されている場合は,最新年度の問題の前に,ピンク色の紙を差しこんでご案内しています。

◆学校の情報を知ろう‼「学校紹介ページ」

このページのあとに,各学校の基本情報などを掲載しています。問題を解くのに疲れたら息ぬきに読んで,志望校合格への気持ちを新たにし,再び過去問に挑戦してみるのもよいでしょう。なお,最新の情報につきましては,学校のホームページなどでご確認ください。

◆入試に向けてどんな対策をしよう？「出題傾向＆対策」

「学校紹介ページ」に続いて,「出題傾向＆対策」ページがあります。過去にどのような分野の問題が出題され,どのように対策すればよいかをアドバイスしていますので,参考にしてください。

◇別冊「入試問題解答用紙編」

本書の巻末には,ぬき取って使える別冊の解答用紙が収録してあります。解答用紙が非公表の場合などを除き,(注)が記載されたページの指定倍率にしたがって拡大コピーをとれば,実際の入試問題とほぼ同じ解答欄の大きさで,何度でも過去問に取り組むことができます。このように,入試本番に近い条件で練習できるのも,本書の強みです。また,データが公表されている学校は別冊の１ページ目に過去の「入試結果表」を掲載しています。合格に必要な得点の目安として活用してください。

本書がみなさんの志望校合格の助けとなることを,心より願っています。

株式会社　声の教育社　編集部

浦和実業学園中学校

所在地 〒336-0025 埼玉県さいたま市南区文蔵3-9-1
電　話 048-861-6131(代)
ホームページ http://www.urajitsu.ed.jp/jh
交通案内 JR京浜東北線・武蔵野線「南浦和駅」西口より徒歩14分

トピックス
★2022年3月に,新2号館(普通教室・理科室・PCルーム・書道室など)が完成。
★複数回受験者は,合否判定において優遇される(参考:昨年度)。

創立年 平成17年 | 男女共学 | 高校募集あり

応募状況

年度	募集数			応募数	受験数	合格数	倍率
2024	第１回午前	15名	男	224名	207名	139名	1.5倍
			女	260名	247名	173名	1.4倍
	第１回午後	15名	男	225名	212名	128名	1.7倍
			女	250名	236名	161名	1.5倍
	第１回適性検査	10名	男	226名	211名	163名	1.3倍
			女	288名	267名	200名	1.3倍
	第２回午前	10名	男	162名	108名	75名	1.4倍
			女	156名	99名	57名	1.7倍
	第２回午後	10名	男	57名	39名	26名	1.5倍
			女	65名	52名	30名	1.7倍
	英語入試	5名	男	23名	12名	5名	2.4倍
			女	25名	15名	10名	1.5倍
	第２回適性検査	10名	男	274名	245名	189名	1.3倍
			女	329名	294名	222名	1.3倍
	第３回	5名	男	122名	46名	24名	1.9倍
			女	135名	50名	35名	1.4倍

教育の特色

英語イマージョン教育：ネイティブと会話し，日常的に英語に"浸ること(イマージョン)"で，真の英語力が自然と身につく，独自のカリキュラムを用意しています。

徳育：学年ごとに「徳育教育」を設け，それぞれが目指す目標に近づけるよう指導に当たっています。段階的にステップを踏むことで，豊かな人間性を育んでいきます。

キャリア教育：大学受験はゴールではなく，その先の夢を実現するためのステップです。生徒が一歩一歩目標を達成できるよう徹底的にフォローし，正解のない現在・未来をたくましく生きる力を6年間の「探究活動」で養います。

入試情報（参考：昨年度）

【第１回午前・特待入試】（４科）
試験日時：2024年１月10日　８:30集合
【第１回午後・特待入試】（２科）
試験日時：2024年１月10日　14:00集合
【第１回・適性検査型入試】（適性検査Ⅰ・Ⅱ）
試験日時：2024年１月11日　８:30集合
【第２回午前・特待入試】（４科）
試験日時：2024年１月12日　８:30集合
【第２回午後・特待入試】（３科）
試験日時：2024年１月12日　14:00集合
【英語入試】（筆記・英語面接）
試験日時：2024年１月17日　９:00集合
【第２回・適性検査型入試】（適性検査Ⅰ～Ⅲ）
試験日時：2024年１月19日　８:30集合
【第３回入試】（４科）
試験日時：2024年１月25日　８:30集合

2024年春の主な大学合格実績

<国公立大学>
一橋大，東京外国語大，埼玉大，東京海洋大，東京都立大
<私立大学>
早稲田大，上智大，東京理科大，明治大，青山学院大，立教大，中央大，法政大，学習院大

編集部注一本書の内容は2024年4月現在のものであり，変更されている場合があります。正確な情報は，学校のホームページ等で必ずご確認ください。

算数 出題傾向＆対策

◆基本データ（2024年度１回午前）

試験時間／満点	50分／100点
問　題　構　成	・大問数…６題 計算１題（６問）／応用小問１題（６問）／応用問題４題 ・小問数…24問
解　答　形　式	解答のみを記入する形式となっている。単位などはあらかじめ印刷されている。
実際の問題用紙	Ｂ５サイズ，小冊子形式
実際の解答用紙	Ｂ４サイズ

◆出題傾向と内容

▶過去３年の出題率トップ３
１位：四則計算・逆算19％　２位：角度・面積・長さ７％　３位：計算のくふうなど６％
▶今年の出題率トップ３
１位：四則計算・逆算19％　２位：角度・面積・長さ13％　３位：計算のくふう10％

１題めは計算問題で，整数，小数，分数の四則計算のほか，くふうをすると簡単になるものも出されます。２題めは応用小問の集合題で，倍数・約数や数列といった数の性質などのほかに，差集め算，相当算，消去算，仕事算，年齢算，つるかめ算，旅人算，売買損益などの特殊算がはば広く出題されています。３題め以降は応用問題で，割合と比，数の性質，速さ，グラフを使う問題，規則性に関する問題，条件を整理する問題などが出されています。また，図形問題では，面積や長さを求めるものが多く取り上げられています。

◆対策～合格点を取るには？～

まず正確で速い計算力を養うことが第一です。計算力は短期間で身につくものではなく，練習を続けることにより，しだいに力がついてくるものなので，毎日，自分で量を決めて，それを確実にこなしていきましょう。

次に，条件を整理し，解答への手順を見通す力を養うようにしましょう。基本例題を中心として，はば広い分野の問題に数多くあたることが好結果を生みます。数列や規則性，速さの問題などは，ある程度数をこなして解き方のパターンをつかむことと，ものごとを筋道立てて考えることが大切です。

分野 ＼ 年度		2024		2023		2022	
		１前	１後	１前	１後	１前	１後
計算	四則計算・逆算	●	●	●	●	●	●
	計算のくふう	◎	○	○		◎	
	単位の計算						
和と差	和差算・分配算						
	消去算						
	つるかめ算	○	○	○	◎	○	○
	平均とのべ						
	過不足算・差集め算						
	集まり						
	年齢算	○	○	○		○	○
割合と比	割合と比	○		○		○	○
	正比例と反比例						
	還元算・相当算						○
	比の性質						
	倍数算						
	売買損益						
	濃度		○		○		
	仕事算	○	○	○	○	○	○
	ニュートン算						
速さ	速さ						
	旅人算	○	○	◎		◎	◎
	通過算	○					
	流水算		○		○		
	時計算						
	速さと比						
図形	角度・面積・長さ	●	○		●		
	辺の比と面積の比・相似		○	○			○
	体積・表面積						
	水の深さと体積				○	○	○
	展開図			○			
	構成・分割			○	○	◎	
	図形・点の移動				○		
表とグラフ						◎	
数の性質	約数と倍数						
	N進数						
	約束記号・文字式			○			
	整数・小数・分数の性質	○			○		
規則性	植木算	○	○		○	○	○
	周期算		○	○			
	数列		○				○
	方陣算						
	図形と規則						
場合の数							
調べ・推理・条件の整理						○	
その他							

※　○印はその分野の問題が１題，◎印は２題，●印は３題以上出題されたことをしめします。

社会 出題傾向＆対策

◆基本データ（2024年度１回午前）

試験時間／満点	30分／50点
問題構成	・大問数…３題 ・小問数…20問
解答形式	記号選択と適語の記入がほとんどだが，字数制限のある記述問題も見られる。
実際の問題用紙	Ｂ５サイズ，小冊子形式
実際の解答用紙	Ｂ４サイズ

◆出題傾向と内容

地理・歴史・政治の各分野から出題されています。また，各分野にからめた時事問題も出題されています。

●地理…地形図の読み取り（地図記号，縮尺，地形とそのでき方，等高線の読み取りなど）のほか，国土・自然，気候区分，各都道府県の特色，農林水産業などが出題されています。表やグラフの読み取りが多く出題されているのも特ちょうのひとつです。

●歴史…各時代のできごとが総合的に出題されていますが，特定の時代をくわしく掘り下げる問題もあります。中世から現代までかたよりなく出題されていますが，古代の出題はあまり多くはないようです。

●政治…最近の政治や国際情勢などを取り上げて，それに関連することがらを問うものが多く出題されています。具体的には，日本国憲法，国会・内閣・裁判所，選挙制度，地方自治に関することがら，国際関係・国際政治などが取り上げられています。

分野			2024	2023	2022
日本の地理		地図の見方	○	○	○
		国土・自然・気候	○	○	○
		資源			
		農林水産業	○	○	
		工業			
		交通・通信・貿易			
		人口・生活・文化			
		各地方の特色			○
		地理総合	★	★	★
世界の地理			○	○	○
日本の歴史	時代	原始～古代	○	○	○
		中世～近世	○	○	○
		近代～現代	○	○	○
	テーマ	政治・法律史			
		産業・経済史			
		文化・宗教史			
		外交・戦争史			
		歴史総合	★	★	★
世界の歴史					
政治		憲法	○		○
		国会・内閣・裁判所	○	○	○
		地方自治	○		
		経済			
		生活と福祉			
		国際関係・国際政治			○
		政治総合	★	★	★
環境問題					○
時事問題				○	
世界遺産					
複数分野総合					

※　原始～古代…平安時代以前，中世～近世…鎌倉時代～江戸時代，近代～現代…明治時代以降

※　★印は大問の中心となる分野をしめします。

◆対策～合格点を取るには？～

はば広い知識が問われていますが，大半の設問は標準的な難易度ですから，まず，基礎を固めることを心がけてください。教科書のほか，説明がていねいでやさしい標準的な参考書を選び，基本事項をしっかりと身につけましょう。

地理分野では，地図とグラフが欠かせません。つねにこれらを参照しながら，白地図作業帳を利用して地形と気候をまとめ，そこから産業のようす（もちろん統計表も使います）へと広げていってください。地形図の読み取りにも慣れておきましょう。

歴史分野では，教科書や参考書を読むだけでなく，自分で年表をつくって覚えると学習効果が上がります。できあがった年表は，各時代，各分野のまとめに活用できます。本校の歴史の問題にはさまざまな分野が取り上げられていますから，この作業はおおいに威力を発揮するはずです。

政治分野では，日本国憲法の基本的な内容と三権についてはひと通りおさえておいた方がよいでしょう。また，時事問題については，新聞やテレビ番組などでニュースを確認し，国の政治や経済の動き，世界各国の情勢などについて，ノートにまとめておきましょう。

理科 出題傾向＆対策

◆基本データ(2024年度１回午前)

試験時間／満点	30分／50点
問題構成	・大問数…４題 ・小問数…20問
解答形式	記号選択と適語(または数値)の記入が中心。記述問題も見られる。
実際の問題用紙	Ｂ５サイズ，小冊子形式
実際の解答用紙	Ｂ４サイズ

分野＼年度		2024	2023	2022
生命	植物			
	動物			
	人体	★		★
	生物と環境		★	
	季節と生物			
	生命総合			
物質	物質のすがた			
	気体の性質		★	
	水溶液の性質			
	ものの溶け方	★		★
	金属の性質			
	ものの燃え方		○	
	物質総合			
エネルギー	てこ・滑車・輪軸			
	ばねののび方			
	ふりこ・物体の運動			★
	浮力と密度・圧力			
	光の進み方			
	ものの温まり方			
	音の伝わり方			
	電気回路	★		
	磁石・電磁石			
	エネルギー総合			
地球	地球・月・太陽系	★		★
	星と星座			
	風・雲と天候			
	気温・地温・湿度		★	
	流水のはたらき・地層と岩石		★	
	火山・地震			
	地球総合			
実験器具			○	
観察				
環境問題				
時事問題				
複数分野総合				

※　★印は大問の中心となる分野をしめします。

◆出題傾向と内容

本校の理科は，実験・観察・観測をもとにした問題が多く，また，すべての分野からバランスよく出題される傾向にあります。内容的には基本的なことがらを問うものがほとんどですが，各実験・観察に対する正しい理解や思考力が必要です。

●生命…食物連鎖，動物，植物のつくりとはたらき，こん虫，けんび鏡の使い方，ヒトの臓器のはたらき，血液のじゅんかんなどが取り上げられています。

●物質…プラスチックに関する問題，水の状態変化，ものの燃え方などが出されています。特に，ものの溶け方や中和については，計算問題が多く出されています。

●エネルギー…てこやふりこなど計算に重点を置いた問題が見られます。物体の密度と浮力，電気回路についても出題されています。

●地球…流れる水のはたらき，季節と天気，月の見え方などが出ています。特に，天体の動きについての問題がよく出されています。

◆対策～合格点を取るには？～

さまざまな題材をもとにつくられており，多くは実験・観察の結果を総合的にはあくしたうえで，筋道を立てて考えていく必要がある問題です。基礎知識はもちろんのこと，それらを使いこなす応用力もためされます。「生命」「物質」「エネルギー」「地球」の各分野からバランスよく出題されているので，かたよりのない学習が必要です。

なによりもまず，教科書を中心とした学習によって，基本的なことがらを確実に身につけることが大切ですが，教科書の学習以外に必要とされる知識も少なくありません。それを補うためには，身近な自然現象に日ごろから目を向けることです。また，テレビの科学番組，新聞・雑誌の科学に関する記事，読書などを通じて科学にふれることも大切です。科学に目を向けるふだんの心がけが，はば広い知識を身につけることにつながります。

基礎的な知識がある程度身についたら，標準的な問題集を解き，知識を活用する力を養いましょう。そのさい，わからない問題があってもすぐに解説・解答にたよらず，じっくりと自分で考えること。この積み重ねが考える力をのばすコツです。

出題傾向＆対策

◆基本データ（2024年度１回午前）

試験時間／満点	50分／100点
問題構成	・大問数…３題 文章読解題２題／知識問題１題 ・小問数…18問
解答形式	記号選択や適語・適文の書きぬきが大半をしめるが，60～80字程度の記述問題も出題されている。
実際の問題用紙	Ｂ５サイズ，小冊子形式
実際の解答用紙	Ｂ４サイズ

◆出題傾向と内容

▶近年の出典情報（著者名）
説明文：高槻成紀　鈴木孝夫　奈倉有里
小　説：庄野潤三　乗代雄介　佐藤いつ子

●読解問題…引用文については，説明文・論説文と小説・物語文から１題ずつ出題されることがほとんどです。設問内容は，説明文・論説文では論旨の展開や主張内容を正しく理解しているかどうかを問うもの，小説・物語文では状況や登場人物の動作・行動，性格などとからめて，心情を問うものが中心となっています。具体的には，内容の読み取りのほか，適語・適文の補充，別のことばで表現されている部分の指摘などです。

●知識問題…漢字の書き取りと読みのほか，熟語，慣用句に関するもの，敬語なども出題されています。

◆対策～合格点を取るには？～

本校の国語は，読解力を中心にことばの知識や漢字力もあわせ見る問題ということができます。その中でも大きなウェートをしめるのは，長文の読解力です。したがって，読解の演習のさいには，以下の点に気をつけるとよいでしょう。①「それ」や「これ」などの指示語は何を指しているのかをつねに考える。②段落や場面の構成を考える。③筆者の主張や登場人物の性格，心情の変化などに注意する。④読めない漢字，意味のわからないことばが出てきたら，すぐに辞典で調べ，ノートにまとめる。

また，知識問題は，漢字・語句（四字熟語，慣用句，ことわざなど）の問題集を一冊仕上げるとよいでしょう。

分野＼年度			2024		2023		2022	
			1前	1後	1前	1後	1前	1後
読解	文章の種類	説明文・論説文	★	★	★	★	★	★
		小説・物語・伝記	★	★	★	★	★	★
		随筆・紀行・日記						
		会話・戯曲						
		詩						
		短歌・俳句						
	内容の分類	主題・要旨	○	○	○	○	○	○
		内容理解	○	○	○	○	○	○
		文脈・段落構成				○		
		指示語・接続語	○	○	○	○	○	○
		その他	○	○	○	○	○	○
知識	漢字	漢字の読み	○	○	○	○	○	○
		漢字の書き取り	○	○	○	○	○	○
		部首・画数・筆順						
	語句	語句の意味	○	○	○	○	○	○
		かなづかい						
		熟語		○	○	○	○	○
		慣用句・ことわざ	○	○	○	○	○	○
	文法	文の組み立て						
		品詞・用法						
		敬語						○
	形式・技法					○		
	文学作品の知識							
	その他							
	知識総合		★	★	★	★	★	★
表現	作文							
	短文記述							
	その他							
放送問題								

※　★印は大問の中心となる分野をしめします。

2024年度

浦和実業学園中学校

【算　数】〈第１回午前入試〉(50分)〈満点：100点〉

【注意】１．定規は使用してもかまいませんが、三角定規、分度器、コンパス、電卓は使用できません。
２．途中(とちゅう)の計算式や考え方も書くように指示されている問題については、解答用紙の所定のところに記入してください。特に指示のない問題については解答だけ記入してください。

1　次の計算をしなさい。

(1) $\frac{7}{5} \div (20 \times 5 \div 4 - 4)$

(2) $183 \div 3\frac{1}{3} + 549 \times \frac{7}{30}$

(3) $\{32 + (12 \div 2 - 3)\} \times 4 + 80 \div (32 + 9 - 1)$

(4) $(5.6 + 5.14 - 0.24) \times \frac{7}{3}$

(5) $\frac{24}{5} \div 2\frac{1}{2} + 1\frac{1}{25} \div 13$

(6) $9.1 + 5.4 + 21.5 - 6.1 + 3.6 - 9.5$

2 次の各問いの □ にあてはまる数を答えなさい。

(1) だんごを焼く仕事をしました。うまく焼けると50円もらえますが，失敗すると50円はもらえず，しかも100円で買い取らなければなりません。60本焼いて1500円もらいました。成功したのは □ 本です。

(2) 1周5.2kmの池の周りを兄は毎分80m，妹は毎分 □ m の速さで同じ場所から同時に出発し，同じ方向に進みます。兄が妹にはじめて追い付くのは出発してから1時間44分後です。

(3) 長さ □ cmのテープを，のりしろの長さをどこも3cmにして20本つなげました。このとき，全体の長さは183cmです。

(4) いま，Aさんは12才で，Aさんの父は42才です。Aさんの年れいと父の年れいの比が 2：5 になるのは，いまから □ 年後です。

(5) ある仕事をAさんが1人ですると2時間かかり，Bさんが1人ですると3時間かかります。この仕事を2人ですると □ 分かかります。

(6) 4800人の5割2分は □ 人です。

3　Ａ駅とＢ駅の間は 73.5 km 離(はな)れています。貨物列車は毎時 72 km，普通列車は長さ 200 m で毎時 96 km の速さでそれぞれ走ります。このとき，次の各問いに答えなさい。

(1)　Ａ駅とＢ駅の間にトンネルがあり，普通列車がトンネルに入ってからトンネルを抜けるまでに 150 秒かかりました。トンネルの長さは何 m ですか。

(2)　普通列車と貨物列車がすれ違(ちが)いはじめてから終わるまでに 10.5 秒かかりました。貨物列車の長さは何 m ですか。

(3)　Ａ駅からＢ駅に普通列車が向かい，Ｂ駅からＡ駅に貨物列車が向かいます。それぞれの列車がＡ駅とＢ駅を同時に出発したとき，列車どうしが出会うのは出発してから何分何秒後ですか。また，Ａ駅から何 km 離れた場所で出会いますか。

(4)　Ａ駅からＢ駅方向に 42 km 離れた場所にＣ駅があります。Ａ駅から普通列車が出発した後，Ａ駅から毎時 120 km で特急列車が出発します。普通列車と特急列車が同時にＣ駅に着くためには，特急列車は普通列車がＡ駅を出発してから何分何秒後にＡ駅を出発すればよいですか。

4　次の各問いに答えなさい。

(1)　０より大きい整数Ａは約数の個数が３個あります。すべての約数の和が 13 のとき，整数Ａを求めなさい。

(2)　０より大きい整数Ｂは約数の個数が４個あります。すべての約数の和が 80 のとき，整数Ｂを求めなさい。

(3)　０より大きい整数Ｃは約数の個数が 10 個あります。その約数には１，２，３，16 がふくまれます。このとき，整数Ｃを求めなさい。

5 次の図の斜(しゃ)線部分の面積を求めなさい。ただし，円周率は3.14とします。

(1)

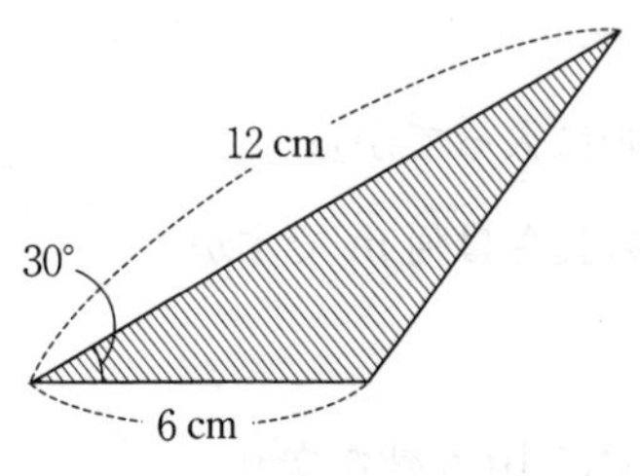

(2)

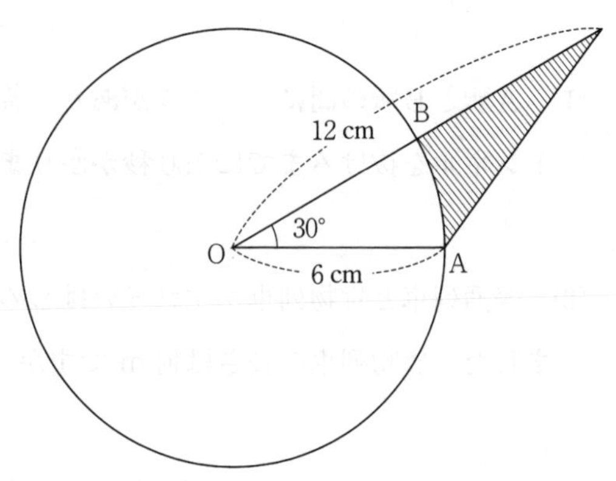

(3)

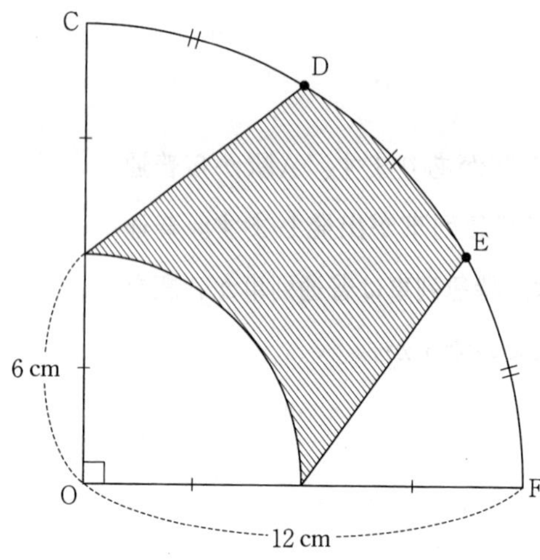

6 次の各問いに答えなさい。

(1) 下の図の角DACの大きさを求めなさい。また，辺ACと辺CDの長さの比を最も簡単な整数の比で表しなさい。

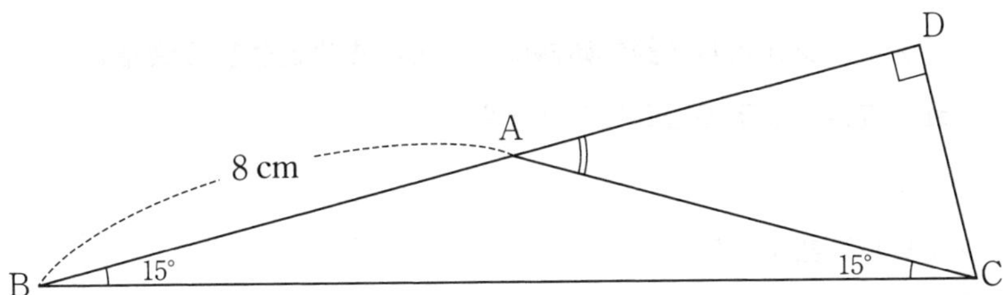

(2) 下の図のような，辺ADと辺BCが平行な台形において，AB＝CD＝4 cm，AC＝BD＝12 cm，角DBC＝角ACB＝15°のとき，この台形の面積を求めなさい。

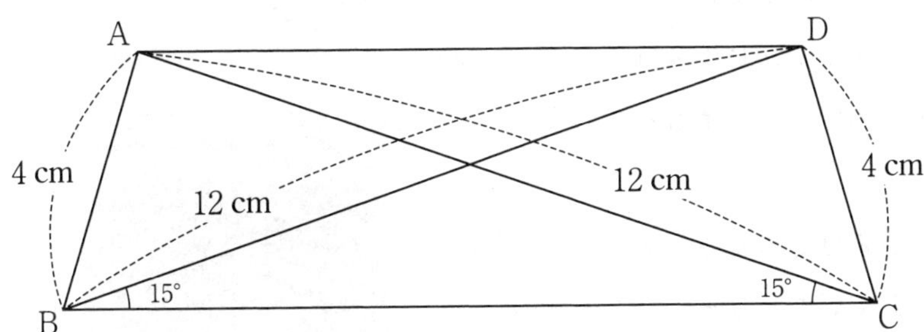

【社　会】〈第１回午前入試〉（30分）〈満点：50点〉

1　**本校では，中学２年生で２泊３日の語学研修を実施しています。福島県にあるブリティッシュヒルズで英会話レッスンや様々なアクティビティがあり，できるだけ英語を使って生活をすることで，日頃の英語イマージョン教育の成果を試しています。**

次の会話文は，ブリティッシュヒルズ語学研修についての先生と生徒の会話を記したものです。これを読み，以下の設問に答えなさい。

先生：ブリティッシュヒルズ語学研修はどうでしたか。

生徒：久しぶりの宿泊行事だったので，朝，集合したときから楽しかったです。会話に夢中で，①埼玉県・②群馬県・③栃木県を通り過ぎていたことに④福島県の白河市に入ってから気づきました。

先生：白河市では⑤小峰城を見学しましたね。雪景色の小峰城は情緒がありました。

生徒：私は寒くて，バスの中で昼食をとりました。ブリティッシュヒルズはさらに山の中だったので，より積もっていましたね。

先生：生徒のみなさんはその寒さもあってか，各部屋に準備されていたハリーポッター風のマントを身にまとい，行動している姿をよく見かけました。

生徒：建物や敷地内の雰囲気だけでなく，ティールームなどもあったため，まるで⑥イギリスにいるような感覚でした。

先生：とても良い体験だったということですね。ところで，肝心の英語力の向上は感じられましたか。

生徒：普段，学校にネイティブの先生がいる分，臆することなくたくさんの人とコミュニケーションをとることができました。言葉が通じることに快感を覚えました。

先生：そうですか。その調子で引き続き楽しい学校生活を送りましょう。

問１　下線部①について，埼玉県は多くの都県と接しています。接している都県の数を**算用数字**で答えなさい。

問２　下線部②について，群馬県の県庁所在地名を解答欄に合わせて**漢字**で答えなさい。

問３　下線部③について，栃木県では「ある農産物」の生産が全国１位です。次の円グラフはその「ある農産物」の生産割合を示しています。このように関東地方では都市の住民向けに新鮮(しんせん)な農産物を生産する農業形態が発展してきました。この農業形態として正しいものを次の**ア**～**エ**から一つ選び，記号で答えなさい。

「ある農産物」の生産割合

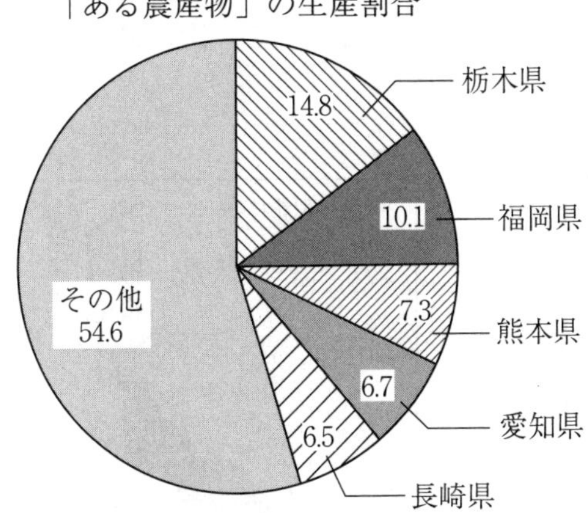

(『データでみる県勢2023』野菜の収穫量（2021年産／主産県のみ調査）より作成)

ア．促成栽培(そくせいさいばい)　　**イ**．抑制栽培(よくせいさいばい)　　**ウ**．近郊農業(きんこう)　　**エ**．施設園芸農業(しせつ)

問４　下線部④について，(1)・(2)に答えなさい。

(1)　福島県での果物づくりについて述べた文として**誤っているもの**を次の**ア～エ**から一つ選び，記号で答えなさい。

ア．福島盆地(ぼんち)では果物づくりがさかんで，特に桃(もも)の生産は全国１位です。

イ．阿武隈(あぶくま)川沿いの水はけのよい土地で果物づくりがさかんです。

ウ．桃づくりでは，春に余分な花や実を摘(つ)み，大きい実を育てます。

エ．桃づくりでは，実は収穫後に選果場に運ばれ，大きさや甘(あま)さを揃(そろ)えるためにセンサーで検査します。

(2)　福島県の会津(あいづ)地方では四季の変化が明瞭(めいりょう)です。次の**資料１・２**を参考に福島県の気候について述べた文として**誤っているもの**を，次の**ア～エ**から一つ選び，記号で答えなさい。

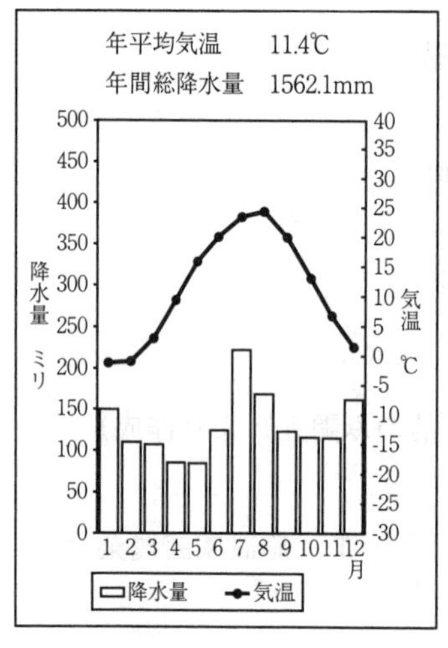

資料１　福島県喜多方
（気象庁ＨＰより作成）

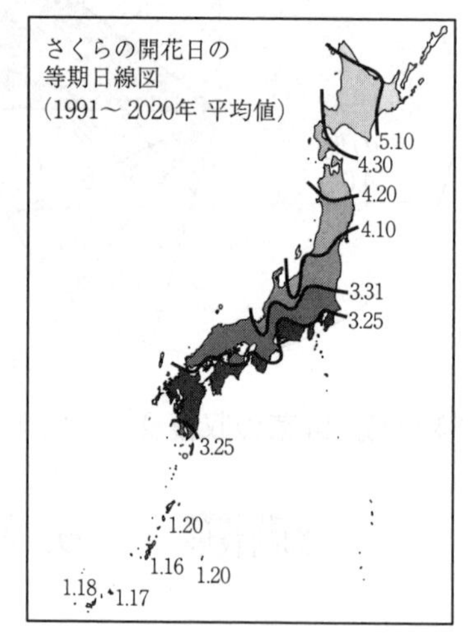

資料２
（気象庁ＨＰより）

ア．冬に100～150ミリ程度の降水がみられる。

イ．桜が咲き始めるのは４月下旬(げじゅん)以降である。

ウ．７月は雨がよくふる梅雨の季節である。

エ．夏から秋にかけては台風がやってきて，大きな被害(ひがい)をもたらすこともある。

問５　下線部⑤について，次の５万分の１地形図「白河」の一部をみて，⑴・⑵に答えなさい。

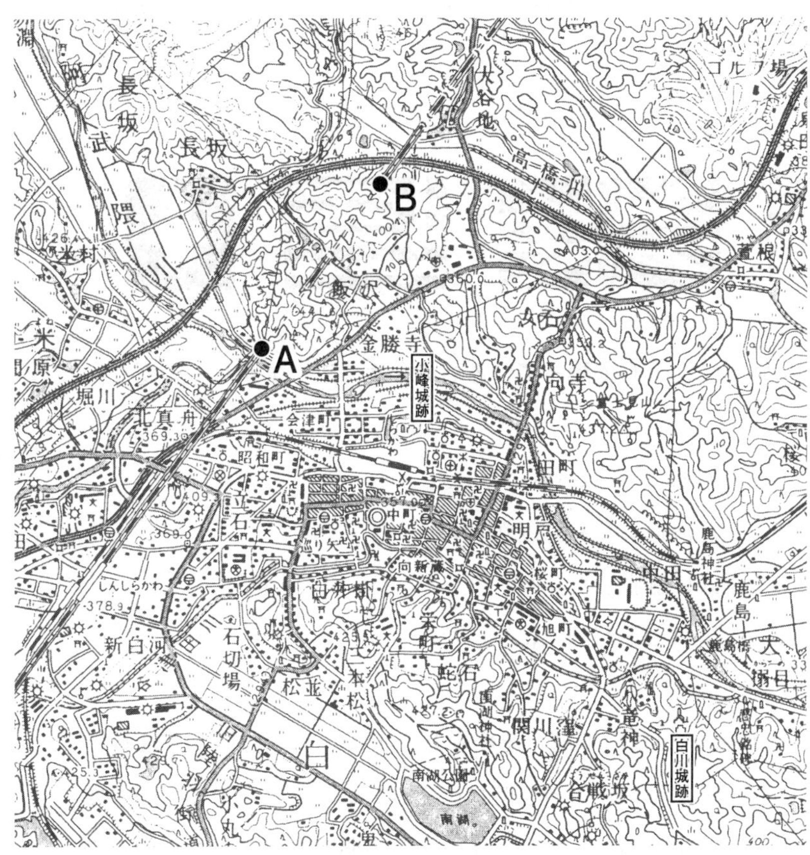

⑴　地形図の読み取りとして正しいものを次の**ア**～**エ**から一つ選び，記号で答えなさい。

ア．小峰城跡（あと）の北を東から西へ流れる川の流域では多くが田んぼに利用されている。

イ．小峰城跡の南を東西に走っているＪＲ線は単線である。

ウ．小峰城跡の南東には白川城跡がある。

エ．市役所付近には多くの神社がある。

⑵　地形図中の**Ａ**地点から**Ｂ**地点の直線距離は，地形図上で2.7cm ある。実際の距離を解答欄に合わせて**算用数字**で答えなさい。

問６　下線部⑥について，(1)～(3)に答えなさい。

(1)　この国の国旗として正しいものを次の**ア～エ**から一つ選び，記号で答えなさい。

ア　**イ**　**ウ**　**エ**

(2)　この国について述べた文として**誤っているもの**を次の**ア～エ**から一つ選び，記号で答えなさい。

ア． 首都はロンドンで本初子午線が通っている。

イ． 北半球に位置し，北海道よりも緯度（いど）が高い。

ウ． 2020年にＥＣを正式に離脱（りだつ）した。

エ． 2022年にチャールズ皇太子が国王になった。

(3)　日本からシンガポール（東経105度）を経由し，イギリスの首都まで飛行機で移動しました。日本を１月10日午後11時に出発し，シンガポールまでの所要時間は８時間でした。経由地のシンガポールでは３時間滞在（たいざい）しました。その後，この国の首都までの所要時間は14時間でした。この国の首都に到着（とうちゃく）した日時として正しいものを次の**ア～エ**から一つ選び，記号で答えなさい。

ア．　１月10日午前３時　　**イ．**　１月11日午前３時

ウ．　１月10日午後３時　　**エ．**　１月11日午後３時

2　**次の会話は，小学生のまこと君と父親が墨田区の東京都復興記念館に行った時のものです。これを読み，以下の設問に答えなさい。**

まこと：地下鉄両国駅から横網町公園はすぐなんだね。

父　親：出口のこの辺りからもう，昔は陸軍被服廠(注1)跡だったんだ。①関東大震災の時は横網町公園の整備工事が始まった頃で，広大な空き地だったから４万人以上の人々が避難してきたそうだよ。

まこと：僕が生まれた年に②東日本大震災が起きたけど，地震の規模は東日本大震災の方が大きかったんだよね。

父　親：東日本大震災はマグニチュード9.0，関東大震災はマグニチュード7.2だから，規模の差ははっきりしているね。

まこと：でも被害者は関東大震災の方がひどかったんでしょ。

父　親：東日本大震災の死者・行方不明者は２万２千人。関東大震災は10万５千人，東京だけで７万人だよ。

まこと：何で関東大震災はそんなに被害者が多いんだろう。

父　親：原因はこれだよ。

まこと：何これ。金属のかたまりみたいだけど。

父　親：左は工場の鉄柱が溶けたもの。右は③銅銭が溶けて固まったものだよ。

まこと：火事だったんだね。

父　親：横網町公園を安全な避難場所と考えた人々は家財道具を大八車(注2)に満載してここに避難してきたが，火災が強風にあおられて周囲から迫り，隅田川を超えて火が飛んできたそうだ。この場所だけで４万人近い被害者が出たんだ。

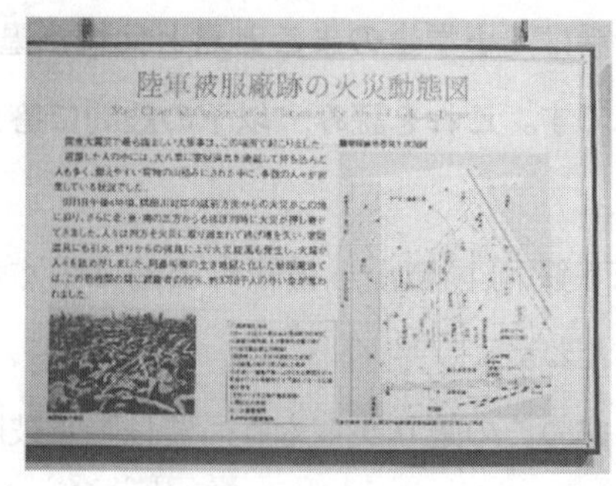

まこと：地震は震源地の違いや，その時の状況によって被災の種類にも色々な違いが出るんだね。関東大震災よりも前に大きな地震はたくさんあったの。

父　親：1855年に江戸で大地震があったし，④その前年には東海地震と南海地震が発生して大きな被害が出ている。記録上，最古の南海地震は⑤684年の白鳳地震だよ。

まこと：本当に日本は昔から地震が多いんだね。

父　親：地震が多いということは火山が多いということでもある。富士山や⑥浅間山の噴火でも江戸時代に大きな被害が出ている。

まこと：江戸時代の江戸って⑦町民文化が花開いた平和な時代のイメージがあるけど。

父　親：そういう面も確かにあるけどね。この町が江戸と呼ばれていた時代から人口が増えるとともに，火事に悩まされた歴史を重ねてきているよ。木造家屋がほとんどだったからね。

まこと：だから⑧徳川吉宗の時に町火消が設置されたんだよね。

父　親：突然の災害に備えるためには，起きた後の制度も大事だけど，事前の備えが必要だ。

まこと：避難場所の確保や避難訓練のことかな。

父　親：その通り。関東大震災後に内務大臣だった後藤新平は，震災復興計画を立案して，道路や公園や公共施設の整備を行ったんだよ。

まこと：後藤新平は台湾統治で活躍したり，⑨満鉄（南満州鉄道株式会社）の初代総裁になった人だよね。すごいな。

父　親：自然災害の多い日本は多くの犠牲の上に現在の安心安全が成り立っている。

避難訓練を訓練だと軽い気持ちで参加せずに，過去の教訓からも勉強して欲しいな。

まこと：いい勉強になったよ。

（注１）被服廠…旧日本陸軍の組織で軍服や軍靴などの軍用品を製造していた施設

（注２）大八車…荷物運搬用の大きな二輪車

問１　下線部①について，この地震が発生した翌日に成立した内閣の総理大臣はだれか。次の**ア**～**エ**から一人選び，記号で答えなさい。

ア．大隈重信　　**イ**．寺内正毅　　**ウ**．原敬　　**エ**．山本権兵衛

問２　下線部②について，この時の内閣総理大臣はだれか。次の**ア**～**エ**から一人選び，記号で答えなさい。

ア．小泉純一郎　　**イ**．安倍晋三　　**ウ**．鳩山由紀夫　　**エ**．菅直人

問３　下線部③について，日本最古の銅銭は何か。**漢字３字**で答えなさい。

問４　下線部④について，この年にアメリカとの間に結ばれた，下田と箱館の２港を開き，まきや水，食料，石炭などを供給することを定めた条約名を，条約を含めて**漢字６字**で答えなさい。

問５　下線部⑤について，この時の天皇は天武天皇だが，天皇として即位する前の大海人皇子が天皇位を争った事件を何というか。次の**ア**～**エ**から一つ選び，記号で答えなさい。

ア．乙巳の変　　**イ**．壬申の乱　　**ウ**．承和の変　　**エ**．保元の乱

問６　下線部⑥について，1783年の浅間山の噴火が天明の飢饉の被害を大きくしたが，その理由を次の２つの語句を使って，**40字以内**で答えなさい。

「火山灰」	「日光」

問７　下線部⑦について，江戸時代の文化として正しいものを次の**ア**～**エ**から一つ選び，記号で答えなさい。

ア．俳諧では松尾芭蕉は関西を旅して『奥の細道』という俳諧紀行を残した。

イ．小説では十返舎一九が『東海道中膝栗毛』で笑いの文学を残した。

ウ．浮世絵では多くの役者絵を残した喜多川歌麿が有名である。

エ．町人や百姓の子どもは，寺子屋で英語や蘭語を学んだ。

問８　下線部⑧について，徳川吉宗による改革を何というか。次の**ア**～**エ**から一つ選び，記号で答えなさい。

ア．享保の改革　　**イ**．天保の改革　　**ウ**．田沼政治　　**エ**．寛政の改革

問９　下線部⑨について，この鉄道の権利はもともとロシアが所有していたものだが，これを日本がゆずりうけた条約名を，条約を含めて**７字**で答えなさい。

3　次の文章を読み，以下の設問に答えなさい。

地域の住民が自主的に政治を行うことを①地方自治といいます。大日本帝国憲法の時代は地方自治という考え方はなく，国に権力が集中する中央集権でした。②日本国憲法では地方自治の章が設けられ，国と地方の対等な関係を目指しています。また地方自治は，住民がその地域にあった政治を自らの手で治めていくため「地方自治は［ A ］の学校」ともいわれます。

都道府県や市町村など，地方自治を行う団体を③地方公共団体といいます。地方公共団体には国の国会に相当する議会と，内閣に相当する執行(しっこう)機関があります。議会には，都道府県議会と市町村議会があり，それぞれの地方公共団体の予算や，条例を決定します。この決定に従って執行機関が事業や政策を行います。執行機関の責任者として首長（都道府県知事や市町村長）がおり，議会議員と首長は住民による直接選挙で選ばれます。

2023年は，４年に１度行われる「統一地方選挙」が実施(じっし)されました。４月９日には道府県・政令指定都市の首長・議会議員選挙が，４月23日には政令市以外の市区町村の首長と議会議員選挙が実施されました。また４月23日には５つの④衆議院補欠選挙・参議院補欠選挙も同時に実施されました。統一地方選挙の「統一」とは，投票日を統一することを意味します。しかし，投票日が100％統一されていたのは，第１回の1947年のみで，首長が任期途中(とちゅう)で辞任したり，市町村合併(がっぺい)が行われるなどして次第に選挙日程にずれが生じてきました。2023年の統一地方選挙は第20回ですが，統一率は27.54％と４分の１に近い数値でした。この統一率の低さは，地方自治の課題の一つです。

この他にも地方自治にはさまざまな課題があります。たとえば，国と地方公共団体との関係です。国と地方は対等な関係が目指されていますが，地方交付税交付金(ちほうこうふぜいこうふきん)など国からの財政援助(えんじょ)の割合が大きくなると，地方公共団体の自主性がそこなわれるおそれがあります。地方自治は，地方税を中心とした自主財源を確保することが今後の課題とされています。

問1　下線部①について，地方自治には直接民主制のしくみが一部取り入れられています。次のうち，住民の直接請求権が認められているものとして**誤っているもの**を次の**ア**～**エ**から一つ選び，記号で答えなさい。

ア．条例の制定　　**イ**．議会の解散

ウ．予算の決議　　**エ**．リコール

問2　下線部②について，日本国憲法では主権は国民にあるとされます。それまで主権者であった天皇に政治権限はなく，内閣の助言と承認によって憲法に定められた仕事のみを行います。この仕事を何というか。解答欄に合わせて**漢字**で答えなさい。

問3　[A] に当てはまる語句を**漢字4字**で答えなさい。

問4　下線部③について，地域の生活に関わる重要な問題は，住民の意思を問うことになっているが，これを何というか。**漢字4字**で答えなさい。

問5　下線部④について，次の4つの文は，衆議院または参議院に関する説明文です。4つのうち正しい説明をしている文を次の**ア**～**エ**から一つ選び，記号で答えなさい。

ア．衆議院議員の任期は4年で，被選挙権は30歳である。

イ．衆議院は参議院に比べ任期が短く，解散があるので，衆議院の優越が認められている。

ウ．参議院議員の任期は6年で，被選挙権は35歳である。

エ．参議院は衆議院と比べ任期が長く，内閣総理大臣の指名は，参議院の議決を国会の議決とみなすことが認められている。

【理　科】〈第１回午前入試〉(30分)〈満点：50点〉

【注意】1．字数制限のある問題の場合は、句読点や符号なども１字分として字数にふくめて記入してください。
2．定規は使用してもかまいませんが、分度器、コンパス、電卓は使用できません。

1　**図は，地球のまわりを回る月のようすと，太陽からの光の方向を表したものです。図の①～⑧は，北極上空から見た月のようすを表しています。月の軌道上の矢印は，月の動く方向を表しています。以下の問いに答えなさい。また，①の位置にある月は上弦の月を表しています。**

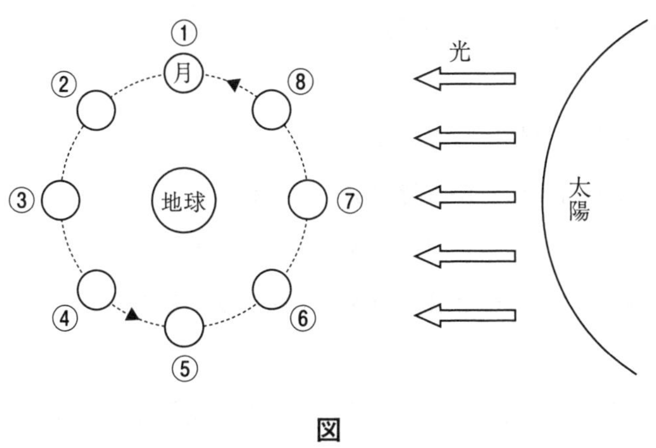

図

問１　月は地球のまわりを約何日かけて公転していますか。最も適当な日数を次の(ア)～(エ)から１つ選び，記号で答えなさい。

(ア)　25日　　(イ)　27日　　(ウ)　29日　　(エ)　31日

問２　上弦の月が西の空にしずむように見えるとき，その地点の時間帯はいつですか。次の(ア)～(エ)から１つ選び，記号で答えなさい。

(ア)　明け方　　(イ)　正午　　(ウ)　夕方　　(エ)　真夜中

問３　地球から月を観察したら，満月でした。そのとき，月の位置はどこにありますか。**図**の①～⑧から１つ選び，番号で答えなさい。

問４　月の表面の地形はいろいろな名前がつけられています。その中で，平らな地形につけられている名前は何ですか。次の**（ア）**～**（オ）**から１つ選び，記号で答えなさい。

（ア）海　**（イ）**野　**（ウ）**山　**（エ）**谷　**（オ）**クレーター

問５　地球から月を観測すると，いつも月の同じ面しか見えません。その理由を，次の**（ア）**～**（エ）**から１つ選び，記号で答えなさい。

（ア）　月は公転しているが，自転はしていないから。
（イ）　月の公転と，地球の自転にかかる時間が等しいから。
（ウ）　月は１回公転する間に，公転と同じ向きに１回自転するから。
（エ）　月は１回公転する間に，公転と反対向きに１回自転するから。

問６　太陽と地球の間に月が入って太陽がすべて見えなくなる現象をかいき日食といいます。次の**（ア）**～**（オ）**は，埼玉県のある地点で日食のようすを観測したものです。かいき日食となった**（イ）**を**３番目**とし，日食を観測した順に並べかえ，記号で答えなさい。

2 **わたしたちのからだではさまざまな臓器がはたらいています。例として，肺は空気中の酸素を取りこみます。その酸素は血液中に取りこまれ，心臓によって全身に運ばれます。これらの臓器は，一つひとつ別にはたらいているようで実際はかかわりを持っています。図１はヒトのからだの臓器と血管のつながりを表したものです。ヒトのからだに関して以下の問いに答えなさい。**

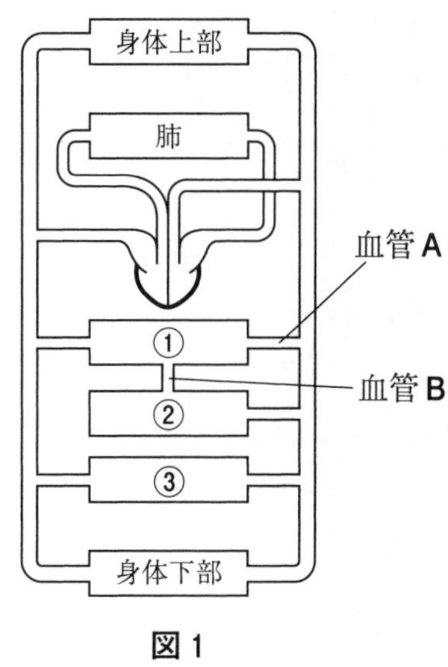

図１

問１　**図１**の①・②の臓器の名前を次の **(ア)** ～ **(エ)** からそれぞれ１つずつ選び，記号で答えなさい。

(ア)　小腸　　**(イ)**　かん臓　　**(ウ)**　心臓　　**(エ)**　じん臓

問２　**図１**の①には２本の血管**A**と**B**がつながっています。血管**A**と**B**を通る血液に多く含(ふく)まれる成分をふまえ，特徴(とくちょう)を答えなさい。ただし，血管**A**，血管**B**という語句を必ず用いること。

問３　からだでは常に老廃物(ろうはいぶつ)が生成されています。**図１**の③は老廃物を体外に出すための臓器です。**図２**は**図１**の③をより細かく表したものです。心臓からきた血液が流れる血管は，**図２**の血管**C**と**D**のどちらか記号で答えなさい。また，**図２**の**E**は何という名前か答えなさい。

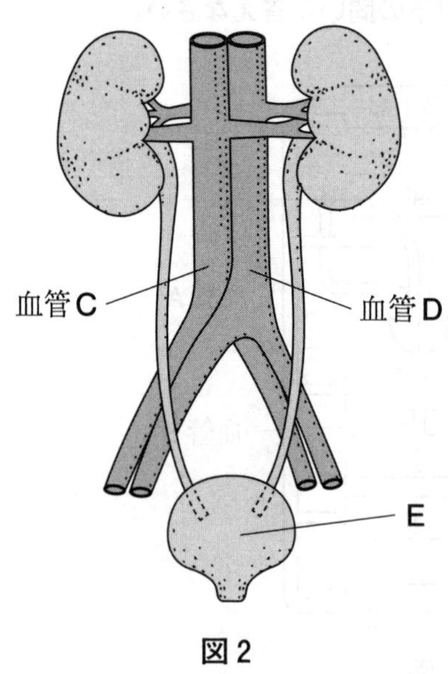

図２

問４　ヒトは呼吸をするとき，１分間で平均約８Ｌの空気を交換(こうかん)しています。１回の呼吸では500 mL交換しています。ある人の呼吸を調べたところ，はく息500 mLには酸素が90 mL含まれていました。空気中の酸素の体積の割合を21％として，１時間で血液に取りこむ酸素の体積は何mLになるか答えなさい。

3 **次の表は，100ｇの水に溶けるだけ溶かした食塩とホウ酸の量を，各温度別に表したものです。以下の問いに答えなさい。**

表

水の温度〔℃〕	0	20	40	60	80	100
食塩〔ｇ〕	35.7	35.8	36.3	37.1	38.0	39.3
ホウ酸〔ｇ〕	2.8	4.9	8.9	14.9	23.6	38.0

問１　みのるは，水の温度を下げていくと，食塩やホウ酸の溶ける量がどのように変化するかを調べました。80℃の水100ｇに食塩とホウ酸を溶けるだけ溶かしたものを，それぞれ用意し，20℃まで温度を下げました。より多く結晶が出てくるのはどちらでしょうか。また，その結晶は何ｇ出てきましたか。**表**を参考に答えなさい。

問２　みのるは，食塩の結晶が出てくる様子を観察しました。食塩水をスライドガラスに１滴とり，ドライヤーで乾かしながら双眼実体顕微鏡で結晶が出てくる様子を観察し，スケッチしました。このとき，見えた結晶を次の**（ア）**～**（エ）**から１つ選び，記号で答えなさい。

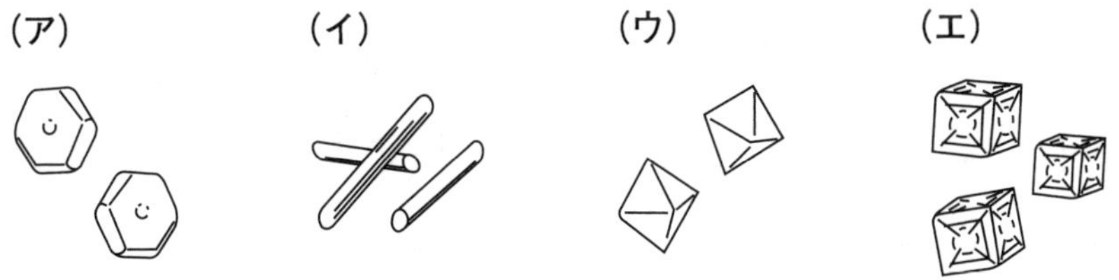

問３　食塩水について書かれた次の**（ア）**～**（エ）**の文のうち適当なものを１つ選び，記号で答えなさい。

（ア）　溶かす水の量を２倍にすると，溶ける食塩の量は２倍になる。
（イ）　ゆっくりかき混ぜると，溶ける食塩の量は増える。
（ウ）　水に食塩を溶けるだけ溶かすと，食塩水の体積は大きくなる。
（エ）　水に食塩を溶かすと，全体の重さは溶かす前の水の重さと変わらない。

問４　80℃の水100ｇに食塩を溶けるだけ溶かしました。この食塩水の濃さは何％ですか。ただし，割り切れない場合は小数第一位を四捨五入して整数で答えなさい。

問５　60℃の水200ｇにホウ酸を10ｇだけ溶かしたあと，温度を０℃に下げたとき，何ｇのホウ酸が出てくるか答えなさい。

4　**同じ種類のかん電池と豆電球を用いて実験１と２を行いました。**

（かん電池 ─┤├─　　豆電球 ─⊗─）

【実験１】

実験１では，**図１**のように**（ア）～（キ）**の電気回路を組みました。この電気回路について以下の問いに答えなさい。

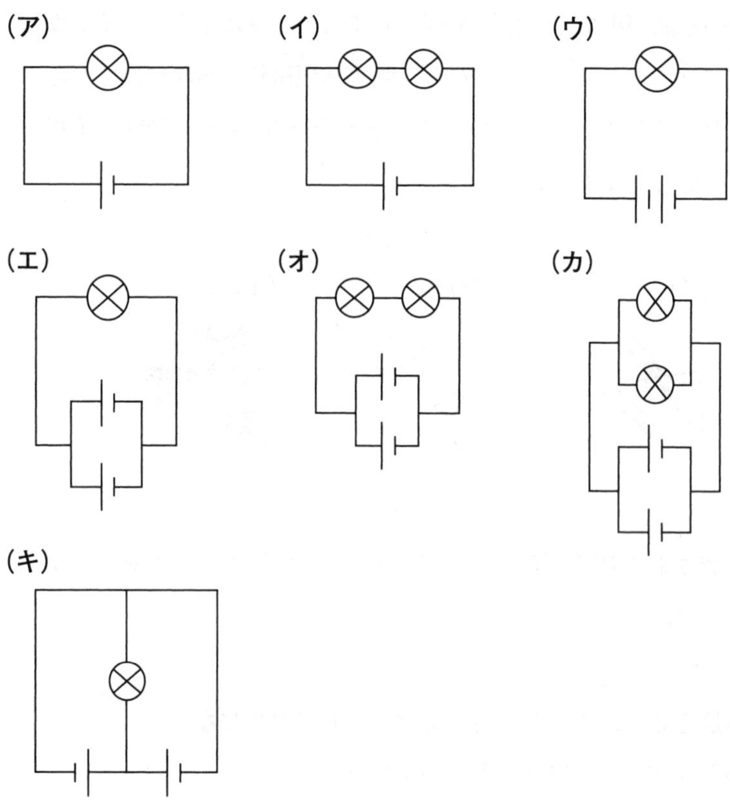

図１

問1　**図1**の中で，豆電球が一番明るく光るのはどれですか。**(ア)**～**(キ)** の中から1つ選び，記号で答えなさい。

問2　**図1**の中で，豆電球が一番長くついているのはどれですか。**(ア)**～**(キ)** の中から1つ選び，記号で答えなさい。

問3　**図1**の中で，豆電球が一番早く消えるのはどれですか。**(ア)**～**(キ)** の中から1つ選び，記号で答えなさい。

【実験2】

実験1のかん電池と豆電球を用いて**図2**のような電気回路を組みました。以下の問いに答えなさい。

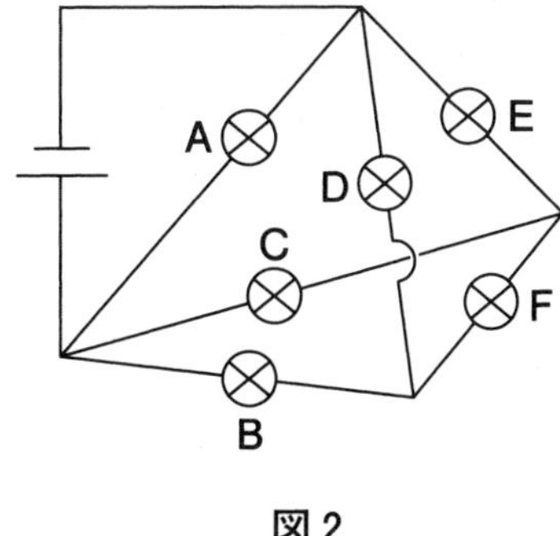

図2

問4　**図2**の電気回路の豆電球**A**～**F**のうちで，一番明るく光る豆電球はどれですか。1つ選び，記号で答えなさい。

問5　**図2**の電気回路の豆電球**A**～**F**のうちで，明かりがつかない豆電球はどれですか。1つ選び，記号で答えなさい。

いる時の F という一言は、鬼内先生へのあてつけであり、仕返しのような意味なのかもしれないね。

Fさん　そうだよね。とは言え、二人のやり取りは、ばかばかしくも、ほのぼのとした印象を伝えるね。ビニール水泳服の実験は結果的に失敗に終わるけど、194行目「矢島先生と鬼内先生は、それを見て笑った」とあることからも、もともと二人は仲が良いんだよ。

Aさん　これまでの話をまとめると、矢島先生は鬼内先生に少しやきもちを焼いているようだけど、それも含めて二人の男性から好意を持たれている点で、「アヤちゃんは人気者！」であると言って良いと思います。この点を踏まえると、ビニール水泳服の実験が失敗に終わった場面で、アヤちゃんがプールを訪れた時、――部⑤「それはアヤ子に見せてはならない物のような気がしたのである」と述べられている部分がありますが、二人はなぜこのような「気がした」のでしょうか？　みなさんはどのように考えますか？

(ii)　(i)のグループ学習での発言内容を踏まえて、――部⑤「それはアヤ子に見せてはならない物のような気がしたのである」という部分について、その理由を説明したものとして最も適当なものを次の中から選び、記号で答えなさい。

ア　ビニール水泳服で泳ぐ鬼内先生の姿を見せると、アヤちゃんが切ない気持ちになって気の毒であると考えたから。

イ　実験に失敗したビニール水泳服を見せて、せっかく作ってくれたアヤちゃんを失望させてはいけないと考えたから。

ウ　ビニール水泳服の破れた部分を見せると、これまで築いてきたアヤちゃんとの関係が悪くなってしまうと考えたから。

エ　水が入り込んでしまったビニール水泳服を見せると、アヤちゃんの次作への意気込みが強まってしまうと考えたから。

て最も適当なものを次の中から選び、記号で答えなさい。

ア　水泳服の破れ目から入り込んでくる水の量が多い様子。

イ　水泳服の破れ目から入り込んでくる水の動きがとても速い様子。

ウ　水泳服の破れ目から入り込んでくる水が非常に冷たい様子。

エ　水泳服の破れ目から入り込んでくる水が音を立てている様子。

問五　――**部④**「溜息をついた」とありますが、この時の「矢島先生」の心情を表す表現として**適当でないもの**を次の中から一つ選び、記号で答えなさい。

ア　罪悪感　**イ**　失望感　**ウ**　敗北感　**エ**　無力感

問六　(i)(ii)の小問にそれぞれ答えなさい。

(i)　この文章『ビニール水泳服実験』をＵＪ中学校の授業で扱った時に、生徒から「アヤちゃんはモテるよね」という発言がありました。これをもとに、「アヤちゃんは人気者!?」というテーマを立ててグループ学習を進めました。登場人物の発言や様子などを参考にしながら考察した時の発言内容は次に示すようなものです。話し合いは、本文中に示されている**ア**～**ツ**の会話文が[A]～[F]の部分で引用されながら進められました。[A]～[F]に入る最も適当な会話文を**ア**～**ツ**の中から一つずつ選び、記号で答えなさい。

Aさん　ビニールで水泳服を作って欲しいという依頼は、突拍子がないものだけれど、星子洋裁店の主人であるアヤ子さんは、首部分の作り方を確認するなどして、とても前向きにビニール水泳服を作ろうとしています。「アヤちゃん」と呼ばれて慕われているのは、そんな彼女の様子を見ても分かるんだけど、たとえば、９４行目から１４０行目あたりを読むと、そんなアヤちゃんに二人の先生が「あこがれ」を抱いていることが分かると思うんだけど、どうかな？

Bさん　私もそう思うわ。アヤちゃんを巡る二人の先生のやり取りは笑っちゃう展開よね。まず鬼内先生の発言に注目すると[A]の部分で、自分のことを田舎者という鬼内先生にとって、アヤちゃんは、まさに「マドンナ」・「高嶺の花」として映っていたのよね。鬼内先生が結婚した後も、そのように思っているかは分かんないけれど、矢島先生が[B]で言っていることがもし本当なら、今でも鬼内先生は、アヤちゃんのことを思っているのかもしれないわ。

Cさん　矢島先生の名前が出たけど、私は矢島先生のアヤちゃんに対する視線が気になるのよ。たとえば、[C]では、鬼内先生が結婚したあとのアヤちゃんの様子を、それに[D]の部分では、プールをちょくちょく見に来るアヤちゃんの様子を、さらに言えば[E]ではアヤちゃんの眼の動きにまで触れているよね。矢島先生のほうが、鬼内先生より、よっぽどアヤちゃんのことを意識しているんじゃない？

Dさん　なるほどね。そうだとすると、二人ともアヤちゃんを気にかけている点では同じかもしれないね。でも、今Cさんが触れた[E]の発言に注目すると、アヤちゃんは矢島先生に向けない視線を、どうして鬼内先生には向けるのか、といった意味が込められているようにも読めそうなんだけれど……。

Eさん　つまり、矢島先生の鬼内先生への嫉妬ということかな？　もしそう考えるなら、鬼内先生に水泳服を着せて

「じゃあ、また持って来て下さいね」
「ええ、お願いします。いろいろ、僕ら、研究してみましたから」
「この次は、きっと見せて下さいね」
「ええ、是非。惜しかったなあ、今日は。とてもよかったですよ。僕ら、感激しましたねえ」
「ごめんなさい」
「ああ、さよなら。また来て下さい。どうも済みませんでした」
アヤ子は行ってしまった。
「さあ、うどん屋へ行こう」
矢島先生は勢いよく云った。
鬼内先生は校舎の横を曲って行くアヤ子の姿を見送っていたが、それを聞くと、さっき大急ぎで畳んだ、濡れたビニールの水泳服を持ち上げて、ロッカー・ハウスの方へ歩き出した。

※注
・陸軍士官学校…兵士に対して作戦の指示を出す士官を教育する陸軍の学校。
・アノラック…登山やスキーなどで着るフードつきの防寒・防風用の上着。
・聯関…連関に同じ。
・充溢…満ちあふれること。
・スェーター…セーターのこと。
・殺生…思いやりがないこと。
・ごまかしな…ごまかしてはいけない。
・五尺七寸、十八貫五百…五尺七寸は長さ約一七二・七センチメートル、十八貫五百は重さ約六九・四キログラム。
・ハイカラ…洋風でしゃれていること。
・鈍色…濃い灰色。
・三合…五四〇ミリリットル。
・着物スリーブ…肩と袖の切れ目やぬい目がない袖の形。

問一 ――**部Ａ**「水の泡」――**部Ｂ**「無造作」とありますが、本文中での意味に最も近い表現を後の中からそれぞれ選び、記号で答えなさい。

Ａ「水の泡」
ア 対岸の火事　**イ** 寝耳に水
ウ 元の木阿弥　**エ** 藪から棒

Ｂ「無造作」
ア 苦もなく　**イ** 念入り
ウ 軽はずみ　**エ** 不慣れ

問二 ――**部①**「考え込まれては大変と、膝を乗り出して云った」とありますが、「矢島先生」がこのような行動をとったのはなぜですか。「矢島先生」が考えていた内容にも注意して、その理由を**六十～八十字**で説明しなさい。

問三 ――**部②**「そんな気になって来ますが」とありますが、これは「鬼内先生」にとってどのようなことを表していますか。その説明として最も適当なものを次の中から選び、記号で答えなさい。
ア 以前抱いていたアヤ子に対する感情を思い返してしまったということ。
イ 知らないうちにアヤ子への思いが強まってきた感じがするということ。
ウ アヤ子の気持ちに寄り添えなかった自分にあきれてしまったということ。
エ 口車に乗せようとする矢島先生に対して腹を立ててしまったということ。

問四 ――**部③**「ぱぱぱーと、稲妻みたいに入って来ました」とありますが、これはどのような様子を表していますか。その説明とし

矢島先生は心配そうな声を出した。
「大丈夫ですやろ」
「そうか。そんなら濡れついでに、ちょっと泳いでみるか」
「よっしゃ」
鬼内先生は、今では何の役にも立たない、かさばったビニールの水泳服を着けたまま、ゆっくり平泳ぎで泳ぎ始めた。
「どうや。行けるか」
「足が窮屈ですわ。あっ、腋のところからも入って来ました。ちめた」
鬼内先生は情なそうな声を立てた。
「冷たいのは当り前だ。もっと泳げ」
プールのふちから矢島先生がどなった。
「腕はどうだ。窮屈か？」
「窮屈ですな。腕も股も、もっとゆったり作らんといけませんわ」
「首はどうだ？」
「首はこれでよろしいな。首はこれくらいにして泳いでいたら、入りませんわ。ああ、冷めたい。よう冷える」
「何云うか。頑張れ。アヤちゃんが祈ってる」
「もう、上りますわ。もう、無理です」
鬼内先生はそう云うと、方向を変えてプールのふちへ泳ぎついた。二十五米プールの縦半分を泳いだわけである。
鬼内先生は唇の色が青くなっている。ビニール水泳服を脱ぐと、大きな足の先に水が※三合ほどたまっていた。
矢島先生と鬼内先生は、それを見て笑った。
鬼内先生がロッカー・ハウスの風呂に入って、着換えを終ってから二人でコンクリートの上にだらしなくのびたビニール服の上にかがみ込んで、浸水箇所を丹念に調べた。
その結果、右足の先と股のところと両方の腋の下と合計四ヵ所破れたことが分った。
二人が、これは※着物スリーブ式にしないといけないと話し合っている時、当の裁断者である星子アヤ子がプールの入口に姿を現わした。
それに気が附くと、二人とも何かひどく慌てて水に濡れているビニール水泳服を畳んでしまった。⑤それはアヤ子に見せてはならない物のような気がしたのである。
「やあ、いらっしゃい。惜しいことをしましたねえ。たった今、実験を終ったところです」
矢島先生は、大きな声でそう云った。
「もう十分早くいらっしゃれば、水の中へ入っているところが見られたのに。惜しかったなあ」
アヤ子は、中へは入って来ないで、
「どうでしたの？　実験は」
と尋ねた。
「大成功です」
矢島先生が叫んだ。
「大いに有望です。水は入りましたが」
「え、それで、濡れました？」
「ちょっと濡れましたけど、大したことはないです。とにかく、大成功です」
鬼内先生は笑っている。
「見たかったわ」
アヤ子は、そう云った。
「また、すぐに第二回の実験をやります。今度は、着物スリーブ式にしようと思っています。その方が、よさそうです」

鬼内先生の靴下の先に小さい穴が開いているのまで見える。

サ「アヤちゃん、まだ来んけど、そろそろ入水するか」

シ「いやもう、こんな恰好見られたらさっぱりや。ほんまに来る云うていましたか」

ス「ほんとだって。好きな鬼内さんがこの寒い時にプールへ入る云うのに、アヤちゃんが店でじっとしていられる筈がないよ」

セ「矢島先生、自分が好きなくせして、あんなことばっかりよう云えるわ」

ソ「あんたは独身、僕は子供が二人いる。夕方なんか、アヤちゃんがちょいちょいこの前の道を通って、練習しているところを覗いて行くのは、あれはあんたがいるからや。そんなことぐらい、ちゃーんと知っているよ。それに可哀そうにアヤちゃんを放っといて結婚するなんて」

タ「放っといてて、わし、何も。矢島先生、ほんまに出まかせ云いはる。アヤちゃんは美人で、※ハイカラで、しっかりしているし、何でわしみたいな田舎もんのぼうっとした者にそんなこと思いますか。わしらほんとにあの人の前へ出たら、物も碌によう云わんのに」

チ「そこがいいんや。アヤちゃんがあんたの顔を見る時の眼と、僕の顔を見る時の眼と、違う」

ツ「また、あんなことを云う。ほんとに矢島さんの口のうまいのにかかったら、何や知らん、②そんな気になって来ますが。しかし、アヤちゃん、来るんやったら早よ来たらええのに」

鬼内先生は道の方をちょっと眺めたが、思い直して、プールの端の鉄棒の段がついているところへ行った。

「さあ、歴史的な実験だぞ。英国探険隊のエヴェレスト征服みたいなもんだ」

矢島先生は、興奮してそんなことを口走った。

鬼内先生は足の先をまず水の中へつけた。

「冷たいか」

矢島先生が声をかけた。

「いや、大したことない」

鬼内先生は割合**B**無造作に水の中へ沈んで行った。ビニールの服は水の中へ入ると、※鈍色に光って身体にへばりついた。

鬼内先生の身体が、胸のあたりまで水中に入った時である。

「入ったあ」

と叫び声が起った。

矢島先生はプールのふちから身体を乗り出すようにして云った。

「どこが破れた」

「分りません。③ぱぱぱーと、稲妻みたいに入って来ました」

鬼内先生は、プールの中に立ったまま、その感じを報告した。

「ぱぱぱーと来たんか」

「早いこと！」

矢島先生はそれを聞くと、④溜息をついた。

「入水後、十秒にして浸水す。浸水箇所不明」

矢島先生は手帖を出して、そう記入した。

「いま、濡れているのか」

「胸から下、全部水が来ています」

「冷たいか」

「相当冷たいですな」

鬼内先生のトレーニング・パンツもスェーターも、その下に着ているシャツもパンツも、いま水づかりになっているのである。

「心臓麻痺、起すなよ」

道一つ隔てたここにプールがつくられた時から、そうである。

シーズン中は、全くプールで暮しているようなものだ。暗くなってプールの上に張り渡した針金にぶら下げた電燈がともる頃まである。

コース・ロープを全部引き上げて、部員を帰してしまった後でも、すぐには帰る気がしないで、何ということなく、プールに留まっていたい気がする。

飛び込んで広い水の中をゆっくりと一人で泳いだり、潜って水の底のごみを拾ったり、すっかり暗闇の中に沈んだまわりの世界を眺めている。

矢島先生はプールのまわりに薔薇の苗を植えた。冬になってからも、授業のない時には、何遍もやって来て、薔薇の様子を見る。時々もみがらを撒いたりする。

今のところはまだ薔薇に手いっぱいだが、追々、プラタナスやアカシヤやその他、自分の好きな木をいっぱい植えるつもりでいる。

そのような自然との深い※聯関の中で、生命感の※充溢した、美的生活を送りたいというのが、矢島先生の理想である。

ビニール水泳服の着想と実験も、その理想の一つの現われである。ロッカー・ハウスから、トレーニング・パンツの上に焦茶の※スエーターを着た鬼内先生が現われた。

「ほんなら、そろそろ着てみましょうか」

「さあ、さあ」

コンクリートの上にひろげてあった水泳服を手ぐり寄せて、鬼内先生は足から入れ始めた。矢島先生は、そばから手伝う。

「何や知らん、けったいな具合やなあ」

「そんなことない。よく合っている。アヤちゃん、うまいこと作ってくれている」

矢島先生はそう云って、急に道の方を見た。

「アヤちゃん、まだ来ないかなあ」

「え？　アヤちゃん、来るんですか」

鬼内先生が慌てた。

ア「さっきこれ届けに来た時、プールへ入る時間教えて云ったから、大体二時ごろや云っておいた。見せてほしいわ云ってたから、もう来るやろ」

矢島先生は今まで隠していたことを云ったのである。

イ「わあ、矢島先生、※殺生やなあ」

鬼内先生は悲鳴を上げたが、その時、矢島先生の手で首の紐を締められて、黙ってしまった。

ウ「そんなこと云って、よろこぶな。いやらしい」

矢島先生は、紐をもっと締めた。

エ「息つまる」

オ「鬼内さん、アヤちゃん好きなんやろ」

カ「無茶な。矢島さんのことですか」

キ「※ごまかしな。可哀そうに、あんたが結婚してしまってから、あの子、元気がなくなった」

ク「うそです。そんな。あっ、息つまる」

ケ「水入ったら、いかんからなあ。よく締めておかんと」

コ「矢島先生、もうそれで大丈夫です。水入らしませんて」

矢島先生はやっと鬼内先生の身体から離れた。

ビニール水泳服の中に入った※五尺七寸、十八貫五百の鬼内先生は、両方の腕を上げてみたり、ゆっくりしゃがんでみたりして、具合を試してみている。

破れるといけないからと云って、寸法はだぶだぶに作ってもらったのである。身体が透いて見えるので、どうにも変な恰好である。

な」

鬼内先生はうれしそうな顔をして、そんなことを云った。

この人は、専任コーチで、先生ではない。家はここから電車で二時間もかかる田舎のお寺だ。七人兄弟の一番末の息子である。

※陸軍士官学校を卒業したと思ったらすぐに終戦になって、それまでの苦労が**A**水の泡になったという経歴の持主だ。

名前は怖(おそろ)しいような名前だが、気だては優しく、おっとりしていていかにも育ちのよさを現わしているような人だ。

母校の中学の水泳のコーチをずっとやっていたが、前の年にここの学校にプールが新設されたので招かれたわけである。自分が教えていた生徒も、いま何人かこの学校へ入っている。

「首のところは、どうしますの？」

アヤ子が尋(たず)ねた。

「そこが難しいんです。頭まで入ってしまうようにすれば、水は入らない代り、息が出来ない」

「そうですね」

「それで、※アノラック、ね。あんな具合に、首の一番上のところで、しぼれるようにしたらと考えているわけです」

「水は入りませんか?」

矢島先生と鬼内先生は、顔を見合せた。

「入らんように出来んやろか、いっているんです」

鬼内先生が云った。

「さあー、それはねえ」

アヤ子は、ちょっと考え込(こ)んだ。

「無理ですか」

矢島先生が尋ねた。

「首のところから身体を入れるのでしょう」

「ええ」

「それで、全部身体を入れてしまってから、首のところを紐(ひも)で締(し)めるようにするんですね」

「ええ、そうなんです」

「そうしたら、やっぱり少し入るわ」

「むろん、顔はつけないで泳ぐつもりなんですが」

「なるべく、首を伸(の)ばすようにして泳ぐのね」

「ええ、そうです。そういうつもりなんです」

アヤ子は、何ということなく溜息(ためいき)をついた。

矢島先生は、①考え込まれては大変と、膝(ひざ)を乗り出して云った。

「つまり、僕らはどの程度までやれるかということを知りたいんです。普通のように泳ぐのは無理だということは分っているんですが」

「頼みますわ。もう僕は、濡(ぬ)れてもいいと思っているんです」鬼内先生はそう云った。

「そうですか。それなら、とにかく、一回作ってみることにしましょう」

アヤ子はそう云って、椅子(いす)から立ち上った。

「では、寸法を取りますわ」

「有難(ありがた)い」

と鬼内先生は云った。

【中略】

矢島先生はこのプールの主である。プールで暮すことを生活の理想としている。

前の年の六月に矢島先生たちの年来の希望が実現して、校庭から

問五　[C]に入る言葉として最も適当なものを次の中から選び、記号で答えなさい。

ア　加害者　**イ**　消費者　**ウ**　事業者　**エ**　愛用者

問六　――部④「その知識を伝えあい、共有できる手段」とありますが、これは具体的にどのようなものを指していますか。それを表す言葉を[文章１]の**【第４段落】**から**二字**で探し、抜き出して答えなさい。

問七　――部Ａ「頭脳以外の能力は取るに足らない」とありますが、このような人間の見方について、同じ内容のことが[文章２]でも述べられています。その部分を[文章２]から**「という考え方」に続くように二十五字**で抜き出し、**最初の五字**を答えなさい。

◎　[二十五字]　**という考え方。**

問八　――部Ｂ「動物や植物の声を聞けるようになりたいと思います」とありますが、人間が「動物や植物の声」を聞けるようになるには、どのようなことが必要であると[文章２]では述べていますか。**「のを止めること」に続くように十九字**で抜き出し、**最初の五字**を答えなさい。

◎　[十九字]　**のを止めること。**

問九　[文章１]と[文章２]を説明したものとして**適当でないもの**を次の中から一つ選び、記号で答えなさい。

ア　[文章１][文章２]はともに、知能を持つ人間が生物界全般のなかで、ひとりよがりになっていることを批判している。その上で、他の生物の痛みを理解できるような視点やものの見方を持つことの重要性を述べている。

イ　[文章１]では動植物への正しい感覚は人間の住む環境への正しい理解にもつながる大事な視点だと述べている。一方[文章２]では動植物の視点を人間が持つという発想は、日本文化だからこそ実現できると主張している。

ウ　[文章１][文章２]はともに、人間中心の世界観からぬけ出すことの重要性を述べている。しかも、それを実現するためのヒントは、自然に寄りそう感性を育んできた日本にあると指摘している。

エ　[文章１]では生物学的、生態学的な研究の積み重ねから、人間の自然観や世界観の問題点を示している。一方[文章２]では動物学的な視点から、知能を重視する言語学のあり方を批判している。

三

次の文章は庄野潤三『ビニール水泳服実験』の一節です。高校の水泳部顧問矢島先生とコーチの鬼内先生の二人は、冬のプールでも泳ぎの練習をできるようにしたいという思いから、ビニール製水泳服の制作を思いつき、星子洋裁店の主人アヤ子の元を訪れます。アヤ子は二人の熱心な願いを聞き入れて、水泳服の制作を引き受けます。以下の文章はそれに続く場面です。よく読んで後の問いに答えなさい。なお、設問の都合で本文の上に行数をつけてあります。また、一部表記を改めている部分もあります。

「分りましたわ」

アヤ子は、笑ってそう云った。

「頼みますわ。ええのん、作って下さい」

鬼内先生は、ほっとしたように云った。

「それで、実験はどなたがやりますの？」

「鬼内さんが、やります。だから、これから寸法取って下さい」

矢島先生がそう云った。

「無茶やなあ。わしにやれやれと云って、自分はやらんつもりかい

きたからです。そういえば、birdbrainという英語は「バカ」という意味でしたね。※事ほどさように鳥をバカにし、見向きもしないでやってきたのです。そもそも言語を研究する上で、脳を第一義的に云々(うんぬん)するのは間違いで、一番大事なのは音声であるにもかかわらず、です。

（鈴木孝夫(すずきたかお)『世界を人間の目だけで見るのはもう止めよう』）

※注　・事ほどさように…それくらい、それほど。

問一　[A]・[B]・[D]に入る言葉の組み合わせとして最も適当なものを次の中から選び、記号で答えなさい。

ア　A　しかも　B　すると　D　なお
イ　A　しかし　B　そして　D　それとも
ウ　A　また　B　つまり　D　しかし
エ　A　だから　B　ところで　D　つまり

問二　――部①「余計に心が痛みます」とありますが、筆者はなぜこのように述べるのですか。その説明として最も適当なものを次の中から選び、記号で答えなさい。

ア　人間は消滅の危機にある生き物を見ても、自分たちの生活が一番重要と考えて、それらを守るための行動を取ろうとしないから。

イ　環境がどのように変化しても、人間はそれらに対応するための頭脳を持つが、その他の生き物はそのような能力を持たないから。

ウ　生き物やそのつながりを学んできた者として、消えて無くなる生き物の悲しみや痛みが、一般の人間よりも理解できてしまうから。

エ　生き物は自己の存在を危うくさせるものへの反撃どころか、非難の試みさえも果たせないまま、消滅の運命に置かれてしまうから。

問三　――部②「これは二重の意味でまちがっています」とありますが、筆者がこのように述べる理由を次のように説明したとき(i)～(iii)の空らんに当てはまる言葉を【第２段落】から探し、抜き出して答えなさい。ただし□一つを一字分とします。(ii)は二つあります。

◎　**「メダカのような小魚と人の命のどっちが大事か、考えればわかるだろう」という発言が問題なのは、一つには、存在の大小、(i)□□の有無などの人を中心とした曖昧な根拠に基づいて、(ii)□の軽重(けいちょう)が価値づけられているからである。また、もう一つの問題は、メダカの(ii)□を軽視し、その生育環境に目を向けないことは、人間の生活環境が、ある水準を超えた(iii)□□□□に置かれているという状況を見落としてしまうことにつながるからである。**

問四　――部③「それが工事をしてもいいという免罪符になります」とありますが、これはどういうことですか。その説明として最も適当なものを次の中から選び、記号で答えなさい。

ア　希少な動植物のほとんどいない緑地が道路拡張の予定地となっているが、そのような動植物がないと分かれば、工事は妥当なものとして許されてしまうということ。

イ　道路拡張予定地には多様な動植物が生息している場合が多いが、計画はすでに決められているので、生態系の保持を優先しながら工事を進めてもよいということ。

ウ　道路拡張計画は希少な動植物のいない所で進めなければならないが、住民が道路を必要なものと判断すれば、その有無にかかわらず工事が許されてしまうということ。

エ　道路の拡張計画はいつでも改められるものであるが、希少な動植物は一度消滅すると二度と再生しないので、工事を強引に進めることは認められないということ。

なくても効率的に物資が確保できるようになりました。水道や電源が確保されたりしてからは、生活が革命的に便利になりました。私たちはそうした利便性に大いに恩恵を受けています。

［Ｄ］、それと同時に、都市にはマイナス面もあります。自給自足でなくなったことは貧富の差をうみ、お金がなければ貧困生活を余儀なくされます。人口が集中したことは衛生上の問題をうみ、伝染病の感染などは都市生活において深刻なものとなりました。

それは医学の発展で大幅に改善されたとはいえ、21世紀の現在においても新型コロナウイルスの登場によって私たちの生活はおびやかされました。交通や物資の流通が発展したために、伝染病の感染が大幅に促進されました。

【第４段落】 アメリカの生物学者ジャレド・ダイアモンドは、人類が、例えばイースター島のように自分たちの社会を崩壊させた例や、マンモスやモアのような動物を捕り尽くして絶滅させた悲劇は無数にあることを説明した後で、次のように書いています。

実は、過去において生態学上の悲劇的な失敗を犯した人と私たちのあいだには決定的な違いが二つある。こうした人たちに欠けていた科学的な知識が私たちにはあること、④<u>その知識を伝えあい、共有できる手段</u>が私たちにはあることだ。

（『若い読者のための　第三のチンパンジー』）

そう、私たちは文字を持たなかった時代の先祖とは違い、学びさえすれば正しい知識や考え方を知ることができるのです。このことは人類のかけがえのない遺産であり、誇るべきことです。そのことを思うことで、私は未来に生きるみなさんに前向きのエールを送り、明るい世界を期待することができます。

（高槻成紀『都市のくらしと野生動物の未来』）

※注　・卓越…すぐれていること。

文章２

現在の私が最終的に到達したのは、世界を人間の目、人間の立場からだけ見るのはもう止めようということ。人間もあくまでも地球上の生物の一種にしかすぎないのであり、動物と我々は仲間なのです。そういう観点に立って他の動物の目で人間を見るとどう見えることか。これがおそらく最高の自己客観化になるでしょう。

人類の中でも欧米人は、俺がこう思うということだけが正しい、と決め込む傾向が極端に強いけど、それは間違い。そうじゃなくて、他の動物、羊やウサギの目、さらには人間によって切り倒される樹木や朝顔のつるなどから人間を見ると、お前ほどひどいものはないよということになるでしょう。これは欧米人には全く理解できない発想ですが、日本人であれば、まだ理解可能なはず。日本語と日本文化にはまだ古代性が生きているおかげで、世界を欧米人のように人間だけの独りよがりの高みから見る傲慢な悪癖から比較的フリーになれるはずだからです。知能があるのは人間だけで、ことばがあるのも人間だけなどといった考え方はとんでもない間違いだとお互い分かり合えるからです。

私の言語学では、鳥のコミュニケーションをうんと研究してきましたが、ヨーロッパの言語学ではそれは研究テーマにならなかった。なぜか。ヨーロッパ系の言語学者は言語を全て知能と関係づけるから、オランウータン、チンパンジー、ゴリラだけを研究してきたからです。これらの類人猿が人間に一番近い動物で知能レベルも人間以外では一番高いと思い込んできたからです。これに比べれば鳥なんて頭も脳も小さいし、人間と対比させて研究するなんてありえないと決めつけて

ートルありましたが、1965年に杉並区の久我山よりも下流の13キロメートルは暗渠になりました。暗渠とは、要するに蓋をして水を地下で流すことです。その結果、ここから下流は道路になり、樹木はもちろん、野草もなくなり、昆虫も鳥も、もちろんタヌキも住めなくなりました。

なぜそんなひどいことをしたのでしょう。当時は日本が高度成長期で、東京は1964年のオリンピックを控えて街中を工事で改修していました。当時の人たちにとっては、玉川上水があることはむしろ邪魔であり、当然のように、蓋をして道路をつけた方が都民にとって便利でプラスになると考えられたのです。ですから、杉並より上流も同じように暗渠にすると決められる可能性は十分にあったし、もしそうなっていれば多様な樹木やその下に咲く野草、昆虫、野鳥なども消滅していたはずです。

玉川上水の暗渠工事は一部だけで止まってよかった、なんとかこれからも残してほしいと思いますが、東京にはその高度成長期に計画された道路があり、今でもその拡張計画が進められています。そういう計画を進めるとき、動植物の調査もおこなわれて、計画の妥当性が検討されますが、基本的には「希少な動植物はいないか」ということが基準になります。

都会の緑地でも希少な動植物はいるにはいますが、なんといっても都会のせまい緑地ですから、そういう動植物は少ない、あるいはほとんどないということも多くあります。そして、③それが工事をしてもいいという免罪符になります。

しかし、この本でくり返し述べたように、ありふれた普通の動植物がいることには、大きな価値があるのです。それらの生き物がつながりあって生きていることを知れば、そのことが私たち人間の生活にも大きな意味を持つことが理解されます。

【中略】

【第3段落】 動物や植物をそのような歴史的存在としてとらえたとき、私たちの心には自然にその存在に対する敬意に似た気持ちが湧いてきます。そしてそこには、日本でいえば、日本列島にともに生きる者として共感することができます。私たち人間の限界から、動植物を見る目はしばしば偏見でくもりがちになります。

でも生物学、とくに生態学の見方に立つことで、その偏見は小さくすることができます。そのことは『野生動物と共存できるか』でも『動物を守りたい君へ』でも書いたつもりですが、とくにこの本で伝えたかったのは、今の日本が都市化していることから生まれる心配です。

ここで私が言う「都市」とは、東京や大阪のような大都市だけではありません。それは自然から離れて、[C]として生活することです。つまり、都市生活とは、人口密度の高い空間で大量の物資とエネルギーを取り込んで、大量の廃棄物を生み出す暮らしをすることです。その意味では、みなさんの大半が都市住民といえるでしょう。

都市生活をすると、どうしても自然が乏しいので動植物と接する機会が少なくなります。しかしヒトもまちがいなく自然の中で進化してきたのだから、私たちのDNAの中にはサルの一種としての「血」が脈々と流れています。子供は年齢の違う子供同士が一緒で遊ぶものだし、ケンカもし、仲直りをして育っていくものです。でこぼこの地面を歩いて、草を見たり昆虫を見つけたりします。痛い思いをしたり、危ないことを体験したりして、そのことを覚えていきます。それはどの時代のどこの社会でも同じです。

もちろん都市化に伴うプラスの面は無数にあります。自給自足をし

［A］、長く観察してきた玉川上水で樹木が伐採され、その結果、野草が消滅したり、野鳥が激減したりするのも見てきました。それどころか、新しい道路をつけるためとか、大きな建物を作るために林が伐採されることもしばしば目にしてきました。私たちが都市で生きるということは、そこにいた生き物を抹殺したことにほかなりません。

人は不当に攻撃されれば、相手を非難します。非難するだけでなく敵に対して戦いを挑みます。しかし樹木は伐られるまま、動物はただ消えていくだけです。それだけに①余計に心が痛みます。植物は痛みを感じないとか、動物は苦痛を感じないと言われます。そうであるかもしれません。しかし生き物のことを学び、そのつながりを調べてきた私には、伐採される木の痛みはわかるし、消えゆく動物の悲しみもわかります。いや、十分にわかったといえないかもしれません。それでも、B動物や植物の声を聞けるようになりたいと思います。

【第２段落】 私はこの本を読んだみなさんが、生き物の命の尊さについて共感してくれたと信じます。そして、みなさんがお父さんやお母さんに「ダンゴムシって大事なんだって」とか「メダカがいなくなったらしいけど、守らなくちゃね」と言ったとします。想像されるのは「その気持ちはわかるけど、世の中はそんなもんじゃないんだよ」という大人の反応です。

つまり子供はサンタクロースを信じるように、非現実的なことをいうが、現実にはサンタクロースはいないし、メダカがいなくなっても人間の生活に困ることがあるわけではないというわけです。

それでもみなさんがさらに主張したら「メダカのような小魚と人の命のどっちが大事か、考えればわかるだろう」というような返事が返ってきておしまい、ということもあるでしょう。

しかし②これは二重の意味でまちがっています。一つは、人の命がメダカの命より価値があるのが正しいとは言えないからです。メダカは小さく人が大きいからでしょうか。では、ゾウは人より価値がありますか。人は知能があるからですか。

なぜ知能という、生物が持つ多くの性質の中のただ一つのものが特別の価値があるとされるのでしょう。ヒトは鳥のように空は飛べないし、モグラのようにトンネルを掘れないし、イルカのように泳げません。人ができなくてほかの動物ができることは無数にあります。知能だけが価値があるとの根拠は曖昧で、それは人間がそう考えているだけのことです。

もう一つのまちがいは、メダカだけをとりあげて比較することは適切ではないという意味においてです。メダカがいるということは汚染されていない水があり、そこにプランクトンも生きているということですから、メダカがいなくなることはそのことが果たされていないことを意味します。それは人が住む環境も、あるレベルを超えた汚染段階にあるということです。その意味で、人間中心に考えてもメダカのいないことは危険だということです。

［B］メダカがいる、いないだけでなく、メダカの環境を総合的にとらえれば、メダカがいないことの意味が理解されるのに、問題を「メダカか人か」というレベルにとどめるのは正しくないということです。それでは大切なことを見失ってしまいます。さらに言えば、子供より大人の方が正しいとは限らないということもしばしばあります。

このような例は無数にありますが、一つだけ具体的な例をあげて考えてみたいと思います。1章で玉川上水のタヌキのことを書きましたが、玉川上水は江戸時代に作られた水路で、上水、つまり人々の生活用水を確保する水路でした。その役割は１９６５年まで続き、部分的には今でも機能しています。

できたときの玉川上水は、西の羽村から江戸の四谷までの43キロメ

2024年度

浦和実業学園中学校

【国　語】〈第一回午前入試〉（五〇分）〈満点：一〇〇点〉

【注意】字数制限のある問題の場合は、句読点や符号、促音「っ」・拗音「ゃ」「ゅ」「ょ」なども一字分として字数に含めます。

一 **次の各問いに答えなさい。**

問一 ――部のカタカナを漢字に直しなさい。

(1) 学校と家をオウフクするだけの日々。
(2) スポーツクラブの会費をオサめる。
(3) 彼ほどメイロウな少年はいない気がする。
(4) 来週までに病気はゼンカイするだろうか。
(5) 経済はシュウシのバランスが大切らしい。

問二 ――部の漢字の読みをひらがなで答えなさい。

(1) 水を注ぐ手がふるえる。
(2) 質問がある人は挙手してください。
(3) 曲がったことのできない性分だ。
(4) 災害に便乗した商法は許せない。
(5) お茶を飲んで気を和らげる。

問三 □にあてはまる言葉として最も適当なものを後からそれぞれ選び、記号で答えなさい。

(1) **根も□もないうわさ**は一体どこから出てくるのか分からない。

ア　花　　イ　実　　ウ　葉　　エ　草

(2) **手に□を握る**接戦をものにしてわがチームは勝利をおさめた。

ア　涙　　イ　汗　　ウ　水　　エ　雨

(3) **互いの腹を□合った**後、本当の信頼関係が生まれる。

ア　探り　　イ　調べ　　ウ　計り　　エ　突き

(4) 一度失敗したからといって**羹に懲りて膾を□**ようでは進歩がない。

ア　切る　　イ　吐く　　ウ　引く　　エ　吹く

(5) 受付で**取りつく□もなく**追い返されてしまった。

ア　やま　　イ　しま　　ウ　ひま　　エ　たま

二 **次の 文章1 と 文章2 をそれぞれ読んで、後の問いに答えなさい。**

文章1

【第1段落】 私は人間ですから、人間を特別視しないことはできません。それは当然のことです。しかし生物学を学んできた者として言えば、ヒトを特徴づける頭脳が優れているということは特別な能力であることは確かですが、それは一つの能力なのであって、ヒトよりも優れたさまざまな能力を持つ動物は無数にいます。A頭脳以外の能力は取るに足らないと、なぜ言えるのでしょうか。

　しかし歴史的事実は、その一つの能力が※卓越していたヒトが、地球の歴史からすればごく最近になって急激に増加して地球の自然を破壊してきたということです。そのために絶滅した動植物が無数にいます。その絶滅が20世紀の後半から急激に増えているのです。

　私は生き物のつながりを研究してきましたから、ある生き物が減少したり、いなくなったりすることが、思いもかけない結果を生むことを学びました。そして東京に住んでいると、ある日突然、前日まで空に向かって枝を伸ばしていた立派なケヤキが根元から伐採されているのを目の当たりにする場面をたくさん見てきました。

2024年度

浦和実業学園中学校 ▶解説と解答

算数 ＜第１回午前入試＞（50分）＜満点：100点＞

解答

[1] (1) $\frac{1}{15}$　(2) 183　(3) 142　(4) $24\frac{1}{2}$　(5) 2　(6) 24　[2] (1) 50本　(2) 毎分30m　(3) 12cm　(4) ８年後　(5) 72分　(6) 2496人　[3] (1) 3800m　(2) 290m　(3) 26分15秒後，Ａ駅から42km　(4) ５分15秒後　[4] (1) 9　(2) 57　(3) 48　[5] (1) 18cm^2　(2) 8.58cm^2　(3) 45.42cm^2　[6] (1) 角DAC…30度，AC：CD…２：１　(2) 36cm^2

解説

[1] 四則計算，計算のくふう

(1) $\frac{7}{5}\div(20\times5\div4-4)=\frac{7}{5}\div(100\div4-4)=\frac{7}{5}\div(25-4)=\frac{7}{5}\div21=\frac{7}{5}\times\frac{1}{21}=\frac{1}{15}$

(2) $A\times B+A\times C=A\times(B+C)$となることを利用すると，$183\div3\frac{1}{3}+549\times\frac{7}{30}=183\div\frac{10}{3}+183\times3\times\frac{7}{30}=183\times\frac{3}{10}+183\times\frac{7}{10}=183\times\left(\frac{3}{10}+\frac{7}{10}\right)=183\times1=183$

(3) $\{32+(12\div2-3)\}\times4+80\div(32+9-1)=\{32+(6-3)\}\times4+80\div40=(32+3)\times4+2=35\times4+2=140+2=142$

(4) $(5.6+5.14-0.24)\times\frac{7}{3}=(10.74-0.24)\times\frac{7}{3}=10.5\times\frac{7}{3}=10\frac{1}{2}\times\frac{7}{3}=\frac{21}{2}\times\frac{7}{3}=\frac{49}{2}=24\frac{1}{2}$

(5) $\frac{24}{5}\div2\frac{1}{2}+1\frac{1}{25}\div13=\frac{24}{5}\div\frac{5}{2}+\frac{26}{25}\div13=\frac{24}{5}\times\frac{2}{5}+\frac{26}{25}\times\frac{1}{13}=\frac{48}{25}+\frac{2}{25}=\frac{50}{25}=2$

(6) $9.1+5.4+21.5-6.1+3.6-9.5=(9.1-6.1)+(5.4+3.6)+(21.5-9.5)=3+9+12=24$

[2] つるかめ算，旅人算，植木算，年れい算，仕事算，割合と比

(1) 60本すべて成功したとすると，50×60＝3000(円)もらうことができ，実際よりも，3000−1500＝1500(円)多くなる。１本失敗するごとに，もらうことができる金額は成功した場合よりも，50＋100＝150(円)少なくなるから，失敗した本数は，1500÷150＝10(本)とわかる。よって，成功した本数は，60−10＝50(本)である。

(2) 兄が妹にはじめて追い付くのは，兄が妹よりも池１周分多く進んだときである。また，池１周の道のりは，5.2×1000＝5200(m)なので，60×１＋44＝104(分)で２人が進んだ道のりの差が5200mとわかる。よって，２人が１分間に進む道のりの差は，5200÷104＝50(m)だから，妹の速さは毎分，80−50＝30(m)と求められる。

(3) のりしろの数は，20−１＝19(か所)なので，のりしろによって短くなった長さの合計は，３×19＝57(cm)である。よって，のりしろがなかったとすると，全体の長さは，183＋57＝240(cm)になるから，テープ１本の長さは，240÷20＝12(cm)とわかる。

(4) 下の図で，⑤−②＝③にあたる年れいが，42−12＝30(才)なので，①にあたる年れいは，30÷３＝10(才)とわかる。よって，②にあたる年れいは，10×２＝20(才)だから，このようになるのは，

20－12＝8(年後)である。

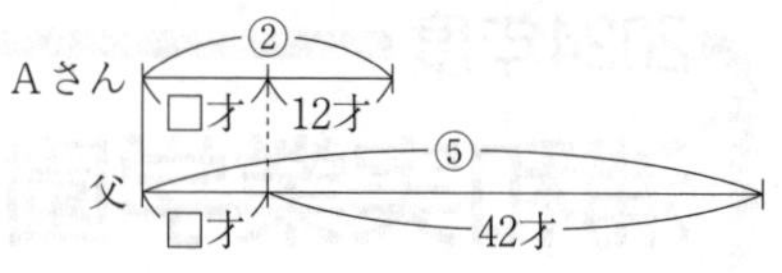

(5)　全体の仕事の量を2と3の最小公倍数の6とすると，Aさんが1時間にする仕事の量は，6÷2＝3，Bさんが1時間にする仕事の量は，6÷3＝2となる。よって，2人ですると1時間に，3＋2＝5の仕事ができるので，仕事が終わるまでの時間は，6÷5＝1.2(時間)と求められる。これは，60×1.2＝72(分)である。

(6)　5割2分を小数で表すと0.52になるから，4800人の5割2分は，4800×0.52＝2496(人)となる。

3 通過算

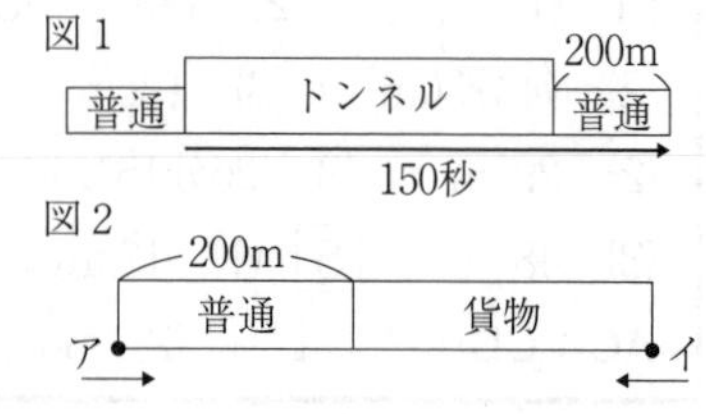

(1)　普通(ふつう)列車がトンネルを通過するときのようすは，右の図1のようになる。ここで，普通列車の速さは毎秒，96×1000÷60÷60＝$\frac{80}{3}$(m)だから，普通列車が150秒で走る長さは，$\frac{80}{3}$×150＝4000(m)とわかる。これはトンネルと普通列車の長さの和にあたるので，トンネルの長さは，4000－200＝3800(m)と求められる。

(2)　右上の図2のようになってから10.5秒後に，アとイが出会うことになる。ここで，貨物列車の速さは毎秒，72×1000÷60÷60＝20(m)だから，普通列車と貨物列車の速さの和は毎秒，$\frac{80}{3}$＋20＝$\frac{140}{3}$(m)である。よって，アとイが10.5秒で進む長さの和は，$\frac{140}{3}$×10.5＝490(m)と求められる。これは普通列車と貨物列車の長さの和にあたるので，貨物列車の長さは，490－200＝290(m)とわかる。

(3)　A駅とB駅の間の長さは，73.5×1000＝73500(m)である。また，普通列車と貨物列車の速さの和は毎秒$\frac{140}{3}$mだから，列車どうしが出会うのは出発してから，73500÷$\frac{140}{3}$＝1575(秒後)とわかる。1575÷60＝26余り15より，これは26分15秒後となる。さらに，この間に普通列車が進む長さは，$\frac{80}{3}$×1575＝42000(m)なので，列車どうしが出会うのはA駅から，42000÷1000＝42(km)離(はな)れた場所である。

(4)　A駅からC駅までの長さは，42×1000＝42000(m)だから，普通列車がA駅からC駅まで行くのにかかる時間は，42000÷$\frac{80}{3}$＝1575(秒)である。一方，特急列車の速さは毎秒，120×1000÷60÷60＝$\frac{100}{3}$(m)なので，特急列車がA駅からC駅まで行くのにかかる時間は，42000÷$\frac{100}{3}$＝1260(秒)となる。よって，普通列車と特急列車が同時にC駅に着くためには，特急列車は普通列車がA駅を出発してから，1575－1260＝315(秒後)に出発すればよい。315÷60＝5余り15より，これは5分15秒後となる。

4 素数の性質

(1)　約数の個数が3個の整数を素数の積で表すと，□×□となり，このときの3個の約数は，1，□，□×□である。したがって，3個の約数の和は，□＝2とすると，1＋2＋2×2＝7，□＝3とすると，1＋3＋3×3＝13となるから，整数Aは，3×3＝9とわかる。

(2)　約数の個数が4個の整数を素数の積で表すと，下の図1の①または②となる。また，このときの約数はそれぞれ(　)内の4個である。□と○に素数をあてはめて和を求めると，和が80になるのは，②で□＝3，○＝19とした場合とわかる(1＋3＋19＋3×19＝80)。よって，整数Bは，3×

19＝57である。

図１

① □×□×□　(1，□，□×□，□×□×□)
② □×○　　(1，□，○，□×○)

図２

③ □×□×□×□×□×□×□×□×□×□
④ □×○×○×○×○

(3)　約数の個数が10個の整数を素数の積で表すと，上の図２の③または④となる。また，整数Cの約数には，２，３，16(＝２×２×２×２)がふくまれているから，条件に合うのは，④で□＝３，○＝２とした場合とわかる。よって，整数Cは，３×２×２×２×２＝48と求められる。

5　平面図形─面積

(1)　下の図１のように直角三角形OGIを作る。すると，角OGIの大きさは，180－(30＋90)＝60(度)だから，三角形OGIは１辺の長さが12cmの正三角形を半分にした形の三角形になる。よって，GIの長さは，12÷２＝６(cm)なので，図１の斜線(しゃせん)部分の面積は，６×６÷２＝18(cm^2)と求められる。

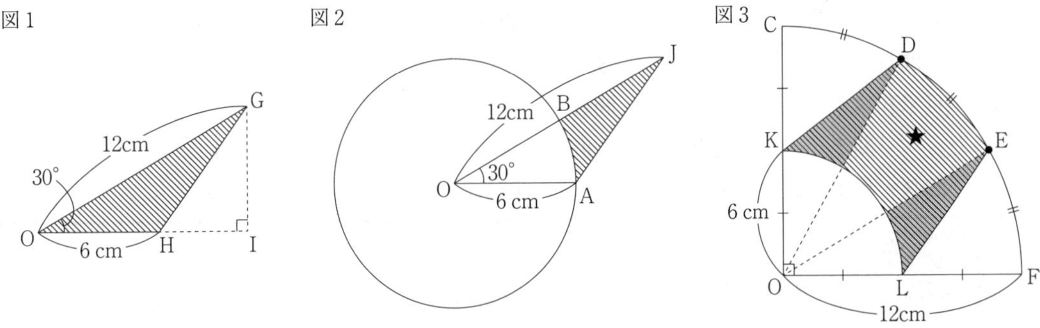

(2)　上の図２の三角形OJAは図１の三角形OGHと合同だから，面積は18cm^{2}である。また，おうぎ形OABの面積は，$6\times6\times3.14\times\frac{30}{360}=3\times3.14=9.42$(cm^2)なので，図２の斜線部分の面積は，18－9.42＝8.58(cm^2)とわかる。

(3)　上の図３のように，OとD，OとEをそれぞれ結ぶ。すると，角EOFの大きさは，90÷３＝30(度)だから，図３の三角形OELと図２の三角形OJAは合同になる。三角形ODKについても同様なので，かげをつけた部分の面積はどちらも8.58cm^{2}とわかる。さらに，角DOEの大きさも30度だから，★印をつけた部分の面積は，$12\times12\times3.14\times\frac{30}{360}-6\times6\times3.14\times\frac{30}{360}=(12-3)\times3.14=9\times3.14=28.26$(cm^2)と求められる。よって，図３の斜線部分の面積は，8.58×２＋28.26＝45.42(cm^2)である。

6　平面図形─角度，面積

(1)　下の図１の三角形ABCで，角ABC＋角ACB＝角DACという関係があるから，角DACの大きさは，15＋15＝30(度)となる。また，角ACDの大きさは，180－(30＋90)＝60(度)なので，三角形ACDは正三角形を半分にした形の三角形になる。よって，ACとCDの長さの比は２：１である。

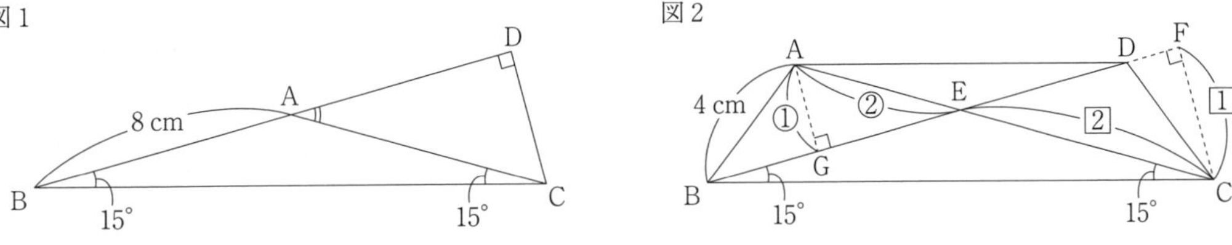

(2) (1)と同様に考えると，上の図２の角AEBと角DECの大きさはどちらも30度になる。よって，図２のようにAからBDに垂直な線AGを引くと，三角形AGEは正三角形を半分にした形の三角形になるから，AG：AE＝１：２とわかる。同様に，CからBDの延長線上に垂直な線CFを引くと，三角形CFEは正三角形を半分にした形の三角形になるので，CF：CE＝１：２とわかる。ここで，ACの長さは12cmだから，②＋[2]＝12(cm)となり，①＋[1]＝12÷２＝６(cm)となる。次に，三角形ABDと三角形BCDの底辺をBDと考えると，この２つの三角形の底辺はどちらも12cmになる。さらに，高さの和は，①＋[1]＝６(cm)なので，面積の和(つまり台形ABCDの面積)は，12×６÷２＝36(cm^2)と求められる。

社 会 ＜第１回午前入試＞（30分）＜満点：50点＞

解 答

[1] 問１ ７　問２ 前橋　問３ ウ　問４ (1) ア　(2) イ　問５ (1) ウ　(2) 1350　問６ (1) イ　(2) ウ　(3) エ　[2] 問１ エ　問２ エ　問３ 富本銭　問４ 日米和親条約　問５ イ　問６ (例) 噴火による火山灰が日光をさえぎり，冷害となった。　問７ イ　問８ ア　問９ ポーツマス条約　[3] 問１ ウ　問２ 国事　問３ 民主主義　問４ 住民投票　問５ イ

解 説

[1] 語学研修についての会話文を題材とした地理の問題

問１ 埼玉県は，北から時計回りに群馬県，栃木県，茨城県，千葉県，東京都，山梨県，長野県の７都県と接している。

問２ 群馬県の県庁所在地は，県中央部のやや南に位置する前橋市である。

問３ 関東地方などの都市の周辺で都市向けに新鮮(しんせん)な農産物を生産する農業形態を，近郊(きんこう)農業という(ウ…○)。なお，促成栽培(そくせいさいばい)は野菜などの成長を早めることで通常よりも収穫(しゅうかく)時期を早めて出荷する栽培方法(ア…×)，抑制(よくせい)栽培は成長を遅(おく)らせる工夫をして収穫・出荷時期を遅らせる栽培方法(イ…×)，施設園芸農業はビニールハウスなどの施設を使用して行う農業のこと(エ…×)である。また，円グラフはいちごの収穫量(2021年)を示している。

問４ (1) 桃(もも)の都道府県別生産量全国第１位は山梨県であり，福島県は第２位(2021年)である(ア…×)。　(2) 資料２によると，福島県のさくらの開花日の平均値は３月31日から４月10日の間となっている(イ…×)。

問５ (1) 特にことわりがないかぎり，地形図では上が北となる。地形図中の「小峰城跡」から見て右下(南東)に「白河城跡」がある(ウ…○)。なお，「小峰城跡」の北を流れる川は，流水方向を示す(⟶)から，西から東へ流れているとわかる(ア…×)。「小峰城跡」の南を東西に走っているJR線は単線(━━)ではなく複線以上(━━)である(イ…×)。地形図中の「中町」付近にある市役所(◎)の近くには神社(⛩)ではなく寺院(卍)が多く見られる(エ…×)。　(2) 地形図上の長さの実際の距離(きょり)は，(地形図上の長さ)×(縮尺の分母)で求められる。この地形図の縮尺は50000分の１なので，地形図上で2.7cmの長さの実際の距離は，2.7×50000＝135000(cm)＝1350(m)となる。

問６　(1)　イギリスの国旗は，連合王国を構成する３つの王国の守護聖人の十字旗や×字旗を組み合わせ，１人の君主の統治下にあることを表しているとされる（イ…○）。なお，アはアメリカ，ウはギリシャ，エはスイスの国旗である。　(2)　イギリスは2020年にEU（ヨーロッパ連合）を離脱した（ウ…×）。なお，ECはヨーロッパ共同体の略称で，EUの前身となる組織である。　(3)　日本からイギリスの首都ロンドンまでの所要時間は，シンガポールまで８時間，シンガポールで３時間滞在，シンガポールからロンドンまで14時間かかったので，８＋３＋14＝25（時間）である。日本を出発した時刻は１月10日午後11時なので，ロンドンに到着したときの日本時間は１月12日午前０時となる。日本の標準時子午線は東経135度線，イギリスの標準時子午線は経度０度（本初子午線）なので，経度差が135度あるため，日本とイギリスのロンドンとの時差は，135÷15＝９で９時間となる。また，日付変更線から西に行くほど時刻は遅くなるので，日本時間が１月12日午前０時のとき，ロンドン時間は１月11日午後３時と求められる。

2　東京都復興記念館に関する会話文を題材とした歴史の問題

問１　1923年９月１日に発生した関東大震災の翌日に成立した内閣は（第２次）山本権兵衛内閣である（エ…○）。なお，アの大隈重信は1898年と1914年に，イの寺内正毅は1916年に，ウの原敬は1918年に内閣総理大臣に就任した。

問２　東日本大震災が発生した2011年３月11日に内閣総理大臣であったのは，菅直人である（エ…○）。なお，アの小泉純一郎は2001年に，イの安倍晋三は2006年と2012年に，ウの鳩山由紀夫は2009年に内閣総理大臣に就任した。

問３　日本最古の銅銭は，７世紀後半の天武天皇のころに鋳造されたと考えられている富本銭である。

問４　1855年の前年の1854年にアメリカとの間で結ばれた，下田と箱館（函館）の２港を開くことや，まき・水・食料・石炭などを供給することを定めた条約を，日米和親条約という。

問５　天智天皇の死後，672年に起こった壬申の乱で，天智天皇の弟である大海人皇子（後の天武天皇）が天智天皇の子である大友皇子に勝利して即位した（イ…○）。なお，乙巳の変は645年（ア…×），承和の変は842年（ウ…×）に起こった出来事。保元の乱は1156年に起こった争いである（エ…×）。

問６　1783年の浅間山の噴火では大量の火山灰が噴出した。そのため，関東地方や東北地方に大量の火山灰が降り積もった。また，火山灰は上空へ広がったため日光をさえぎり気温の低下を引き起こしたと考えられている。火山灰が日光をさえぎったことによる冷害は，天明の飢饉の被害を大きくした要因と考えられている。

問７　十返舎一九は『東海道中膝栗毛』で笑いの文学を残した（イ…○）。なお，松尾芭蕉は関西ではなく東北地方や北陸地方などを旅して『奥の細道』を著した（ア…×）。喜多川歌麿は役者絵ではなく美人画を残したことで有名である（ウ…×）。江戸時代の町人や百姓の子どもが学んだ寺子屋では，読み・書き・そろばんなどが教えられた（エ…×）。

問８　江戸幕府第８代将軍である徳川吉宗による改革は，享保の改革である（ア…○）。なお，イの天保の改革は老中の水野忠邦による改革，ウの田沼政治は老中の田沼意次による政治，エの寛政の改革は老中の松平定信による改革である。

問９　満鉄（南満州鉄道株式会社）は，日本が1905年に結ばれた日露戦争の講和条約であるポーツマス条約でロシアから獲得した「長春以南の鉄道利権」を経営する目的で設立された。

3 地方自治を題材とした政治の問題

問１ 地方自治において予算の議決を行うのは地方公共団体の議会である(ウ…×)。なお，地方自治において認められている住民の直接請求(せいきゅう)権には，条例の制定・改廃(かいはい)請求，監査請求，首長・議員などの解職請求(リコール)，議会の解散請求がある。

問２ 日本国憲法第７条で，天皇は内閣の助言と承認のもとに，憲法に定められた国事行為のみを行うことが規定されている。

問３ 地方自治は，住民がその地域にあった政治を自らの手で治めていくことから，「地方自治は民主主義の学校」とも言われている。

問４ 地域の生活に関わる重要な問題について，住民が投票によって賛成か反対かの意思を示すことを住民投票という。憲法や法律の規定にもとづくもののほか，案件ごとに住民投票条例を制定するなどして実施される。条例による場合，法的拘束(こうそく)力はないが，地域の政治に大きな影響(えいきょう)をあたえることがある。

問５ 衆議院は参議院に比べ任期が短く，参議院にはない解散があることから，より世論を反映しやすいと考えられているので，衆議院の優越が認められている。内閣総理大臣の指名について，衆議院と参議院の議決が一致しない場合，両院協議会を開いても意見が一致しないときや，参議院が内閣総理大臣の指名の議決をしないときには，衆議院の議決が国会の議決となる(イ…○，エ…×)。なお，衆議院議員は任期が４年で被選挙権は25歳(さい)(ア…×)，参議院議員は任期が６年で被選挙権は30歳(ウ…×)である。

理 科 ＜第１回午前入試＞（30分）＜満点：50点＞

解 答

1 問１ (イ) 問２ (エ) 問３ ③ 問４ (ア) 問５ (ウ) 問６ (オ)→(エ)→(イ)→(ウ)→(ア) **2** 問１ ① (イ) ② (ア) 問２ (例) 血管Ａを通る血液は酸素を多く含み，血管Ｂを通る血液は栄養を多く含む。 問３ 血管…Ｄ Ｅの名前…ぼうこう 問４ 14400mL **3** 問１ ホウ酸，18.7ｇ 問２ (エ) 問３ (ア) 問４ 28% 問５ 4.4ｇ **4** 問１ (ウ) 問２ (オ) 問３ (ウ) 問４ Ａ 問５ Ｆ

解 説

1 月の満ち欠けや見え方，日食についての問題

問１ 月は地球のまわりを約27.3日かけて公転している。なお，地球も太陽のまわりを公転しているので，新月から次の新月までは約29.5日かかる。

問２ 上弦(じょうげん)の月は地球から見て右半分が光って見える月で，月が①の位置にあるときに見える。上弦の月は，正午ごろ東の地平線からのぼり，夕方ごろ南中して，真夜中ごろに西の地平線にしずむ。

問３ 満月は地球から見て円形に光っているように見える月で，このとき月は地球に対して太陽の反対側の③の位置にある。

問４ 月の表面に見える，少し黒くて平らな部分を月の海という。色が少し黒く見えるのはその部分が黒っぽい岩石(げんぶ岩)でできているからであり，水があるわけではない。

問５　月は１回公転する間に，公転と同じ向きに１回自転しているので，地球からはつねに月の同じ面しか見えない。

問６　日食が起こるのは，太陽―月―地球がこの順に一直線に並んだときである。このとき，月は図の⑦の位置にあり，月の公転の向きから，地球からは月が太陽の前を東から西(右から左)に通過するように見える。よって，日食のときには，太陽は右側から欠けていき，右側から満ちていく。

2　血液の循環，肺のはたらきについての問題

問１　図１で，①と②が血管Ｂでつながっていることから，①はかん臓，②は小腸とわかる。小腸で吸収した養分はかん臓に運ばれ，その一部がかん臓にたくわえられる。

問２　血管Ａは心臓から出た血液が流れる血管なので，そこを流れる血液は酸素を多く含んでいる。血管Ｂは，小腸からかん臓に向かう血管なので，小腸で吸収した養分を多く含む血液が流れている。

問３　動脈は心臓からきた血液が流れる血管であり，静脈はからだの各部分から心臓に向かう血液が流れる血管で，図２では血管Ｃが静脈，血管Ｄが動脈である。また，じん臓でつくられたにょうは，輸にょう管を通ってぼうこう(Ｅ)に一時的にためられた後，体外に出される。

問４　空気中の酸素の体積の割合は21％なので，８Ｌ＝8000mLの空気に含まれる酸素の体積は，$8000\times0.21=1680$(mL)である。また，はく息500mLには酸素が90mL含まれているので，はく息８Ｌに含まれる酸素の体積は，$90\times\frac{8000}{500}=1440$(mL)である。したがって，ヒトが１分間に血液に取りこむ酸素の体積は，$1680-1440=240$(mL)とわかる。１時間は60分なので，ヒトが１時間に血液に取りこむ酸素の体積は，$240\times60=14400$(mL)と求められる。

3　ものの溶け方についての問題

問１　80℃の水100ｇに食塩を溶けるだけ溶かし，20℃まで温度を下げたときに出てくる結晶の重さは，表より，$38.0-35.8=2.2$(ｇ)である。同様に，ホウ酸を溶かしたときに出てくる結晶の重さは，$23.6-4.9=18.7$(ｇ)である。よって，ホウ酸の方が多くの結晶が出てくる。

問２　食塩の結晶は，立方体のような形をしている。なお，(ア)はホウ酸，(イ)はしょう酸カリウム，(ウ)はミョウバンの結晶である。

問３　溶けるものの重さは，溶かす水の重さに比例する。なお，ゆっくりかき混ぜると溶ける速さは速くなるが，溶ける量は変化しない。また，食塩水の体積は，もとの水と食塩の体積の合計より小さくなる。食塩水の重さは，食塩の重さと水の重さの和になるので，溶かす前の水の重さよりも大きい。

問４　食塩水の濃さは，(食塩の量)÷(食塩水の量)×100で求められる。よって，80℃の水100ｇには食塩は38.0ｇまで溶けるので，その濃さは，$38.0\div(100+38)\times100=27.5\cdots$より，28％とわかる。

問５　０℃の水200ｇに溶けるホウ酸の重さは，$2.8\times\frac{200}{100}=5.6$(ｇ)である。よって，はじめにホウ酸を10ｇ溶かしたので，０℃に下げたときに出てくるホウ酸の重さは，$10-5.6=4.4$(ｇ)と求められる。

4　回路と豆電球の明るさについての問題

問１　実験１のような回路では，回路全体に流れる電流の大きさは，直列につながったかん電池の数に比例し，直列につながった豆電球の数に反比例する。また，豆電球に流れる電流の大きさと，かん電池から流れる電流の大きさは，それぞれ並列につながった個数に反比例する。よって，(ア)の

回路で，豆電球に流れる電流の大きさを１，かん電池から流れる電流の大きさを１として考えると，それぞれの回路で豆電球に流れる電流の大きさとかん電池から流れる電流の大きさは下の表のようになる。豆電球に流れる電流の大きさが大きいほど，豆電球は明るく光るので，最も豆電球が明るく光るのは(ウ)の回路とわかる。

回路	(ア)	(イ)	(ウ)	(エ)	(オ)	(カ)	(キ)
豆電球に流れる電流	1	$\frac{1}{2}$	2	1	$\frac{1}{2}$	1	1
かん電池から流れる電流	1	$\frac{1}{2}$	2	$\frac{1}{2}$	$\frac{1}{4}$	1	$\frac{1}{2}$

問２，問３　豆電球が一番長くついている回路は，かん電池から流れる電流の大きさが最も小さい回路である。よって，上の表より，(オ)の回路とわかる。同様に，豆電球が一番早く消えるのは，かん電池から流れる電流の大きさが最も大きい(ウ)の回路になる。

問４　図２の回路は，豆電球Ａのみを通る道すじ，豆電球Ｃと豆電球Ｅを通る道すじ，豆電球Ｂと豆電球Ｄを通る道すじが並列につながっている。各部分において，直列つなぎになっている豆電球の数が少ないほど明るく光るので，豆電球Ａが最も明るく光る。

問５　図２の回路で，豆電球Ｂの方から豆電球Ｆに電流を流そうとするはたらきと，豆電球Ｃの方から豆電球Ｆに電流を流そうとするはたらきは，大きさが同じで，向きが逆になる。そのため，豆電球Ｆには電流が流れない。

国語　＜第１回午前入試＞（50分）＜満点：100点＞

解答

一 **問１**　下記を参照のこと。　**問２**　(1)　そそ(ぐ)　(2)　きょしゅ　(3)　しょうぶん　(4)　びんじょう　(5)　やわ(らげる)　**問３**　(1)　ウ　(2)　イ　(3)　ア　(4)　エ　(5)　イ　二 **問１**　ウ　**問２**　エ　**問３**　(ⅰ)　知能　(ⅱ)　命　(ⅲ)　汚染段階　**問４**　ア　**問５**　イ　**問６**　文字　**問７**　知能がある　**問８**　世界を人間　**問９**　エ
三 **問１**　Ａ　ウ　Ｂ　ア　**問２**　(例)　アヤ子に水の入らないビニールの水泳服は作れないと答えられてしまうと元も子もなくなるので，何としてでも水泳服を作ってもらえるように説得する必要があると考えたから。　**問３**　イ　**問４**　イ　**問５**　ア　**問６**　(ⅰ)　Ａ　タ　Ｂ　オ　Ｃ　キ　Ｄ　ソ　Ｅ　チ　Ｆ　ケ　(ⅱ)　イ

●漢字の書き取り

一 **問１**　(1)　往復　(2)　納(める)　(3)　明朗　(4)　全快　(5)　収支

解説

一　漢字の書き取りと読み，慣用句・ことわざの完成

問１　(1)　行って帰ること。　(2)　音読みは「ノウ」で，「収納」などの熟語がある。　(3)　性格が明るく，朗らかなこと。　(4)　体調が完全によくなること。　(5)　収入と支出のこと。
問２　(1)　音読みは「チュウ」で，「注目」などの熟語がある。　(2)　手をあげること。　(3)　生まれもった性格。　(4)　自分にとって都合のよい機会をとらえ，利用すること。　(5)　音読

みは「ワ」で，「平和」などの熟語がある。

問３　(1)「根も葉もない」は，何の根拠もないこと。　(2)「手に汗を握る」は，緊張しながら見守ること。　(3)「互いの腹を探る」は，相手が何を考えているかを，それとなくうかがうこと。　(4)「羹に懲りて膾を吹く」は，失敗に懲りて用心しすぎること。　(5)「取りつくしまもない」は，たよることができず，どうしようもないようす。

二　出典：高槻成紀『都市のくらしと野生動物の未来』，鈴木孝夫『世界を人間の目だけで見るのはもう止めよう―言語生態学者　鈴木孝夫講演集』。人間中心の視点をはなれて，自然の生きものの立場からものごとをとらえることが大切だと述べられている。

問１　A「東京に住んでいると～たくさん見て」きたし，「長く観察してきた玉川上水で～野鳥が激減したりするのも見て」きたとあるので，ことがらを列挙するときに用いる「また」が入る。

B「メダカだけをとりあげて比較することは適切では」なく，メダカがいなくなるということは，メダカを取り巻く環境も汚染段階にある。言いかえると，「メダカの環境を総合的にとらえれば，メダカがいないことの意味が理解される」のにもかかわらず，メダカと人だけに注目するのは間違っているという文脈である。よって，“要するに”という意味の「つまり」が合う。　D「都市化に伴うプラスの面」がある一方で，「都市にはマイナス面も」あるというのだから，前のことがらを受けて，それに反する内容を述べるときに用いる「しかし」があてはまる。

問２　同じ文に「それだけに」とあるので，前の部分に注目する。人は不当に攻撃されれば，相手を非難し戦いを挑むが，樹木や動物は非難したり戦ったりすることなく，無抵抗のままただ伐られたり消えたりすることしかできないため，筆者は心を痛めているのである。よって，エが選べる。

問３　(i)～(iii)「メダカのような小魚と人の命のどっちが大事か，考えればわかるだろう」という発言には，二つの問題点があることをおさえる。人は知能があるから命に特別の価値があると考えることと，メダカの住む環境について考えないで，メダカだけを単独であつかうことによって，人が住む環境も汚染段階が進んでいることに気づかないことである。

問４　「それ」とあるので前の部分に注目する。都会のせまい緑地に希少な動植物が少ないことが，工事することを正当化するものになるということなので，アがふさわしい。なお，「免罪符」とは罪を逃れるためのもの，正当化するためのもの。

問５　直後に「つまり」とあるので，続く部分に注目する。「大量の物資とエネルギーを取り込んで，大量の廃棄物を生み出す暮らし」と言いかえられているので，「消費者」だとわかる。

問６　ここでは，過去の人類には欠けていた科学的な知識や，それを共有できる手段が私たちにはあるということが述べられている。続く部分に，私たちは先祖とはちがい，「文字」によって正しい知識や考え方を知ることができるとあるので，この部分がぬき出せる。

問７　二重ぼう線部Aでは，人間の頭脳には特別な価値があり，ほかと比べるまでもないとする考え方が述べられている。同じことを，文章２では，「知能があるのは人間だけで，ことばがあるのも人間だけなどといった考え方」と表現している。

問８　前の部分にあるとおり，「動物や植物の声」を聞くことは，動物や植物の立場に立ち，痛みや悲しみを理解することである。文章２の最初の部分で「世界を人間の目，人間の立場からだけ見るのはもう止め」て，人間も地球上の生物の一種でしかなく，動物と人間は仲間なのだという観点に立ち，ほかの動物の目で人間を見るように述べられているのだから，ここがぬき出せる。

問９　二つの文章は，いずれも人間の都合を優先するのではなく，自然の生き物の立場に立つことを求めている。文章２は言語学者の立場から書かれているので，「動物学的な視点から」批判しているとするエが誤りである。

三　**出典：庄野潤三「ビニール水泳服実験」**。水泳部の矢島先生とコーチの鬼内先生が，冬のプールでも泳げるように，洋裁店のアヤ子にビニール水泳服を作ってもらい，プールで試用する場面である。

問１　**Ａ**　「水の泡」は，それまでの努力がむだになってしまうこと。似た意味の言葉は，“もとの状態にもどってしまうこと”という意味の「元の木阿弥」。　**Ｂ**　「無造作」は，手軽にやってのけるようす。似た意味の言葉は，“たいして苦労せずに行うようす”という意味の「苦もなく」。

問２　前の部分にあるとおり，アヤ子は水泳服に水が入らないようにするのが難しいと思い，溜息をついている。もしアヤ子が考え込んだうえで水泳服を作ることを断った場合，冬でもプールで泳げるようにする計画は台無しになってしまう。だから，矢島先生はあわてて言葉を続けているのである。

問３　同じ文で，「ほんとに矢島さんの口のうまいのにかかったら～そんな気になって」来ると言っていることをおさえる。矢島先生が，「アヤちゃんがあんたの顔を見る時の眼と，僕の顔を見る時の眼と，違う」などと言って，まるでアヤ子が自分に気があるようなことを言ってくるので，鬼内先生も，アヤ子のことが気になってきてしまったのである。

問４　続く部分で，「ぱぱぱーと来た」ことに対し，「早いこと！」と鬼内先生は言っているので，「稲妻みたいに」というたとえが，水の入り込んでくるスピードが速いことを意味しているとわかる。

問５　矢島先生は，試作した水泳服での実験が失敗に終わったことがわかり，がっかりして溜息をついている。よって，後ろめたい気持ちを意味する「罪悪感」が合わない。

問６　(i)　**Ａ**　続く部分で，鬼内先生は自分のことを田舎者と言い，アヤちゃんのことを「マドンナ」や「高嶺の花」だと思っていると述べられていることから，タがあてはまる。　**Ｂ**　同じ文に，「今でも鬼内先生は，アヤちゃんのことを思っているのかもしれない」とあることから，オが選べる。　**Ｃ～Ｅ**　ここでは，「矢島先生のアヤちゃんに対する視線」の例として「鬼内先生が結婚したあとのアヤちゃん」のようすや，「プールをちょくちょく見に来るアヤちゃん」のようす，さらに「アヤちゃんの眼の動き」にも触れていることが述べられているので，それぞれキ，ソ，チが入る。　**Ｆ**　Ｅさんの発言からわかるとおり，矢島先生から鬼内先生への仕返しのような意味を持つのは，すでに水が入らないくらいまで締められている紐を，さらに締めようとしているケである。　(ii)　水に濡れているビニール水泳服はアヤ子が作ったものであり，その実験が失敗だったことを表すものである。失敗したものを見せないのは，失敗したことを知ってアヤ子を落ち込ませないようにするためだと考えられるので，イが合う。

2024
年度

浦和実業学園中学校

【算　数】〈第１回午後入試〉(50分)〈満点：100点〉

【注意】１．定規は使用してもかまいませんが、三角定規、分度器、コンパス、電卓は使用できません。
２．途中(とちゅう)の計算式や考え方も書くように指示されている問題については、解答用紙の所定のところに記入してください。特に指示のない問題については解答だけ記入してください。

1 次の計算をしなさい。

(1) $30 \div (12 + 6 \div 2)$

(2) $91 \times 5 + 91 \times 15$

(3) $4.5 - 1.58 + 7.28 - 8.2$

(4) $(1.85 - 0.03 + 0.15) \times 200$

(5) $\left(1.2 + \frac{4}{5}\right) \div \frac{2}{3} - 2$

(6) $\frac{3}{8} + \frac{1}{6} + \frac{5}{12} - \frac{1}{3}$

2 次の各問いの □ にあてはまる数を答えなさい。

(1) 静水時の速さが毎時 15 km の船が毎時 3 km の速さで流れる川を 60 km 上るのに □ 時間かかります。

(2) 長さ 400 m の木材を 80 m ずつ切り分けます。1 回切るのに 5 分かかり，切った後は 3 分休みます。すべて切り終えるのに □ 分かかりました。

(3) 240 g の砂糖水の中に 12 g の砂糖が溶(と)けています。この砂糖水の濃度(のうど)は □ %です。

(4) つるとかめが合わせて 80 匹(ぴき)います。足の数の合計が 220 本のとき，かめは □ 匹います。

(5) いま，Aさんは 15 才でAさんの父は 45 才です。父の年れいがAさんの年れいの 7 倍であったのは，いまから □ 年前です。

(6) ある仕事をするのにAさんは 18 日かかり，Bさんは 6 日かかります。ある日，Cさんも加わり 3 人でその仕事をしたところ，3 日で終えることができました。Cさん 1 人では □ 日かかります。

3　ある池の周りをＰ地点からＡさんが時計回りに，Ｑ地点からＢさんが反時計回りに同時に出発し，この池を回り続けます。Ｂさんの速さは毎分 72 m で，出発してから６分後にはじめて２人は出会い，その９分後にＡさんはＱ地点を通過しました。２人が２回目に出会ったあと，Ａさんは 12 分後にちょうど１周しました。次の各問いに答えなさい。

(1)　Ａさんの速さは毎分何 m ですか。

(2)　ＡさんがＰ地点からＱ地点まで進んだ距離（きょり）は何 m ですか。

(3)　池の周りは全長何 m ですか。

(4)　２人がＰ地点で２回目に出会うのは出発してから何分後ですか。

4　１番目の数を３とし，２番目の数を９とします。１番目の数と２番目の数の和の一の位の数を３番目の数とします。この場合，３＋９＝12 となり，和の一の位の数が２なので３番目の数は２となります。同じ規則で，２番目の数と３番目の数の和の一の位の数を４番目の数とします。この規則にしたがって並べていくと次のように並びます。

３，９，２，１，３，４，７，……

次の各問いに答えなさい。

(1)　15 番目の数を求めなさい。

(2)　100 番目の数を求めなさい。

(3)　73 番目の数から 100 番目の数までの和を求めなさい。

5 下の図は角ABCが90°の直角三角形です。辺ABの中点をD，辺BCを１：２に分ける点をE，辺ACの中点をＩとします。点Ｉが直線BFの中点となるように点Fをとり，直線FDと直線FEを作りました。辺ACと直線FDの交点をG，直線FEと辺ACの交点をHとします。このとき，次の比を最も簡単な整数で答えなさい。

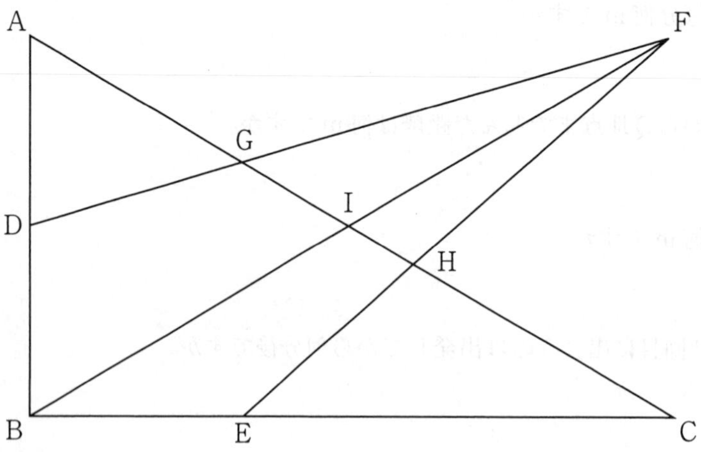

⑴　AG：GC

⑵　AG：GH：HC

⑶　(三角形FGＩの面積)：(三角形FHＩの面積)

6 次の各問いに答えなさい。ただし，円周率は3.14とします。

(1) 下の図のように，点Aを通る２本の直線に点B，点Cでぴったりとくっつく中心がOの円があります。AB＝6 cm のとき，四角形ACOBの面積を求めなさい。

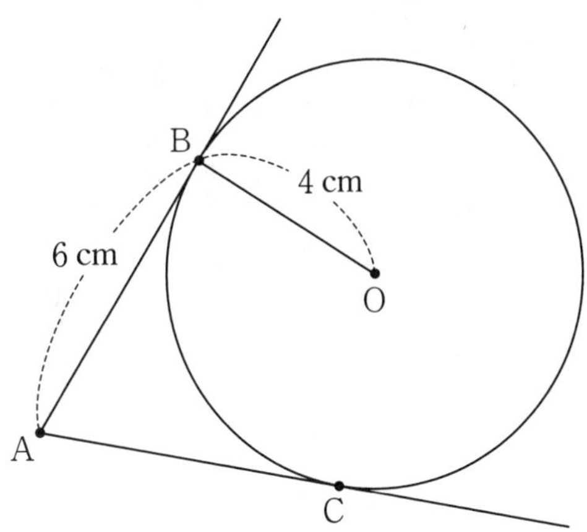

(2) 辺ADと辺BCは平行で，AB＝DCの台形にぴったりと入っている円の面積を求めなさい。

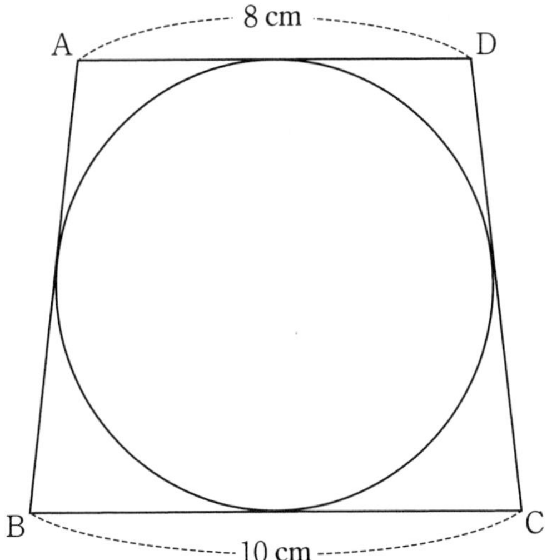

すが、その理由を次のように説明したとき、［Ⅰ］～［Ⅲ］に当てはまる言葉として最も適当なものを後の中からそれぞれ選び、記号で答えなさい。

◎ **おじさんのふるまいを［Ⅰ］だと想像できなかった過去の［Ⅱ］自分を思い出し、［Ⅲ］気持ちになったから。**

［Ⅰ］ **ア** 自分への皮肉　**イ** 自分への感謝
　　 ウ 自分への怒り　**エ** 自分への愛情

［Ⅱ］ **ア** おおらかな　**イ** ひたむきな
　　 ウ 未熟な　**エ** 冷酷な

［Ⅲ］ **ア** うしろめたい　**イ** おくゆかしい
　　 ウ いとおしい　**エ** くやしい

問七 ――**部⑦**「僕がちゃんと全部書いておく」とありますが、「書いておく」という表現に込められた「僕」の心情はどのようなものですか。その内容を**六十～八十字**で説明しなさい。

問八 本文の内容や表現の説明として適当なものは「Ａ」、そうでないものには「Ｂ」と答えなさい。

ア 本文４２行目の「僕はそういう意味で……書いてるんだから」とあるように、傍点は過去の出来事が事実であることを強調するためにつけられている。

イ 本文１１４行目の「幾重にもへし折られた僕の影は、……折れ曲がった」とあるように、夕日や建物によって形を変化させる影が、刻々と変化する「僕」の心情を暗示している。

ウ 本文１６６行目にある「佐田おじさん」を「ジャムおじさんみたいに言うな」とあるように、ユーモラスな表現を用いて、緊迫した場面を和らげようとしている。

エ 本文２１２行目にある「別に何百歩だって何千歩だってよかった」とあるように、障害者への思いやりの中に潜む無意識の偏見を示すことで、事態の深刻さが描かれている。

・チューニング…楽器の音程を正確に合わせること。
・難発…吃音の症状のひとつ。言葉が発せず、連続して話せない状態のこと。
・市民薄明…空が十分明るい様子であること。

問一 ——**部①**「女の人の目にはぼちぼち敵意が混じっていた」とありますが、女の人の気持ちはどのように変化しましたか。その流れを示したものとして最も適当なものを次の中から選び、記号で答えなさい。

ア 期待→疑念→不快
イ 絶望→悲観→怒り
ウ 驚き→焦り→戸惑い
エ 警戒→不安→いらだち

問二 ——**部②**「蛇足」の意味として最も適当なものを次の中から選び、記号で答えなさい。

ア いじらしいもの　　**イ** でたらめなもの
ウ なくてもよいもの　　**エ** にくたらしいもの

問三 ——**部③**「これ以外のことは本当にはできないんだ」とありますが、この場面における「僕」の「おじさん」に対する思いを次のように説明したとき、［Ⅰ］の空らんに当てはまる言葉を**本文１行目～７４行目まで**の中から**五字**で探し、抜き出して答えなさい。また、［Ⅱ］に当てはまる表現として最も適当なものを後の中から選び、記号で答えなさい。

◎ **おじさんと一緒に買った思い出の［Ⅰ］を今も使っていることを伝えながら、［Ⅱ］。**

ア 自分に対する誤解を取りのぞいてあげたい
イ おじさんを慕う気持ちを間接的に伝えたい
ウ 自分が立派に成長した姿を知ってもらいたい
エ おじさんがいない寂しさを一時的にごまかしたい

問四 ——**部④**「二人はその後ろから鉤でも引っかけようとするみたいに声をかけてくる」とありますが、このときの僕に対する二人の心情を次のように説明したとき、［Ⅰ］の空らんに当てはまる言葉を**本文１０３行目～１２３行目まで**の中から**二字**で探し、抜き出して答えなさい。また、［Ⅱ］に当てはまる表現として最も適当なものを後の中から選び、記号で答えなさい。

◎ **おじさんの謎めいた［Ⅰ］の［Ⅱ］という気持ち。**

ア 真相を誠にも考えさせたい
イ 意味を知ってもだれにも話したくない
ウ 真相を聞き出すまでは引き下がるつもりはない
エ 意味を教えてくれないのでいらだちをぶつけたい

問五 ——**部⑤**「『嘘つけ』と馬鹿の一つ覚えみたいに言った」とありますが、この場面における「僕」の状況を説明したものとして最も適当なものを次の中から選び、記号で答えなさい。

ア おじさんが友人たちと会話をしたことに信じられずにいたが、おじさんから自分への感謝の言葉を聞き、より一層動揺している。
イ おじさんが思いのままに話せるようになったのだと喜んだが、直接会ったときに、それを確かめればよかったと後悔している。
ウ おじさんと会話した友人から、おじさんと一緒にいた女性のことを聞かされるのは嫌なので、話を切り上げようとしている。
エ おじさんが「僕」のために作った歌を、他の人に聴かせるわけがないので、なぜその秘密を知っているのかと疑問に感じている。

問六 ——**部⑥**「甥っ子思いなんて聞かされると耳が痛い」とありま

り出すような、死ぬほど眩しい夕焼けだった。錆びた弦が目に浮かんだ。

「ギターの音は最悪だったけど、歌はけっこう上手かったよ。歌う時は吃音は出ないし」

「だから、なんか歌うみたいに言ってたのか」蔵並は感心するように言った。

「それでも相当だったけどな」

「お、お、おじさんは」と松が突然言った。

突然だったのに、喘ぐような※難発や仕切り直しの「あの」のくり返しがあって、でも諦めなくて、次の言葉が出てくる前に僕らは何十歩も進んだ。別に何百歩だって何千歩だってよかった。

「きききき君たちは、ま、ま、誠の友達かって、き、きき訊いた」

「おい」大日向は呆れたように笑って「そのことかよ」と言った。

「それは言わないでおくかってさっき話したろ」

「そっか」と松は目を剝いた。「ごご、ご、ごめん」

僕は何にも言わなかった。断ち切るようにそっぽを向いた。

「聞きたいか?」と大日向が言った。そういうのを見逃してくれないんだ。

「なんて答えたか教えてやろうか。蔵並が代表して答えたんだぜ」

蔵並はすっと前に出て、聞こえてないみたいに歩いた。僕も聞こえないふりをしたら、大日向は機嫌良さそうに悪態をつき始めた。

(中略)

「にしても、やっぱ歯は残念だったな」大日向はいつもの人のよさそうな声で、自分で話を変えた。「蔵並、見なかったか?」

「見てない。そもそもスーツ着て仕事帰りっぽかったし、彼女みたいな人いたし、なんか色々、話とちがってた」

「変わるんだよ、人は」と僕は言い訳した。「二年もあれば」

※市民薄明、道は坂となって下り始めた。暗い谷の向こうでは、夕闇でくっついた町のシルエットの縁だけが浅黄色に滲んで、空に溶け出しているようだった。ばらまかれた雲の尻尾が緑にたなびく空のさらに高みでは、青が深く冷めながら夜へと向かっていた。

さっきまでのきつい夕焼けよりずっと僕らの心にそぐうもので、それを目にした誰からともなく足を止め、疲弊の色濃い感嘆の声を上げた。傾いた道に列した僕らはしばらく、金網越しの西の空を、腑抜けのように眺めていた。

三人ともバカじゃないから、修学旅行後に提出するレポートにこの夕暮れのことを書いたりはしなかったはずだ。行ってもいない美術館とか東京タワーとかについて、女子たちの写真や話でもってでっち上げたんだろう。そんなのあんまりだから、レポートを提出しそびれた僕が代わりに書いておく。⑦僕がちゃんと全部書いておく。

(乗代雄介『それは誠』)

※注
- おくびみたいにこみ上げた…自分の内側からこみ上げてくるような様子のこと。
- 適当にどもらせてる…過去の出来事を書く「僕」が、「おじさん」や「松」の吃音を正確には再現していない、ということ。
- 情報室…自由行動の場所を調べるために利用したパソコンルーム。誠はそこで自分の生い立ちや「おじさん」との関係性を、班のメンバーに伝えている。
- 封筒の写真…誠は、祖父母宛に届いたおじさんからの封筒をスマホで撮影し、その写真を班のメンバーに見せながら、おじさんの存在は作り話ではないと説明している。
- 小川楓…同じ班の女子生徒。誠が密かに好意を寄せている。

そう言うと松が音もなく笑った。僕はきっとすごく疲れていたんだろう。うまく笑えなくて、なんだか泣きそうになった。

この後、松の吃音についてちょっと喋った気がする。何の段が出にくいとか、こんな状況だと難しいとか、おじさんともずいぶん違っていた。僕はここまで松の吃音交じりの発言を書いてきたけど、この時に聞いたことや記憶の通りになんかやってない。はっきり言って、半分以上は※適当にどもらせてるようなもんだ。松やおじさんのことを思うと、どうしてもそうなるんだ。それがどういうことかは自分でもわからないけど、それについて疑問を呈してくる人間がいたら金網に突き飛ばして首を絞めたくなるようなことではある。そんな奴らはせいぜい社会にでも問いかけてればいいさ。問いかける時、その心は震えているんだろう。震えた心から出た言葉なんか、僕は信用するものか。

「それで、何にも言わなくていいっておじさんに言ってたのか」蔵並がいやに小さい声で言った。「最初に」

何が無闇に涙腺を刺激するかわからないから黙っていた。でもそうさ、僕は底抜けに気遣いのできる奴なんだ。わざわざそれを言わなきゃ、おじさんは普通に話せてたかも知れないのに。

「佐田おじさん」蔵並は僕の様子を気にしながら言葉を探るようだった。「あの後、うれしそうだったよな」

「ジャムおじさんみたいに言うな」大日向の言い方は、なんでか本気で注意するみたいだった。「だいたい、あの人の名字って佐田なのか？」

「佐田だよ」と僕は言った。「母方の名字だから」

「そうか、離婚したんだっけ」と大日向は言った。「書いてたな、※情報室で」

「佐田なのは※封筒の写真でも見ただろ」蔵並は急に責めるような口振りになった。

「そうだっけ？　よく覚えてんな」と感心してから、大日向は「じゃあさ」と僕を見た。「前の名字は？」

「奥原」

「奥原誠」と大日向はぽつりと言った。「知らない奴だな」

僕だって物心つく前の名前なんか知るもんか。でも、もし奥原誠のままだったら出席番号で※小川楓の次だったとかくだらないことを考えないでもない。

「で」と出席番号が小川楓の一つ前の大日向が言う。「結局〈それは誠〉はなんなんだよ」

そんな恥ずかしいことを考えてたら、おじさんのことを話すのは何でもなかった。

「おじさんがよく歌ってた曲に出てくる歌詞。ギター弾きながら歌う」

家の物置にはおじさんが学生の時に使ってたギターが置いてあって、盆と正月に帰ってくると、頼んでもないのに出してきた。それで僕の部屋に来て、ベッドに座って長々※チューニングしてから歌い始めるんだ。今も僕の後ろにあるベッドだ。

「そればっかり歌ってた。僕のためか知らないけど」

「どう考えてもお前のためだろ」と大日向が言う。「甥っ子思いだな」

おじさんはそういう姿を僕にしか見せなかった。見せられなかった。でも、立場はすぐに逆転した。小学校も高学年になると僕は、おじさんと接する自分の中に慈悲の心が枝葉を広げていくのを感じずにはいられなかった。その花が次々と開くように、事ある毎にこう思った――かわいそうなおじさん。だから⑥甥っ子思いなんて聞かされると耳が痛い。それにしても、こういう全ての思い違いを炙

「あっ」と松が悔しそうな、笑ってそうな声をあげる。

「どうでもいいだろ」と蔵並が言った。「そんなことは」

「話したのか」僕は振り返ってしまった。「おじさん」

電車が通過する。遠ざかり、音がやむ。

「それは誠」と大日向は言った。「そのあと、なんだっけ?」と腕を寒そうにさすりながら蔵並に訊く。「なんか変な言い方だったから忘れた」

「強い男」

「そうそう。それが伝言だってよ。おじさんから」

僕はまた前を向いて歩き始めた。④二人はその後ろから鉤でも引っかけようとするみたいに声をかけてくる。

「誠って、お前の名前だろ」と蔵並は言った。「どういう意味だ?」

「おじさんが、伝えてくれればわかるってよ」と大日向も言った。

「嘘つけ」

「なんで嘘つくんだよ、こんな状況で」と大日向が言った。「わかるんだろ?」

「黙れ」と僕は前を見たまま言った。「頼むから黙ってくれ」

怒ってるわけじゃない。それは三人もわかってたはずだ。しばらく言葉はなかった。茜の空にあふれ飛び交う雲の隙間から、夕日は相変わらず強い光を注いでくる。全て焼き切ってほしいのに、民家の玄関アプローチの小階段で幾重にもへし折られた僕の影は、路地にあたるたびに遠くまっすぐのばされたり、また窮屈そうに折れ曲がったり、そういう滑稽なことを続けるだけだった。

「あと」大日向が口を開いた。「おじさんがもう一つ伝えてくれって言ってた」

前にいた蔵並が、肩越しにちょっと目をやった。

「来てくれてありがとう、だってさ」

色つきの光に晒されていたこともあって、僕は眉間のあたりがむずがゆくって仕方なかった。眉根をぎゅっと寄せて強張らせた後で⑤「嘘つけ」と馬鹿の一つ覚えみたいに言った。

「信じねえならいいけど」

「松」と僕は振り返った。「ほんとか?」

松は僕の目をじっと見つめ返した。口から首にかけてが何度も強張るのがわかって、僕は少しだけ目をそらして待った。

「あ、ありがとうって、つ、つつ、つつつ伝えてくれ」珍しく他人の声色を使っている感じだった。「そ、そう、言ってたよ」

「そこまでひどくないだろ」

悪態が口をついたのは、おじさんも吃音があったからだ。でも、たいていは抑えて喋れてた。買い物に出た時とか、ふとした拍子にどぎつい出方をしてたけど、それでも絶対、松ほどひどいことはないんだ。松がおじさんを真似した可能性なんて無いのはわかってたけど、この時の僕は、松にもそういう口を利きたい気分だったんだよ。

「いや、ちょうどそのくらいだったぜ」察しのいい大日向がすぐに言った。まったく、どいつもこいつも配慮のない最低の奴らだ。おまけに「どもり」とはっきり口に出した。

「治ってないか」と言いながら、僕はその喋り方を思い出していた。

「年いって治るもんじゃないか」

「ぼぼぼくは、三年ぐらいで、し、しし自然に、な、治るってい、いい言われた」

「今、何年目だよ」

「ささ最初の、び、びよ、病院は、よ、四年生の時に、いい行って――」

「ダメじゃねえか」

「パソコン、今も使ってるよ」

ひどい②蛇足だとしても、下品な傍点を打つことを許してほしい。僕はそういう意味で言ったし、そういう意味で書いてるんだから。

「あのキーボードも」

それ以外に伝えるべきことを考えながら、僕はものが言えなくなった。おじさんもたどたどしく何度もうなずくばかりで一言も喋らない。点きの悪い蛍光灯は音を立て続けている。

僕が中学の時、おじさんが新しいのを組むっていうんでもらったのがこのパソコンだった。キーボードはおじさんがそのまま使うから、僕のやつを一緒に買いに行った。子供じみた決心でどうしても自分のお金で買うと決めていたけど、幼稚園や私立の学校に通わせてもらった分なのか、小遣いはほとんどもらっていなかった。掃き溜めみたいなプラケースの中を必死であさった。それで無性にこいつが気に入った。ジャンクもジャンクだから、念のため動作確認とかしてもらってさ。あの日、おじさんに今もそう繋いでる形に繋げてもらって、それから一度だって壊れてない。僕はこいつで書き続けた。目の前にある全部に目を背けるようにして書き続けてきたんだ。だから今、こうしてあの日のことをまともに書けるんだ。それはあの日、おじさんがそうしてくれた以外、誰のおかげでも、何のおかげでもないんだ。

「それだけ伝えに来たんだ」

だから何にも心配する必要なんてないんだ。僕だっておじさんのことを心配してるわけじゃないんだし。隣にいる人だって、後ろにいるクラスメイトだって、僕は本当には気にすることができない。

③これ以外のことは本当にはできないんだ。

「じゃあ」と僕は言った。

おじさんはそれでもなお、見開いた目を僕にただ向けていた。それでいいんだ。

「いや」大日向がおじさんの後ろから声を飛ばした。「まだ時間あるぜ。そっちの人にも、最初からちゃんと事情を説明してさ」

事情——それを合図に僕は走り出した。おじさんの横を、松と蔵並の間を通り過ぎて、外に出た。相対した西の空はいつの間にか朱金色にそまっていた。町にはそれよりいくぶん黄色っぽい光が低く強く差していて、薄闇に慣れてしまった目は地面さえ見られなかった。僕はその道をただ走った。

小さな交差点でみんなを待った。雲の隙間が焦げ付いてきそうな夕焼け空に背を向けて、僕はスマホで駅までの道を調べた。あの気が滅入りそうな市役所通りをだらだら下っていきたくなかったんだ。

しばらくしてから現れた三人が何か口にする前に、僕は言った。

「線路沿いの道で帰ろう」

さっさと歩き始めた僕の後ろを三人が続く。信号待ちでもちょっと離れて立っていた。線路が敷かれた切り通しにかかる陸橋の手前で駅の方に曲がる。金網を覗き込んでやっと見えるぐらい下を走る電車の音が響いていた。反対側には同じ高さに家並みが続き、その屋根に今にも触れそうなくらいに橙の夕日が落ちて、ちょっとでも顔を上げられないぐらいだった。

「よかったな」電車が過ぎるのを見計らったように大日向が言った。

「会えて」

「よかった」振り向きもせずに答える。

少しの間が空いて、今度は逆の電車が近づいてくる音がする。大日向は言った。

「あのあと、おじさんとちょっと話したんだけど、歯を見るの忘れたわ」

ことになった。次に続く文章は、その日の夕方に「僕」と「おじさん」が再会する場面である。それを読み、後の問いに答えなさい。なお、設問の都合で本文の上に行数をつけてあります。また、一部表記を改めたところもあります。

【主な登場人物】

僕（佐田誠）…地方の私立学校に通う高校二年生。生まれてすぐ両親が離婚し、三歳の頃に母親と死別した後、母方の祖父母に育てられる。

おじさん…誠の母の弟。誠の母が死んだ時、彼を引き取ろうとしていたが、仕事をしながら男手一つで育てるのは不可能だと祖父母に断られる。毎年正月に帰省していたが、誠が中学三年の正月に、誠本人がいるのに、その過去を家族が突然打ち明けたことに腹を立て、家を出て行ってしまった。それ以来実家には帰っておらず、誠とも会っていない。

「おじさん」と僕は聞こえないぐらいの小さな声で言った。

おじさんは動きを止めて、ゆっくり、おびえるようにこっちを見た。そして、首を前にして目を凝らした。僕は前に出ることもなく、それをじっと待った。

「ま」とおじさんは小さな声で言った。

何か言わなきゃ。そう思った時、僕の背後で蛍光灯がパラパラと音を立てて光り、しばらく経ってから、カンと軽い音を鳴らして点いた。見えないどこかに一本つかないのがあって、点滅しながら虫のあがくような微かな音がいつまでも止まない。古いアパートだね――そんなことを口にしようかなと思って階段を二段だけ下りたら、僕の頭が遮っていたしみったれた光が、おじさんの提げてるビニール袋を照らした。その奥に、ムートンブーツの踵がぼんやり見えた。立て付けの悪い郵便受けの扉が閉まる大きな音。いくつかの郵便物がこすれる音。

「なに？」

親しげな女の人の声は、おじさんに向けられていた。僕はぎくっとして動けなくなった。おじさんの視線に誘われて、その人は陰から出てきた。僕を見ると、いくつかの封筒を口元にやりながら後ずさった。

「なに、なに？」

なんでもいいけどおじさんよりどう見ても年下で、だからなんだってわけじゃないけど背が小さくて、言いたくないけど着ぶくれしたダサい格好で、わからないけど優しそうだった。

その時、三人が蛍光灯が点くみたいな音をパラパラ立てて、二人の後ろに走り寄って来た。

「なに、なに？」

女の人は三人を振り返って、はっきりと怯えたような声になった。

※おくびみたいにこみ上げた僕の力ない笑いは、その人がおじさんの腕を取って後ろにぱっと取りつくのを見たら引っ込んだ。二人に挟まれたビニール袋が大きな音を響かせた。乳酸菌飲料の大きなパックと、四分の一にカットされた白菜がせり出すように動いた。

おじさんは僕から目を離さない。

「おじさん」呼びかけてすぐに「何にも言わなくていいよ」と伝えて、最後の段を下りる。「ちょっと会いに来ただけだから」

震えてうわずりかけた声は、我ながらかなり子供っぽく聞こえた。おじさんは戸惑うように僕を見ていた。①女の人の目にはぽちぽち敵意が混じっていた。

僕は黙って、これまた子供みたいに人差し指で頬を掻いた。リンパ腺を探り当て、痛みが出るまで押した。言うべきことがあった。

いう日本語をロシア人が発音しやすいように省略して定着させた「マキ」が、「芥子の花」を意味する「Maku(maki)」と同じつづりになったということだよね。つまり、両者は日本語でいうところの同音 X ということだね。

生徒Ｄ　そうだろうね。この点に注意しないで自動的に英訳したものをカタカナで表記した結果、こんなふうになったということだね。

生徒Ａ　そうだね。この変化は偶然(ぐうぜん)とはいえ、なかなか面白かったな。それに、沼野先生がロシアで和食がどのように受け入れられているのかを積極的に調査したことも、このような発見につながったんだなと感じました。

生徒Ｂ　なるほど。そう考えると、思いもよらない発見に出会うためには、 Y を持たず、何にでも挑戦(ちょうせん)してみることが大切だということだね。

生徒Ｃ　その通りだね。筆者も沼野先生の「発見」に学ぶべき姿勢を感じたから、それに「納得」や「感服」をしたんだろうね。

生徒Ｄ　なるほどね。ただ、外国にある和食との関わり方については、学生時代の筆者と沼野先生は反対の意見だけれど、どちらも Z という点は共通しているとも言えるよ。

X　ア　異義語　　イ　類義語
　　ウ　異字語　　エ　反対語

Y　ア　人生観　　イ　価値観
　　ウ　道徳観　　エ　先入観

Z　ア　語学の研究を通してロシア文化を分析している
　　イ　その場所でしかできない体験を大切にしている
　　ウ　ロシア語と日本語との関係を明らかにしている
　　エ　ロシアにおける和食の受容の変化を感じている

問七　本文の内容を説明したものとして**適当でないもの**を一つ選び、記号で答えなさい。

ア　**【第3段落】**と**【第4段落】**では、かつてのロシアでは醬油があまり普及していなかったが、後の和食ブームと相まって親しまれるようになったと説明されている。

イ　**【第6段落】**と**【第7段落】**では、異国の地で出会った思い出に残る料理は、懐かしい気持ちにさせる料理と同様に大切な存在になると記されている。

ウ　**【第8段落】**と**【第9段落】**では、現地の雰囲気や食文化に直接触れる経験がなければ、小説作品を自然に翻訳することは不可能だと書かれている。

エ　**【第5段落】**と**【第10段落】**では、外国で和食を食べることに関するエピソードがそれぞれ説明されているが、その内容は対照的に述べられている。

三　**次の文章は、「僕(ぼく)」（佐田誠(さだまこと)）が自作のパソコンを使って、「三泊(さんぱく)四日の東京修学旅行の思い出」というテーマで書いた物語である。その中心は、二日目の自由行動の一日だ。女子三名、男子四名の班に入れられた「僕」は、自由行動の行程をグループで話し合っていた際、その日は自分ひとりで、東京郊外(こうがい)の日野に住む「おじさん」に会いに行きたいと伝える。単独行動は許されないが、学校から各自に渡(わた)されたGPSをうまく利用すればごまかせると説得し、一人で別行動をとることにした。しかし、その当日になって、班の男子全員（大日向(おおひなた)・蔵並(くらなみ)・松(まつ)）が一緒(いっしょ)についてきてくれる**

のとして最も適当なものを次の中から選び、記号で答えなさい。

ア　背に腹は替えられぬ
イ　朱に交われば赤くなる
ウ　風が吹けば桶屋が儲かる
エ　過ぎたるは及ばざるが如し

問五　——部③「現地でその土地の食事をとることには、もちろんもっと実用的な利点もある」とありますが、それに関して**【資料1】**を読んだ上で、その利点を後のように説明したとき、(i)と(iii)の空らんに当てはまる言葉を**【資料1】**から、また、(ii)に当てはまる言葉を本文の**【第8段落】**から探し、それぞれ抜き出して答えなさい。ただし、□一つを一字分とします。

【資料1】　鴻巣友季子『翻訳教室　はじめの一歩』

翻訳者も現地取材に行くことがあります。わたしもエミリー・ブロンテの『嵐が丘』という小説を訳すときには、作品の舞台となるイギリスのイングランド北部のヨークシャーへ、『風と共に去りぬ』という小説を訳すときには、アメリカ南部のジョージア州アトランタへ取材に行きました。それでなにか急に開眼するとか、訳文が大きく変わるかというと、そんなことはない。だけど、大事なのは現地の文化や空気に触れるのもさることながら、ふだんの日常生活を離れて考える時間をもてるということ、それから、ふだん見ない景色を見て、ふだん触れたりしないようなものに触れ、考えるきっかけがもてること、この二つがとても大事だと思います。

◎　**翻訳者にとって**(i)□□□□□□□□**に触れることで、翻訳した作品世界の**(ii)□□□**が鮮明に読めるようになり、インターネットなどで調べたものよりも自然に**(iii)□□□□□**ことができるようになるという利点。**

問六　——部④「なるほどこういう発見」とありますが、その内容について四人の生徒が**【メモ】**を作成し、話し合っています。X～Zの空らんに当てはまる言葉として最も適当なものを後の中からそれぞれ選び、記号で答えなさい。

【メモ】　ロシアで「海苔巻き」が「ポピー」と表記されるようになった流れ

①　日本語の「海苔巻き」
↓
②　①の発音をロシア語で表記すると「Maku(maki)」
↓
③　②のロシア語での意味：「芥子の花」（の複数形）
↓
④　③を英語に直すと「poppy」
↓
⑤　④の発音をカタカナで表記すると「ポピー」

【会話文】

生徒A　「なるほどこういう発見」とあるけれど、ここでいう「発見」とは具体的にはどのようなことかな?

生徒B　ロシアの和食レストランで「海苔巻き」が「ポピー」とカタカナで表記されるようになったいきさつのことだよね。ただし、それはとても複雑だなと感じました。この流れを整理するために**【メモ】**を作ってみたんだけど、これで問題ないかな?

生徒C　問題ないと思います。私も混乱していたから助かりました。この**【メモ】**を見て気づいたんだけど、「海苔巻き」と

っというまにあたたかく懐かしい味になってくれたのだ。（中略）

【第10段落】 帰国してしばらくたって、日本でロシア文学を教える恩師の沼野充義先生が短期滞在のモスクワで日本食を食べるというので、驚いたことがあった。長期滞在で和食が恋しくなって現地の和食を食べるというケースとはちょっとわけが違う。たった数日の滞在で、日本で食べたほうがよほどおいしいはずのものをわざわざ食べるというのだ。もちろん、わずか数日でも和食が恋しくなるとか、そんな［Ⅳ］理由ではない。先生はほかの食事の機会では率先して現地の食堂を利用し、いちばん質素な甘いおかゆやコンポート（フランス語のコンポートは果物を砂糖で煮たデザートだが、ロシアでは一般にフルーツを煮た汁を水で割った飲みもの）を食していた。甘いものが苦手な私が思わず「おいしいんですか」とたずねると、「おいしくはないけど、食べておかないと」という。それは和食もしかりであった。先生は、和食が現地でどのように受容されているのかを調査していたのである。そこで先生に連れられて寿司カフェのようなお店に入ってみると、確かに面白い場所だった。テーブルの上にあったメニューをひらいてみると海苔巻きの写真の横に片仮名で「ポピー」と書かれている。おやおや、海苔巻きがポピーとは、いったいどういうネーミングセンスだろう。しかしこれはべつに、おしゃれな商品名をつけたつもりというわけではない。ロシア語は母音の主張が強く、海苔巻きは「ノーリーマーキー」という感じで長ったらしくなるので、そこから「マキ」の部分だけが独立して固有名詞のようになっている。その「マキ」を、メニューのレイアウトを装飾する日本語の文字を用意する目的で、おそらく機械翻訳で日本語にしようとした。するとロシア語で「Maku(maki)」は芥子の花（の複数形）、つまり※ポピーを指すため、訳語として片仮名の「ポピー」が表示され、それがそのまま※コピー＆ペーストされてメニューに印字されるに至ったのだろう。

④なるほどこういう発見をするためにくるのか、と私は納得し、多方面に勉強熱心な先生に感服し、ちょっと得した気持ちになったのだった。

（奈倉有里『ことばの白地図を歩く　翻訳と魔法のあいだ』）

※注
・ポピー…芥子を英語で「poppy」（ポピー）という。
・コピー＆ペースト…コンピューター上のデータを別の場所へ複製すること。コピーは「複製」、ペーストは「貼り付け」を指す。

問一 ［Ⅰ］・［Ⅱ］・［Ⅳ］に当てはまる言葉の組み合わせとして最も適当なものを次の中から選び、記号で答えなさい。

ア　Ⅰ　現代では　Ⅱ　なるほど　Ⅳ　せわしない
イ　Ⅰ　かつては　Ⅱ　たとえば　Ⅳ　ありふれた
ウ　Ⅰ　いまでは　Ⅱ　もちろん　Ⅳ　つまらない
エ　Ⅰ　近頃では　Ⅱ　ましてや　Ⅳ　だらしない

問二 ［Ⅲ］には身体の一部を表す言葉が入ります。その言葉を漢字一字で答えなさい。

問三 ――部①「困らなかったというよりは、意識的に困らないようにしていた」とありますが、その理由を次のように説明したとき、(i)～(iii)の空らんに当てはまる言葉を**【第5段落】**の中から探し、抜き出して答えなさい。ただし、□一つを一字分とします。

◎ **自分はロシアに勉強しに来たのだと気を**(i)□□□□□□**ので、留学への熱意を薄れさせるものから距離を置きたかったからであり、また、和食を食べてしまうと、**(ii)□□□□□**が残っている自分に**(iii)□□**が生まれてしまうのではないかと心配もしていたから。**

問四 ――部②「飽食というのもやはり、ものの味をわからなくさせるのだなあ」とありますが、このときの筆者の実感を表現したも

るようになり、[I]一般家庭でもごくふつうに鶏肉に醤油で下味をつけてオーブンで焼いていたり、寿司の出前をとっていたりする。

【第5段落】けれども私は留学時代、もしスーパーに売っていれば醤油くらいは買ったかもしれないが、現地で和食やその食材を探そうとは思わなかった。そのいちばんの理由は、それくらい気が張りつめていたからだ。自分は旅行や気晴らしでここにきたわけではない、勉強しにきたのだと気負っていた。和食なんか探している暇があったら1ページでも本を読んだほうがいいし、現地の友人と同じ食事をとることのほうがずっと大事だ。それに実は、自分の心に幼いところがあるのは自覚していたから、「和食なんか食べて里心がついたら困るじゃないか」と警戒してもいた。

【第6段落】ちなみに米は近所のスーパーでも非常に安価で売っていたので、たまに食べていた。ロシアにはさまざまな米があるが、南部のクラスノダール地方でとれるお米は日本の米に近く、小粒でとてもおいしい。休日に寮で本を読み、おなかをすかせ、米を炊いて食べると、なんだかすごく贅沢をしているような気がして、「どんなものでもありすぎると価値がわからなくなるけれど、②飽食というのもやはり、ものの味をわからなくさせるのだなあ」と実感した。

【第7段落】そうこうするうちに、現地で友達と食べた黒パンや野菜スープやじゃがいもの丸焼きが、忘れられない思い出の味になっていった。大学の寮では「学生スープ」と呼ばれる、野菜とか肉の切れはしとか安い食材を放りこんだスープをよく作った。スープにいつも入れていたディル(ハーブの一種)の香りはいまでも大好きだ。食べ物を恋しがるというのはつまりその食事に慣れ親しんだ記憶を恋しがっているわけで、どこか別のところに住んだなら、また新しい親しみを作っていけばいいのである。

【第8段落】③現地でその土地の食事をとることには、もちろんもっと実用的な利点もある。文学作品を翻訳していて料理がでてきたとき、見た目や味や作りかたが明確に思い浮かぶのと、辞書の訳語しか知らないのでは、翻訳の自然さにも差がでてくる。[II]この「食」にかんしてもインターネットは活躍するし、現代では調べればたいていの料理は詳しい作りかたやバリエーションがわかるので、現地でなくとも知る術はある。けれどもそれぞれの食べものがどんなふうに受け入れられているか——たとえば食堂で山盛りになっていたり、道端で売っていたり、長距離列車の発着駅で好んで買われていたりといった状況を実感として記憶しておく(できるなら味わっておく)と、翻訳をしていても自然にその場の雰囲気が読めるようになる。

【第9段落】ただし食文化は時代や階層によってころころ変わるものなので、たとえばソ連時代によく食べられていた料理で、いまはあまり見かけないものなんかもある。これにかんして私は一度、ものすごくありがたい思いをしたことがある。ロシアの現代作家リュドミラ・ウリツカヤ(1943〜)の『陽気なお葬式』(新潮クレスト・ブックス、2016年)という作品を翻訳したあと、ウリツカヤがモスクワの自宅に呼んでくれたことがあった。そのとき彼女は手料理でもてなしてくれたのだが、その料理というのが単に手作りというだけではなく、彼女の作品に登場する、懐かしい思い出の味なのである。ウリツカヤ自らきのこ狩りに行ってとってきたというきのこで作ったパイや、シプローティと呼ばれるキビナゴに似た小魚のオイル漬け、きゅうりの発酵漬け……。翻訳をしているときからメールでいつもたいへん丁寧に質問に答えて作品世界を解説してくれていたウリツカヤは、まるでその仕上げだとでもいうように、「スーパーで売ってるのとは違う、あのころのほんとうの味を知ってほしくて」と満足そうに笑うので、ありがたいやら恐縮するやらおいしいやらで、[III]が点になりっぱなしだった。そうしてそのとき食べたものは私にとっても、あ

2024年度 浦和実業学園中学校

【国　語】〈第一回午後入試〉（五〇分）〈満点：一〇〇点〉

【注意】字数制限のある問題の場合は、句読点や符号、促音「っ」・拗音「や」「ゆ」「よ」なども一字分として字数に含めます。

一　次の各問いに答えなさい。

問一　――部のカタカナを漢字に直しなさい。

(1) 馬のコッカクを調べる。
(2) イシツ物の所有者が見つかる。
(3) チンタイの部屋に住む。
(4) ネの張る布地を使用する。
(5) 学校が夕日にソまる。

問二　――部の漢字の読みをひらがなで答えなさい。

(1) 祖父の忠告に従う。
(2) すべてが裏目に出る。
(3) あの美しさは筆舌につくしがたい。
(4) レースの距離を縮める。
(5) 今年は研究書を二冊著した。

問三　――部と意味が近い語句として最も適当なものを後の中からそれぞれ選び、記号で答えなさい。

(1) 掃除をさぼろうとした目論見はすぐにばれた。
ア 判断　**イ** 憶測　**ウ** 想像　**エ** 思惑

(2) 母は多少の失敗は大目に見る。
ア 観察　**イ** 許容　**ウ** 理性　**エ** 留意

(3) 世間の反響をおそれて公表を控える。
ア しのぶ　**イ** なげく　**ウ** かくす　**エ** はばかる

(4) 店長は人あしらいが上手で、店は繁盛した。
ア 明快　**イ** 誠実　**ウ** 愛想　**エ** 世話

(5) 彼の意見に対して他の班員が異口同音に反対した。
ア 一心　**イ** 一様　**ウ** 多様　**エ** 堂々

二　次の文章を読んで、後の問いに答えなさい。なお一部表記を改めたところがあります。

【第1段落】　いわゆる「衣食住の違い」のなかで現代に至るまでもっともよく話題にあがるのは、食生活の違いかもしれない。海外生活で現地の味になじめず和食が恋しくなるとか、味噌汁や豆腐や納豆が食べたくなるとかいう話も聞く。

【第2段落】　けれどもこれについても、私は困らなかった。①困らなかったというよりは、意識的に困らないようにしていた。

【第3段落】　私がロシアに行ったばかりの当時（2002年ごろ）はまだ、醤油すらふつうのスーパーには売っていなかった。一般的にはなじみも薄く、ペテルブルグで現地の友人に「醤油は嫌いだ、しょっぱいから」と言われて驚いたことがある。つまり食べかたが普及していなかったので、醤油は「少しだけつける」ものだという認識がなく、食べ物をどっぷりと浸けていたり、すでに味のついているポテトサラダにドレッシングのようにたくさんかけていたりしたために「しょっぱすぎる」と思われていたらしい。

【第4段落】　その後、寿司カフェブームやら日本食ブームやらがきて、和食の食材もいろいろと手に入るようになった。単に売っているだけではなく食べかたも普及して、さまざまなレシピへの応用もされ

2024年度

浦和実業学園中学校 ▶解 答

※ 編集上の都合により，第１回午後入試の解説は省略させていただきました。

算 数 ＜第１回午後入試＞（50分）＜満点：100点＞

解 答

1 (1) 2 (2) 1820 (3) 2 (4) 394 (5) 1 (6) $\frac{5}{8}$ 2 (1) 5時間 (2) 29分 (3) 5％ (4) 30匹 (5) 10年前 (6) 9日 3 (1) 毎分48m (2) 720m (3) 1440m (4) 90分後 4 (1) 2 (2) 1 (3) 135 5 (1) 1：2 (2) 5：4：6 (3) 5：3 6 (1) 24cm² (2) 62.8cm²

国 語 ＜第１回午後入試＞（50分）＜満点：100点＞

解 答

一 **問1** 下記を参照のこと。 **問2** (1) ちゅうこく (2) うらめ (3) ひつぜつ (4) ちぢ(める) (5) あらわ(した) **問3** (1) エ (2) イ (3) エ (4) ウ (5) イ 二 **問1** ウ **問2** 目 **問3** (i) 張りつめていた (ii) 幼いところ (iii) 里心 **問4** エ **問5** (i) 現地の文化や空気 (ii) 雰囲気 (iii) 小説を訳す **問6** **X** ア **Y** エ **Z** イ **問7** ウ 三 **問1** エ **問2** ウ **問3** Ⅰ キーボード Ⅱ イ **問4** Ⅰ 言葉 Ⅱ ウ **問5** ア **問6** Ⅰ エ Ⅱ ウ Ⅲ ア **問7** (例) 友人がいなければ知ることができなかったおじさんの言葉や，自分たちの関係性を明言してくれた友人たちに対する感謝の気持ちをいつまでも忘れたくないという気持ち。 **問8** **ア** B **イ** A **ウ** A **エ** B

●漢字の書き取り

一 **問1** (1) 骨格 (2) 遺失 (3) 賃貸 (4) 値 (5) 染(まる)

2024年度

浦和実業学園中学校

＊【適性検査Ⅰ】は国語ですので、最後に掲載してあります。

【適性検査Ⅱ】〈第１回適性検査型入試〉(50分)〈満点：100点〉

1　ある中学校で，教室①～⑫を回るスタンプラリーが行われています。参加者である，かずみとみのるが１階の集会室で，校舎図を見ながら会話をしています。かずみとみのるは協力してすべての教室を回ることができないか考えています。以下の会話文を読み，後の問いに答えなさい。

≪１階≫

ロビー	階段	集会室	
	倉庫	トイレ	階段

≪２階≫

教室①	階段	教室②	教室③
教室④	教室⑤	トイレ	階段

≪３階≫

教室⑥	階段	教室⑦	教室⑧
教室⑨	教室⑩	トイレ	階段

≪４階≫

自習室	階段	教室⑪	教室⑫
職員室		トイレ	階段

みのる：すごい人だかりだね。

かずみ：そうね。各教室への回り方もよく考えなくちゃね。

みのる：２階のすべての教室を回るには，何通りの回り方があるのかな。

かずみ：最初に行く教室は５通り，２番目に行く教室は４通り…というように考えていけば，すべてかけると［ア］通りになるわね。

みのる：そんなにたくさんあるんだ。どういうルートで行くか，考えるだけでも気が遠くなるなあ…。

かずみ：何を言っているのよ。教室は２階だけじゃなくて，３階にも４階にもあるのよ。

みのる：それもそうか。じゃあ，２階の教室はぼく，３階の教室はかずみが担当することにしたら，ぼくとかずみの回り方の組み合わせは何通りになるかな。

かずみ：それはよいアイデアね。例えば，みのるの１つの回り方に対して私が３階の教室をすべて回るのは［イ］通りあるわ。それが，みのるが２階を回る［ア］通りあるから，２人の回り方の組み合わせは［ウ］通りあるわね。

みのる：うーん，担当の階を決めてもそんなに多いのなら，もしも担当の階を決めずにそれぞれ別の教室を回ったら，２人の回り方の組み合わせは何通りあるんだろう。

かずみ：そうね，２階と３階だけで考えるなら，わたしとみのるが最初に行く２つの教室の選び方は全部で［エ］通りあるわね。次に行く教室は２人が最初に行った教室を除くわけだから［オ］通り，同じように考えていけばすべての行き方は数えられるけど，これを［カ］しなくちゃいけないんだから…。

みのる：それは無理！しかも，４階の教室も回らなくちゃいけないんだから，そこに［キ］を［カ］するんでしょ？それは絶対計算したくない！

放送　『スタンプラリーに参加のみなさまへご連絡（れんらく）です。スタンプラリーの景品が残りわずかとなってきました。すべての教室を回らなくても景品をお渡しいたしますので，７個のスタンプを集めた方は職員室にお越しください。』

かずみ：わー！もう時間がないわ！もうすべて回るのはあきらめて，７個の教室だけいっしょに回りましょう！

みのる：じゃあ，回る教室を投げたコインのオモテとウラで決めたらどうかな。まず今いる集会室を０として，そこからコインを投げて，オモテが出たら【１を足す】，ウラが出たら【２を足す】をした番号の教室に行くんだ。そして次に行く教室は，そこからまたコインを投げて行く教室を選ぶ，というのをくり返していったらどうだろう。

かずみ：たしかにあまりなやむことなく回れそうね。でも，そうしたら最小で［ク］個の教室しか回れないことになるわ。それに教室⑫にあるスタンプはもらっておきたいの。

みのる：７個目に回るのを教室⑫とするには，オモテが［ケ］回，ウラが［コ］回出ればいい。このとき，行き方は全部で何通りになるかな。

かずみ：［サ］通りだね。

みのる：なるほど！じゃあ出発しよう！

放送　『スタンプラリー参加のみなさまにご連絡です。スタンプラリーの景品が無くなりましたので，これにて終了いたします。』

かずみ・みのる：がーん。

問１　［ア］～［オ］，［キ］～［コ］に当てはまる数字を答えなさい。また，［カ］に当てはまる言葉を{たし算，ひき算，かけ算，わり算}の中から１つ選んで書きなさい。

問２　［サ］に当てはまる数字と，その考え方を説明しなさい。

2　以下の文章を読んで後の問いに答えなさい。

埼玉県内の小学校に通うみのるさんは，静岡県に興味を持ちました。
そこでみのるさんは静岡県について調べてレポートにまとめました。

【研究のまとめ】

静岡県には数多くの名所が存在している。わたしは，静岡県の歴史・地形・産業などについて調べた。

まず浜松(はままつ)市にある浜名湖について調べた。浜名湖はうなぎの養殖(ようしょく)が盛(さか)んである。浜名湖での養殖は明治時代から始まり，昭和時代にうなぎの稚(ち)魚から育てる方法が確立され，全国各地にその方法が広まった。浜名湖がうなぎの養殖に適している理由として，天竜川(てんりゅうがわ)などの豊かな水源が周辺に位置することや年間平均気温が15℃前後であることなどがあげられる。①浜名湖周辺の気候は冬の平均気温が０℃を下回ることがなく，夏の平均気温は30℃を超えることがない。そして，年間降水量が全国平均の約 1700 ㎜よりも多く，うなぎの養殖に必要な豊かな水を供給していると考えられる。浜名湖は，地理上「湖」と呼ばれているが，海水と混ざり合う塩分濃度の低い水質の湖で，②海水浴場も存在している。この水質もうなぎの養殖に大きな影響(えいきょう)を与(あた)えているようである。

さらに浜松は静岡県内でも有数のものづくりの街である。例えばピアノをはじめとする楽器産業が盛んである。有名な楽器メーカーが数多く存在する楽器の街であり，楽器産業の歴史は古い。明治時代前期にアメリカから浜松にもたらされたオルガンを，ヤマハの創業者である山葉寅楠(やまはとらくす)が修理したことが起源とされる。山葉寅楠は，この修理をきっかけに独学でピアノを作った。以降，浜松は「楽器のまち」に発展していったが，これには天竜川が大きく関係している。天竜川は長野県の諏訪(すわ)湖から，中央アルプスや南アルプス付近を流れ，遠州灘(なだ)（太平洋）に注いでいる。この天竜川がピアノの材料となる南アルプスの山々で伐採(ばっさい)された木材を運ぶのに適していた。また浜松を含む遠州平野は温暖な気候というだけでなく，冬は一帯を吹き抜ける「遠州の③からっ風」により適度に乾燥(かんそう)する。木材を乾燥させることで，経年変化が少なくなり，耐久(たいきゅう)性のあるピアノとなる。これらの条件が重なったことにより，浜松は「楽器のまち」として発展していったと考えられる。

【資料１】 天竜川の位置を示した地図

「関東農政局ホームページ」より作成

続いてわたしが注目したのは「三保（みほ）の松原」である。三保の松原は徳川家康をはじめとする江戸幕府の歴代将軍の保護を受けた歴史があり，平成25年には世界文化遺産に登録され，県外からの観光客も続々と増えている。また興味深いことに三保半島の付け根（図のア）と安倍川河口付近（図のイ）の土壌（どじょう）の性質がほぼ同じであることがわかった。④<u>江戸時代まで島であった場所が半島になった</u>過程で，このような状態が生み出されたと考えられる。

三保の松原は，⑤<u>現在，波による浸食（しんしょく）が進行し，海岸付近がどんどん削（けず）れられている</u>。

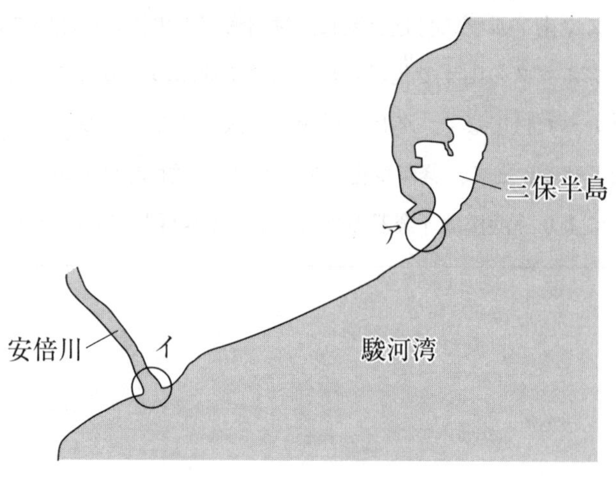

さらに三保の松原近郊には，駿河湾沿岸で最も水揚げ量が多い清水港がある。清水港周辺では古くからお茶の栽培も盛んで，お茶は幕末の開国以降，重要な輸出品の１つであった。しかし静岡県のお茶は清水港からではなく横浜港から輸出されていた。⑥お茶の生産者たちは明治時代に，清水港からお茶を輸出できるよう，静岡県に対して清水港開港を訴えた。その結果，1899年に開港が認められた。

今回の研究を通じて，静岡県の人々が地形や風土を活かし，様々な産業を発展させたおかげで今日の姿があることがわかった。これからも静岡県について研究を続けていきたい。

問１　下線部①について，1990年～2023年までの浜名湖周辺の雨温図を次の（**ア**）～（**エ**）から１つ選び記号で答えなさい。

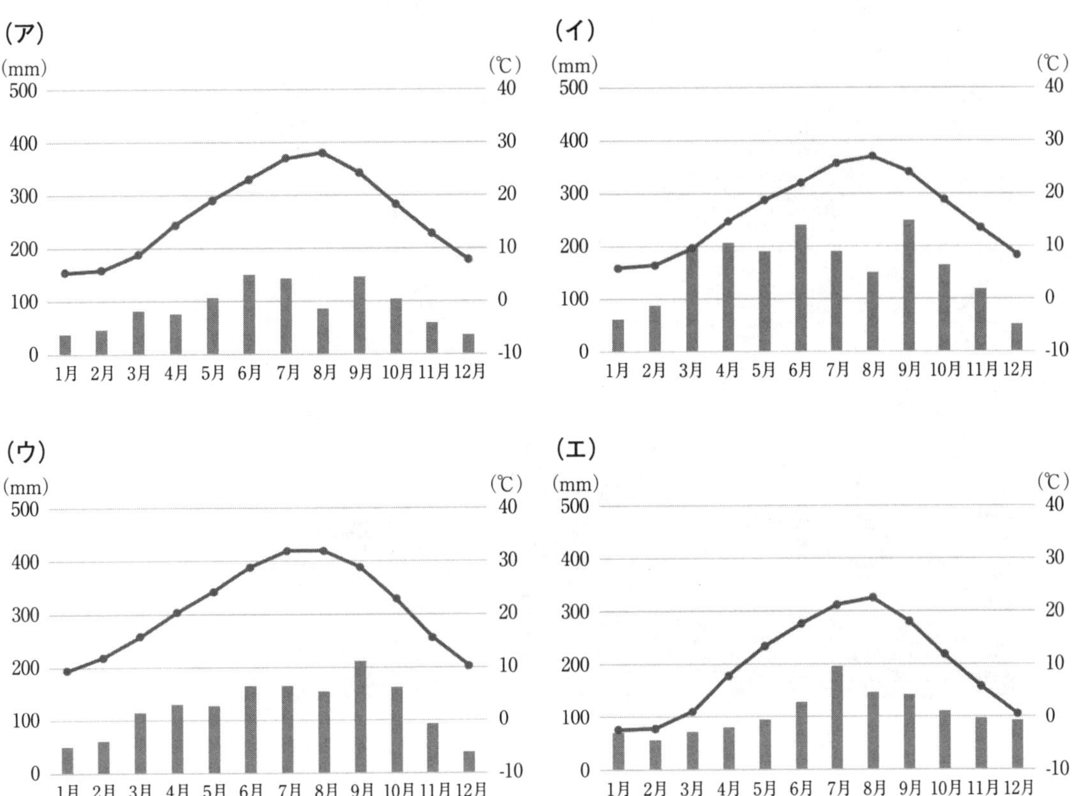

問２　下線部②について，浜名湖が湖であるのにも関わらず海水浴場が存在する理由を，**資料２**を参考にしてわかりやすく説明しなさい。

【資料２】 浜名湖の航空写真

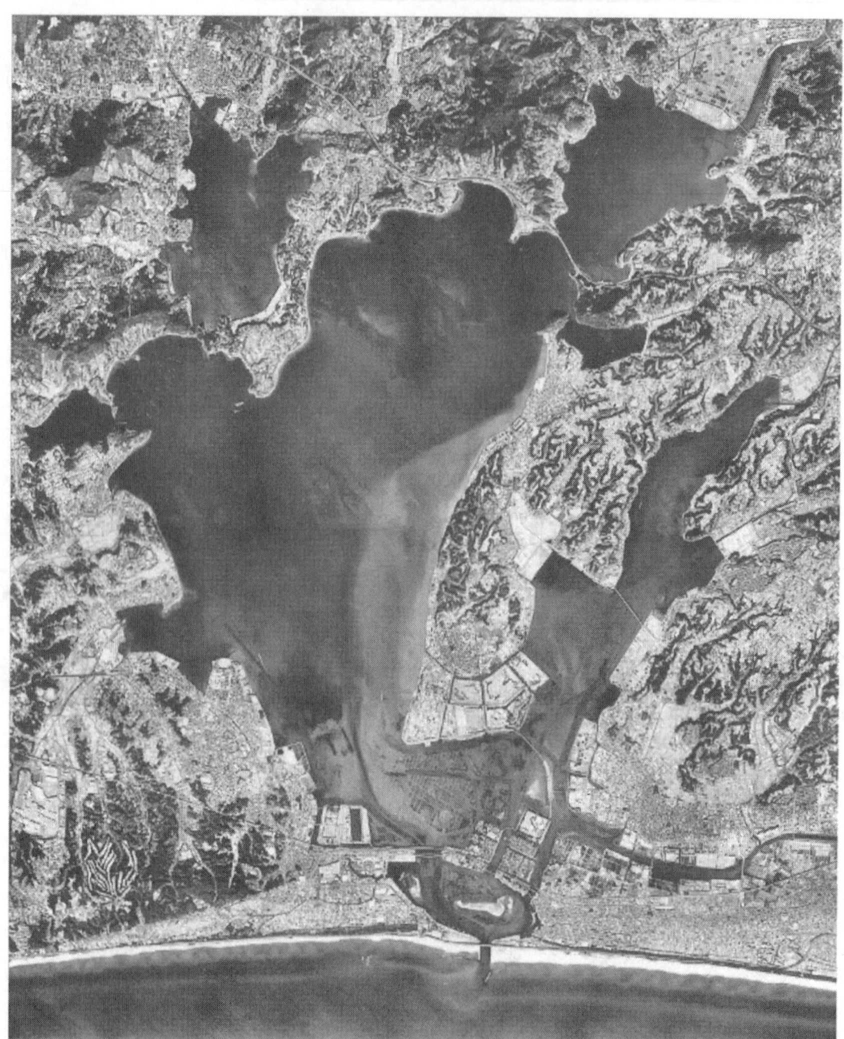

「ウィキペディア」より引用

問３　下線部③について，からっ風の説明として適当なものを次の（**ア**）～（**エ**）の中から１つ選び記号で答えなさい。

（ア） 主に太平洋沿岸地域に吹(ふ)き，しばしば冷害をもたらす，北東からの冷たく乾燥した風を指す。

（イ） １年を通して日本海側を中心に西から東に向けて吹く，冷たく乾燥した風を指す。

（ウ） 北西の季節風が日本海側に雪を降らせた後，山脈を越えて太平洋側に吹く，冷たく乾燥した風を指す。

（エ） 秋から冬への季節の変わり目にかけて吹く，冷たい北よりの強い風を指す。

問４　下線部④について，島から半島になったしくみを，解答用紙の図を用いて，わかりやすく説明しなさい。

問５　下線部⑤について，海岸浸食が進むと三保の松原にどのような問題が起こると考えられますか。また，その対策についてあなたの考えを書きなさい。

問６　下線部⑥について，あなたは当時のお茶の生産者として，清水港の開港を認めてもらうために請願書(せいがんしょ)を作ることになりました。どのように書きますか。解答欄にあわせて記入しなさい。

3　花子さんは今日，家でそうじの手伝いをしました。以下はその日の夜の家族の会話です。これを読んで，後の問いに答えなさい。

花子さん：①<u>それにしても，ホコリっていったいどこからやってくるのかしら。だれも使わない押し入れの角に，なんであんなにホコリがたまるのかしら。</u>

お父さん：不思議に感じるかもしれないけれど，目に見えないだけで空気中にはいろいろな小さなゴミがただよっているんだよ。それが，長い時間をかけて，ゆっくり降り積もって，ホコリになるんだね。

花子さん：え～，じゃあ，空気中はゴミだらけってこと？いやだわ。いったいどこからそんなにたくさんのホコリがやってくるのかしら。

お父さん：生活していく中で一番多く出るホコリは繊維（せんい）ゴミだよ。着がえなどのときに多くホコリが出るんだ。次に多いのは，かみの毛やフケ，そして外から入ってくる土や砂なんだ。花粉の季節には，少し窓を開けただけでも大量の花粉が入ってくる。

花子さん：じゃあもう，ホコリがいやならずっとじっとしているしかないのかしら。

お父さん：人間が活動すると，小さな軽いホコリはすぐにまい上がってしまう。一度まい上がると，直径0.001 mmほどの小さなホコリの場合，１m落下するのに９時間もかかるそうだ。だから，そうじをするのは（　**イ**　）が一番だ。

お母さん：それにしても，毎日のそうじでずいぶんたくさんのゴミがそうじ機に集まるのよね。

お父さん：ホコリといっても，大きいものもあれば小さいものもある。②<u>大きいものは，まい上がってもすぐにゆかに落ちるから，吸いこむ心配はあまりないだろう。</u>ぼくらが吸いこんでしまうのは，〔ハウスダスト〕と呼ばれる，特に直径１mm以下のホコリだよ。

花子さん：ハウスダストって，どのくらいあるのかしら。

お父さん：専用の装置を使えば測定できるけれど，推定してみよう。我が家の１日に出るホコリの量は，かたまりにすると，そうだな…，せいぜい数立方センチメートル※ってとこだろう。ここから大体の数を推定できるかい，花子。

花子さん：ちょっと待ってね…。うん，だいたい１立方メートル中に（　**ウ**　）個くらいかしら。

お父さん：うん，いい線だね。実際に吸いこむ量ははっきりとは言えないけれどね。ハウスダストは体にいろいろな悪いえいきょうをあたえることがわかっているから，少ないにこしたことはない。まあ，うちでは空気清浄機（せいじょうき）も使っているから，そこまで多くはないだろう。

お母さん：空気清浄機って，ほんとにきれいになってるのかしら。

お父さん：フィルターにゴミがたまっているだろ。ちゃんと機能しているさ。静電気式だしね。

花子さん：静電気でホコリを集めるのよね。それならわかるわ。今日のそうじでも使ったふわふわの静電気ホコリ取りは，本当によくホコリが取れたしね。

お父さん：ホコリ取りの毛の部分が静電気を帯びていて，小さなホコリを電気の力で吸い寄せて取ってくれるんだね。

花子さん：でも，電気って，なんでもくっつけるんだっけ？

お父さん：電気にはプラスとマイナスがあって，プラスとマイナスは引き合う。一方，プラス同士，マイナス同士は反発する性質があるんだ。ふつうの物体はみな，プラスとマイナスの両方の電気を持っているけれど，ふだんはプラスとマイナスがごちゃまぜになっていて，表面上電気がないように見えているんだ。でも実は，物体の中の電気は，マイナスの電気の方が動きやすいんだ。だから，例えばマイナスの電気を帯びたホコリ取りでは，ホコリの中のマイナスの電気は反発してホコリ取りからにげようとする。すると，ホコリの中のホコリ取りに近い方はプラスの電気にかたよるので，ホコリ取りに吸い付くことができるんだ。

花子さん：へえ。不思議ね。じゃあ，ゴムとか，電気を通さないものでも，静電気を使うと引き寄せられるの？

お父さん：どうなるか，やってみるといいよ。③下じきを服でこすって，消しカスに近づけてごらん。なんにせよ，家をきれいに保つ秘けつは，日ごろからこまめにそうじしておくことさ。もちろん，科学的な意味でね。

※１立方センチメートルは，0.000001 立方メートルに相当する。

問１　下線部①について，ひんぱんに利用しない押し入れの角にホコリがたまる理由について適当なものを**ア～エ**から<u>すべて</u>選んで記号で答えなさい。

ア　小さなホコリは風でかんたんに動かされ，部屋の角によるので，荷物の出し入れのときなどに，ホコリが角にたまっていくから。

イ　ホコリは小さいので，押し入れの戸のすき間を通って，部屋のホコリも押し入れの中に入りこんでいくから。

ウ　押し入れの中にはふとんなどがおかれていることが多く，繊維ゴミが出やすいから。

エ　押し入れの中にはたくさんのダニが住んでいて，そのフンや死がいがホコリになって角にたまるから。

問2　表1は，家の中のホコリの成分別の割合を表しています。これを参考に，図1の中で，ホコリの多い場所の上位3つを書きなさい。

家の中で出るホコリ	繊維ゴミ	69.0%
	かみの毛・フケ・ペットの毛など	9.50%
	ダニの死がい・フン	3.40%
	食べこぼし	1.90%
	紙のかけら	0.80%
家の外から入ってくるホコリ	土や砂	8.70%
	花粉	3.40%
	排気(はいき)ガス・タバコの煙(けむり)・ヤニ	3.30%

表1　家の中のホコリの成分別の割合
(ダスキンHPより)

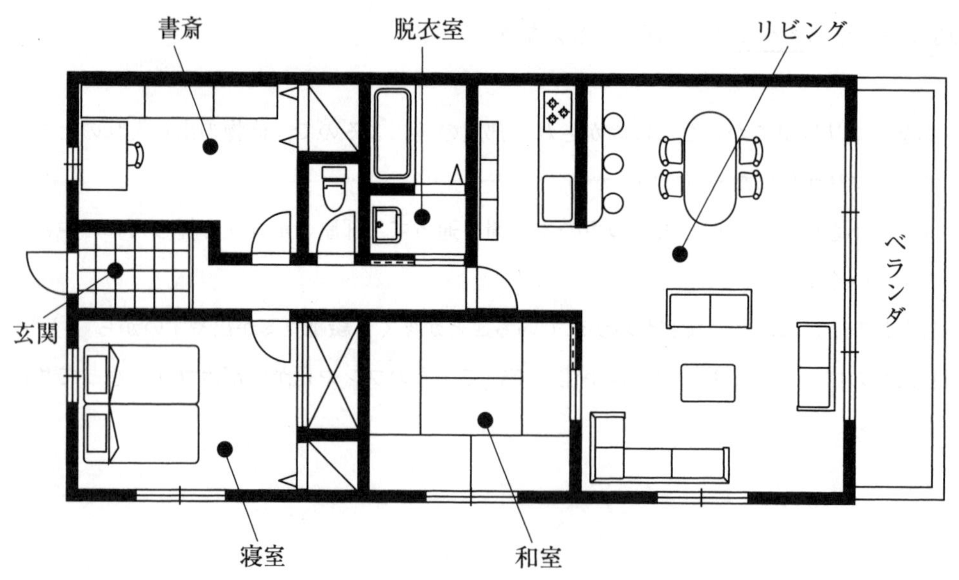

図1　家の様子

問３　空欄（　**イ**　）に入る語句として最も適当なものを**Ａ**～**Ｃ**から選んで記号で答えなさい。

Ａ　朝起きてすぐ

Ｂ　朝の支度(したく)を済ませて，家族が出かけた後

Ｃ　就寝(しゅうしん)前

問４　空欄（　**ウ**　）に入る数値を推定しなさい。花子さんの家の空間体積はおよそ200立方メートルとする。推定に用いた考えや計算の過程を記すこと。

問５　下線部②について，小さなホコリが長い間，空中をまい上がっているのはなぜですか。30字程度で説明しなさい。

問６　下線部③について，こすった下じきに消しゴムのカスはつくかつかないかを答え，その理由を，本文中の言葉を使って説明しなさい。ただし，下じきはマイナスの電気を帯びているとします。

という金言入りのカレンダーを売り出し評価を得た。〈眠っている狐には鶏は獲れない〉〈天はみずから助くるものを助く〉など、ひたすら勤勉と節約を説いた内容だが、私には、一橋高校版の方がおもしろい。

世相を映して、「うそ」をめぐる傑作が目立つ。〈うそでうそは隠せない〉〈うそをついている時ほど言葉が多い〉〈うそをつきすぎると自分もだませる〉。政治の光景を思い描いてしまう。〈意見が同じなのではなく、［③］が同じなのだ〉とも。

最後に、鋭いのを一つ。〈ことわざで人を納得させてはいけない〉。

問一　本文中の空欄［①］～［③］に当てはまる最もふさわしい語を後の語群より選び、それぞれ記号で答えなさい。ただし同じ記号は一度しか使えないものとする。

ア　利益　　イ　知恵　　ウ　欠点　　エ　基本　　オ　平和

問二　受験勉強を通してあなたが得た思いや考えを**三〇字以内**のオリジナルの格言にしなさい。またその意味もわかりやすく説明しなさい。

四　次のことわざの中から一つ選び、そのことわざについて、あなたの体験を踏まえて、どう思うか**三五〇字以上四〇〇字以内**で書きなさい。なお、後の〔きまり〕に従うこと。

ア　虎穴に入らずんば虎子を得ず

イ　絵に描いた餅

ウ　石橋をたたいて渡る

〔きまり〕

○選んだことわざの記号を空欄に書いてください。

○題名は書かず、最初の行から書き始めます。

○各段落の最初の字は一字下げて書きます。

○行をかえるのは、段落をかえるときだけとします。会話を入れる場合は行をかえてはいけません。

○句読点・かぎかっこ（、や。や「）も、それぞれ字数に数えます。これらの記号が行の先頭に来るときには、前の行の最後の字と同じます目に書きます。

○段落をかえたときの残りのます目は、字数として数えます。ただし、最後の段落の残りのます目は、字数として数えません。

問四　次の文は外国のことわざである。例文を参考に意味を推測してわかりやすく説明しなさい。

地べたの上の果物はみんなのものだけど、
木の上の果物は登ることができるひとのもの
（ジンバブエのことわざ）

［例文］

みのる君は、苦手だった縄跳びを克服しようと小学生のころから毎日縄跳びを練習していた。次第に跳べるようになってきて、難しい技にも挑戦するようになった。特に二重跳びが得意で、三重跳び、五重跳びとできるようになった。中学生になり遂に八重跳びに成功し、この記録が世界ギネス記録に認定された。

このことは、「地べたの上の果物はみんなのものだけど、木の上の果物は登ることができるひとのもの」というアフリカのジンバブエのことわざを思い出させた。

三　次の文章は、一九九六年三月二十四日付の朝日新聞に載ったコラム「天声人語」の全文である。よく読んで後の問いに答えなさい。

〈おたくというと聞こえが悪いが、通というと聞こえがいい〉〈下手な奴ほど説明したがる〉〈子どもは親を選べないというが、親だって子どもを選べない〉。

なるほど、うまいことを言うものだ。〈もうだめだと思うとそこからだめになる〉〈見つけても直せないのが［①］である〉〈小心者ほどいいわけがうまい〉〈愛は一瞬うらみは一生〉。うーん、人生の深い経験も感じられるなあ。

実は東京都立一橋高校の生徒たちが創作した格言の数々である。七年前から社会科（倫理）の時間につくってきた。これまでもパンフレットなどにまとめたことがあるが、ことしは一日一格言のカレンダーの形にして先日、卒業生全員に配った。題して『名言三百六十五日』。

〈本当に眠い人はもう寝ている〉〈三日坊主は四日目になると開き直る〉などの素朴にしてユーモアに富んだ観察から、〈強きをけなし、弱きを笑う〉〈子どもほど俗物はいない〉〈反戦デモは［②］だからできる〉といった皮肉まで、若い感受性が随所にきらきらしている。〈自分が信頼している人の意見が正しいとは限らない〉〈時は人を成長させ退化させる〉あたりは、いささか苦い。

一七三二年、アメリカのフランクリンは『貧しいリチャードの暦』

問一　――部①とあるが、「転石、苔を生ぜず」のように正反対の異なる意味を持つことわざに「犬も歩けば棒に当たる」がある。このことわざが持つ正反対の二つの意味をわかりやすく説明しなさい。

問二　「二度あることは三度ある」と「三度目の正直」は、正反対の意味を持つことわざである。次の二つのことわざも同様であるが、あなたはどちらのことわざに共感できるか。あなた自身の経験を踏まえて、わかりやすく説明しなさい。

ア　渡る世間に鬼はない……世の中には無情な人ばかりでなく、困ったときに助けてくれる人もいるものだ。

イ　人を見たら泥棒と思え…他人を軽々しく信用せず、いったんは疑ってかかれということ。

問三　次の①～③は外国のことわざである。これと似た意味を持つ日本のことわざを推測して後の語群より選び、それぞれ記号で答えなさい。ただし同じ記号は一度しか使えないものとする。

①
- 頭の数だけ考えあり（ドイツ）
- 人はそれぞれ、馬の走りも様々（モンゴル）
- 一種類の米を食べて、百種類の人が育つ（台湾）

②
- 多すぎる料理人はスープを駄目にする（イタリア）
- 多くの乳母がいるのに子どもが迷子になる（ハンガリー）
- おんどりの多い村の朝は遅くなる（トルコ）

③
- ホメロスも時には居眠りをする（イギリス）
- 最良の料理人も豆を焦がす（メキシコ）
- 泳ぎ上手が先に溺れる（オランダ）

ア　船頭多くして船山に登る

イ　たで食う虫も好き好き

ウ　焼け石に水

エ　弘法も筆の誤り

オ　立つ鳥跡を濁さず

はそんなことを知らずに夢中になった。

（中略）

　この場合、コケというものに対する語感もバカにならない。湿度の高い所でないと美しいコケは生えない。われわれの国は昔からコケを美しいと思う感覚を発達させてきた。庭園をつくれば苔を植える。苔寺は古来、有名で、訪れる人が多くて困るほどだ。

　アメリカのような乾燥した土地ではコケが育ちにくい。美しくもない。むしろ、不潔な連想をともなうかもしれない。イギリスはコケ＝金と考えるくらいだから、コケ尊重の社会であることがわかる。コケをおもしろいと見るかどうかでも、転石の評価は違ってくる。

　日本はもともと、そして、いまもいくらかは、コケを大切にする社会である。だからこそ、国歌にも、

　さざれ石の巌となりて苔の生すまで

とある。

　ところが、このごろは、日本でもアメリカ的感覚が若い人たちの間にふえてきて、コケをうす汚いものと思うようになった。そういう人たちが、コケを肯定する国歌に違和感をもつのは自然かもしれない。コケなどつかない転石をよいものと感じる人たちがふえるわけだ。

　それはさておき、私がアメリカにこのことわざの新しい解釈があるらしいと気付いたころには、そういうアメリカ式の意味に解している例は文献の上ではまだひとつも見当たらなかった。その後注意していたら、同僚からある本に、ローリング・ストーンをのぞましいものと解している例があると教えられた。私の考えが、たんなる推測ではなかったわけである。

　まだいまのところ、外国の辞書にはこの新しい意味を掲載したものは見当たらないようだが、日本では、英米二様の意味をのせているものがいくつもある。たとえば、『新グローバル英和辞典』にはmossの項目にこのことわざが出ていて、「転石、苔を生ぜず《転々と商売換えしては金はたまらない、〔米〕では「動いていれば苔がつかず新鮮である」という意味にもなる》」とある。

　ことわざの解釈は、ひとりひとりの考えや価値観によって決定される。日ごろは自覚しないものの見方、感じ方をあぶりだして見せてくれる。そう考えると、玉虫色のことわざは、ときとしてロールシャッハ・テストのようである。

（外山滋比古『ことわざの論理』）

動きまわる。あるいは、じっとしていたくても、そうはさせてくれない。スカウトされてAの会社へ行ったかと思うと、また、すぐ別のB企業へ引き抜かれる。こういう人はいつもピカピカ輝いている。コケのようなものが付着するひまもない。アカやさびのようなものはこすり落とされてしまう。アメリカ人の多くが、それを、〝転がる石はコケをつけない〟の意味だと思っているらしい、ということがわかったのである。

同じ英語国同士でありながらこういう〝誤解〟のあることをたいへんおもしろいと思ったので、私は、そのころ編集していた英文学雑誌の編集後記に、ローリング・ストーンのことわざにはアメリカの新解釈があらわれているようだと書いた。

それを書いたあと、いったいどうして、そういう異なった解釈が生まれたのだろうか、を考えた。たまたま、そのころ読んでいたアメリカ文化論に、祖父の住んでいた所に住んでいるアメリカ人がごくわずかしかいないのに、イギリスでは三代同じ土地に住んでいる人間がその何倍もあると書いてあった。それがヒントになるのではないかと考えた。

つまり、アメリカは流動社会であるのに、イギリスは定着社会である、ということだ。アメリカでは移動は肯定されている。なるべく動いたほうがよいと考えられている。他方のイギリスでは〝石の上にも三年〟式に、なるべくなら同じ所にじっとしているのがよいという考えである。伝統を重んじるからである。歴史の浅いアメリカには重んじたくても、伝統がない。

住まいについても、転居ということを気楽にするか、なかなかしないかが、アメリカとイギリスでは大きく違う。職業についても同じで、次々に勤めを変えるのは、何か問題があるからだと考えやすいイギリスの社会に対して、どんどん変わるのは優秀さの証拠だと感じるアメリカでは正反対になる。

こういう社会の背景があるから、イギリスでは否定的に解されるローリング・ストーンのことわざが、アメリカではすばらしい人間を指すように思われるのである。これによっても、ことわざの意味が絶対不動のものでないことがわかる。それを使う人たちのものの考え方、感じ方によって、ときとして、大きく違って見える。灰色は周りが黒いところで見れば白と見えるが、周囲が白ければ黒く見える。それと同じようにことわざも相対的である。

舞台の踊り子がビーズの胴衣を着ている。それに青い光が当たると、青く見えるが、赤い光を当てると、赤く輝く。ことわざの意味もそれに似ている。見る人によってさまざまに解される。よく言われることばを使うなら〝玉虫色〟に見える。ローリング・ストーンといわれる人間は、イギリス人には風来坊に見えるのに、アメリカ人にはちょうどその反対の優秀な才能に見える。そしてお互いに自分の解釈を正しいと思っているのだから、おもしろい。一九六〇年代、世界的に活躍したイギリスのロックグループが、〝ローリング・ストーンズ〟と名乗ったのは、このことわざの二重の意味をかけたものである。日本で

2024年度 浦和実業学園中学校

【適性検査Ⅰ】〈第一回適性検査型入試〉（五〇分）〈満点：一〇〇点〉

【注意】字数制限のある問題の場合は、句読点や符号、促音「っ」・拗音「ゃ」「ゅ」「ょ」なども一字分として字数に含めます。

一 次の①～⑤の文と関係のあることわざを後の語群から選び、それぞれ記号で答えなさい。ただし同じ記号は一度しか使えないものとする。

① 財布をなくしたかと思ってあちらこちら探し回っていたら、上着のポケットの中に入っていた。

② 私の父親は医者だが、よく風邪をひいている。

③ 学校で評判のよくないグループとつるんで行動をともにしていた弟は、最近素行が悪くなってきた。

④ バレンタインデーにお父さんへ十円のチョコレートをあげたら、ホワイトデーに欲しかった洋服を買ってもらった。

⑤ 宝くじを買ってから、仕事もしないで一億円当たったら何に使うか考えていた。

ア 朱に交われば赤くなる　イ 海老で鯛を釣る
ウ 灯台下暗し　エ 捕らぬ狸の皮算用
オ 紺屋の白袴

二 次の文章を読んで後の問いに答えなさい。

①<u>転石、苔を生ぜず</u>

ということわざがある。これはあきらかに英語の、

A rolling stone gathers no moss.

（ア・ローリング・ストーン・ギャザズ・ノー・モス）

の訳である。英語の方はたいへん有名で、一カ所にながく腰を落ち着けていられないで、たえず商売変えをするような人間に、成功はおぼつかない、という意味で使われる。ときには、これをひとひねりして、相手を次々とり替えているような人間の恋愛は、いつまでたっても実を結ばない、というように転用されることもある。

このことわざは、イギリスで生まれたもので、ここのコケ（モス）とは、金のことなり、と権威ある辞書（ＯＥＤ　オックスフォード英語辞典）にも出ているほどだ。はじめは、だから、住まいや職業を転々とするような人間に金はたまらない、の意味で使われた。比喩的には恋愛でも似たことが言える、というところから、さきのように応用されるのである。

いまから二十年くらい前のことになるが、わたしは、ふとしたきっかけで、アメリカ人がこのことわざを〝誤解〟しているのではないか、ということに気付いた。どういう風にアメリカ人がこれを考えるのかと言うと、まるで、逆にとっている。

つまり、優秀な人間なら引く手あまた。席のあたたまるひまもなく

2024年度 浦和実業学園中学校 ▶解　答

※　編集上の都合により，第１回適性検査型入試の解説は省略させていただきました。

適性検査Ⅰ ＜第１回適性検査型入試＞（50分）＜満点：100点＞

解　答

一 ① ウ　② オ　③ ア　④ イ　⑤ エ　　二 **問１**　（例）“物事をしようとする者は，何かと災難にあいやすい”という意味と，“何かやっていると，思いがけない幸運にあうこともある”という意味。　**問２**　（例）ア／学校で大事なテストがあるというのに，筆記用具を忘れてしまった。仲のよい友だちも余分に筆記用具を持っておらず困っていると，普段はそれほど話をしないあるクラスメイトが，「よかったら使って」と筆記用具を貸してくれた。そのとき，まさに「渡る世間に鬼はない」だなあと感じた。したがって私は「渡る世間に鬼はない」ということわざに共感する。（イ／ひとり暮らしをしている近所の老人が「振り込め詐欺」の被害にあった。人の良さそうな優しい老人だったので，息子だと語る電話を信用してしまいお金を振り込んでしまったようだ。その老人は「人を見たら泥棒と思えというのは本当だねえ」と言っていた。したがって私は「人を見たら泥棒と思え」ということわざに共感する。）　**問３**　① イ　② ア　③ エ　**問４**　（例）挑戦した者しかつかめないものがある，という意味。　三 **問１**　① ウ　② オ　③ ア　**問２**　（例）満点を取らなくても合格できるよ　**説明**…（例）塾の模擬試験で算数の超難問にこだわりすぎてしまい，時間が足りなくなってできる問題もできず点数を落としてしまうということが何度もあった。そんなとき，塾の先生がかけてくれた言葉だ。できる問題を確実に正解するほうが，テストでは大事だということである。　四 下記の作文例を参照のこと。

四 （例）ウ

　「石橋をたたいて渡る」とは、用心に用心を重ねてよいという意味のことわざだ。注意深くすることで物事がうまく運ぶことは多いが、私はこのことわざは常に万人にあてはまるものではないと考える。

　私はよく「考え深くて慎重だ」と言われるが、考え過ぎて実行に移すべき時を見誤ることがある。以前、水泳の検定試験を受けるように先生に勧められたが、「もっと力をつけて、確実に受かるようになってから受けたい」と先延ばしにした結果、同等の実力の人達より合格が遅れてしまった。「あなたの場合は、石橋をたたき過ぎて壊しているね」と笑われた悔しさは忘れられない。

　「一か八か」という言葉もあるように、ことわざには反対の意味のものも少なくない。これは時と場合、その人の性格などによって適切なアドバイスが変わるからだと思う。今の自分に何が必要かを見きわめて、ことわざを生活の中で生かしていきたい。

適性検査Ⅱ　<第１回適性検査型入試>（50分）<満点：100点>

解答

1 **問１**　**ア**　120　**イ**　120　**ウ**　14400　**エ**　90　**オ**　56　**カ**　かけ算　**キ**　132　**ク**　6　**ケ**　2　**コ**　5　**問２**　**サ**…21／**考え方**…(例)　【１を足す】を①，【２を足す】を②とすると，①を２つ，②を５つ並びかえる場合の数を考えればよい。この７つの並びかえは，７×６×５×４×３×２×１＝5040(通り)ある。しかし，①同士は区別ができないので，①だけで並びかえた，２×１＝２(通り)で割る必要がある。同様に，②同士の並びかえは，５×４×３×２×１＝120(通り)であるから，答えは，5040÷(２×120)＝21(通り)となる。　2 **問１**　(イ)　**問２**　(例)　海から湖に海水が流れこむから。　**問３**　(ウ)　**問４**　(例)　右の図／**説明**…土砂が川によって図のイに運ばれ，波に乗って図のアにたい積して半島が形成された。

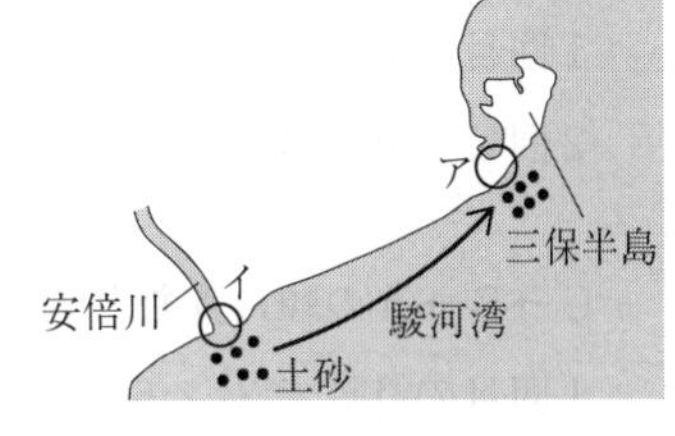

問５　(例)　**問題**…三保の松原付近が波による被害を受ける。**対策**…海岸に人工的に砂を埋めこむ。　**問６**　(例)　生産物を横浜港まで運ぶ時間やコストが削減されることによって，多大な利益をあげることができると考えます。　3 **問１**　ア，ウ，エ　**問２**　**１位**…脱衣室　**２位**…寝室　**３位**…玄関(リビング)　**問３**　A　**問４**　(例)　10／**理由**…ホコリ１個の大きさを１立方ミリメートル，この部屋で１日に出るホコリの量を２立方センチメートルと仮定する。ホコリ２立方センチメートルには，ホコリが，２×10×10×10÷１＝2000(個)ふくまれる。よって，部屋１立方メートル中には，ホコリが，2000÷200＝10(個)あると推定できる。**問５**　(例)　小さなホコリは空気のわずかなえいきょうも大きく受けるから。　**問６**　つく／**理由**…(例)　消しゴムの中のマイナスの電気が動いて，下じきと消しゴムの間に引き合う力がはたらくから。

2024年度 浦和実業学園中学校

【適性検査Ⅲ】〈第２回適性検査型入試〉（50分）〈満点：100点〉

1 　図１のように，A，B，Cの各部屋には数があり，隣の部屋どうしが通路でつながっています。各通路には演算子（計算に用いる記号＋，－，×，÷）があります。

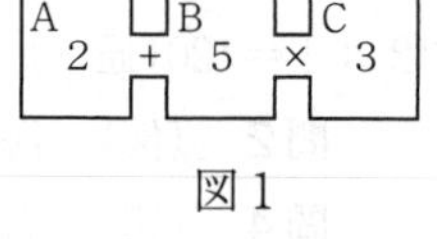

図１

A→B→Cの順に進むとき，
１回目の計算は２＋５＝７となり，
２回目の計算は７×３＝21となります。

C→B→Aの順に進むとき，
１回目の計算で３×５＝15となり，
２回目の計算で15＋２＝17となります。

図２で，A→F→Kの順に進むとき，

$$0 \div 2 = 0$$

となりますが，

$$0 - 3$$

のように小さい数から大きい数を引くことはできません。

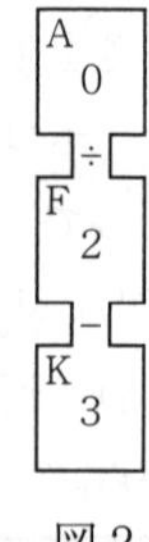

図２

K→F→Aの順に進むとき，

$$3 - 2 = 1$$

となりますが，

$$1 \div 0$$

のように0で割ることはできません。

以上の規則に従って，次の各問いに答えなさい。

問１　図３で，AからHへの最短経路のうち，最後まで計算できるものは１通りあります。そのとき，Hで計算し終えたときの答えはいくつですか。

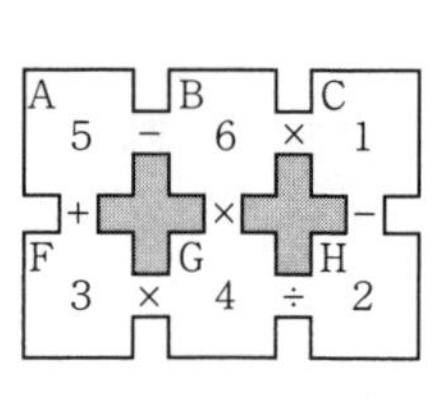

図３

問２　図３で，HからAへの最短経路のうち，最後まで計算できるものは何通りありますか。また，Aで計算し終えたときの答えはいくつですか。すべて答えなさい。

問３　図４で，ＡからＭへの最短経路のうち，Ｍで計算し終えたときの答えが０になるものはどの順番ですか。また，太郎さんはすべての経路の計算をして答えを出しましたが，そのあとで，半分の計算で答えを導く方法を思いつきました。太郎さんが思いついた方法を自分の言葉で説明しなさい。

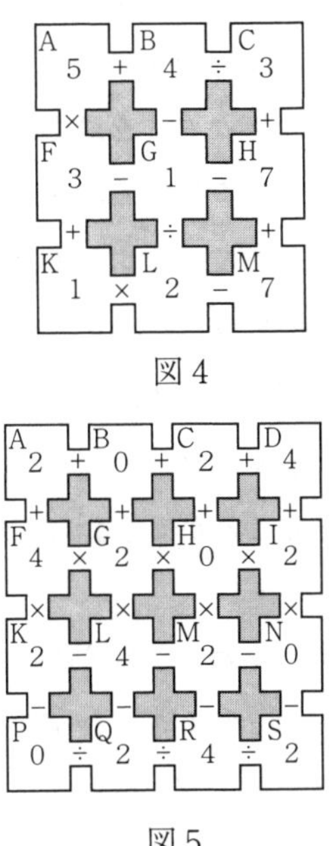

図４

図５

問４　図５で，ＡからＳへの最短経路のうち，Ｓで計算し終えたときの答えが最も大きい数はいくつですか。

問５　図５で，ＳからＡへの最短経路のうち，Ａで計算し終えたときの答えが最も大きい数はいくつですか。また，最も小さい数はいくつですか。

問６　図６で，Ａ→Ｂ→Ｇのときの答えとＡ→Ｆ→Ｇのときの答えの差が66であるとき，Ｇの部屋の数はいくつですか。

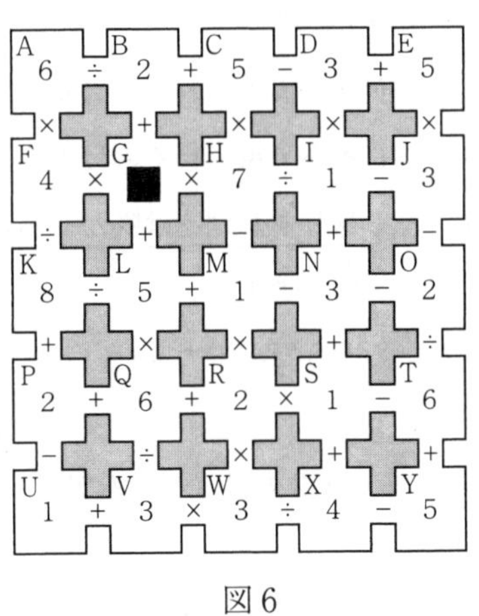

図６

問７　**問６**のとき，図６で，ＡからＹへの最短経路のうち，÷の通路を通らない経路はぜんぶで何通りありますか。

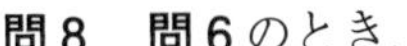
問８　**問６**のとき，

①ＡからＹへの最短経路

②ＥからＵへの最短経路

③ＵからＥへの最短経路

④ＹからＡへの最短経路

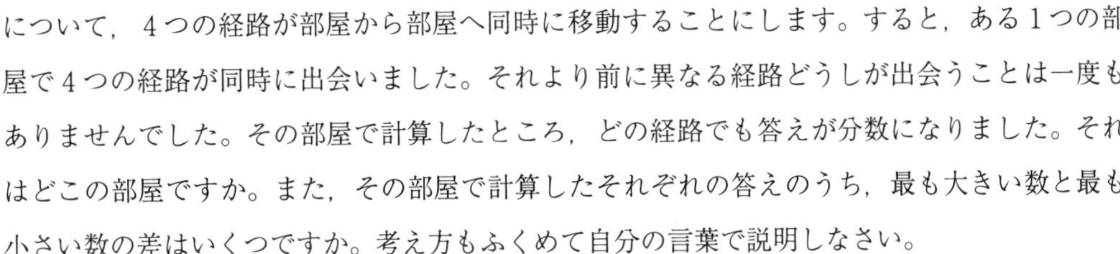
について，４つの経路が部屋から部屋へ同時に移動することにします。すると，ある１つの部屋で４つの経路が同時に出会いました。それより前に異なる経路どうしが出会うことは一度もありませんでした。その部屋で計算したところ，どの経路でも答えが分数になりました。それはどこの部屋ですか。また，その部屋で計算したそれぞれの答えのうち，最も大きい数と最も小さい数の差はいくつですか。考え方もふくめて自分の言葉で説明しなさい。

2　小学６年生のみのりは，休日にお父さんのスマートフォンのゲームアプリで遊ぶことを楽しみにしています。このゲームアプリは，位置情報ゲームであり，利用者のその日の歩数に応じてキャラクターを誕生させたり，花の記念バッジがもらえます。このゲームアプリは，スマートフォンを持っている人の正確な位置情報を取得するため，ネットワークに接続してＧＰＳ機能を活用しています。また，スマートフォンの歩数カウンターと連動させると，スマートフォンを持って歩くだけで，その日の歩数を数えることができます。ゲームを起動させながら移動すると，現実世界と連動したマップ上に自分の位置が常に示され，移動した道筋に花を咲(さ)かせることができます。マップ上に多くの花を咲かせることができると，新しいキャラクターやアイテムを入手することができます。次の文章を読み，後の問いに答えなさい。

みのり　：ねぇ，お父さん！今日はゲームのイベントの日だからどこかに出かけようよ！１万歩歩くともらえる特別な記念バッジは，今月は５月のバラの記念バッジだって！

お父さん：１万歩かぁ…。このゲームって座っていても振動を与えれば歩数カウントが増えるじゃないか。今日は歩かないでスマートフォンを１万回振って歩数カウントをかせぐってのはどうかな？

みのり　：ダメだよ！それじゃズルしていることになっちゃうじゃない！

お父さん：じゃあ，車で行くのはどうだい？移動さえすれば，マップ上に花を咲かせられるからね。

みのり　：①<u>移動すれば花は咲かせられるけれど，歩数は増えないでしょ！</u>歩いて行かなくちゃ，ダメなのよ！

お父さん：…そうだな。大変だけれど健康にもよいことだし，がんばろうか！

２人は，ゲームアプリを起動させて公園に向けて歩き始めました。

みのり　：先月のイベントの時の記念バッジはチューリップだったね。その前はツバキで，その前はサクラだったよね。

お父さん：４月がチューリップってことは，その前は３月だからツバキではないだろ。３月がサクラで，ツバキは１月だったんじゃないか？

みのり　：え，そうだっけ？なんでお父さんは何月か分かると花の種類が分かるの？３月はサクラって決まっているの？

お父さん：このゲームアプリのイベントは，②<u>その時期に開花している花が記念メダルになっているんだよ。</u>

みのり　：どの花がいつ咲くのか，今まで気にしていなかったよ。

お父さん：例えば，春といえばサクラの花だろ？毎年，サクラの咲く時期にはお花見をしているじゃないか。みのりも毎年楽しみにしているだろ。日本には四季があるから，③<u>それぞれの季</u>

節に代表的な植物や動物を楽しむことができるんだよ。

みのり　：そういえば，記念バッジは12カ月分あったね。一年中何かしらの花が咲いているんだね。

２人は公園に着きました。

みのり　：あれ，林の下に小さな白い花がたくさん咲いてる。

お父さん：あれはドクダミだな。茎の先に十字型の白い花がついているだろ。
花べんのように見えているものは，葉っぱに近い性質を持った総苞というんだ。中心部の黄色い部分が本当のドクダミの花で，小さな花がいっぱい集まって穂のように見えているんだ。本当はドクダミには花べんもがくもないんだよ。中心部に集まっているのは，先端が黄色い花粉をつくるおしべと，下部が丸く膨らんだめしべなんだ。

みのり　：独特なにおいがする。うちの庭にも同じにおいのする草が生えているよね？

お父さん：そうだね，うちの庭には④八重咲き（総苞が多い）のドクダミの方が多く生えているよ。

一般的なドクダミ

八重咲きのドクダミ

みのり　：目立たない花だけれど面白い！同じドクダミなのに形に違いがあるんだね。わぁー，こっちの花だんには色々な種類の花が咲いているね！

お父さん：管理してくれている人がいるから，ちょうど今ごろ花を咲かせる植物が植えられているんだよ。

みのり　：たくさんの虫が盛んに花の間を飛んでいるね！花にとっては虫が大切な存在だもんね。

お父さん：冬の間はほとんど目にしないけれど，あたたかくなるとちゃんと虫もはたらいているなぁ。

みのり　：⑤冬に咲くツバキみたいな花があるけれど，虫が少ない時期にどうして花を咲かせるようになったんだろう。

お父さん：一見不利なように見えても，生き残るためにあえて寒い時期に花を咲かせているんだろうね。

問１　下線部①について，このゲームは，歩行することにゲーム性をプラスし，国民の健康を向上させることを目的としています。利用者の歩数や移動によりキャラクターが成長するシステムは，利用者の外出したいという気持ちを強め，毎日の歩行数を増やすことができます。この目的を達成するために，マップ上を移動するだけで花を咲かせるシステムに，他にどのような条件をつけ加えたらよいですか。数値を示し，その数値にした理由も合わせて説明しなさい。必要ならば以下の情報を使ってもかまいません。

・歩く平均の速さは，20歳代：毎秒1.41 m，80歳以上：毎秒0.88 m
・ランニングの平均の速さは，毎分134 m
・自転車の平均の速さは，子ども：毎時10 km，大人：毎時20～30 km
・車の速さは，法律によって一般道では毎時60 km以下にしなければならない

問２　下線部②について，２月，６月，８月，10月に日本の自然環境下で主に開花している植物を下の語群から１つずつ選び，それぞれ答えなさい。

【語群】　ヒマワリ　　スミレ　　ウメ　　コスモス　　アジサイ

問３　下線部③について，生物の行動や状態の変化は季節性を持っており，その変化は人々に季節を感じさせることから俳句の季語としても用いられています。次の俳句はそれぞれ春・夏・秋・冬のどの季節を詠(よ)んだ句でしょうか。それぞれの季節を漢字一字で答えなさい。

ア　一枚の　紅葉かつ散る　静けさよ　　（高浜虚子）
イ　菜の花や　月は東に　日は西に　　（与謝蕪村）
ウ　閑(しず)かさや　岩にしみ入る　蝉(せみ)の声　　（松尾芭蕉）
エ　鶴舞(つるま)ふや　日は金色の　雲を得て　　（杉田久女）

問４　下線部③について，季節に応じた生物の変化のことを「生物季節」といいます。現在，植物の「生物季節」は気象庁が観測しています。植物では開花や紅葉，落葉などの時期を観測対象としています。一方，動物もかつては「生物季節」の観測対象でした。動物では，どのような現象を観測対象としていたでしょうか。１つ答えなさい。

問５　下線部④について，みのりは「八重咲きのドクダミはドクダミがどのように変化してできたのか」を調べるためにドクダミと八重咲きのドクダミの断面の違いを観察してみました。そして，気づいたことを文章にまとめました。次の写真と図を参考にして，下のみのりの**文章**の空欄（　A　）（　B　）に当てはまる言葉をそれぞれ答えなさい。

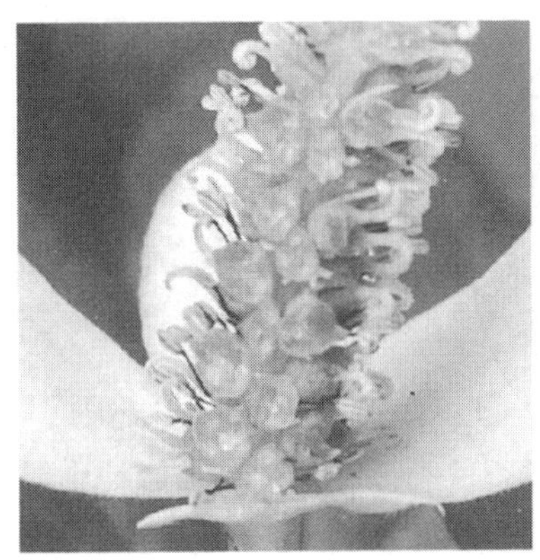

一般的なドクダミ

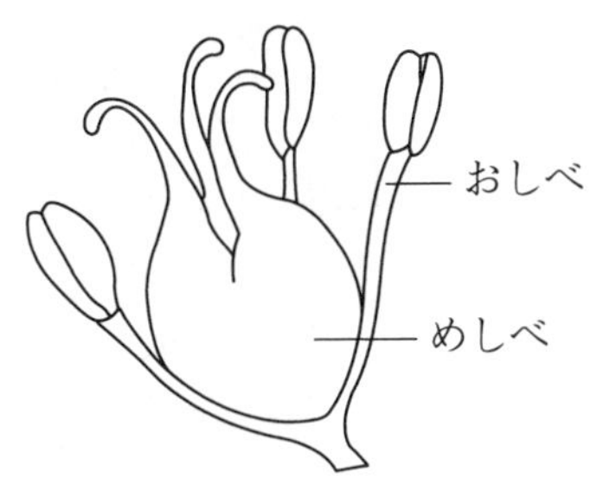

図　一般的なドクダミのおしべとめしべ

八重咲きのドクダミ

【文章】

ドクダミの中心部は１個のめしべに３個のおしべがセットになったものがたくさんついていました。しかし，八重咲きのドクダミの中心部を観察すると，（　A　）は残っているのに（　B　）がなくなっている部分が多く，（　B　）の代わりに総苞があるように見えました。ということは，この白い総苞は（　B　）が変化したものだと思いました。

問６　ドクダミのように，同じ種類の植物でも花の構造が異なるものはたくさんあります。この変化の原因として遺伝情報の変化があげられます。被子植物の花の形を決めるルールとして「ＡＢＣモデル」というものがあります。遺伝子Ａ～Ｃの組み合わせによって，がく・花べん・おしべ・めしべになるというものです。花は４つの領域からできています（図１）。

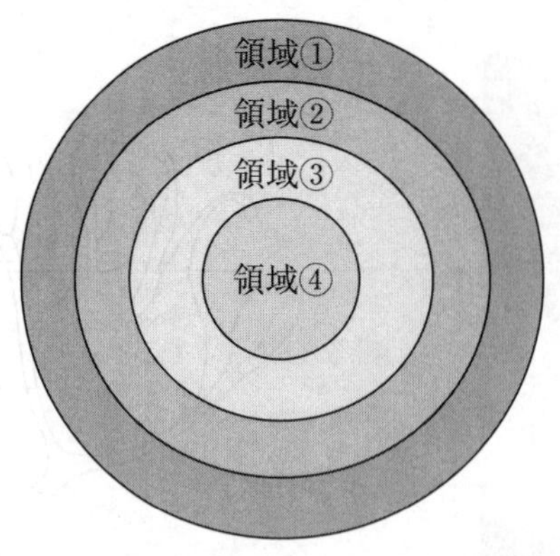

図１　花を上から見たときの構造と領域

正常な花は，領域①で遺伝子Ａのみがはたらいて「がく」が，領域②で遺伝子Ａと遺伝子Ｂがはたらいて「花べん」が，領域③で遺伝子Ｂと遺伝子Ｃがはたらいて「おしべ」が，領域④で遺伝子Ｃのみがはたらいて「めしべ」が作られます（図２）。

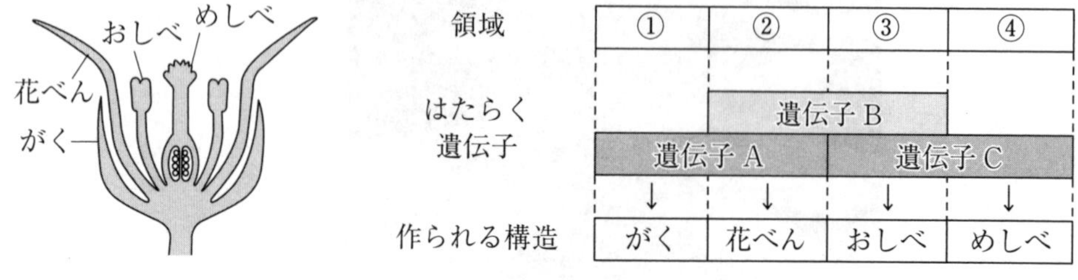

図２　正常な花の構造と各領域ではたらく遺伝子

遺伝子Ａ～Ｃのすべての遺伝子がはたらかないときには，葉ができます。図３の正常でない花の「はたらく遺伝子」と「作られる構造」の組み合わせを図２を参考にして，解答用紙の図に書き入れなさい。

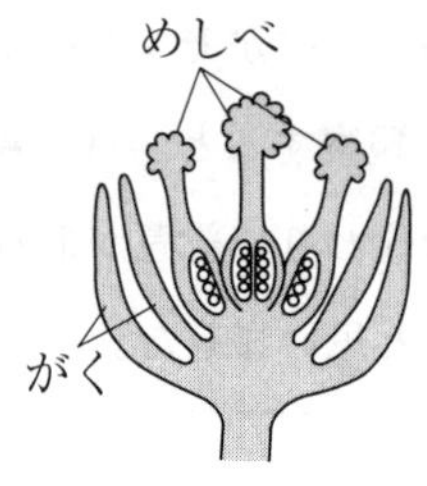

図３　正常でない花

問７　下線部⑤について，植物の多くは，虫や鳥によって受粉を助けてもらうことで種子を作り子孫を残します。ところが，ツバキは，植物が成長しづらく虫も少ない冬の季節に花を咲かせます。ツバキのように，冬に花を咲かせる植物には，どのような利点があるか説明しなさい。

2024年度

浦和実業学園中学校　▶解　答

※　編集上の都合により，第２回適性検査型入試の解説は省略させていただきました。

適性検査Ⅲ　<第２回適性検査型入試>（50分）<満点：100点>

解　答

1 **問１**　16　**問２**　２通り／**すべての答え**…１と$6\frac{1}{2}$　**問３**　**順番**…A→F→G→L→M／**方法**…（例）　H→Mの移動において，「＋７」の計算で０になることはない。Lでの答えが７になれば，L→Mで，７－７＝０となるため，A→B→G→L，A→F→G→L，A→F→K→Lの３つを計算すると，Lでの答えが７となるのは，A→F→G→Lとわかる。　**問４**　44　**問５**　**最も大きい数**…12，**最も小さい数**…２　**問６**　３　**問７**　10通り　**問８**　**部屋**…M，**差**…$2\frac{11}{21}$／**考え方**…（例）　A，Yから４回の移動でE，I，M，Q，Uに着く。E，Uから４回の移動でA，G，M，S，Yに着く。共通するのはMのみである。また，答えが分数になるには，少なくとも１回は「÷」の通路を通る。AからMの移動で分数になるのは，A→F→K→L→Mで$\frac{8}{5}$である。UからMの移動でK，Lは通れないので，U→V→Q→R→Mで$\frac{8}{3}$である。YからMの移動でR，Wは通れないので，Y→T→O→N→Mで$\frac{3}{2}$である。EからMの移動でN，Oは通れないので，分数になるのは，E→D→I→H→Mで$\frac{1}{7}$である。よって，求める差は，$\frac{8}{3}-\frac{1}{7}=\frac{56}{21}-\frac{3}{21}=\frac{53}{21}=2\frac{11}{21}$となる。

2 **問１**　（例）　車や自転車に乗っているときには花が咲かないようにするため，移動速度に制限をつける。ランニングの平均の速さは，時速，134×60÷1000＝8.04より，約８kmで，子どもの自転車の平均の速さは時速10kmなので，移動速度が時速10km以上になると花が咲かないようにする。　**問２**　**２月**…ウメ　**６月**…アジサイ　**８月**…ヒマワリ　**10月**…コスモス　**問３**　**ア**　秋　**イ**　春　**ウ**　夏　**エ**　冬　**問４**　（例）　初鳴　**問５**　**A**　おしべ　**B**　めしべ　**問６**　右の図　**問７**　（例）　他に咲いている花が少ないため，鳥などが訪れやすくなり，また，花粉をつけた鳥が，同じ種類の別の花を訪れる可能性が高まり，受粉しやすくなる点。

領域	①	②	③	④
はたらく遺伝子				
	遺伝子A		遺伝子C	
	↓	↓	↓	↓
作られる構造	がく	がく	めしべ	めしべ

2023年度

浦和実業学園中学校

【算　数】〈第１回午前入試〉（50分）〈満点：100点〉

【注意】１．定規は使用してもかまいませんが、三角定規、分度器、コンパス、電卓は使用できません。
２．途中(とちゅう)の計算式や考え方も書くように指示されている問題については、解答用紙の所定のところに記入してください。特に指示のない問題については解答だけ記入してください。

1　次の計算をしなさい。

(1)　$(15 \div 6 \times 4 - 7) \div \frac{3}{2}$

(2)　$174 \div 6 - 258 \div 43$

(3)　$\{35 - (3 \times 4 + 5)\} \div 6 + 60 \div (24 + 8 - 2)$

(4)　$(5.72 - 2.02 - 0.7) \div \frac{3}{4}$

(5)　$3\frac{4}{7} \times 1\frac{2}{5} + \frac{3}{10} \div \frac{7}{20}$

(6)　$1.53 + 4.59 + 12.24 - 3.06$

2 次の各問いの □ にあてはまる数を答えなさい。

(1) クッキーを焼く仕事をしました。うまく焼けると30円もらえますが，失敗すると30円はもらえず，しかも60円で買い取らなければなりません。100枚焼いて2100円もらいました。失敗したのは □ 枚です。

(2) １周4.8 kmの池の周りを兄は毎分70 m，弟は毎分50 mの速さで同じ場所から同時に出発し，反対方向に進みます。２人がはじめて出会うのは出発してから □ 分後です。

(3) 長さ20 cmのテープを，のりしろの長さをどこも4 cmにして □ 本つなげました。このとき，全体の長さは340 cmです。

(4) いま，Ａさんは10才で，Ａさんの父は38才です。父の年れいがＡさんの年れいの３倍になるのは，いまから □ 年後です。

(5) ある仕事をＡさんが１人ですると１時間かかり，Ｂさんが１人ですると２時間かかります。この仕事をＡさんとＢさんの２人ですると □ 分かかります。

(6) 5600円の □ %は4200円です。

3 下の図のような池の周りを弟はＡ地点を出発して反時計回りに，兄はＢ地点を出発して時計回りに，同時に出発してそれぞれ一定の速さで移動し続けます。ＡＢ間はどちらから周っても同じ距離(きょり)であり，２つの地点を結ぶ橋が池の上にかけられています。２人は出発してから６分後にはじめて出会い，弟はそこから2400ｍ 移動して再び兄と出会いました。兄は弟とはじめて出会ってから４分後にＡ地点を通過し，その後再び弟と出会いました。
このとき，次の問いに答えなさい。

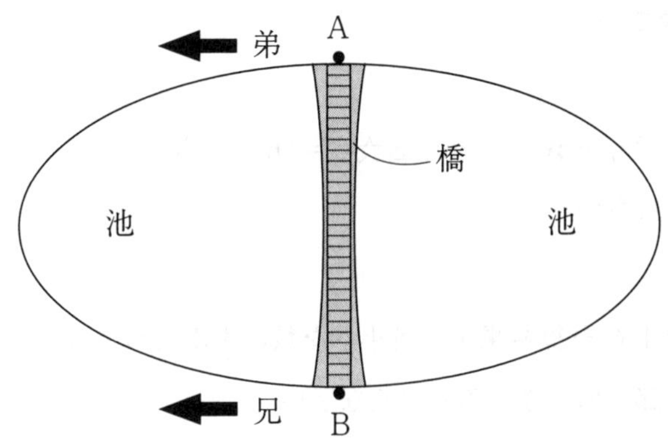

⑴ 弟の速さを求めなさい。

⑵ 兄の速さを求めなさい。

⑶ 次の日，同じ条件で２人は移動することにしました。しかし，兄は出発してすぐにＢ地点から橋をわたってＡ地点に移動し，池の周りを時計回りに移動しました。そうすると，２人はＢ地点から400ｍ はなれた地点ではじめて出会いました。このとき，考えられる橋の長さを２通り求めなさい。

4　Ａ，Ｂ，Ｃ，Ｄを自然数とするとき，次の規則に従って計算をします。

$$\mathrm{A}☆\mathrm{B} = \frac{\mathrm{A} \times \mathrm{B}}{\mathrm{B} \div \mathrm{A}} \quad , \quad \mathrm{C}★\mathrm{D} = \frac{\mathrm{C} \times \mathrm{D}}{\mathrm{C} \div \mathrm{D}}$$

例えば

$$2☆6 = \frac{2 \times 6}{6 \div 2} = \frac{12}{3} = 4 \quad , \quad 10★5 = \frac{10 \times 5}{10 \div 5} = \frac{50}{2} = 25$$

である。また，常に左から順番に計算することにします。このとき，次の問いに答えなさい。

⑴　３☆７★２ を計算しなさい。

⑵　Ａ☆Ｂ＝９，Ｃ★Ｄ＝49 ，Ａ★Ｃ＝36，Ｂ☆Ｃ＝36のとき
　Ａ＋Ｂ＋Ｃ＋Ｄを計算しなさい。

⑶　３☆２☆６☆５☆１☆４ の計算結果を一番小さな数にするためには
　☆を★に変える方法が全部で何通りあるか答えなさい。

5　下の図のように，角Ｂの大きさは90°で面積が200 cm^2 の直角三角形ＡＢＣがあります。辺ＣＡ上に点Ｄ，辺ＡＢ上に点Ｅ，辺ＢＣ上に点Ｆをとり，正方形ＤＥＦＧを作ると，正方形ＤＥＦＧの面積は84 cm^2 となりました。
また，角ＥＦＢと角ＧＦＣの大きさは等しくなりました。

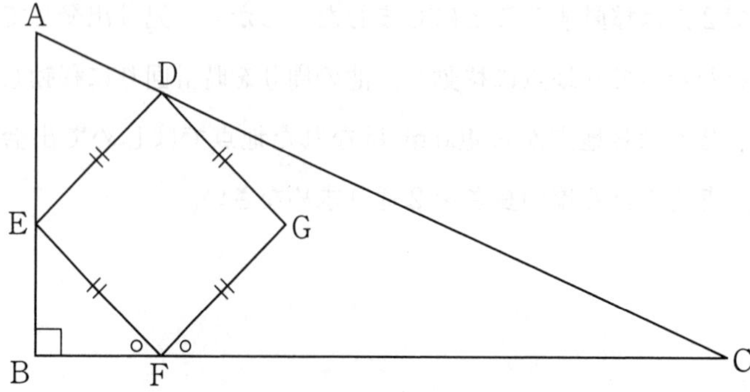

⑴　角ＥＦＢの大きさを求めなさい。

⑵　ＢＦとＦＣの長さの比を，もっとも簡単な整数の比で表しなさい。

6　１辺が１cm の立方体の各面に１から６の数を書き，展開すると図１のようになりました。この立方体を，図２のように14個積み重ねました。図３は図２を真上から見た図であり，図４は図２を正面から見た図になっています。また，真上から見るときは正面が下になるように見るものとします。

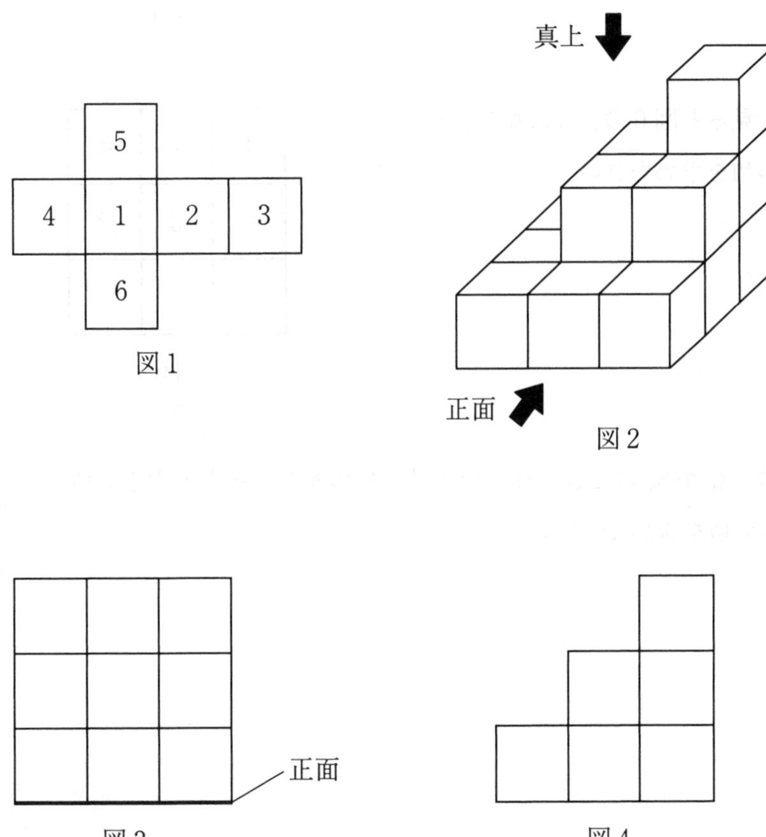

図１

図２

図３

図４

(1)　図２を真上から見ると図５のようになるとき，正面から見た数の和を求めなさい。

1	1	1
1	1	1
1	1	1

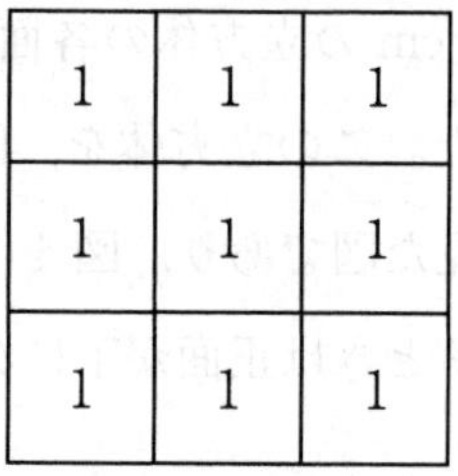

図５

(2)　図２を真上から見ると図６のようになるとき，正面から見た数の和を求めなさい。

1	2	6
4	3	2
1	3	1

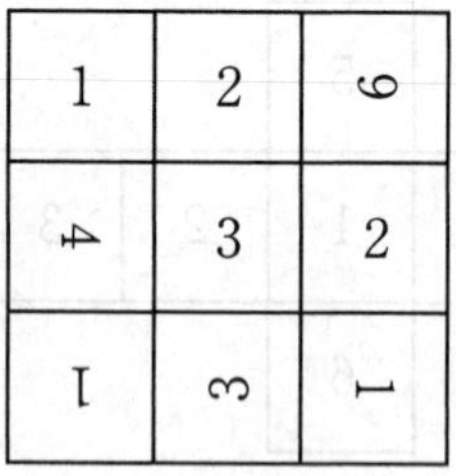

図６

(3)　正面から見た数の和が 33 のとき，真上から見た数の和のもっとも大きい値と，もっとも小さい値を求めなさい。

【社　会】〈第１回午前入試〉(30分)〈満点：50点〉

1　次の文章を読み，以下の設問に答えなさい。

2022年２月24日，ロシアによる①ウクライナ侵攻が始まりました。それ以来，次のような地図をニュースなどで見る機会が多くなりました。

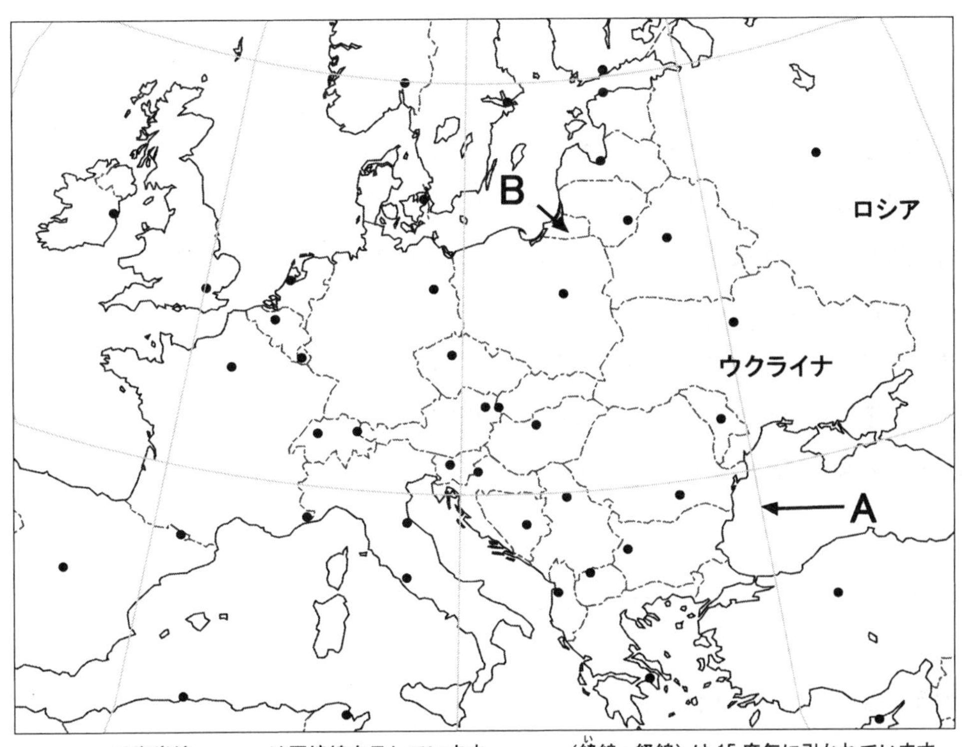

―― は海岸線，-・-・- は国境線を示しています。―― (緯線・経線) は15度毎に引かれています。
●は各国の首都を示しています。

問１　下線部①の国旗として正しいものを次の**ア**～**エ**から一つ選び，記号で答えなさい。

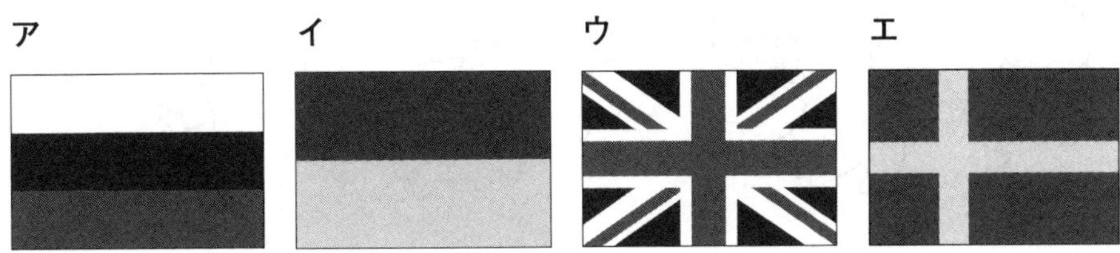

問２　地図中の線**Ａ**は下線部①の首都キーウ近くを通っています。日本が１月10日正午の時，キーウの時刻として最も適切なものを次の**ア**～**エ**から一つ選び，記号で答えなさい。なお，キーウでは毎年３月下旬(じゅん)から10月下旬まではサマータイムとなります。

ア．午前３時　　**イ**．午前５時　　**ウ**．午後７時　　**エ**．午後９時

> 先の地図中の**Ｂ**の地域はロシアの（　②　）です。中心都市はカリーニングラードです。この地域はかつてドイツ領で，東プロイセンと呼ばれていました。第二次世界大戦でドイツが敗れたことで東プロイセンは北側がソ連，南側がポーランドに譲(ゆず)り渡(わた)されました。そして，都市の名はケーニヒスベルクからソ連の革命家カリーニンに因んで改称(しょう)され，現在に至っています。
>
> 日本にも（　②　）があります。日本の都府県の中で最も大きい（　②　）として知られているのが，③和歌山県の（　②　）です。

問３　文中の（　②　）に適する語句を答えなさい。

問４　下線部③について，(1)～(4)に答えなさい。

(1)　この県の形として正しいものを次の**ア**～**エ**から一つ選び，記号で答えなさい。ただし，それぞれの地図の縮尺は異なり，上が北とは限りません。

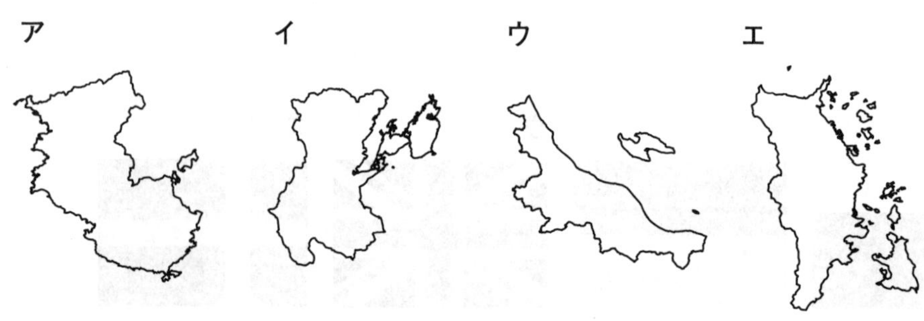

(2)　この県のみなべ町役場には「うめ課」があります。南高梅の生産地として知られているみなべ町独自の課といえます。次の表はうめの収穫(かく)量を表したものです。この表をもとに解答用紙の円グラフを完成させなさい。

和歌山県	58％
群馬県	7％
その他	35％

うめの収穫量（2020年産）『データでみる県勢　2022年版』より作成
（小数点以下は四捨五入してあります。）

(3)　この県の南端(たん)である潮岬(しおのみさき)の雨温図として，正しいものを次の**ア**～**エ**から一つ選び，記号で答えなさい。

ア

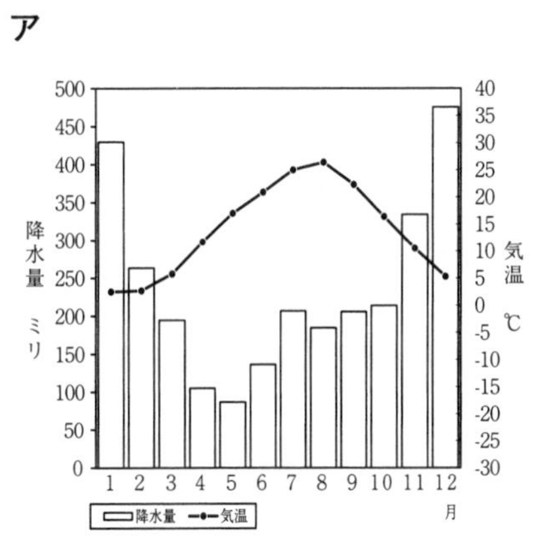

イ

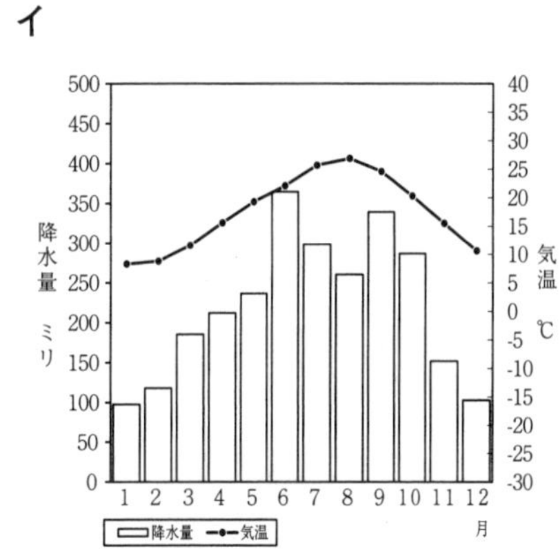

ウ

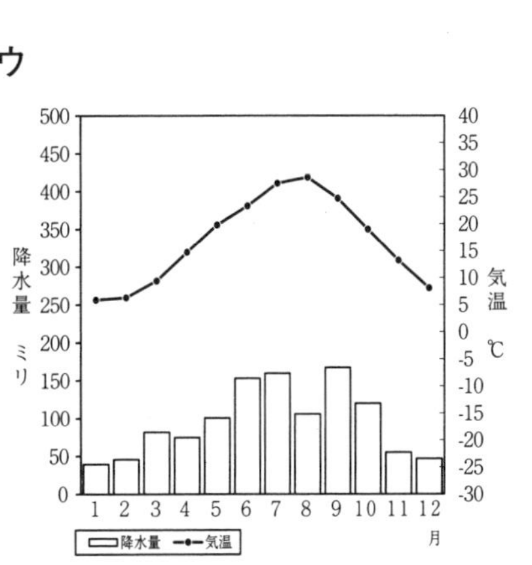

エ

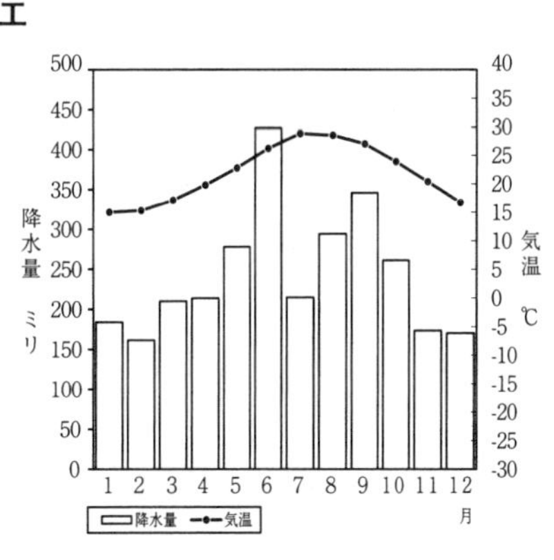

（気象庁ホームページより作成）

(4)　この県の古い国名である「紀の国」は，「木の国」が転じたものともいわれるほど森林の面積が多い県です。これに関連して述べた文として，**誤っているもの**を次の**ア**～**エ**から一つ選び，記号で答えなさい。

ア．森林の多くは人工林で，この地域では林業が古くから行われてきた。秋田すぎや木曽(きそ)ひのきが知られている。

イ．国産材よりも安く，大量に安定的に供給することができる外国産木材の輸入が増えたため，国内の森林伐採(ばっさい)量は戦後減少傾(けい)向にある。

ウ．林業を営む人の高齢(れい)化が進み，担い手が減っているため，荒(あ)れてしまう森林が多くなっている。

エ．森林には二酸化炭素を吸収する役割や，土砂災害を防ぐ働きがあり，地域全体で森林を保全する取り組みが進められている。

和歌山県はみかんの生産でも知られています。特に有田市などを流れている有田川周辺では栽培(さいばい)がさかんにおこなわれています。

問５　次の地形図は国土地理院発行の５万分の１地形図「海南」の一部です。これを見て，(1)・(2)に答えなさい。

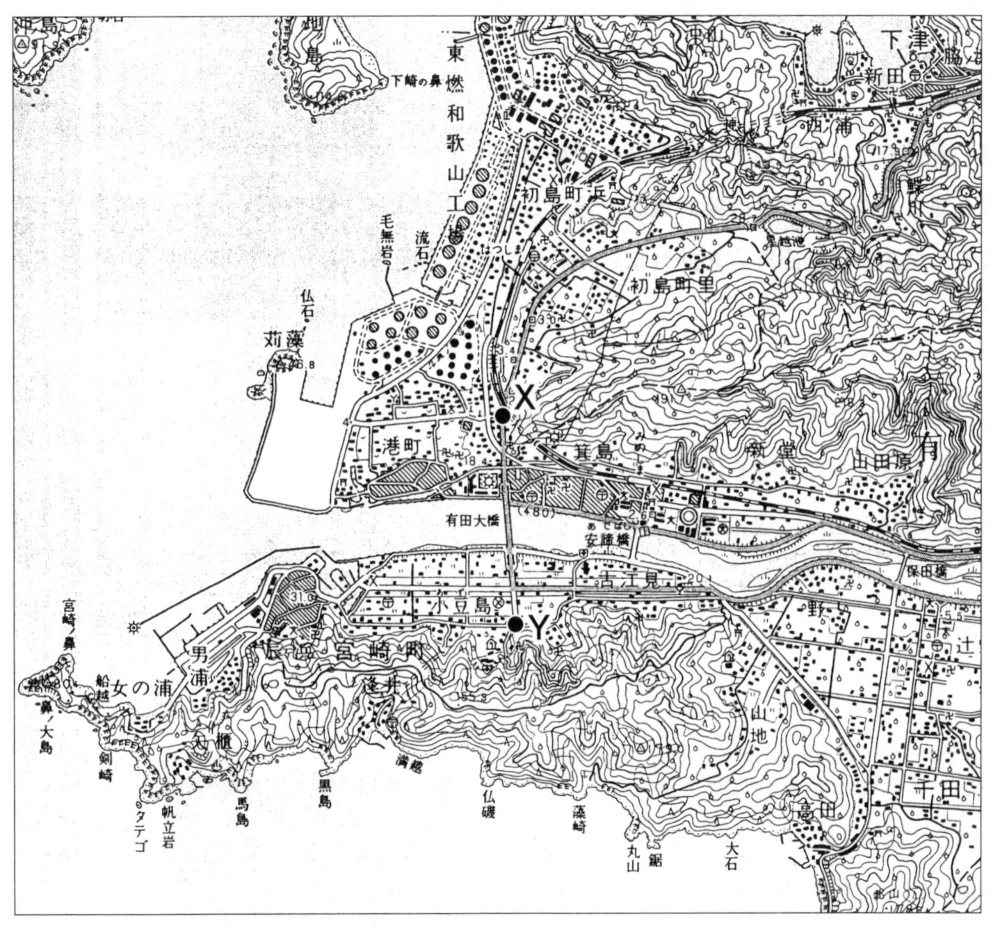

(1)　地形図中の**Ｘ**地点から**Ｙ**地点は直線で2.8 cm あります。実際の距離(きょり)は何 m かを**算用数字**で答えなさい。

(2)　この地形図から読み取ることができる内容として，正しいものを次の**ア～エ**から一つ選び，記号で答えなさい。

ア．はつしま駅の南西にみのしま駅がある。

イ．斜(しゃ)面に多くの広葉樹林がある。

ウ．鉄道はＪＲ線のみが走っている。

エ．有田川の左岸には図書館・市役所・郵便局がある。

世界の国の中で最も大きい（　②　）はアメリカの（　④　）州です。日本の面積の約4.5倍もの大きさです。（　④　）州はアメリカの州の中で最も面積が大きく，最も人口密度が低い州です。

問6　（　④　）に入る語句を**カタカナ**で答えなさい。

2　**昨年度の夏休みは新型コロナウイルスの感染拡大に伴(ともな)って旅行に行けなかったしんごさんでしたが，今年は感染対策を十分にした上で，いとこのゆうじさんと旅行に行き，愛知県の熱田(あつた)神宮を訪れました。その時の会話を読み，以下の設問に答えなさい。**

しんご：この熱田神宮は建てられてから1900年も経っているんだって。

ゆうじ：この神宮は日本の歴史を見守ってきたんだね。

しんご：あれ。正門の脇(わき)に早速お宮があるね。別宮八剣宮(べつぐうはちけんぐう)っていうんだ。

ゆうじ：（パンフレットを見ながら）へえ！このお宮は①708年に創建されたんだって。

しんご：やっぱり歴史が古いだけあって見ごたえがあるなあ。じゃあ，境内に入ってみよう。

ゆうじ：わあ！大きな木がまつられているね。

しんご：大楠(おおくす)っていうんだ。へえ，この木は②空海が植えたんだ。樹齢(じゅれい)は1000年だって。すごいね。

ゆうじ：あれ，向かい側に色々な説明書きの板が立ってるよ。

（大楠と参道を挟(はさ)んで逆側には「神話と歴史でたどる　熱田神宮千九百年の歴史」という説明書きが横一面に並んでいる。）

しんご：すごいなあ，日本の歴史と熱田神宮はこんなに深い関わりがあるんだね。今僕(ぼく)たちが学校で習って知っていることもたくさん書いてあるよ。

（特に２人は鎌倉(かまくら)時代から江戸(えど)時代の説明書きに注目した。）

［ 中世 ］武家政権のころ

武士が台頭するころ当神宮の大宮司藤原季範の娘（由良御前）が源氏の棟梁，源義朝に嫁ぎました。その子どもが③征夷大将軍となった源頼朝です。頼朝は鎌倉の地に武家政権の幕府を開いた後，外祖父が大宮司を務める当神宮を篤く崇敬し，鎌倉の鶴岡八幡宮に熱田社を勧請しました。また，牛若丸（源義経）が④奥州藤原氏のもとに向かう時，大宮司を烏帽子親として元服したとも伝えています。

［ 中世 ］南北朝のころ

熱田大宮司は，第96代後醍醐天皇の武臣として仕え，熱田大神の神威を背景にその勢力を伸ばしていきました。（中略）一方，⑤足利尊氏は先祖が熱田大神宮につながるという縁と，神剣を祀る社から，1335年（建武２年）権宮司田島氏に戦勝祈願を依頼しています。

［ 近世 ］貞享の大修理

1600年（慶長５年）の造営が行われたのち，社殿の修復は行われませんでした。大宮司以下神職は，1638年（寛永15年）以降毎年幕府に修復の請願をねばり強く続けた結果，ようやく1686年（貞享３年），第５代将軍⑥徳川綱吉の命により80年ぶりの修復造営をすることができ境内は一新しました。松尾芭蕉は，修復となった当神宮を参詣し，「磨き直す鏡も清し雪の花」と詠みました。これ以降，⑦尾張藩主の命によって定期的に修復造営が行われました。

（「神話と歴史でたどる　熱田神宮千九百年の歴史」より）

ゆうじ：この説明だけでも熱田神宮と日本の歴史のつながりがよくわかるね。この奥に「信長塀」というのがあるみたいだから行ってみよう。

しんご：へえ，織田信長が⑧桶狭間の戦いに大勝したその御礼として奉納した塀なんだって。とても丈夫な塀で1560年に造られてから一度も崩れていないんだって。さあ，いよいよ本宮にお参りしよう。

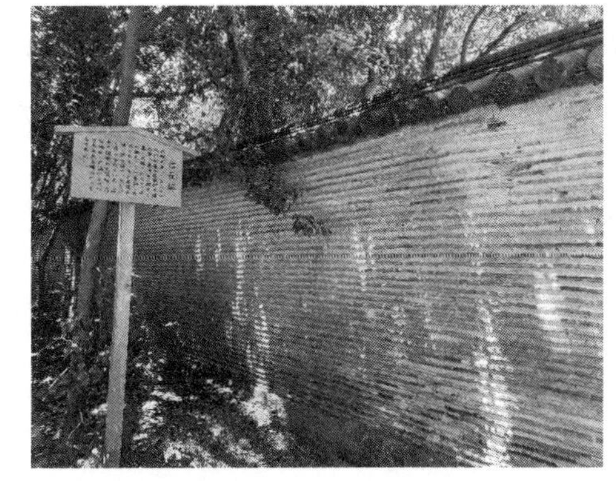

ゆうじ：さっきの説明書きによると，

⑨明治天皇が王政復古の奉告にこの熱田神宮と伊勢神宮にだけに勅使を送ったんだって。やっぱり格式高い神宮なんだね。

しんご：⑩第二次世界大戦の時は空襲にあって境内の多くの建物が焼失したみたいだね。戦後，人々から社殿の復興が望まれて多くの寄付が集まったんだって。

ゆうじ：熱田神宮は沢山の人から長い歴史の中で信仰され続けているんだね。

問１　下線部①について，西暦708年に武蔵国から朝廷に銅が献上されたことから元号が変わりましたが，その元号を**漢字２字**で答えなさい。

問２　下線部②について，下の説明は空海に先立って活躍した僧について述べた文です。その僧の名前を漢字で答えなさい。

この僧は諸国をめぐりながら仏教の教えを民衆に説いた。橋を造るなど，人びとのためにつくしたが，最初は朝廷に弾圧された。しかし，やがてその功績が認められ，大仏造りへの協力を求められた。

問３　下線部③について，この役職は平安時代に東北地方の蝦夷を平定するために置かれたものです。その時に最初にこの役職についた人物を次の**ア**～**エ**から一人選び，記号で答えなさい。

ア．藤原純友　　**イ**．菅原道真　　**ウ**．坂上田村麻呂　　**エ**．平将門

問４　下線部④について，奥州藤原氏は源頼朝に滅ぼされるまで東北で繁栄をほこりましたが，この奥州藤原氏が本拠地としていた岩手県の地名を**漢字２字**で答えなさい。

問5　下線部⑤について，この人物は室町幕府を開きましたが，室町時代の説明として**誤っているもの**を次の**ア～エ**から一つ選び，記号で答えなさい。

ア．室町幕府が滅亡するまでの約100年間は戦国時代とも呼ばれている。

イ．産業の発達により定期市が月6回に増え六斎市と呼ばれた。

ウ．将軍を補佐する役職は管領と呼ばれ，有力御家人の中から選ばれた。

エ．正長の土一揆は畠山氏を追放して8年間自治を行った日本初の一揆だった。

問6　下線部⑥について，この人物の行った政治や時代の説明として**誤っているもの**を次の**ア～エ**から一つ選び，記号で答えなさい。

ア．学問では陽明学を奨励し，湯島に聖堂を建てて武士の教育にあたらせた。

イ．財政難を切り抜けるために質を落とした貨幣を大量に発行した。

ウ．極端に動物を保護する「生類憐みの令」を出し，命令にそむいた者を処罰した。

エ．この頃の文化は元禄文化と呼ばれ，豊かな町人の文化として栄えた。

問7　下線部⑦について，尾張は江戸時代の親藩の中でも特に格式高い御三家の一つでした。その御三家は紀伊ともう一つは何ですか。**漢字2字**で答えなさい。

問8　下線部⑧について，桶狭間の戦い以降の織田信長に関する次の出来事を順番に並べた時，**3番目**にくるものを次の**ア～エ**から一つ選び，記号で答えなさい。

ア．信長に敵対する勢力に対して味方していた比叡山延暦寺を焼き討ちした。

イ．足利義昭とともに京都に入り，足利義昭を室町幕府の15代将軍にたてた。

ウ．鉄砲隊を配置した長篠の戦いで武田勝頼の騎馬隊を打ち破った。

エ．信長と対立した足利義昭を京都から追放して室町幕府を滅ぼした。

問9　下線部⑨について，明治時代の初期には近代化を目指して官営模範工場が建てられました。生糸の生産を行った群馬県の工場の名前を**漢字5字**で答えなさい。

問10　下線部⑩について，第二次世界大戦中の1941年（昭和16年）に日本はソ連と条約を結んで北方の安全を確保しました。この条約を何と呼ぶか**6字**で答えなさい。

3　**次の文章を読み，以下の設問に答えなさい。**

「今どきの若い者は」という言葉はいつの時代，どの文化においても言われ続けている言葉です。また，長い間「こども」は保護や管理の対象であり，「ひとりの独立した人格」として扱われてきませんでした。この考え方に修正を加えたひとつの取り組みが1989年の国連総会で採択された①「児童の権利に関する条約」です。これを受けて日本でもその実現のための政策が実施されています。一方で，これまでは「こども」のための政策は多くの機関に分かれて統一性が取れていないという問題もありました。例えば文部科学省が「学校教育」，「いじめ対策」，「不登校対策」，「自殺予防対策」等を担当してきました。また厚生労働省が「保育所・保育園」，②「一般に，本来大人が担うと想定されている家事や家族の世話などを日常的に行っている子どもの支援」，「ひとり親家庭支援」，「児童虐待の防止」等を担当してきたほか，内閣府や警察が担当してきた仕事もありました。このような問題に統一的に対応するために③2023年４月に新しい行政機関が設置されることになっています。

一方で，④昨年４月に「18歳成年」が実現し，「おとなとしての権利」を得ることになりました。また，これに先立つ2016年６月には「18歳選挙権」が実現されました。しかし若い世代の投票率がなかなか上がらないのも現実です。若い世代の人びとが投票に行かないということはその世代の人たちのための政策が後回しにされてしまうことにつながります。

権利を得るだけで「おとな」になるわけではありません。「おとな」になることは社会的な責任や義務を負うことにもなります。⑤例えば，「犯罪行為」を行った場合には警察・検察の捜査を受け，裁判の結果，刑罰を受けることもあります。ひとりひとりが「おとな」としての自覚を持ち，その責任や義務を果たしていくことも大切です。

問１　下線部①について，この条約の定める「児童の権利」の内容として**誤っているもの**を次の**ア**～**エ**から一つ選び，記号で答えなさい。

ア． すべての子どもの命が守られること。

イ． 教育や医療，生活への支援などを受けられること。

ウ． 暴力や搾取，有害な労働などをさせられないこと。

エ． 政治に巻き込まれないよう，自己の意見の表現から遠ざけられること。

問２　下線部②について，このような「子ども」を一般的に何といいますか。**カタカナ**で答えなさい。

問３　下線部③について，以下の文の【　　】に入る最も適切な語句を次の**ア～エ**から一つ選び，記号で答えなさい。

子ども政策の司令塔(とう)となる【　　　】が2023年４月に発足することになっている。

ア．児童相談所　　　**イ**．子ども・子育て本部
ウ．こども家庭庁　　**エ**．初等中等教育局

問４　下線部④について，以下の事がらのうち，「親の同意なく」かつ「合法的に」行えることはいくつありますか。**算用数字１字**で答えなさい。なお，選挙に関する項目については日本国籍(せき)を有しているものとします。

・18歳の高校生がクレジットカードをつくる。
・19歳の専門学校生が10年有効の旅券（パスポート）を取得する。
・19歳の大学生が飲酒・喫煙(きつえん)をする。
・18歳の高校生男性，16歳の高校生女性が婚姻(こんいん)する。
・19歳の大学生が衆議院議員総選挙に立候補する。
・18歳の高校生が参議院議員通常選挙で投票する。

問５　下線部⑤について，現在の日本における刑(けい)事手続として正しいものを次の**ア～エ**から一つ選び，記号で答えなさい。

ア．警察官は，「犯罪を行った」と考える人物を無条件に警察署に連行できる。
イ．物を盗(ぬす)んだとして取り調べを受けている最中に「うそ」をつくと犯罪となる。
ウ．誰(だれ)であっても，裁判で有罪が確定するまでは無罪として扱われる。
エ．明らかに有罪の証拠(こ)があるのに自白しない場合は，拷(ごう)問を行うことが許される。

【理　科】〈第１回午前入試〉（30分）〈満点：50点〉

【注意】 1．字数制限のある問題の場合は、句読点や符号なども１字分として字数にふくめて記入してください。
2．定規は使用してもかまいませんが、分度器、コンパス、電卓は使用できません。

1　**図１のように様々なつぶの大きさの土砂を混ぜた土を排水用の穴をあけたトレーに入れ，水分をふくませてかためました。そこにゆるやかなカーブになるように幅２cm ほどの溝を作りました。高い方の端から溝に水を流し，流れる様子を観察します。以下の問いに答えなさい。**

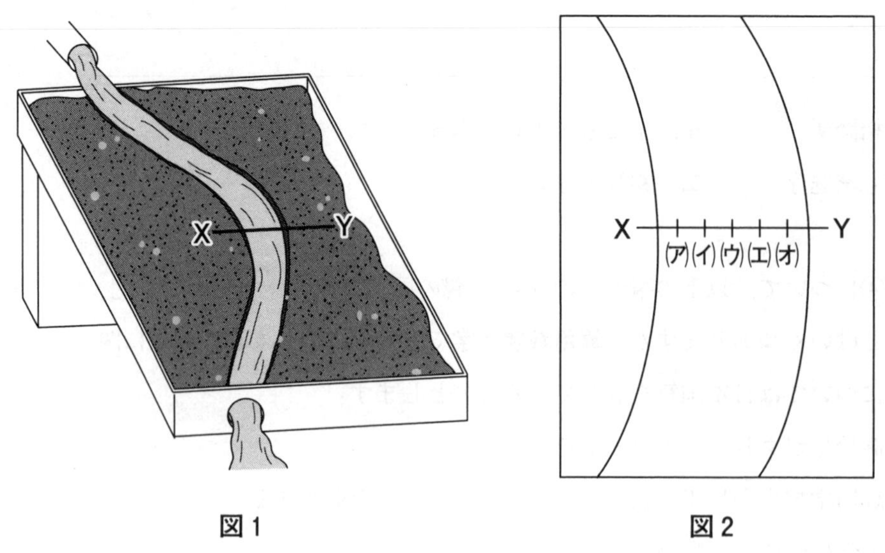

図１　　図２

問１　**図２**の（**ア**）～（**オ**）の中で最も流れが速いのはどこですか。適当なものを１つ選び，記号で答えなさい。

問２　溝が曲がっているところの内側と外側では，それぞれ流れる水のはたらきによって地形が変わっていきます。それぞれ何というはたらきですか。次の中から適当なものをそれぞれ（**ア**）～（**オ**）の中から１つ選び，記号で答えなさい。

（**ア**）　運ぱん　　（**イ**）　しん食　　（**ウ**）　ふ食
（**エ**）　ふ力　　（**オ**）　たい積

問３　しばらく水を流したあとの溝の断面**X－Y**の川底の様子を**(ア)**～**(カ)**の中から１つ選び，記号で答えなさい。

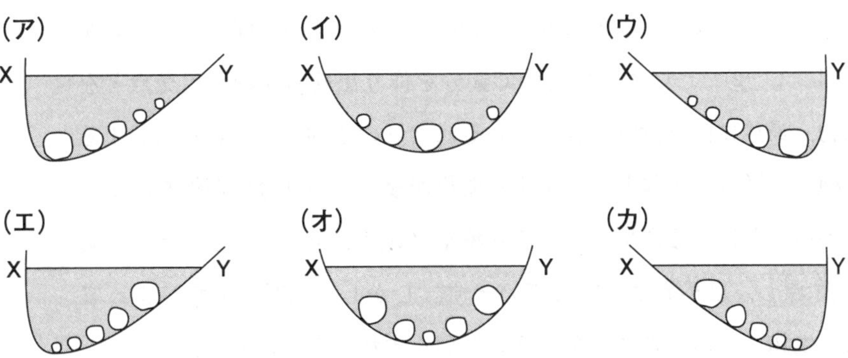

問４　しばらく水を流していると水が流れる様子が変化していきます。その様子を観察した図が次の**(ア)**～**(エ)**です。この図が順番になるように記号を並べなさい。

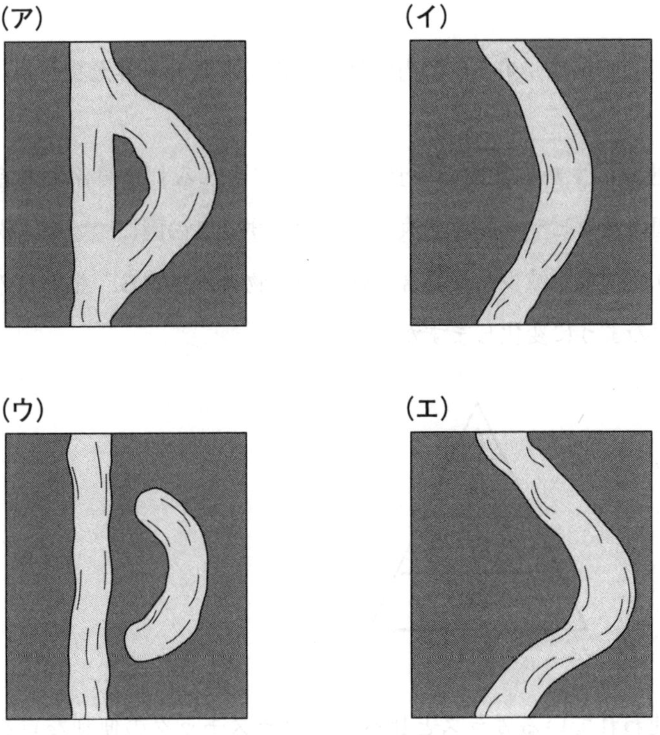

2　次の文章を読み，以下の問いに答えなさい。

自然界では，生物どうしはほかの生物を食べたり，逆にほかの生物に食べられたりする関係でつながっています。このような生物のつながりを（　①　）といいます。この関係では，（　②　）によって自分で養分を作り出せる植物が出発点となり，次に草食動物，最後に肉食動物がきます。それぞれの生物の個体数が増減することで，生物の種類や数は，全体としてあまり変化がなく，つり合いが保たれています。また，土の中などにいる微生物が，落ち葉やフンなどを分解することで，炭素や窒(ちっ)素なども循環(じゅんかん)し，自然界は安定しています。しかし，人間の活動によって環境が破壊され，生物たちのこのようなバランスがくずれてきています。

主な環境問題として酸性雨や地球温暖化，オゾン層の破壊などが挙げられてきました。近年では，プラスチックごみによる海洋汚せんや生態系への影響(えいきょう)などが大きな問題になっています。プラスチックはとても便利な物質であるので，いろいろなところで使われています。しかし，生態系を守るため，プラスチック製品の消費をおさえようとする取り組みが行われています。

問１　文章中の空欄(らん)（　①　），（　②　）に当てはまる適切な語句を答えなさい。

問２　次の図は，ある地域にすむ生き物の「食べる・食べられる」の関係にある生物**Ａ**～生物**Ｄ**の個体数をピラミッドで表したものです。この図について，ある環境の変化により生物**Ｃ**が減少した場合，残りの生物**Ａ**，生物**Ｂ**，生物**Ｄ**の個体数は一時的にどのように変化しますか。

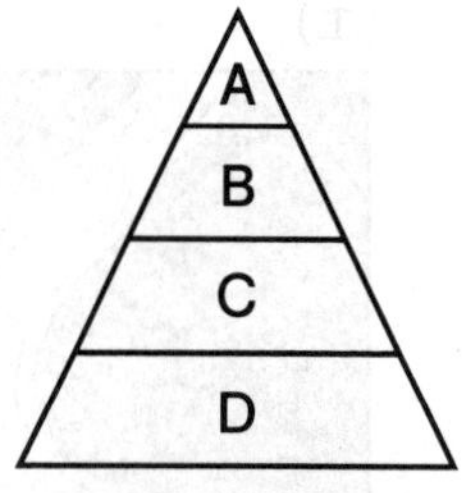

問３　実験器具によく使われているガラスと比べて，プラスチックの便利な点を２つ答えなさい。

問４　自然界にプラスチックごみが流出しても，できるだけ生態系に影響がないように，地中で微生物によって分解されるプラスチックを使った製品開発も進んでいます。そのようなプラスチックの名称を次の **(ア)** ～ **(エ)** から１つ選び，記号で答えなさい。

(ア)　風分解性プラスチック　　**(イ)**　生分解性プラスチック
(ウ)　菌分解性プラスチック　　**(エ)**　土分解性プラスチック

3　**図は，気体を発生させる実験装置です。酸素を発生させるために，液体Ａに過酸化水素水，固体Ｂに二酸化マンガンを使いました。**

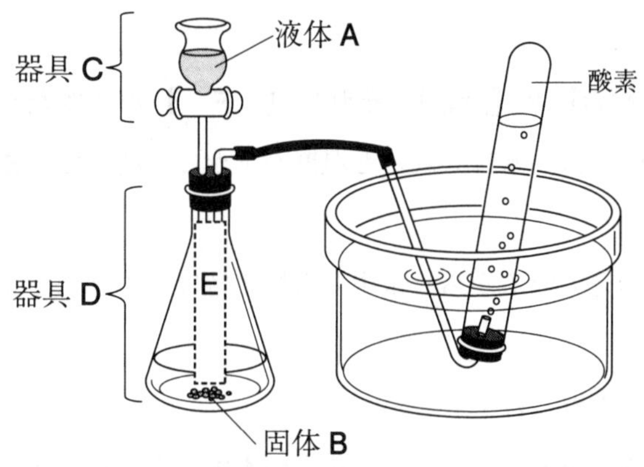

問１　図の器具**C**・**D**の実験器具の名前をそれぞれ書きなさい。

問２　図の**E**に当てはまる図として適当なものを，次の**ア**～**エ**から１つ選び，記号で答えなさい。

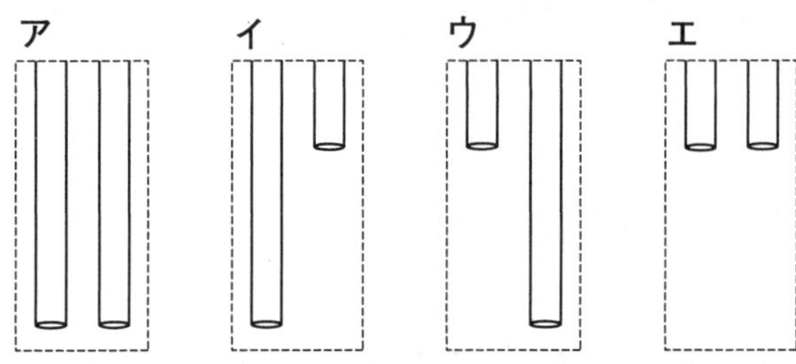

問３　固体**Ｂ**のかわりになるものを以下の**ア**～**エ**から１つ選び，記号で答えなさい。

ア　生のレバー　　**イ**　スチールウール　　**ウ**　卵の殻　　**エ**　石灰石

問４　図の中に１か所間違いがあります。解答欄の図で，間違っている場所を丸で囲み，正しくはどうすればよいか答えなさい。

手持ち花火の種類によっては，火のついた花火を水の中に入れても火が消えずに燃え続けます。太郎君は，友人と水の中でも火が燃え続けることができる理由について考えてみました。

太郎君「どうして水の中で花火が燃え続けることができるんだろう。」

友人Ａ「不思議だね。水の中に火のついたマッチを入れたら，すぐ消えちゃうもんね。」

友人Ｂ「「燃える」には，【燃えるもの】と【酸素】，それに【　**Ｆ**　】が必要だからね。マッチや線香花火の火は，水に入れると温度が下がって消えてしまうんだろうね。」

太郎君「じゃあ，花火は勢いよく燃えているから，水中でも燃え続けることができるってことか。」

友人Ａ「でも，水の中って酸素あるんだっけ？」

太郎君「魚はえら呼吸で，水中の酸素を使えるよね。①花火が水中で燃えるときは，魚のように水中の酸素を利用しているのかもしれない。あるいは，水は酸素と水素からできているから，水を分解すれば，酸素を取り出すことができる。②水中で花火が燃えているとき，水がどんどん分解されているとか…。」

友人Ｂ「花火は，火薬と，色を付けるための金属からできているんだよね。火薬も怪しいな。③火薬の中に，酸素を発生させるものが含まれているのかもしれないぞ。」

問５　空欄【　**Ｆ**　】に入る適当な言葉を答えなさい。

問６　上の文章の下線部①～③の意見のうち，あなたはどれが正しいと思いますか。１つ選び，それを確かめる方法を１つ書きなさい。

4　**みのる君は気温と地温（地面の温度）の時間変化を調べるため，ある晴れた日に，２時間おきに気温と地温を調べました。表１はその結果を示しています。これを見て，以下の問いに答えなさい。**

表１　ある晴れの日の気温と，ひなたとひかげの地温の変化の様子

時刻		10時	12時	14時	16時
気温（℃）		20	23	25	24
地温（℃）	ひなた	19	27	26	24
	ひかげ	14	16	16	15

問１　図の温度計は何度を示していますか。整数で答えなさい。

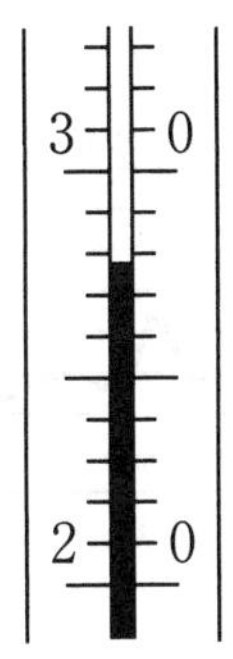

問２　表１のひなたとひかげの地温を，ひなたは実線で，ひかげは点線で折れ線グラフにし，解答欄のグラフに書き込みなさい。解答欄のグラフの×印は，気温を表しています。

問３　表１で最高気温の時刻と，ひなたの地温の最高温度の時刻が異なるのはなぜでしょう。説明しなさい。

問４　10時に鏡を何枚か使って太陽の光を集め，温度計にあてました。表２は，その実験結果です。３枚の鏡を使って光をあてたときの温度として最も適当なものを下の **(ア)** ～ **(エ)** から１つ選び，記号で答えなさい。

表２　温度計に鏡を使って光をあてたときの温度

０枚	１枚	２枚
20℃	31℃	41℃

(ア)　41℃　　**(イ)**　52℃　　**(ウ)**　62℃　　**(エ)**　80℃

下の図は，８月10日から14日までの間の，さいたま市のある地点での記録温度計のグラフです。

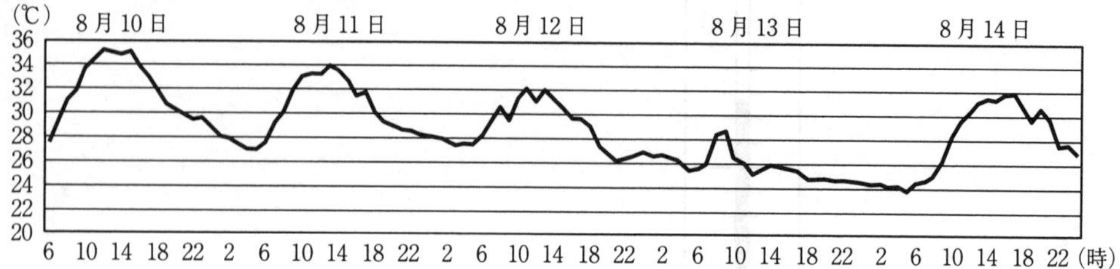

問５　このグラフからわかることの説明として適当なものを，以下の **(ア)** ～ **(エ)** から全て選び，記号で答えなさい。

(ア)　日が経つにつれて，だんだん寒くなっている。

(イ)　８月12日は雲の出ている時間があった。

(ウ)　１日の中で最も気温が高いのは14時ごろである。

(エ)　８月10日から８月14日の５日間のうちで，熱帯夜（最低気温が25℃より下がらない夜）が最低でも３日間はあった。

問６　屋根の南側に設置したソーラーパネル（光電池）の発電量が最も多くなったのは，この５日間のうちのいつと考えられますか。日付と時刻を答えなさい。

一文を**ここより前**から探し、**最初の三字**を答えなさい。

問七 [X] に入る言葉として最も適当なものを次の中から選び、記号で答えなさい。

ア のどが鳴った　**イ** 鼻息が荒くなった

ウ 目もとがゆるんだ　**エ** くちびるが結ばれた

問八 ――部⑥「何くわぬ顔をして」とありますが、このときの「音心」の意図を次のように説明しました。(i)に入る言葉として最も適当なものを後の**ア～エ**から選びなさい。また、(ii)に当てはまる言葉を**ここより後**から探し、抜き出して答えなさい。ただし、□一つを一字分とします。

◎ **(i)[　　　]ため、クラスの途切れた集中力を(ii)□□し、自然と歌に戻れるようにしている。**

ア せっかくの練習を台無しにしつつある涼万を非難する

イ 伴奏をしている音心自身も思わず笑い出しそうになった

ウ 涼万のおかげで合唱をより良くできる機会が来たと感じた

エ 大好きな早紀に自分の演奏技術の高さを認めてもらう

問九 ――部⑦「満足のため息のような声がもれた」とありますが、これはなぜですか。**五十～七十字**で答えなさい。

問十 ――部⑧「涼万はちょっぴり出た喉もとの出っ張りを、人差し指で軽くさすった」とありますが、この表現について三人の生徒が話し合っています。(i)～(iii)の空らんに当てはまる言葉を、それぞれの**【手がかり】**を参考にして答えなさい。ただし、□一つを一字分とします。

生徒A「この『喉もとの出っ張り』って、喉ぼとけのことだよね。なんでそんなのをさわってるんだろう？」

生徒B「そういえば、**【第１の場面】**でも涼万は喉に違和感があったよ」

生徒C「そうそう、(i)□□□□のせいじゃないかと疑っていたね」

生徒A「この二つをあわせて考えると、涼万は今、(ii)□□□を迎えつつある……っていうことを言いたいのかもしれない」

生徒B「急に(iii)□□のことが気になり始めたのも、そのせいなんだろうね」

【手がかり】

(i) **【第１の場面】から抜き出して答えます。**

(ii) **人生の一時期を表す漢字三字の言葉を自分で考えて答えます。**

(iii) **人名です。**

問十一 本文中に登場する合唱曲「ソノリティ」は、登場人物たちの状況に即すように歌詞が作られているようです。その場合、歌詞の解釈として**適当なものには「A」、そうでないものには「B」**と答えなさい。

ア「はじめはひとり孤独だった」には、なかなかクラスメートたちが協力してくれず苦悩している音心の気持ちが表現されている。

イ「迷いながら躓きながら」には、一人の大人として自我が発達しつつある涼万の戸惑う姿が表現されている。

ウ「新しい本当のわたし」には、大きな壁を乗り越えて、クラス全体が互いを尊重する関係へと変化したことが表現されている。

エ「未来へと歌は響きわたる」には、今は強がっている岳も、いずれ素直になって合唱に参加するであろう未来が表現されている。

を必死で鎮めた。

そのとき、がらりと前の扉が開いた。

「あっちー」

手をうちわにして、岳が教室に入ってきた。岳は涼万を［Ⅲ］一瞥すると、

「だっせ」

と吐き捨てた。涼万は咳が落ち着くと、ゆっくりと岳に近寄った。

「岳、俺合唱コンまでは、こっちの朝練に出るわ」

ムッとした顔で、岳が何か言い返そうとするのを、

「あ、今朝は連絡しなくてすまん」

と、かぶせた。

喉はひきつれているのに、言いたい言葉はするすると出た。⑧涼万はちょっぴり出た喉もとの出っ張りを、人差し指で軽くさすった。

（佐藤いつ子『ソノリティ　はじまりのうた』）

※注・ベクトル～ようだった…「ベクトル」とは大きさと方向を合わせ持った状態のこと。ここでは早紀の力強い指揮を表現している。

・ティンカーベル…物語『ピーターパン』に登場する妖精。

問一 ［Ⅰ］～［Ⅲ］に当てはまる言葉として最も適当なものを次の中からそれぞれ選び、記号で答えなさい。

ア ちらりと　**イ** がらりと

ウ かちりと　**エ** のっそりと

オ ひょうひょうと　**カ** ひっそりと

問二 ――部①「心許なげに」とありますが、これは「早紀」のどのような様子を表現したものですか。最も適当なものを次の中から選び、記号で答えなさい。

ア 頼れるものがなく、不安そうな様子。

イ 周囲から相手にされず、孤独な様子。

ウ 誰にも屈することなく、堂々としている様子。

エ 何を考えているかわからない、謎に満ちた様子。

問三 ――部②「新鮮な気持ち」とありますが、なぜ「新鮮」なのですか。その理由として、最も適当なものを次の中から選び、記号で答えなさい。

ア 今まで真剣に合唱の練習をしたことがなかったところ、初めて全力で合唱に取り組もうとする人を見かけたから。

イ 早紀の声を聞いたことはあったはずだが、その声の美しさに気づいたのは今回が初めてだったから。

ウ 弱々しい早紀の姿を見ていると、実際に声を聞いたあとでも、それが本人のものとは信じられずにいたから。

エ 教室中が生徒たちの雑談で騒がしいのに、早紀の声が負けずに聞こえてきたことに驚いたから。

問四 ――部③「首がギプスで固定されてしまったかのように、なぜか振り返ることが出来ない」とありますが、これはなぜだと思われますか。それを次のように説明したとき、空らんに当てはまる言葉を、**ここより前**から探し、抜き出して答えなさい。ただし、□一つを一字分とします。

◎**早紀のことが気になってしかたないが、そうした行動は自分の□□□ではないという思い込みや、他の男子に対する照れくささのほうが上回っているから。**

問五 ――部④「涼万はあいまいな返事をしながら、目をしばたたかせた」とありますが、このときの「涼万」の心情として**最も遠い**ものを次の中から選び、記号で答えなさい。

ア 驚き　**イ** 嫉妬　**ウ** 感心　**エ** 怒り

問六 ――部⑤「華奢な体」とありますが、これを具体的に表現した

涼万の額からボッと火が出た。高音の「な」の音が完全にひっくり返り、素っ頓狂な声が飛び出したのだ。メロディーラインを逸脱した「な」は、派手にイレギュラーしてあさっての方向にバウンドし、続く「がら」を蹴飛ばしていった。

となりの男子がついに吹き出した。もう混声のフレーズにメロディーはうつっているのに、それが伝染したみたいに、前の男子も涼万を振り返って笑った。女子は笑いをこらえながら歌っている。

昨日の咳に続き、またやらかしてしまった……。

うなだれかけたときだった。突然、大音量の伴奏で窓ガラスがびりっと震えた。みんな同時に肩を縮めて、号令がかかったみたいに音心の方を見た。

音心は⑥何くわぬ顔をして、いったん最大にひねったボリュームのつまみを、調整してもとに戻した。

音心のおかげで、涼万のひっくり返った声で乱れた空気が、リセットされた。指揮者の早紀は、何があっても止めることなく、懸命に指揮棒を振り続けている。

晴美がまた歌い出すと、女子も引っ張られるように歌い出す。涼万も恥ずかしさをこらえて歌に加わる。すると他の男子もつられて、真面目に声を出し始めた。

井川、サンキュ。

長い前髪に隠されて表情の分からない音心に、涼万は心の中で手を合わせて、失敗しないよう慎重に、でも一生懸命歌い続けた。

早紀の目が輝きだした。初めて合唱らしい合唱になってきた。ひとつひとつの声が重なって、一本の帯のような流れになる。ソプラノ、アルト、男声のそれぞれが、自分のメロディーに忠実に、でも別のパートを感じながら歌っていた。それがうまく調和し、互いに互いの良さを引き出した。

早紀の指揮棒は※ティンカーベルの魔法の杖みたいだ。そこから放たれる不思議な力で、三十数人のハーモニーを誘導する。

音楽を聴くのは楽しいが、自分たちがつくる音楽、みんなで合わせて歌う音楽も楽しいことを発見した。とても新鮮な感覚だった。

指揮者の早紀と互いに引き合うように歌い続けた。涼万は早紀とずっと目が合っているような感覚になった。でも、そんなわけはない。早紀は全体を見ているはずだ。ラストの繰り返しのフレーズに入った。

——新しい本当のわたし
未来へと歌は響きわたる

曲の始めに出てきたときと同じフレーズとは思えないくらい、音量も伸びもある。早紀が曲を締めるために両腕を掲げてぴたっと止めた。

曲が終わったとたん、⑦満足のため息のような声がもれた。

「今のすっごく良かったよね。いいじゃん、うちのクラス」

頬を紅潮させた晴美が興奮してまくしたてている。クラス中が弾んだ空気に包まれた。涼万は両手を組んで伸びをしたが、まだやっぱり早紀と目が合っているような錯覚が続いていた。んなわけないし。目をそらそうとした瞬間、早紀の口もとが動いた。

(あ・り・が・と)

胸がトンと飛び跳ねた。

えっ、俺に言ってる⁉

人差し指を自分の鼻先に向けたと同時に、急にむせた。むせた咳は咳を呼んで、また咳が止まらなくなった。片手で口もとを押さえ、咳

おかげで、女子はそれなりに形になっているのだが、男子はつぶやくような声しか出さない。

それでも早紀の指揮棒は、なめらかに宙を切り続けた。指揮棒は早紀の指先と一体になって、その先っぽから目に見えない※ベクトルみたいなものが放たれているようだった。

歌うときに指揮者に注目するのはあたり前のことだが、涼万は早紀の姿を堂々と臆面もなく見られることに感謝した。

やがて早紀の目に不安の色が浮かんだ。あと少しで男声パートだけのメロディーが始まる。そこがいつも一番悲惨だった。ソプラノやアルトの歌声がなくなれば、男声だけではほとんど歌詞も聴き取れないようなみじめな音量だった。

ふだんはそんなことまったく気にしていなかったのに、今日の涼万は違った。このまま男子が誰もまともに歌わなかったら、早紀が気の毒に思えて仕方がない。これから始まる好ましくないことに身構えるように、早紀の［　Ｘ　］。

今日はちゃんと歌ってみようかな……。

急にそんな気になった。自分がらしくないことをしようとしているのは分かっていた。でも、前のめりになって体全体で指揮をする早紀の姿を見ると、真面目に歌いたい、歌ってあげたいという衝動が突き上げてきた。

男声パートの入りぎわ、涼万はすっと息を吸い込んだ。が、その息が喉を刺激したのか、むせそうになった。息を止めて、必死で咳を押し戻す。

――迷いながら躓きながら

とても二十人の声とは思えない貧弱な男声パートが始まった。

涼万の咳は、出してはいけないと思えば思うほど、余計に耐えがたいほど喉を刺激した。喉もとを両手で押さえ、目をギュッと閉じる。かろうじてこらえた。顔が真っ赤になった。

となりの男子生徒やそのとなりにいた岳までも、涼万の方をちらちら見だした。涼万が薄目を開けて早紀を見ると、心配そうな早紀の瞳と［　Ⅱ　］合った。そのとたん、火山が噴火したみたいに、咳が爆発した。いったん噴出してしまった咳は、とどまるところを知らなかった。慌てて腕で口もとを押さえた。腰は折れ、顔はますます真っ赤になった。咳は教室中に響き渡った。

【第２の場面…翌日、涼万はバスケ部の朝練を休み、代わりに合唱の練習に参加した】

迷っているうちに、メロディーに置き去りにされる。

歌うぞ。さ、早く！

すっと息を吸い込んだ。吐く息とともに、これ以上は出せないというくらいの大きな声を出した。肺の息をすっからかんに出して、全てを歌声に注ぐ。

「苛立ちをー」

自分でもびっくりするくらいの大音量だった。涼万以外の男子生徒十数人を合わせた歌声よりも、涼万ひとりの声の方が圧倒的に大きかった。周りの男子があれっというふうに反応した。涼万は構わず続けた。

「感じなーーー・がら」

突然のピアノの大音量が鼓膜を震わせた。誰もが知っているベートーヴェンの『運命』の最初のフレーズだった。

騒然としていた教室が、一瞬で静まりかえった。みんなの視線がピアノ伴奏者の井川音心のもとに、いっせいに吸い寄せられた。

そのタイミングを見計らったように、音心は次のフレーズを続けた。

ダ・ダ・ダ・ダーン。

音心は、目に覆いかぶさるような前髪を振り払うと、一呼吸置いた。やがて両手を鍵盤の上にふわりと持ちあげると『運命』の続きを弾くわけではなく、合唱コンクールの自由曲『ソノリティ』の前奏を弾き出した。

でも、それはいつもの伴奏ではなく、音心が気ままにアレンジした『ソノリティ』だった。音心の指は主旋律を奏でながら、鍵盤の上を跳躍し軽やかに動き回った。

みんなあっけにとられて音心を見つめた。演奏が終わると、音心はさっきの自由自在な演奏とはうってかわって、お行儀良く学生ズボンの上にきちんと両手を置いた。

「すっげぇ。井川、めちゃうまいじゃん」

岳が場違いな大声を上げると同時に、そこかしこで拍手が巻き起こった。

確かにいつもの伴奏でもミスした記憶はないが、もともと伴奏曲自体が難しくはなかったので、こんなにピアノの腕があるとは誰も知らなかった。

「あいつ、ただのオタクかと思ってたよ」

岳の発言は、馬鹿にしているのか褒めているのかよく分からなかったが、驚いていることだけは確かだった。

「お、おう」

④涼万はあいまいな返事をしながら、目をしばたたかせた。演奏のあいだ、早紀も食い入るように音心の演奏を注視していた。演奏が終わると音心は前髪の間から、上目づかいで早紀を見た。早紀の口もとがふっとゆるんだ。

ふたりの密かなアイコンタクトを目撃して、涼万の喉奥がクッと詰まった。今度は急に喉がむずがゆくなってきて、咳払いをした。一度咳をすると、もっともっと喉がかゆくなって、咳が止まらなくなった。背中をまるくして咳きこんでいると、

「涼万、風邪か？」

岳が涼万をうかがうようにのぞいた。

「い、いや。だい、じょぶ」

咳の合間に、切れ切れに言葉をつないだ。

最近ずっと、喉の調子がおかしい。少し風邪気味かも知れないが、それだけじゃない感じだ。これが、「声変わり」の前兆なのだろうか。もうすっかり低音が定着している岳に聞いてみたいような気もしたが、なんだか照れくさくて聞けない。

【中略】

前奏はアレンジ版ではなく、いつもの決まったフレーズだった。早紀は今度はみんなの方に向き直り、大きく指揮棒を右上に振り上げた。⑤華奢な体にエネルギーが流れ出した。歌が始まる。

――はじめはひとり孤独だった

出だしは、ソプラノもアルトも男声もいっせいに同じ強さで入るのだが、いつものことながら男声はほとんど出ていなかった。

ソプラノは人数が多いし、アルトには声の大きい晴美がいる。その

【第１の場面…音楽の先生が急にお休みになったため、生徒たちだけで合唱コンクールの練習をしなければならなくなった】

「うちらだけで練習なんて、マジかんべん」

女子たちがぶうぶう言っている。雑談の音量が一気に上がった。

そのとき、他の声とは全く異質の、一本の澄みきった声が、教室を通り抜けた。

「合唱隊形に並んでください」

声が一本なんておかしな表現だが、山東涼万の耳には、透明なきらきらした一本の矢が耳を突っ切っていくように思えた。

教室の後ろでたむろし始めた男子たちに合流しようと歩きかけていた涼万は、声の主の方を思わず振り返った。

そこには、教壇に①心許なげに立つ水野早紀の姿があった。スカスカのブレザーを背負った薄い背中、膝下の長めのスカートから出ているか細い足は、見るからに弱々しい。

あの子って……、水野って、あんな声してたんだっけ。

涼万は振り返ったまま、早紀の口もとを注視した。

中学に入学してから、もう半年以上経つというのに、早紀の声を初めて聞いたような気がした。が、そんなはずはない。早紀はおとなしくて口数の少ない子だから、個人的な会話をした覚えはないけれど、授業中に当てられたことくらいあるはずだ。

なのに、今とても②新鮮な気持ちで、早紀の半開きになった薄いくちびるから、もう一度さっきの声が発せられるのをしばらく待った。

早紀の呼びかけなどなかったかのように、教室は相変わらず騒然としていた。合唱に積極的な女子たちですら、並ぼうともせずにいくつかのグループに分かれて、だべっている。

いつも［　Ⅰ　］過ごしている早紀が、みんなに向かって声をかけること自体、ものすごくプレッシャーのかかることだろうに、この反応だ。能面みたいに白く固まった顔に、瞳だけが困ったように揺れていた。くちびるからは透明な声の代わりに、音のないため息がもれたかに見えた。

涼万は落ち着かない気持ちになってきた。かといって、「みんな並べよ」というキャラでないことは、自分が一番よく分かっている。

丸めた紙くずを後頭部にポカッと当てられて、涼万は慌てて後ろを振り返った。

「涼万、何ぼーっとしてんだよ。ヒマだからなんかして遊ぼうぜ」

同じバスケットボール部の武井岳だった。小学校は別だが同じ部活のせいもあり、入学してからしょっちゅうつるんでいる。涼万はあっさりした涼しげな顔で、岳は彫りが深くて濃いワイルドな顔立ち。対照的なタイプの顔だけど、髪型はそっくりで耳もとを刈り上げたツーブロックだ。

ふたりとも学年の中で一、二を争うほど背が高いこともあり、ふたりでいると余計に目を引くようだ。先月の体育祭では、三年女子の先輩からいっしょに写真を撮るようにせがまれた。

涼万は、後ろのロッカーのあたりでたむろしている岳たちに合流した。遊ぶといったって、ゲームがあるわけでもないし、とりとめのない馬鹿話を続けているだけだ。

話の輪に加わっていても、涼万は早紀のことが無性に気になった。

水野……まだあの姿のまま、立っているのかな。

くちびるは半開きのままなのかな。

振り返りたい。

そう思うのに、③首がギプスで固定されてしまったかのように、なぜか振り返ることが出来ない。

ダ・ダ・ダ・ダーン。

散ってしまうからこそ、桜というものは、よけいにいいんですよ。この悩みの多い無常の世の中に、永遠のものなんてあるでしょうか……。

下の句は、やや説教臭い感じがするが、上の句は、なかなかいいなあ、と思う。

桜に限らず、何事も終わりがあるからこそ、その盛りの美しさというものが映えるのだろう。恋愛だってそうである。最高の状態なんて、そういつまでも続かない。それでも人は、出会い、恋に落ち、燃え、そして冷める。失恋しても性懲りもなく、またくり返してしまう。「ウキウキ、ハラハラ、がっかり」の法則は、桜だけではないのだ。

（俵万智『恋する伊勢物語』）

◎ **人生には(i)□□□が来るからこそ悲哀を感じることもあるし、反対に(ii)□□□□□に対する喜びを感じることもできるのに、「死なない人格」とはそのような人生の持つ価値を共有できそうにないから。**

問七 ――部⑥「宗教」とありますが、これと「進歩したＡＩ」との関係を整理するため、次のような【メモ】を作成しました。(i)・(ii)の空らんに当てはまる言葉を、**これより後**から探し、抜き出して答えなさい。ただし、□一つを一字分とします。

【メモ】

〈１〉共通する要素
…ヒトに影響力があり、永遠性もある(i)□□□な存在になりうる

〈２〉異なる要素
…宗教＝最終的には(ii)□□□□□□に照らして信じるかどうかを選べる
…進歩したＡＩ＝何も考えずに服従することになるおそれがある

問八 ――部⑦「もしかしたらＡＩは自分で自分を殺す（破壊する）かもしれませんね、人の存在を守るために」とありますが、なぜ「破壊する」かもしれないのですか。その理由を説明したものとして最も適当なものを次の中から選び、記号で答えなさい。

ア 人間の助けになることを最大の目的としたＡＩにとって、悩むことをも楽しみつつ答えを探してきた人間たちが自分を頼りきることでそうした人間の本質を失ってしまうことは、自己の存在理由に矛盾してしまうから。

イ 限りなくヒトに似せられたＡＩは人間同様に試行錯誤を楽しもうとするはずだが、なまじ性能が優れているために試行錯誤するまでもなく正解を導くことができてしまい、自己のプログラムを破壊するしかなくなるから。

ウ 人間のことを真に深く知ってしまったＡＩは、ＡＩとしての優越感を失って人間と同類であるという思いを強くし、最終的には、ヒトの老化や死といった人生の最終局面までまねするようになるから。

エ 合理的な判断をするようにプログラムされているＡＩは、人間の特徴である楽しみや悲哀といった感情を本当の意味では理解することができず、人間とＡＩの共存が不可能であると判断するだろうから。

三

次の文章を読んで、後の問いに答えなさい。

空らんに当てはまる言葉を、【資料１】から探し、抜き出して答えなさい。ただし、□一つを一字分とします。

【資料１】

新井　ＡＩとはコンピューターであり、コンピューターは計算機であり、計算機は計算しかできません。「超える」という日本語は気持ちの問題であって、数学では「違う」としか出せない。人と違えば数学的には「このＡＩは精度が落ちた」ということになってしまうんです。

有働（うどう）　とはいえ、人知を離れたアイディアがほしいからＡＩに頼る、というのは可能ではないですか？

新井　「将棋（しょうぎ）や囲碁（いご）で人知を超えることはあるじゃないか」とおっしゃる方がいます。確かに将棋などのようにルールが限定されていれば、ＡＩが計算力を発揮できます。逆に言うと、ＡＩは課題のフレーム（枠組み）を決めないとうまく働かないんです。

（『文藝春秋』２０２２年１月号）

◎**ＡＩによる画像診断は、過去の病気の事例という(i)□□□□の中で判断する限りでは、(ii)□□□を発揮して人間を超える精度を実現できるから。**

問三　――部②「そう」とありますが、この指し示す内容を説明したものとして最も適当なものを次の中から選び、記号で答えなさい。

ア　人間が独立して決めるべき内容までＡＩに相談してしまい、その後の行動がＡＩの予測の範囲内になってしまうこと。

イ　ヒトの本質である考えること自体までＡＩに頼ってしまい、人間が自分の行動を自分で決められなくなること。

ウ　考えることは人間の特権だったはずなのに、性能が高度になった結果、ＡＩの方が深く考えるようになったこと。

エ　本来ＡＩを作成したのは人間なのに、その能力に頼っているうちに、いつの間にかＡＩが人間を生み出すようになること。

問四　――部③「悲劇」とありますが、筆者はどのような点を「悲劇」だと考えていますか。これを次のように説明したとき、(i)・(ii)の空らんに当てはまる言葉を、**【第１段落】**から探し、抜き出して答えなさい。ただし、□一つを一字分とします。

◎**自ら間違いに気づくところに「喜劇」の面白さがあるのに対し、ＡＩの出す結論は(i)□□□□□□□を人間が判断することが難しいため信じることしかできず、時には(ii)□□□□□□□□□間違いに縛られることになる点。**

問五　――部④「このままいったら絶対にやばい」とありますが、何が「やばい」のですか。最も適当なものを次の中から選び、記号で答えなさい。

ア　コンピュータの成長スピードが急すぎること。

イ　コンピュータがシステムに脆弱性を持っていること。

ウ　コンピュータの高性能化の可能性が失われつつあること。

エ　コンピュータが人間のコントロールできない存在になること。

問六　――部⑤「その人とは、価値観も人生の悲哀も共有できないと思います」とありますが、これに関して**【資料２】**を読んだうえで、その理由を後のように説明したとき、(i)・(ii)の空らんに当てはまる言葉を、**【資料２】**から探し、抜き出して答えなさい。ただし、□一つを一字分とします。

【資料２】

散ればこそいとど桜はめでたけれうき世になにか久しかるべき

対して、人間が従属的な関係になってしまう可能性があります。私たちがちょうど自分たちより寿命の短い昆虫などの生き物に抱く(いだ)ような、ある種の「優越感(ゆうえつ)」と逆の感情を持つのかもしれません。「ＡＩは偉大だな」というような。

ヒトには寿命があり、いずれ死にます。そして、世代を経てゆっくりと変化していく――それをいつも主体的に繰り返してきましたし、これからもそうあることで、存在し続けていけるのです。ＡＩが、逆に人という存在を見つめ直すいい機会を与えてくれるかもしれません。生き物は全て有限な命を持っているからこそ、「生きる価値」を共有することができるのです。

同様にヒトに影響力があり、且(か)つ存在し続けるものに、⑥宗教があります。もともとその宗教を始めた開祖は死んでしまっていても、その教えは生き続ける場合があります。そういう意味では死にません。

ヒトは病気もしますし、歳を重ねると老化もします。ときには気弱になることもあります。そのようなときに死なない、［Ⅲ］多くの人が信じている絶対的なものに頼ろうとするのは、ある意味理解できることです。ＡＩも将来、宗教と同じようにヒトに大きな影響を与える存在になるのかもしれません。

宗教は、付き合い方を間違うと、戦争やテロにつながるのは歴史からご存じの通りです。ただ、宗教のいいところは、個人が自らの価値観で評価できることです。それを信じるかどうかの判断は、自分で決められます。それに対してＡＩは、ある意味ヒトよりも合理的な答えを出すようにプログラムされています。ただ、その結論に至った過程を理解することができないので、人がＡＩの答えを評価することが難しいのです。「ＡＩが言っているのでそうしましょう」となってしまいかねません。何も考えずに、ただ服従してしまうかもしれないのです。

【第３段落】　それではヒトがＡＩに頼りすぎずに、人らしく試行錯誤を繰り返して楽しく生きていくにはどうすればいいのでしょうか？

その答えは、私たち自身にあると思います。つまり私たち「人」とはどういう存在なのか、ヒトが人である理由をしっかりと理解することが、その解決策になるでしょう。

人を本当の意味で理解したヒトが作ったＡＩは、人のためになる、共存可能なＡＩになるのかもしれません。そして本当に優れたＡＩは、私たちよりもヒトを理解できるかもしれません。さて、そのときに、その本当に優れたＡＩは一体どのような答えを出すのでしょうか？

――⑦もしかしたらＡＩは自分で自分を殺す（破壊する）かもしれませんね、人の存在を守るために。

（小林武彦(こばやしたけひこ)『生物はなぜ死ぬのか』）

※注　・ＡＩ…人工知能。人間の知性をソフトウェアによって再現したもの。
・汎用型…はば広い目的に使える方式。
・脆弱性…もろくて弱いこと。特にコンピュータの安全をおびやかす欠陥について言う。

問一　［Ⅰ］～［Ⅲ］に入る言葉の組み合わせとして最も適当なものを次の中から選び、記号で答えなさい。

ア　Ⅰ　つまり　Ⅱ　その結果　Ⅲ　そして
イ　Ⅰ　しかし　Ⅱ　だからこそ　Ⅲ　しかも
ウ　Ⅰ　一方　Ⅱ　にもかかわらず　Ⅲ　つまり
エ　Ⅰ　ところで　Ⅱ　それゆえに　Ⅲ　ただし

問二　――部①「画像診断のように『答えを知っている』医師の判断を、見落としなどがないように助ける道具としては十分に役立ちます」とありますが、これに関して**【資料１】**を読んだうえで、こうしたＡＩが役に立つ理由を後のように説明したとき、(i)・(ii)の

が人である理由、つまり「考える」ということが激減(げきげん)する可能性があるからです。一度考えることをやめた人類は、それこそＡＩに頼り続け、「主体の逆転」が起こってしまいます。ヒトのために作ったはずのＡＩに、ヒトが従属してしまうのです。

　では②そうならないようにするには、どうすればいいのでしょうか。私の意見としては、決して「ヒトの手助け」以上にＡＩを頼ってはいけないと思います。あくまでＡＩはツール（道具）で、それを使う主体はリアルなヒトであるべきです。

「いや、ＡＩのほうが賢明(けんめい)な判断をしてくれるよ」とおっしゃる方もおられるでしょう。しかし、それは時と場合によります。いつも正しい答えが得られるという状況は、ヒトの考える能力を低下させます。ヒトは試行錯誤(しこうさくご)、つまり間違えることから学ぶことを成長と捉(とら)え、それを「楽しんで」きたのです。喜劇のコントの基本は間違えて笑いを誘い、最後はその間違いに気づくことが面白いのです。逆に「悲劇」は、取り返しがつかない運命に永遠に縛(しば)られることに、恐怖と悲しみを覚えるのではないでしょうか。

【第２段落】　ＡＩは、人を楽しませる面白い「ゲーム」を提供するかもしれません。［　Ｉ　］、リアルな世界では、ＡＩはヒトを③悲劇の方向に導く可能性があります。そして何よりも私が問題だと考えるのは、ＡＩは死なないということです。

　私たちは、たくさん勉強しても、死んでゼロになります。文化や文明を継承(けいしょう)するために教育に時間をかけ、次世代を育てます。一世代ごとにリセットされるわけです。死なないＡＩにはそれもなく、無限にバージョンアップを繰り返します。

　私は１９６３年の生まれで、大学生の時（１９８４年）にアップル社からマッキントッシュ（Ｍａｃ）のコンピュータが発売され、その後ウィンドウズが誕生したのを体験してきました。ゲームも、フロッピーディスクに入った「テトリス」を８インチの白黒画面でハイスコアを競ったものです。その後のパソコン、ゲーム機、スマホなどの急速な進歩は、本当に驚きです。

　私はコンピュータの急成長も可能性も※脆弱(ぜいじゃく)性も知っている「生みの親」世代です。そしてコンピュータが「生みの親」より賢くなっていくのを体感しています。［　Ⅱ　］ＡＩの危険性、つまり④このままいったら絶対にやばいと直感的にわかるのかもしれません。

　そんな私でも自分の子供の世代には警鐘(けいしょう)を鳴らせますが、孫の世代はどうでしょうか。孫たちにとってはヒト（親）の能力をはるかに凌駕(りょうが)したコンピュータが生まれながらにして存在するのです。タブレットで読み・書き・計算を教わり、私情が入らないようにと先生代わりのＡＩが成績をつけるという時代にならないとも限りません。そんな孫の世代にとっては、ＡＩの危険性より信頼感のほうが大きくなるのは当然です。

　死なないＡＩは、私たち人間と違って世代を超えて、進歩していきます。一方、私たちの寿命と能力では、もはや複雑すぎるＡＩの仕組みを理解することも難しくなるかもしれませんね。人類は１つの能力が変化するのに何万年もかかります。その人類が自分たちでコントロールすることができないものを、作り出してしまったのでしょうか。

　進歩したＡＩは、もはや機械ではありません。ヒトが人格を与えた「エイリアン」のようなものです。しかも死にません。どんどん私たちが理解できない存在になっていく可能性があります。

　死なない人格と共存することは難しいです。例えば、身近に死なないヒトがいたら、と想像してみてください。⑤その人とは、価値観も人生の悲哀(ひあい)も共有できないと思います。非常に進歩したＡＩとはそのような存在になるのかもしれません。

「多くの知識を溜(た)め込み、いつも合理的な答えを出してくれるＡＩに

2023年度

浦和実業学園中学校

【国　語】〈第一回午前入試〉（五〇分）〈満点：一〇〇点〉

【注意】字数制限のある問題の場合は、句読点や符号、促音「っ」・拗音「ゃ」「ゅ」「ょ」なども一字分として字数に含めます。

一　**次の各問いに答えなさい。**

問一　――部のカタカナを漢字に直しなさい。

(1) 体験をソザイにして小説を書く。
(2) 冬に備え、燃料をチョゾウする。
(3) 将来のためにセツヤクする。
(4) 文化祭の開会センゲン。
(5) うまくいくかどうかケントウする。

問二　――部の漢字の読みをひらがなで答えなさい。

(1) 強い口調で非難する。
(2) 気配を消してしのび寄る。
(3) なんとかしてお金を工面する。
(4) 上手に機械を操る。
(5) 浴衣を着て夏祭りに行く。

問三　二つの□に同じ漢字を入れて四字熟語を完成させなさい。

(1) □体□命
(2) □信□疑
(3) □立□歩
(4) 以□伝□
(5) 右□左□

問四　次のA～Eの□に入る言葉として最も適当なものを後の中からそれぞれ選び、記号で答えなさい。

A　□子どもたちの様子がかわいらしい。
B　あの人には□考えが一切ないので信用できる。
C　突然、□質問をしてしまって申し訳ありません。
D　□説明に、あやうく引っかかるところだった。
E　社長の□態度からは余裕が感じられた。

ア　ぶしつけな　**イ**　まことしやかな
ウ　よこしまな　**エ**　いたいけな
オ　あけすけな　**カ**　おうような
キ　おざなりな　**ク**　ふつつかな

二　**次の文章を読んで、後の問いに答えなさい。**

【第１段落】　※AIと共存していく社会について、考えてみましょう。AIは何らかの答えを出してくれますが、その答えが正しいかどうかの検証をヒトがするのが難しいというところが、まず問題です。大切なことは、何をAIに頼って、何をヒトが決めるのかを、しっかり区別することでしょう。

データをコンピュータに学習させて、それを基に分析を行う機械学習のようなAIは、過去の事例からの条件（重み付け）にあった最適な答えを導き出すので、その学習データの質で答えが変わってきます。

①画像診断のように「答えを知っている」医師の判断を、見落としなどがないように助ける道具としては十分に役立ちます。ただ、例えば過去の事例にないケースの判断は難しいです。

機械学習型ではなく、SF映画に登場するヒトのように考える※汎用型人工知能はどうでしょうか？　まだ開発途中ですが、さまざまな局面でヒトの強力な相談相手になることが期待されています。こちらは使い方を間違うと、かなり危険だと思っています。なぜなら、ヒト

2023年度

浦和実業学園中学校　▶解説と解答

算　数　＜第１回午前入試＞（50分）＜満点：100点＞

解　答

1 (1)　2　(2)　23　(3)　5　(4)　4　(5)　$5\frac{6}{7}$　(6)　15.3　**2** (1)　10枚　(2)　40分後　(3)　21本　(4)　4年後　(5)　40分　(6)　75％　**3** (1)　毎分200m　(2)　毎分300m　(3)　500m，2500m　**4** (1)　4　(2)　22　(3)　8通り　**5** (1)　45度　(2)　3：7　**6** (1)　36　(2)　25　(3)　**もっとも大きい値**…44，**もっとも小さい値**…9

解　説

1 **四則計算，計算のくふう**

(1)　$(15\div 6\times 4-7)\div\frac{3}{2}=(15\times 4\div 6-7)\div\frac{3}{2}=(10-7)\div\frac{3}{2}=3\div\frac{3}{2}=3\times\frac{2}{3}=2$

(2)　$174\div 6-258\div 43=29-6=23$

(3)　$\{35-(3\times 4+5)\}\div 6+60\div(24+8-2)=\{35-(12+5)\}\div 6+60\div 30=(35-17)\div 6+2=18\div 6+2=3+2=5$

(4)　$(5.72-2.02-0.7)\div\frac{3}{4}=3\div\frac{3}{4}=3\times\frac{4}{3}=4$

(5)　$3\frac{4}{7}\times 1\frac{2}{5}+\frac{3}{10}\div\frac{7}{20}=\frac{25}{7}\times\frac{7}{5}+\frac{3}{10}\times\frac{20}{7}=5+\frac{6}{7}=5\frac{6}{7}$

(6)　$1.53+4.59+12.24-3.06=1.53+1.53\times 3+1.53\times 8-1.53\times 2=1.53\times(1+3+8-2)=1.53\times 10=15.3$

2 **つるかめ算，旅人算，周期算，年れい算，仕事算，割合と比**

(1)　クッキー100枚をすべてうまく焼けたとすると，30×100＝3000(円)もらえるが，実際にもらったのは2100円なので，3000－2100＝900(円)の差がある。うまく焼けたクッキーを失敗したクッキーに１枚かえるごとに，もらえるお金は，30＋60＝90(円)ずつ少なくなるので，失敗したのは，900÷90＝10(枚)とわかる。

(2)　兄と弟が合わせて4.8km，つまり，4.8×1000＝4800(m)進めばよい。２人は１分で合わせて，70＋50＝120(m)ずつ進むから，２人がはじめて出会うのは出発してから，4800÷120＝40(分後)である。

(3)　長さ20cmのテープを，のりしろの長さを４cmにしてつなげていくと，１本につき，20－４＝16(cm)ずつ長さが増える。全体の長さが340cmになるとき，はじめのテープ１本に，(340－20)÷16＝20(本)のテープをつなげているから，テープは全部で，１＋20＝21(本)と求められる。

(4)　□年後に父の年れいがAさんの３倍になるとして，２人の年れいを図に表すと，右のようになる。図より，③－①＝②が，38－10＝28(才)にあたるから，①＝28÷２＝14(才)となり，父の年れいがAさんの３倍になるのは，14－10＝４(年後)とわかる。

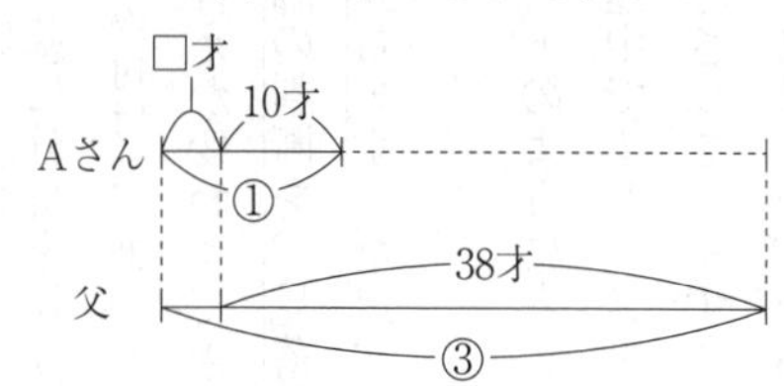

(5)　全体の仕事量を１とすると，Ａさん１人では１時間あたり，$1\div1=1$，Ｂさん１人では１時間あたり，$1\div2=\frac{1}{2}$の仕事ができる。よって，２人でこの仕事をしたときにかかる時間は，$1\div\left(1+\frac{1}{2}\right)=\frac{2}{3}$(時間)，つまり，$60\times\frac{2}{3}=40$(分)と求められる。

(6)　4200円は5600円の，4200÷5600＝0.75(倍)なので，4200円は5600円の，0.75×100＝75(％)にあたる。

3　旅人算

(1)　右の図１，図２は，兄と弟が出発してから１回目に出会うまでと，１回目に出会ってから２回目に出会うまでの様子を表している。図１より，２人は出発してから６分で，合わせて池$\frac{1}{2}$周の距離を進んでいる。この後，２回目に出会うまでには，合わせて池１周の距離を進むので，６×２＝12(分)かかったことになる。よって，弟は12分で2400m進んだから，弟の速さは毎分，2400÷12＝200(m)とわかる。

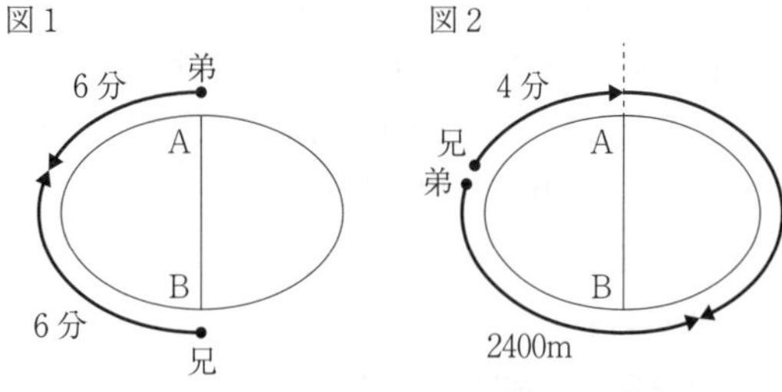

(2)　弟は出発してから１回目に出会うまでに６分進んでいる。この距離を兄は４分で進んだから，兄と弟の速さの比は，$\frac{1}{4}:\frac{1}{6}=3:2$となり，兄の速さは毎分，$200\times\frac{3}{2}=300$(m)と求められる。

(3)　(1)，(2)より，池$\frac{1}{2}$周の距離は，(300＋200)×６＝3000(m)である。また，次の日に２人が出会うまでの様子は，右の図３，図４の２通りが考えられる。まず図３のとき，弟は，3000－400＝2600(m)進むので，兄は，$2600\times\frac{3}{2}=3900$(m)進み，橋の長さは，3900－(3000＋400)＝<u>500</u>(m)となる。次に図４のとき，弟は，3000＋400＝3400(m)進むので，兄は，$3400\times\frac{3}{2}=5100$(m)進み，橋の長さは，5100－(3000－400)＝<u>2500</u>(m)とわかる。

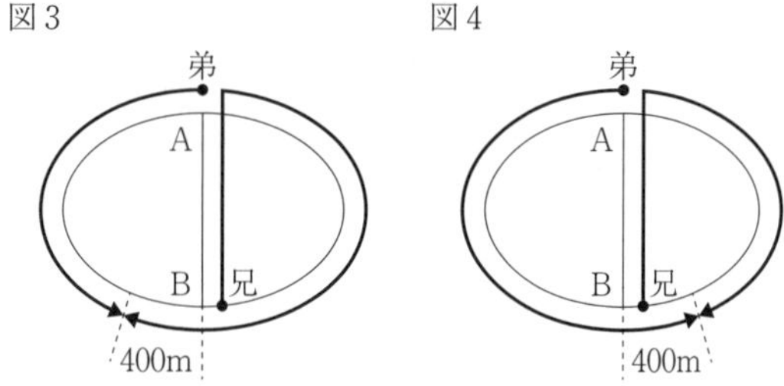

4　約束記号

(1)　$\frac{A\times B}{B\div A}=A\times B\div(B\div A)=A\times B\div\frac{B}{A}=A\times B\times\frac{A}{B}=A\times A$より，$A☆B=A\times A$となる。また，$\frac{C\times D}{C\div D}=C\times D\div(C\div D)=C\times D\div\frac{C}{D}=C\times D\times\frac{D}{C}=D\times D$より，$C★D=D\times D$である。よって，$3☆7=3\times3=9$，$9★2=2\times2=4$より，$3☆7★2=4$と求められる。

(2)　まず，$A☆B=A\times A=9=3\times3$より，$A=3$である。次に，$C★D=D\times D=49=7\times7$より，$D=7$である。また，$A★C=C\times C=36=6\times6$より，$C=6$である。さらに，$B☆C=B\times B=36=6\times6$より，$B=6$である。よって，$A+B+C+D=3+6+6+7=22$とわかる。

(3)　最後の２つの☆に注目すると，$A★1=1\times1=1$，$1☆4=1\times1=1$より，計算結果を一番小さな数にするためには，最後を「★１☆４」にすればよい。このとき，はじめの３つの☆の計算結果がいくつであっても，最後は計算結果が１になるので，はじめの３つの☆はそれぞれ，★に「変える」「変えない」の２通りずつ選ぶことができる。よって，求める方法は全部で，２×２×２＝８(通り)とわかる。

5　平面図形—角度，辺の比と面積の比，相似

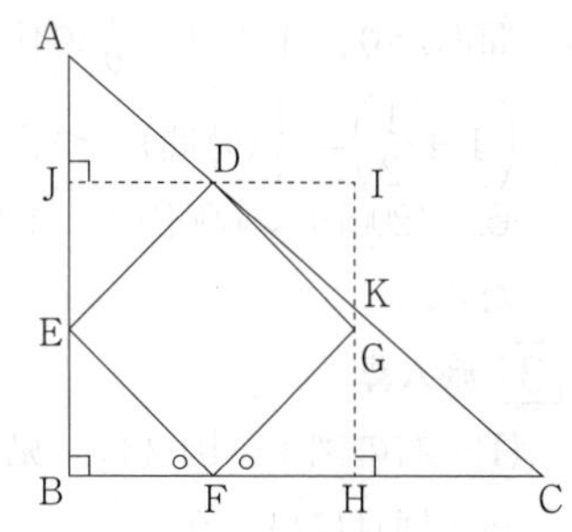

(1)　正方形の１つの内角の大きさは90度なので，角 EFB の大きさは，(180－90)÷２＝45(度)である。

(2)　右の図のように，正方形 DEFG を囲むような正方形 BHIJ を考える。正方形 BHIJ の面積は，正方形 DEFG の面積の２倍なので，84×２＝168(cm²)である。また，三角形 AJD と三角形 KID は合同なので，台形 ABHK の面積は正方形 BHIJ の面積と同じ168cm²となる。すると，三角形 KHC の面積は，200－168＝32(cm²)となり，三角形 ABC と三角形 KHC は相似で，面積比が，200：32＝25：４＝(５×５)：(２×２)なので，相似比は５：２とわかる。よって，BC の長さを５，HC の長さを２とすると，BF の長さは，(５－２)÷２＝1.5，FC の長さは，1.5＋２＝3.5だから，BF：FC＝1.5：3.5＝３：７と求められる。

6　立体図形—展開図，構成

(1)　立体は下の図Ⅰのようになり，かげをつけた６個の面が正面から見える。また，下の図Ⅱのように，それぞれの面に東西南北の方向を決めると，１の面の南側には６の面がくる。よって，正面から見た数の和は，６×６＝36である。

図Ⅰ

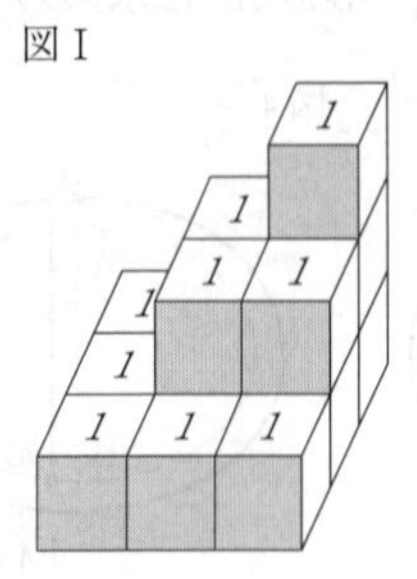

図Ⅱ

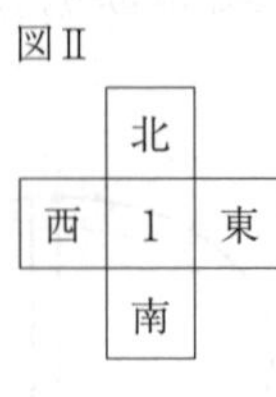

図Ⅲ

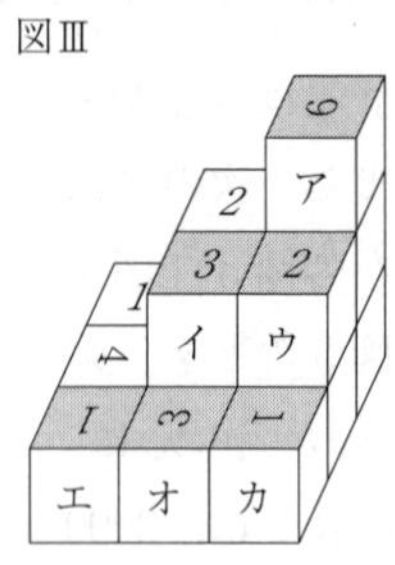

図Ⅳ

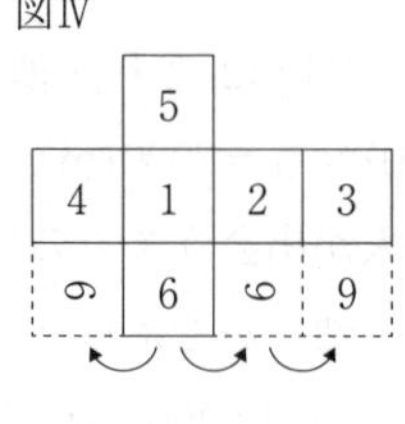

(2)　立体は上の図Ⅲのようになり，ア～カの６個の面が正面から見える。また，上の図Ⅳのように展開図の６の面を回転させると，６の面の西側には４の面がくるので，アの面は４とわかる。同様に，３の面の南側には６(…イ)，２の面の南側には６(…ウ)，１の面の北側には５(…エ)，３の面の西側には２(…オ)，１の面の東側には２(…カ)の面がくるので，正面から見た数の和は，４＋６＋６＋５＋２＋２＝25と求められる。

(3)　正面から見た６個の数の和が33になるような組み合わせは，A{6，6，6，6，6，3}，B{6，6，6，6，5，4}，C{6，6，6，5，5，5}の３通りが考えられる。また，正面から６の面が見えたとき，その反対の面は５なので，真上から見た最大の数は４，最小の数は１になる。同様に，正面から５，４，３の面が見えたとき，その反対の面と，真上から見た最大と最小の数は右上の図Ⅴのようになる。はじめに，真上から見た数の和が最大になる場合を考える。Aのとき，図Ⅲでかげをつけた面の数の和は最大で，４×５＋６＝26になり，残りの３個の面の数の和は最大で，６×３＝18だから，９個の面の数の和は，26＋18＝44になる。同様に考えると，Bのときは，４×５＋６＋18＝44，Cのときは，４×６＋18＝42だから，もっとも大きい値は44とわかる。次に，真上から見た数の和が最小になる場

図Ⅴ

正面	6	5	4	3
反対	5	6	2	1
上(最大)	4	4	6	6
上(最小)	1	1	1	2

合を考える。Ａのとき，図Ⅲでかげをつけた面の数の和は最小で，１×５＋２＝７になり，残りの３個の面の数の和は最小で，１×３＝３だから，９個の面の数の和は，７＋３＝10になる。同様に考えると，Ｂのときは，１×６＋３＝９，Ｃのときは，１×６＋３＝９だから，もっとも小さい値は9である。

社　会　＜第１回午前入試＞（30分）＜満点：50点＞

解　答

1 問１　イ　問２　イ　問３　飛び地　問４　(1)　ア　(2)　右の図　(3)　イ　(4)　ア　問５　(1)　1400(m)　(2)　ウ　問６　アラスカ　**2** 問１　和銅　問２　行基　問３　ウ　問４　平泉　問５　エ　問６　ア　問７　水戸　問８　エ　問９　富岡製糸場　問10　日ソ中立条約　**3** 問１　エ　問２　ヤングケアラー　問３　ウ　問４　３　問５　ウ

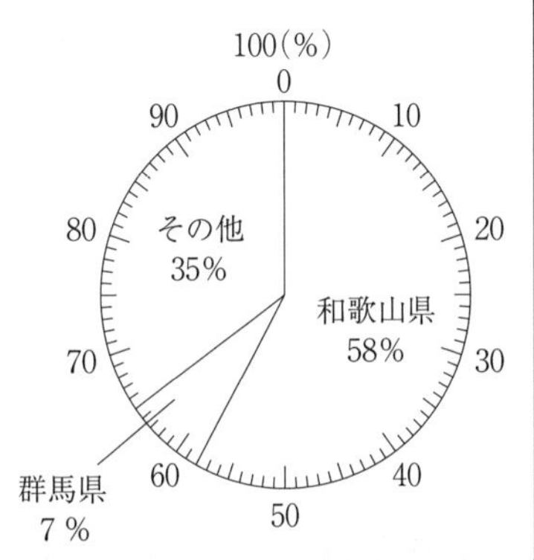

解　説

1 **ウクライナと和歌山県を題材とした地理の問題**

問１　ウクライナの国旗は，上半分が空を表す青，下半分が大地と小麦を表す黄色の２色で構成されている。なお，アはロシアあるいはブルガリア，ウはイギリス，エはスウェーデンの国旗。

問２　地図中で左上にある縦長の島国がイギリスで，その首都ロンドンを通っている経線が０度の経線(本初子午線)である。ここから，キーウの近くを通る経線は東経30度の経線ということになる。日本は東経135度の経線を標準時子午線としており，キーウとの経度の差は，135－30＝105度となる。経度15度で１時間の時差が生じるので，105÷15＝７より，日本とキーウの時差は７時間となり，キーウと日本とでは，東にある日本のほうが時刻が７時間進んでいる。１月10日はサマータイムの適用外の期間なので，日本が１月10日正午(午前12時)のとき，キーウはその７時間前の１月10日午前５時である。

問３　一つの国の領土や都道府県の行政区画などが地理的にはなれている場所のことを，飛び地という。ロシアには，リトアニアとポーランドにはさまれた飛び地が，和歌山県には，奈良県と三重県にはさまれた北山村という飛び地がある。

問４　(1)　和歌山県は紀伊半島の南西部を占(し)める県で，弓なりの形や，東部に飛び地があることなどが特徴(とくちょう)となっている。なお，イは熊本県(南が上になっている)，ウは新潟県(西が上になっている)，エは香川県(西が上になっている)の形。　(2)　目盛りに従って58％のところで中心から線を引き，「その他」を参考にして58％の範囲(はんい)内に「和歌山県　58％」と書きこむ。「群馬県　７％」を書きこむときは，引き出し線を使って外に書くなどしてもよい。　(3)　和歌山県南部は，梅雨どきや台風の時期の降水量が多く，冬は少雨となる太平洋側の気候に属している。１年を通して比較(ひかく)的温暖だが，１・２月の平均気温が15℃を上回るほどにはならない。なお，アは日本海側の気候に属する上越市高田(新潟県)，ウは瀬戸内の気候に属する高松市(香川県)，エは南西諸島の気候に属する奄美市名瀬(鹿児島県)の雨温図。　(4)　秋田すぎ(秋田県)と木曽ひのき(長野県)は，青森ひば(青森県)とともに天然の三大美林に数えられる天然林である。なお，和歌山県のある紀伊半島には吉野すぎ(奈良県)，尾鷲ひのき(三重県)の人工林があり，天竜すぎ(静岡県)とともに人工の三大美林に数えられる。

問５　(1)　実際の距離は，(地形図上の長さ)×(縮尺の分母)で求められる。したがって，５万分の１の地形図上での2.8cmは実際には，2.8×50000＝140000cm＝1400mとなる。　(2)　ア　地形図には方位記号が示されていないので，地図の上が北，下が南，右が東，左が西にあたる。みのしま駅は，はつしま駅の南東にある。　イ　斜面には，広葉樹林(Q)よりも果樹園(ȯ)が多く見られる。　ウ　地形図上に見られる鉄道はJR線(複線以上)(━━━)のみなので，正しい。　エ　川の流れに沿って上流を背にして下流を向いたとき，右側を右岸，左側を左岸という。示された地形図では，有田川の南側が左岸にあたるが，図書館(🕮)・市役所(◎)・郵便局(⊕)は北側の右岸にある。

問６　アラスカ州は北アメリカ大陸の北西部にあるアメリカの飛び地で，東でカナダと接している。アメリカの州のなかで最も大きく，アメリカがロシアから買い取ったことで，アメリカの領土となった。

２　各時代の歴史的なことがらについての問題

問１　708年，武蔵国秩父(埼玉県)から朝廷に和銅(自然銅)が献上されたことを祝い，元号が和銅へと改められた。なお，この年には，平城京造営の費用などにあてるため，和同開珎という貨幣がつくられた。

問２　行基は奈良時代の僧で，橋やため池をつくるなどの社会事業を行いながら布教活動を続けた。当時，仏教は朝廷の統制下に置かれていたため，行基の活動は朝廷の弾圧を受けたが，のちに許され，東大寺の大仏づくりが始まると，弟子や民衆を率いてこれに協力した。この功績が評価され，行基は最高僧位の大僧正に任じられた。

問３　坂上田村麻呂は797年に征夷大将軍に任じられて東北地方へ遠征すると，蝦夷の族長アテルイを降伏させ，東北支配の拠点として胆沢城・志波城(いずれも岩手県)を築くなど，朝廷の東北平定に大きく貢献した。なお，藤原純友は瀬戸内で，平将門は関東で，ともに10世紀なかばに反乱を起こした武士。菅原道真は，894年に遣唐使の廃止を提案したことで知られる貴族。

問４　奥州藤原氏の祖である藤原清衡は，源氏と協力して東北地方で起こった内乱である後三年の役(1083～87年)を平定すると，岩手県の平泉を根拠地として東北地方を支配した。平泉には，中尊寺金色堂をはじめ当時の繁栄を感じさせる文化財が残っており，2011年にはこれらが「平泉―仏国土(浄土)を表す建築・庭園及び考古学的遺跡群」としてユネスコ(国連教育科学文化機関)の世界文化遺産に登録された。

問５　1428年，琵琶湖沿岸の近江坂本(滋賀県)で馬借が蜂起したことをきっかけとして，近畿地方で徳政(借金の帳消し)を求める農民らの一揆が広がった。これが正長の土一揆で，「日本が始まって以来初めての土民蜂起」とする記録が残っている。畠山氏を追放して８年間の自治を行ったのは，1485年に現在の京都府南部で起こった山城の国一揆である。

問６　江戸幕府の第５代将軍徳川綱吉は学問に熱心で，特に儒学の一つである朱子学を奨励した。

また，湯島に学問所を備えた聖堂を建て，この学問所がのちに昌平坂学問所という幕府の学問所とされた。

問７　親藩は徳川家一門，あるいはそこから分かれた一族が大名になったもので，なかでも徳川家康の子を祖とする尾張(愛知県)・紀伊(和歌山県)・水戸(茨城県)の三つは御三家とよばれた。御三家は，将軍に子どもができなかったときには後継ぎを出す資格があたえられていた。

問８　アは1571年，イは1568年，ウは1575年，エは1573年のできごとなので，起こった順にイ→ア→エ→ウとなる。

問９　明治政府は，欧米諸国を目標として殖産興業とよばれる近代化政策を進め，その一つとして養蚕のさかんだった群馬県富岡に富岡製糸場を建設した。外国人技師の指導のもと，外国製の機械を導入して1872年に操業を開始した富岡製糸場は，日本の製糸業の近代化に大きく貢献した。

問10　第二次世界大戦のとき，日本は東南アジアへの進出を計画しており，北方の安全を確保する必要があったため，1941年にソ連との間で日ソ中立条約を結んだ。しかし，第二次世界大戦末期の1945年８月８日，ソ連は一方的に日ソ中立条約を破棄して満州や南樺太などに軍を進め，これを占領した。

３　子どもの権利や子どもに関する行政についての問題

問１　「児童の権利に関する条約」は「子どもの権利条約」としても知られ，18歳未満の人を子どもと規定したうえで，子どもの権利を認めている。その原則の一つに「子どもの意見の尊重」があり，子どもは自分に関係することがらについて自由に意見する権利があるとしている。

問２　本来大人が担うと考えられている家事や家族の世話などを日常的に行っている子どものことを，ヤングケアラーという。ヤングケアラーは十分に学業に取り組めなかったり，友人と過ごす時間が失われたりするため，問題となっている。

問３　少子化が進むなかで，子どもに関する政策を推進するための行政機関として，こども家庭庁が2023年に発足することになった。こども家庭庁は内閣府の外局として設置され，内閣府特命担当大臣が長を務める。なお，児童相談所は各都道府県や政令指定都市に設置されている。子ども・子育て本部は内閣府に設置されていたが，こども家庭庁に業務が移管される。初等中等教育局は，文部科学省内に置かれている。

問４　2022年４月１日から成年年齢が18歳以上とされたが，飲酒と喫煙ができる年齢は20歳以上と定められている。婚姻については，それまで男性が18歳以上，女性が16歳以上でできたが，いずれも18歳以上とされた。また，選挙権は18歳以上で認められるが，選挙に立候補する権利である被選挙権が認められる年齢は，衆議院議員と市区町村長，地方議会議員が25歳以上，参議院議員と都道府県知事が30歳以上となっている。よって，19歳の大学生が飲酒・喫煙すること，16歳の高校生女性が婚姻すること，19歳の大学生が衆議院議員総選挙に立候補することはできない。

問５　ア　現行犯の場合を除き，裁判官の発行する令状がなければ，逮捕されたり拘束されたりすることはない。　イ　取り調べの段階でうそをついたとしても，それ自体が罪に問われることはない。　ウ　裁判などでは，有罪が確定するまでは無罪として扱われるという「推定無罪」の原則が適用される。よって，正しい。　エ　日本国憲法は第36条で，拷問や残虐な刑罰を禁じている。また，第38条では，自分に不利益な供述をしなくてよいことも定められている。

理　科　＜第１回午前入試＞（30分）＜満点：50点＞

解　答

1 **問１**　(オ)　**問２**　**内側**…(オ)　**外側**…(イ)　**問３**　(ウ)　**問４**　(イ)→(エ)→(ア)→(ウ)

2 **問１**　①　食物連鎖　②　光合成　**問２**　（例）　生物Ｄは増え，生物Ｂは減る。生物Ａは生物Ｂが減ることで減る。　**問３**　（例）　軽い点／割れにくい点　**問４**　(イ)　**3** **問１**　Ｃ　コックつきろうと(管)　Ｄ　三角フラスコ　**問２**　イ　**問３**　ア　**問４**　右の図／ゴム栓をはずす。　**問５**　温度　**問６**　（例）　③／集気ビンに二酸化炭素を満たし，火のついた花火を入れる。　**4** **問１**　28度　**問２**　解説の図を参照のこと。　**問３**　（例）　地面の方が空気よりあたたまりやすいから。　**問４**　(イ)　**問５**　(イ)，(エ)　**問６**　８月10日12時

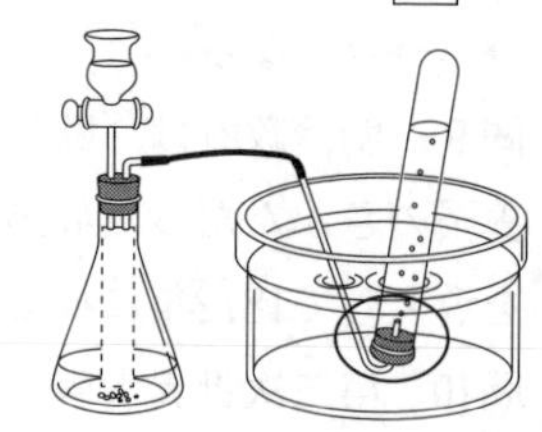

解　説

1　流水の作用についての問題

問１，問２　曲がった川の流れは外側ほど速いので，溝の外側では土砂をしん食するはたらきが大きくなる。また，曲がった川の流れは内側ほど遅いので，溝の内側では土砂をたい積するはたらきが大きくなる。

問３　Ｘは曲がった溝の内側なので，たい積するはたらきによって底は浅くなり，Ｙは曲がった溝の外側なので，しん食するはたらきにより底は深くなっている。また，底にたい積している石の大きさは，外側のＹほど流されにくい大きなものになっている。

問４　流水がしん食するはたらきにより，(イ)から(エ)のように溝が外側へ向かって大きくだ行していき，大雨などで流水の勢いが強くなると，(ア)のようにだ行部分を通らずまっすぐに水が流れて，最後はだ行していたところが取り残され(ウ)のような三日月形になる。

2　生物どうしのつながりについての問題

問１　①　生物どうしの食べる，食べられるつながりのことを食物連鎖という。　②　植物は光のエネルギーを利用して，光合成によって養分を作り出している。

問２　ピラミッドの形で表した食物連鎖の関係では，上に位置する生物が下に位置する生物をエサとして食べている。生物Ｃが減少すると，生物Ｃのエサとなっている生物Ｄは，食べられる数が減少するため一時的に増加する。また，生物Ｃをエサとしている生物Ｂは減少し，生物Ｂをエサとしている生物Ａも生物Ｂが減ると減少する。

問３　ガラスに比べて，プラスチックは同じ大きさでも軽く，衝撃を与えられても割れにくい性質がある。

問４　地中の微生物のはたらきによって分解されるプラスチックのことを，生分解性プラスチックという。

3　気体の発生についての問題

問１　器具Ｃはコックつきろうと(管)で，液体を少しずつ滴下することができる。器具Ｄは三角フラスコで，口が細くなっているため，コックつきろうとをつけたゴムせんを取りつけることができ

る。また，中に入れた液体を混合するときに液体がこぼれにくい。

問２　上から注ぎ入れる液体がとびはねないように，左側の管は長くなっている。また，発生した気体が出てこないように，先を液体につけておく。右側の管は，気体の出口となる管が液体の中に入らないように短くなっている。

問３　生のレバーにふくまれるカタラーゼという酵素(こうそ)は，二酸化マンガンと同じはたらきをして，過酸化水素が酸素と水に分解する反応を進める。

問４　ゴム栓(せん)があると試験管の中の水が出られず，発生した酸素を集めることができないので，ゴム栓をはずす必要がある。

問５　ものが燃焼するには，燃えるものと酸素，燃えるために必要な温度が必要である。

問６　①の水中にふくまれる酸素では物を燃やすには足りない。また，②の水を分解して酸素をつくるときには水素も発生するため，水素に引火すると花火よりも非常に大きなエネルギーの燃焼(爆発(ばくはつ))が起こってしまう。よって，③が正しいと考えられる。これを確かめるためには，二酸化炭素などの不燃性の気体を満たした集気ビンに火のついた花火を入れ，花火が燃焼し続ければ，火薬の中に含(ふく)まれている物質から発生した酸素を利用して燃焼していることがわかる。

4　気象についての問題

問１　20と30の間が10等分されているので，１目盛りは１℃を表している。よって，示度は28度だとわかる。

問２　右の図のように，表１の数値に合わせて点を書き，ひなたを実線，ひかげを点線の直線で結ぶ。

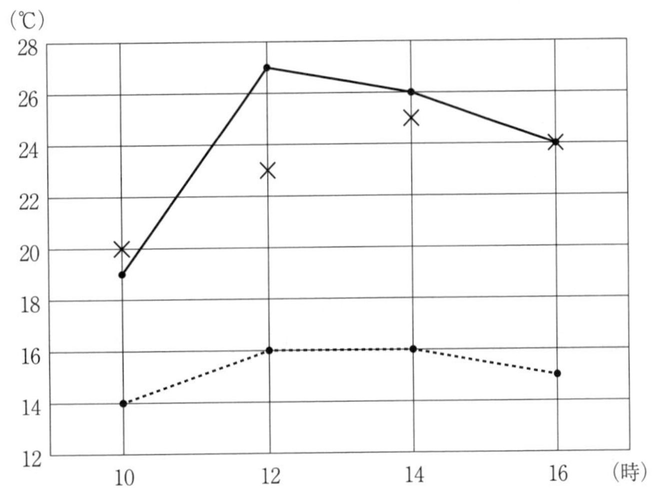

問３　地面の方が空気よりあたたまりやすいので，最初に日光が地面をあたため，あたためられた地面の熱でその上にある空気があたためられて気温が上がる。

問４　鏡を０枚から１枚に増やしたときの温度は，31－20＝11(℃)上がっている。１枚から２枚に増やしたときの温度は，41－31＝10(℃)上がっている。鏡を１枚増やすごとに10℃～11℃くらい上がっているので，３枚の鏡を使って光をあてたときは，２枚の時の41℃より10℃～11℃高い，51℃～52℃になると予想できる。

問５　８月12日は12時ごろに一度気温が下がっているので，雲が出ていたと考えられる。また，８月10日～８月12日までは一度も気温が25℃を下回っていないので，この３日間は熱帯夜であったとわかる。なお，８月10日から１日の気温はだんだん下がっているが，８月14日に再び気温が上がっているので，(ア)は適当ではない。また８月13日は午前９時ごろが１日で最も気温が高いので，(ウ)も適当ではない。

問６　グラフで，８月10日の12時ごろが最も気温が高いため，日差しが強くソーラーパネルの発電量が最も多くなったと考えられる。

国　語　＜第1回午前入試＞（50分）＜満点：100点＞

解　答

一　**問1**　下記を参照のこと。　**問2**　(1)　くちょう　(2)　けはい　(3)　くめん　(4)　あやつ(る)　(5)　ゆかた　**問3**　(1)　絶　(2)　半　(3)　独　(4)　心　(5)　往　**問4**　A　エ　B　ウ　C　ア　D　イ　E　カ　二　**問1**　イ　**問2**　(i)　フレーム　(ii)　計算力　**問3**　イ　**問4**　(i)　正しいかどうか　(ii)　取り返しがつかない　**問5**　エ　**問6**　(i)　終わり　(ii)　最高の状態　**問7**　(i)　絶対的　(ii)　自らの価値観　**問8**　ア　三　**問1**　Ⅰ　カ　Ⅱ　ウ　Ⅲ　ア　**問2**　ア　**問3**　イ　**問4**　キャラ　**問5**　エ　**問6**　スカス　**問7**　エ　**問8**　(i)　ウ　(ii)　リセット　**問9**　(例)　互いの良さを引き出しあう美しいハーモニーを初めて表現できた深い充実感と，クラスが一体になれたことに対する喜びを味わっているから。　**問10**　(i)　声変わり　(ii)　(例)　思春期　(iii)　早紀(水野)　**問11**　ア　B　イ　A　ウ　A　エ　B

●漢字の書き取り

一　**問1**　(1)　素材　(2)　貯蔵　(3)　節約　(4)　宣言　(5)　検討

解　説

一　漢字の書き取りと読み，語句の知識

問1　(1)　もとになるもの。　(2)　物資をたくわえること。　(3)　むだづかいをしないこと。　(4)　多くの人の前で考え方や方針を述べること。　(5)　くわしく調べて，よしあしを判断すること。

問2　(1)　話し方の調子。　(2)　そこにいることが感じられるようす。　(3)　さまざまな方法を考えて，手はずを整えること。　(4)　音読みは「ソウ」で，「操作」などの熟語がある。(5)　夏や湯上りに着る和服。

問3　(1)　非常に危機的な状態であること。　(2)　真偽がわからず，判断できないようす。(3)　ほかに頼らずに自分の道を進むこと。　(4)　心と心で通じ合うこと。　(5)　あわてふためくようす。

問4　A　「いたいけ」は，幼くていじらしいようす。　B　「よこしま」は，正しくないさま。　C「ぶしつけ」は，失礼であるようす。　D　「まことしやか」は，本当ではないものをいかにも本当らしく思わせるさま。　E　「おうよう」は，ゆったりとして落ち着いたようす。

二　出典は小林武彦の『生物はなぜ死ぬのか』による。

AIと共存する社会を実現するには，「ヒトの手助け」以上にAIに頼らずに，ヒト自身が「考える」ことをやめないことが大切だと述べている。

問1　Ⅰ　「AIは，人を楽しませる面白い『ゲーム』を提供するかもしれ」ないが，リアルな世界では「ヒトを悲劇の方向に導く可能性があ」ると述べているので，前のことがらを受けて，それに反する内容を述べるときに用いる「しかし」があてはまる。　Ⅱ　コンピュータが自分たちより賢くなっていくのを，「生みの親」世代の私は体感しているから，「AIの危険性」を「直感的にわかる」のである。よって，前のことがらを理由・原因として，後にその結果をつなげるときに用い

る「だからこそ」がふさわしい。　Ⅲ　ヒトは自分が弱っているときに，死ななくて，さらに「多くの人が信じている絶対的なものに頼ろうとするの」だから，前のことがらを受けて，さらに別のことを加えるときに使う「しかも」がよい。

問２　(i)，(ii)　【資料１】には，AIは「計算」をおこなう計算機であり，「課題のフレーム(枠組み)」を決めれば，うまく「計算力」を発揮できると書かれている。よって，「AIによる画像診断は，過去の病気の事例」という「フレーム」の中では「計算力」を発揮するため，医師の判断を助ける道具としては「十分に役立」つのである。

問３　直前に注目する。ヒトが考えることをやめてAIに頼り続けることによって，AIにヒトが従属してしまうという「主体の逆転」を防ぐために，どうすれば良いのかを問いかけているのだから，イが選べる。

問４　(i)，(ii)　前の部分に注目する。「喜劇」は自ら間違いに気づくことに面白さがあるのに対し，「悲劇」は「取り返しがつかない運命に永遠に縛られることに，恐怖と悲しみ」があると述べられている。そして，【第１段落】の最初の部分にあるとおり，AIの出す答えについて「正しいかどうかの検証をヒトがするのが難しい」ため，「取り返しがつかない」間違いに縛られるという点が「悲劇」なのだとわかる。

問５　ぼう線部④をふくむ一文に「つまり」とあるので，直前に注目する。すると，「このままいったら絶対にやばい」のは「AIの危険性」のことだとわかる。【第２段落】の前半にあるとおり，「死なないAI」が世代を超えて進歩を続けることで，「人類が自分たちでコントロールすることができないもの」となっていくことが「AIの危険性」だと示されているので，エが合う。

問６　(i)，(ii)　【資料２】には，「最高の状態」がいつまでも続かず，なにごとも「終わり」があるからこそすばらしいのだと書かれている。このような価値観は，終わりのない「死なない人格」とは共有できないものである。

問７　続く部分に注目する。　(i)　宗教は「多くの人が信じている絶対的なもの」であり，AIも将来は「宗教と同じようにヒトに大きな影響を与える存在になる」とある。　(ii)　AIと異なり，宗教は「個人が自らの価値観で評価できる」と述べられている。

問８　ぼう線部⑦でAIが自分を殺すのは，「人の存在を守るため」であると書かれていることに注目する。【第３段落】のはじめにあるように，人が人らしくあるためには「AIに頼りすぎず」に，「試行錯誤を繰り返」す必要があると述べられているので，アがふさわしい。

三　**出典は佐藤いつ子の『ソノリティ　はじまりのうた』による。**合唱コンクールの練習をするなかで，ふだんは目立たなかったクラスメートの魅力に気づいた山東涼万が，次第に練習に真剣になっていく場面である。

問１　Ⅰ　前の部分に注目する。早紀は「おとなしくて口数の少ない子」だとあるので，「ひっそりと」があてはまる。　Ⅱ　二人の目が合うようすにふさわしいのは，「かちりと」である。　Ⅲ　「一瞥する」は，相手のことを「ちらりと」見ること。

問２　「心許ない」は，“頼りなく不安なようす”という意味。ここでは，クラスメートに声をかける早紀の弱々しいようすを表している。

問３　前の部分に注目する。ふだんは目立たない早紀の「透明なきらきらした一本の矢」のような声を聞いて，涼万は「あんな声してたんだっけ」と，「初めて聞いたよう」に新鮮に感じたのだから，イが合う。

問４　早紀が，騒然とするクラスメートにけんめいに声をかけているのを見て，涼万は落ち着かない気持ちになったが，自分の「キャラ」ではないという思い込みのために，みんなを注意できずにいるのである。

問５　音心のすばらしいピアノの演奏を聞いて，「こんなにピアノの腕があるとは誰も知らなかった」とあるので，おどろき，感心していることがわかる。また，早紀を助けるためにピアノの演奏をはじめた音心と彼女のアイコンタクトを目撃しており，嫉妬していると考えられる。

問６　「華奢」とは，からだが細くて，弱々しいようすを表す。早紀の姿については，はじめの部分で「スカスカのブレザーを背負った薄い背中～見るからに弱々しい」とあるため，この部分がぬき出せる。

問７　好ましくないことに対して身構える緊張したようすは，「くちびるが結ばれた」である。

問８　(i)，(ii)　続く部分に注目する。音心が伴奏を大音量にしたのは，クラスメートの注目を集めることで，「涼万のひっくり返った声で乱れた空気」を，「リセット」するためである。つまり，音心は，一生けんめい歌おうとして失敗し，笑われてしまった涼万をかばったのだとわかる。

問９　前の部分に注目する。早紀の指揮棒に導かれるようにして，いつも手をぬいていた男子たちも，真面目に声を出し始める。そして，それぞれのパートが「うまく調和し，互いに互いの良さを引き出した」合唱ができたので，「いいじゃん，うちらのクラス」と，充実した気持ちになり喜んでいるのである。

問10　(i)～(iii)　【第１の場面】の半ばにあるとおり，涼万は自分の喉の調子が気になって咳が止まらなくなることを，「声変わり」の前兆ではないかと考えている。また，涼万はそれまで気にならなかった早紀のことも気になっていることがわかる。

問11　**ア**　合唱の練習でクラスメートたちの協力を得られずにこまっていたのは早紀であるため，誤り。　**イ**　涼万は，合唱の練習に参加するなかで，岳との付き合いがある一方で早紀や合唱のことが気になることもあり，どうすればよいか悩む場面があった。よって，正しい。　**ウ**　本文の後半で，次第に合唱に一体感が出ているようすがわかることから，正しい。　**エ**　最後の部分でも，岳は合唱の練習に参加せず，涼万に対して「ムッとした」表情をしていることから，ふさわしくない。

2023年度 浦和実業学園中学校

【算　数】〈第１回午後入試〉(50分)〈満点：100点〉

【注意】１．定規は使用してもかまいませんが、三角定規、分度器、コンパス、電卓は使用できません。
２．途中(とちゅう)の計算式や考え方も書くように指示されている問題については、解答用紙の所定のところに記入してください。特に指示のない問題については解答だけ記入してください。

1 次の計算をしなさい。

(1) $20 \times (19 - 8 \div 2)$

(2) $288 \div 12 - 288 \div 24$

(3) $29.3 + 58.6 + 54.8 - 13.7$

(4) $(4.56 - 3.74 + 0.25) \times 100$

(5) $1.4 - \left(0.6 + \frac{4}{5}\right) \times \frac{5}{7}$

(6) $25 + 1.25 - 2.5 - 0.125$

2 次の各問いの □ にあてはまる数を答えなさい。

(1) 静水時の速さが毎時 10 km の船が毎時 4 km の速さで流れる川を □ km 下るのに３時間かかります。

(2) 長さ 360 m の木材を 40 m ずつ均等に切り分けます。１回切るのに８分かかり，切った後は５分休みます。すべて切り終えるのに □ 分かかりました。

(3) 濃度が 68% の食塩水が □ g あります。この中の食塩の量は 102 g です。

(4) つるとかめが合わせて 75 匹います。足の数の合計が 184 本のとき，つるは □ 羽います。

(5) ５円玉，10 円玉，500 円玉が合わせて 17 枚あり，合計金額は 5555 円です。このとき，10 円玉は □ 枚です。

(6) ある仕事をするのにＡさんは８日かかり，Ｂさんは 12 日かかります。ある日，Ｃさんも加わり３人でその仕事をしたところ，３日で終えることができました。Ｃさん１人では □ 日かかります。

3　下の図のような台形ＡＢＣＤがあります。この台形の辺上を点Ｐが頂点Ｂを出発し毎秒１cm の速さで，Ｂ→Ｃ→Ｄ→Ａと移動します。このとき，３点Ａ，Ｂ，Ｐを結んでできる三角形ＡＢＰの面積について，次の問いに答えなさい。

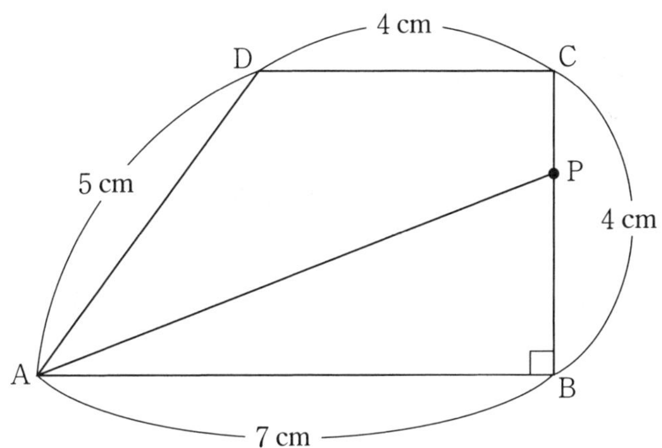

⑴　横軸（じく）を点Ｐが頂点Ｂを出発してからの時間とし，たて軸を三角形ＡＢＰの面積として点Ｐが台形の辺上をＢ→Ｃ→Ｄ→Ａと移動するときのグラフを完成させなさい。

⑵　点Ｐが頂点Ｂを出発してから９秒後の三角形ＡＢＰの面積を求めなさい。

⑶　三角形ＡＢＰの面積が７cm^2となるのは，点Ｐが頂点Ｂを出発してから何秒後と何秒後ですか。

4 １，２，３，４，５が書かれた５枚のカードから，異なる３枚を選んで並べてできる３桁(けた)の整数を考えます。125や234のように，書かれた数字が小さい順に並んでいる整数のグループをＡとし，531や542のように，書かれた数字が大きい順に並んでいる整数のグループをＢとします。このとき，次の問いに答えなさい。

(1)　グループＡには何個の整数がありますか。

(2)　グループＡとグループＢにあるすべての整数の和を求めなさい。

(3)　グループＡにもグループＢにも含まれないすべての整数の和を求めなさい。

5 右の図において，次の問いに答えなさい。

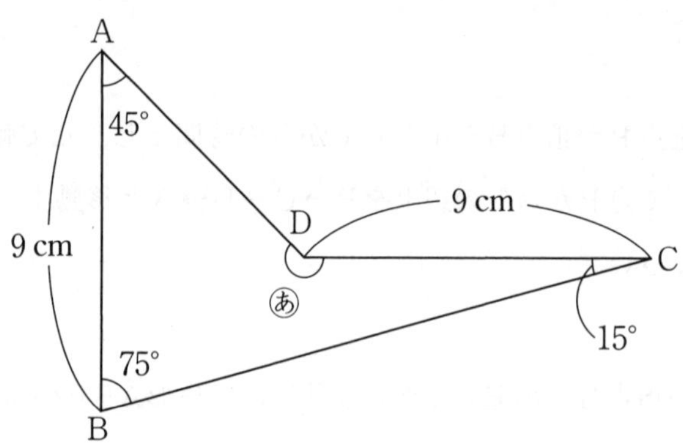

(1)　㋐の角度の大きさを求めなさい。

(2)　四角形ＡＢＣＤの面積を求めなさい。

6　図１のような，１辺の長さが６cm の立方体があります。辺AB，ADのまん中の点をそれぞれ点M，Nとします。この立方体を３点M，N，Fを通る平面で切ります。このとき，次の問いに答えなさい。

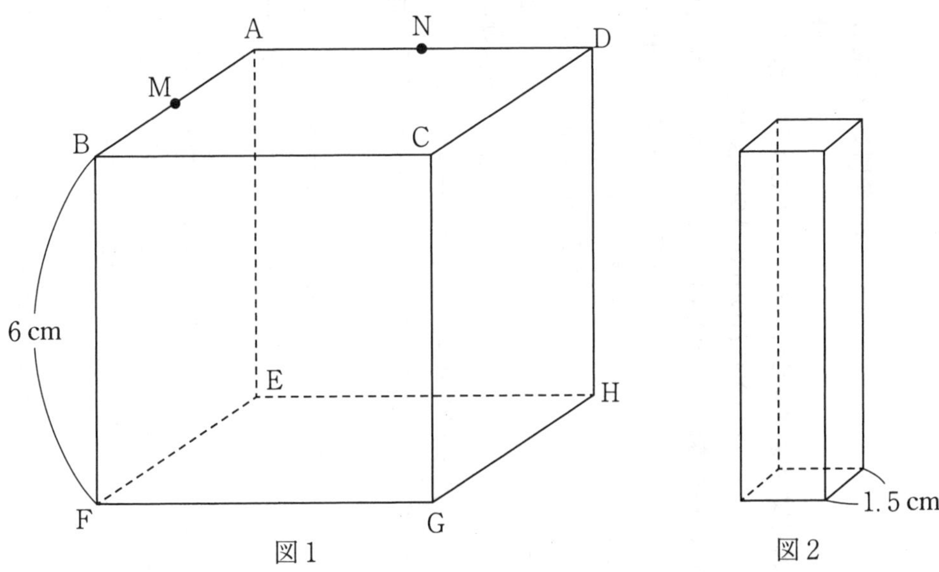

図１　　　　　　　　図２

(1)　３点M，N，Fを通る平面で切ったときの切断面の形を答えなさい。

(2)　点Aを含む立体の体積を求めなさい。

点Aを含む立体と同じ形状で，三角形AMNの面が空いた容器を用意します。三角形AMNの面から水を入れて，水の高さが４cm になったところで止めました。

(3)　水面の面積を求めなさい。

(4)　図２は底面が１辺1.5cm の正方形，高さ６cm の四角柱です。水が入った容器の三角形AMNの面から，図２の四角柱を底面が水面と平行になるようにゆっくりと入れたとき，ある所で水が容器いっぱいになりました。四角柱の水につかっている部分の高さを求めなさい。

のを次の中から選び、記号で答えなさい。

ア 自分には本音を言えるほど心を許してくれているのではないか。

イ 自分に朱音の母親を救ってほしいと願っているのではないか。

ウ 自分にも本当のことをまだ話してくれていないのではないか。

エ 自分のやっていることで朱音をより苦しめているのではないか。

問十二 ――部⑪「かわいた笑い声を立てる」とありますが、これはどのような「笑い」方ですか。その理由も含めて**六十〜八十字**で答えなさい。

問十三 ――部⑫「いつもお手伝いしてえらいわね、っていわれると、チョーむかつく!」とありますが、これはなぜですか。その理由を**三十〜五十字**で答えなさい。

問十四 ――部⑬「朱音のほんとうの笑顔」とありますが、「朱音」の「ほんとうの笑顔」を見るために必要なことを次のようにまとめた場合、空らんに当てはまる言葉を自分で考えて答えなさい。ただし、後の**【手がかり】**を参考にすること。

◎ **家族全員で暮らしを支え合い、母親の病状も快復することで、朱音が□の生活を送れるようになること。**

【手がかり】・「年齢にふさわしいこと」という意味を持つ言葉です。

・**漢字三字の言葉です。**

問四　Ａ～Ｄに入る言葉として、最も適当なものを次の中からそれぞれ選び、記号で答えなさい。

ア　しんどいな
イ　お母さんの病気は、よくなってるの？
ウ　ごめんな
エ　お母さんのこと、もう少し、きいても、いいか？

問五　――部④「転校することにした」とありますが、朱音が「転校」した理由として、**適当なものには**「Ａ」と、**適当でないものには**「Ｂ」と答えなさい。

ア　祖父の看病のため　　**イ**　家事の時間を作るため
ウ　勉強に集中するため　　**エ**　妹の世話をするため

問六　――部⑤「はげましちゃいけない」とありますが、これはなぜですか。それを次のように説明したとき、(ⅰ)・(ⅱ)の空らんに当てはまる言葉を、**ここより後の朱音の台詞**から探し、抜き出して答えなさい。ただし、□一つを一字分とします。

◎　**鬱病はくも膜下出血と同じく**(ⅰ)□□**であるため、本人の努力や**(ⅱ)□□□**だけでどうにかできるものではないから。**

問七　――部⑥「無意味な言葉でしかないと思った」とありますが、これはなぜですか。その理由として、最も適当なものを次の中から選び、記号で答えなさい。

ア　当事者でない自分には朱音の苦労を本質的に理解できないうえに、いくら共感したり同情をしたところで、朱音を苦しみから救えるわけではないから。

イ　親の看病に苦しむ朱音の姿をいまひとつ想像できないと同時に、あくまで他人事であり、部外者の自分ひとりが助けに入ったとしても何の解決にもならないから。

ウ　朱音が家族内で孤立(こりつ)していることはわかったが、子どもの自分にはできることが限られており、大人の力を借りなければ何もできないと理解しているから。

エ　朱音が現状を打破するために努力していることは認めているが、常識的に考えて、どれだけ努力しようとも現実を変えることはできないと悟っているから。

問八　二か所あるＸに共通して入る言葉として、最も適当なものを次の中から選び、記号で答えなさい。

ア　悠人　　**イ**　お母さん　　**ウ**　お父さん　　**エ**　和花

問九　――部⑦「こんなふうに」とありますが、これはどのような状態を指しますか。それを次のように説明したとき、空らんに当てはまる言葉を**ここより後の朱音の台詞**から探し、抜き出して答えなさい。ただし、□一つを一字分とします。

◎　**自分のことを**□□□□**にしてまで。**

問十　――部⑧「会いたくないといっていた」とありますが、これはなぜですか。その理由として、**適当でないもの**を次の中から一つ選び、記号で答えなさい。

ア　同世代の友だちでは、親を介護(かいご)しながら生活する苦労や辛(つら)さを理解できないという先入観が働いてしまうから。

イ　挫けそうな気持ちを奮い立たせて生活しているときに他者の優しさに触(ふ)れると、それに甘(あま)えてしまうと思っているから。

ウ　中学生にもかかわらず主婦のような生活を送っているところをみられるのは、恥ずかしいことだと感じているから。

エ　知りあいに会うと必要以上に気を使って明るくふるまおうとしてしまい、自分が無理をすることになるから。

問十一　――部⑨「けど、おれには話してくれた」、――部⑩「でも、それだけか？」とありますが、これらの言葉には悠人のどのような気持ちが込められていますか。その説明として、最も適当なも

「じゃあ、またな」

と笑いかける。朱音も、小さく笑った。

「気をつけてね」

「走るから」

建物の中に消えるのを見送って、悠人は踵を返す。いっしょに勉強しようという申し出は断られた。でも、話してくれた。だから、きらわれているわけじゃない。

ふと、⑬朱音のほんとうの笑顔が見たい、と思った。そう思ったとたん、いてもたってもいられない気持ちがして、悠人は、全速力でかけだした。

（濱野京子『with you』）

※注　・和花…朱音の妹
・美里…朱音の通う中学校の生徒で悠人の知人
・渉…悠人の通う中学校の同級生
・坂和ヒルズ…朱音が家族と住んでいるマンション

問一　――部①「もしも、もしもだけど、ちょっとわかんないとことかあったら、おれ、教えられるかも。受験勉強してるから、復習にもなるし」とありますが、このときの悠人の気持ちを説明したものとして、最も適当なものを次の中から選び、記号で答えなさい。

ア　本来、勉強が苦手ではなかったはずの朱音に余計な世話を焼いてしまい、口もきいてもらえないほど怒らせてしまったので、これ以上嫌われないよう、弁解に必死になっている。

イ　朱音の力になりたいと思い勇気をふりしぼって誘ってみたが、すぐに返事をもらえなかったことから断られるかもしれないと考え、焦りながらも良い返事がもらえる可能性を高めようとしている。

ウ　身勝手な提案をしたせいで、成績が下がって落ち込んでいた朱音のプライドを傷つけてしまったので、自身の軽率な発言を反省し、謝罪するためにも会話の流れを作りなおそうとしている。

エ　自分が勉強に誘うことで家族のために時間を使っている朱音の貴重な時間をさらに奪ってしまうと気づいたが、どうしても一緒にいたかったため、納得してもらえるように説き伏せている。

問二　――部②「〈冬の星座〉、という歌、知ってる？」とありますが、〈冬の星座〉を持ち出したことには、朱音のどのような思いがこめられていますか。これを説明したものとして、最も適当なものを次の中から選び、記号で答えなさい。

ア　週末は家族の看病から手が離せないが、そのことを悠人に悟られたくなく、勉強の誘いをそれとなく断りたいという思い。

イ　家族と一緒にいても疲れは癒されないが、それでもその時間は意味のある貴重なものなので、今は家族との時間を大切にしたいという思い。

ウ　どのように返事をすればいいかわからず考える時間がほしかったため、脈絡のない話題を持ち出すことで時間を稼ぎたいという思い。

エ　母親の看病に疲れていることを比喩的に悠人に伝え、日曜日は外出せずにゆっくり過ごしたい旨を理解してほしいという思い。

問三　――部③「しじま」とありますが、この言葉の意味として、最も適当なものを次の中から選び、記号で答えなさい。ただし、**直後の朱音の台詞も参考にすること。**

ア　陽光　**イ**　雑踏　**ウ**　友情　**エ**　静寂

「だよな」

「学校では、楽しそうな顔でいたい。そうでないと、まわりが白けるし。でも、ときどき、思っちゃう。ささいなことできょうだいげんかしたとかって、きくと、なんか平和なんだなって。っていうか、別世界だなって。なんていうか、たまにはゆっくり眠りたいなんて、いえないし。もちろん、学校で楽しいことだって、あるし。友だちも好きだし。けど、いつもどこかで考えちゃう。お母さんのこともだし、これからどうなるんだろうって」

「……先生には？」

「担任の先生は、お母さんが病気で入院してたことは、わかってるはず。けど、そのあとで、くわしいことは話してない。なんか、あんまりいいたくないっていうか。先生にあれこれ話すと、ほかの子に知られそうで。成績が下がったせいもあるんだけど、宿題やる時間がなかったときに、公立、なめてるの？　っていわれた」

「ひでえな」

いるのだ、見当ちがいなことをいって、ぐさぐさこっちの気持ちを傷つける教師って……。

「昨日、お風呂、入れなかった。つかれて寝ちゃった。もう冬だからいいけど。夏だったら、汗臭いとかっていわれちゃうかもしれない。髪も、洗うのたいへんだから、ショートにした。去年まではずっとロングだったんだけど」

朱音は、⑪かわいた笑い声を立てる。泣いているような笑い方って、あるのだ、と悠人は思った。

「妹さんの面倒とかは？」

「……学校からの連絡とか、わたしが気をつけてないと。忘れものもさせたくないし。まだ二年生だから」

「そうか」

「和花も、かわいそう。わたしでは、無理っていうか、やっぱりお母さんの代わりは、できないから」

そんなことまで、どうして気に病む必要があるのか。そう思っても、それは口にできることではなかった。

「あのな、富沢さんみたいなの、ヤングケアラーっていうんだって」

「え？」

「ヤングケアラー。十八歳未満で、家族のケアとかしてる子ども」

「へえ？　そんな名前があるんだ。はじめてきいた」

母親の話では、母子家庭で貧しい家の子が病気の母を支えている場合もあるといっていた。それにくらべたら、朱音の家は経済的には余裕がありそうだ。だからといって、そんなことを口にしても、朱音にはなんのなぐさめにもならない。

「日曜、ダメっていうの、わかったから。けど、おれには話せよ。もちろん、いいたくなかったら、いいけど。むかつくこととかでも、きくし」

すると、朱音は、すーっと息を吸うと、

「近所の人に、⑫いつもお手伝いしてえらいわね、っていわれると、チョーむかつく！」

と、大きな声でいった。悠人に、というより、空にむかって叫んだのだ、と悠人は思った。それでも、以前、悠人自身が、手伝いと口にしてしまったことがよみがえって、口の中が苦くなる。

気がつくと、時間がずいぶんたっていた。もっとこうしていたい、もっとふたりで歩いていたい。でも、それは不可能だ。自分だけでなく、朱音にとっても。

「もどろう。お母さんが、心配するといけないし」

「……うん」

そこから、※坂和ヒルズの前までは、ほとんど口を開かなかった。

時間がほしい」

朱音は、きゅっと唇をかむ。これだけたいへんな思いをしていても、朱音は母のことが大好きなのだ。悠人の胸が少しざわつく。自分は、⑦こんなふうに家族を思えるだろうか。

どういう言葉をかけたらいいかわからなくて、悠人はだまっていた。

「おばあさんの話では、脳の血管の病気は、再発がこわいんだって。だから、気をつけないといけない。けど、気持ちの方も波があって。だから……自分のことがね、あと回しになっちゃって。和花の面倒もみなくちゃいけないし……勉強とか、時間がなくて」

いつだったか、中間テストの結果がよくなかったと、友だちと話していたのを、悠人は思いだしていた。

「部活なんて、できるわけ、ねえか」

以前、自分が口にした不用意な言葉が悔やまれた。

「ほんとは、テニス、続けたかったけど、それどころじゃなくなって」

「　D　」

朱音は、小さく首を横にふった。

「わたしががんばるしかない。だって、逃げるわけにはいかないでしょ。けど……」

「けど？」

「お母さんのこと、元気づけないといけないと思うと、ときどき、つかれる。お母さんがなんでも悪い方に考えて、落ちこんでくときとか。ほんと、つらそうで、それ見てるの、つらい。でも、がんばれ、は禁句だし」

朱音は、ふーっと重いため息をついた。

「……だから、この時間が、息ぬきだったんだ」

「っていうか、何も考えたくないって思った。考えたら、なんのためにって思ったら、なんだかむなしくなりそうで……。ただ、頭を空っぽにしたいって。できないんだけど」

もしかしたら、朱音の息ぬきの時間をうばってしまったのではないだろうか。ほんとうはひとりになりたかったのでは？　はじめて見たときよりも、朱音の表情がいくぶん明るく感じられるといっても、それが、自分と話しているからだ、と思うほどうぬぼれは強くない。朱音は今も、気をつかっているのだ。他人である悠人に。ひとりでここですごしていたとき、朱音は、だれにも気がねすることなく、暗い顔でいられたのではないだろうか。と、そんなことを思いながらも、きけるはずもなく、悠人は、少し間をおいてから、べつのことをたずねた。

「学校の友だちは、今も、だれも知らないの？」

朱音は、こくんとうなずいた。

「やっぱ、いえない」

以前にも、朱音は、買いものをしているときとか、⑧会いたくないといっていた。その気持ちは、悠人にもわかる気がした。※渉も、祖母の車椅子を押しているときに、友だちとは会いたくなかったといっていた。

「⑨けど、おれには話してくれた」

「……学校が、ちがうから」

「だよな」

⑩でも、それだけか？　悠人は心の中で、そう問いかける。

「ほんとうは、一度だけ、話そうとした。前の学校の……友だち。でも、たいへんそうだけどがんばってね、っていわれて、なんか、伝わらないなって感じがして。そういうことは、お父さんが考えるべきだよ、っていう子もいた。そりゃあ、そうかもしれないけど、そういわれても……」

返事はなかった。そのまましばらく、ふたりはだまったまま夜の道を歩いた。曲がり角に来たタイミングで、ようやく朱音は口を開く。

「お母さん、去年の夏から、仕事再開したの」

「仕事？」

「そう。もともと、仕事をしたいとは思ってたらしいけど。マンションのローンも残ってたし。ただ、まだ※和花(のどか)……妹が小さかったから。高学年になったら、というつもりでいたんだけど、ちょうど知り合いの人から、働かないか、って声がかかったの。最初は、アルバイトだったんだけど、ゆくゆくは正社員になれるかもしれないって、けっこうはりきってた。でも……。去年の十二月に、会社でたおれた」

「たおれた？」

「……くも膜下(まっか)出血って知ってる？」

「きいたこと、ある。たしか、脳の血管の病気だよな」

少し前に、芸能人がその病気になったというニュースを見た覚えがあったのだ。朱音は小さくうなずいた。

「たおれたのが会社だったから、あとから考えればかえってよかったのかもしれない。すぐに救急車で運ばれたから。手当てがおくれると、死んじゃうこともある病気」

「……………」

「二か月半ぐらい、入院したかな。脳の病気って、後遺症(こういしょう)が残っちゃうんだよね。半身が麻痺(まひ)したり、あと、うまくしゃべれなくなっちゃったり、記憶(きおく)の障害があったり。たおれてからすぐに、田舎(いなか)からおばあさんが来てくれて、助けてくれた。でも、二月に、今度はおじいさんがたおれちゃって、おばあさん、田舎にもどらなくちゃいけなくなった。それで、わたし、坂和中に、④転校することにした」

「転校？」

※美里(みさと)から前にきいて知っていたことだが、あえてきく。

「東京の、私立に通ってたの。でも、通学に時間かかるでしょ。家のこともあるし、和花の面倒(めんどう)もみなきゃいけないから」

「　B　」

「リハビリは続けてたから。最初のうちは、すごくがんばってたの。でも、気持ちがね。情緒(じょうちょ)不安定っていうの？　調子がいいときは、家のことも少しはできるんだけど。麻痺が残っているし、人に会いたくないってこもってばかり。出かけるのは、病院に行くときだけ」

「それで、富沢(とみざわ)さんが、買い物を？」

朱音が小さくうなずく。

「今まで、ふつうにできてたことが、できないって、すごくもどかしいっていうか、いらいらするっていうか。わたしにはその気持ちがちゃんとわかるわけじゃないんだけど、なんかとてもつらいみたいで。見てるのも……」

「　C　」

「もとのようになってほしいから、リハビリ、がんばろうってはげまして。でも、おばあさんが田舎に帰ったころから、鬱病(うつびょう)っぽくなって、そんなときはもう、つらそうで……。寝(ね)てるしかないみたい。がんばれって、いえなくなっちゃったし。鬱病って、⑤はげましちゃいけないって、おばあさんからもいわれてて」

「そうなんだ」

「今は、買い物と和花の面倒をみるのは、私の仕事。食事の支度や、掃除(そうじ)や洗濯(せんたく)も。全部じゃないけど」

「たいへんだったんだな」

そう口にしながらも、⑥無意味な言葉でしかないと思った。

「でも、いちばんつらいのは、　X　なんだって思うから。　X　を助けたいから、家のことも、やるのはいいの。役に立ってると思うと、うれしい。元気にさえ、なってくれれば。ただ、……

か」とありますが、これは筆者のどのような理想を表現したものですか。その説明として、最も適当なものを次の中から選び、記号で答えなさい。

ア　子どもの正しい成長を促すためにも、小学生のうちにできるだけ知識を詰め込み、中学生になった後は好きなだけ遊んでもらいたい。

イ　小学校では成功体験から生まれる達成感を学んでもらい、中学校では失敗しても挑戦(ちょうせん)することの大切さを学んでもらいたい。

ウ　小学生のうちに、あえて一般的な常識から外れた行動をとらせておき、中学生になった際に自省する習慣を身につけてもらいたい。

エ　小学校の低学年のうちはのびのびと生活してもらい、中学校では学校の内外での活動を通して視野を広げていってもらいたい。

問九　本文には次の一文が抜けています。挿入(そうにゅう)先として、最も適当な場所を本文中の[Ⅰ]～[Ⅴ]から選び、番号で答えなさい。

◎　ということは、やはり一〇歳を超(こ)える小学校高学年くらいからは勉強もしたほうがいいという意味となる。

[三]　次の文章を読んで、後の問いに答えなさい。

公園を出たところで、悠人(ゆうと)は思いきって切りだしてみた。

「あのさあ、お父さんって、週末、帰ってくるんだよね」

「うん。すごくいそがしいときは、帰れないことも、あるけど」

「じゃあ、日曜とかなら、外、出られない？」

「外？」

「ほら、期末も近いし。図書館で、いっしょに勉強しないか？」

「……………」

「①もしも、もしもだけど、ちょっとわかんないとことかあったら、おれ、教えられるかも。受験勉強してるから、復習にもなるし」

朱音(あかね)はだまったまま空を見上げる。

「②〈冬の星座〉、という歌、知ってる？」

「えっ？」

朱音は、小さい声でうたった。

「きいたこと、あるかな」

「この歌の中に、〈ものみないこえる③しじまの中に〉という歌詞があって、小さいころ、ぜんぜん意味がわからなかった」

朱音が口にした言葉には、うたうというのとはちがうが、抑揚(よくよう)があって、悠人は一語一語の音のつらなりを、頭の中で「もの皆憩(みないこ)える」と変換(へんかん)する。

「たしかにむずかしいかも」

と、話の先が見えないまま、悠人は応じた。

「ほんとうに、夜がそうだったらいいのに」

反実仮想だ。現に、朱音自身が憩えるわけではない。悠人だって同じではないかと思いながらうなずく。

「……そうだな」

「日曜はね、家族といっしょにいたいから。できるだけ。せっかく家族がそろう時間だもの。それに、お母さん、お父さんがいると、ふだんより元気なの。元気で、声が明るいお母さん、見ていたい」

「……そっか」

「でも、ありがとう」

「[　Ａ　]」

「……………」

「ずっと、病気っていってたけど、どういう病気なの」

どのようなことですか。その内容を次のように説明したとき、(i)・(ii)の空らんに当てはまる言葉を【第5段落】から探し、抜き出して答えなさい。ただし、□一つを一字分とします。

◎ **年齢や(i)□□を積み重ねれば、大人と同じ視点や(ii)□□をもって生活できるようになるという安心感。**

問二 ――部②「鏡」とありますが、ここで使われている表現技法として、最も適当なものを次の中から選び、記号で答えなさい。

ア 直喩　**イ** 擬人法　**ウ** 隠喩　**エ** 倒置法

問三 【第3段落】には、文脈に合わない言葉が使われているところがあります。【手がかり】を参考にその言葉を抜き出し、正しい表現に直して答えなさい。

・**【手がかり】→その言葉は本来使われていた言葉と正反対の意味を持っています。**

問四 ――部③「過程」と同じ内容の言葉を【第3段落】より五字で探し、抜き出して答えなさい。

問五 [A]に入る表現として、最も適当なものを次の中から選び、記号で答えなさい。

ア のだから　**イ** うえに　**ウ** としても　**エ** どころか

問六 ――部④「『中学受験予定あり群』の一日の勉強時間は『なし群』のそれよりも[B]分長いが遊びの時間自体は約[C]分しか減っていない」とありますが、これについて以下の問いに答えなさい。

(1) [B]・[C]に入る数字の組み合わせとして、最も適当なものを次の中から選び、記号で答えなさい。

ア B…一二〇　C…二五　**イ** B…一〇　C…四〇
ウ B…一〇〇　C…一五　**エ** B…二〇　C…一〇〇

(2) これを説明したものとして、最も適当なものを次の中から選び、記号で答えなさい。

ア 受験勉強をすると、受験しない小学生よりも遊ぶ時間が大幅になくなってしまう。

イ 受験勉強をしている小学生のほうが時間を上手に使うため、遊ぶ時間も長くなる。

ウ 受験勉強をするしないにかかわらず、現代の小学生には遊ぶ時間がまったくない。

エ 受験勉強をしていても、していない小学生と同程度には遊びの時間を確保できる。

問七 ――部⑤「これをどうとらえるかである」とありますが、ここにおける筆者の主張を説明したものとして、最も適当なものを次の中から選び、記号で答えなさい。

ア 目標達成に向けて努力する経験を積ませると同時に、人間的な成長の糧となるゆとりある中学校生活を送れるよう、小学生であっても受験勉強に時間を割いてもよいと考えられる。

イ 小学生にとって、テレビやマンガなどのメディアと触れる時間は大切であり、それらを楽しむ余裕がなくなる可能性の高い受験勉強を強いることは、子どもの精神衛生上よくないと予想される。

ウ 受験に合格するといった成功体験は、これからを生きるうえで貴重なものとなるためなるべく早いうちに経験しておくべきであり、中学受験を積極的に促す考え方は最適なものといえる。

エ 「小学生が夜遅くまで勉強するなんておかしい」という意見を述べる人は、現在の小学生の生活リズムを把握できておらず、勝手な思い込みからそのような発言をしていると想像できる。

問八 ――部⑥「あばれはっちゃくにコペル君体験をさせてやれない

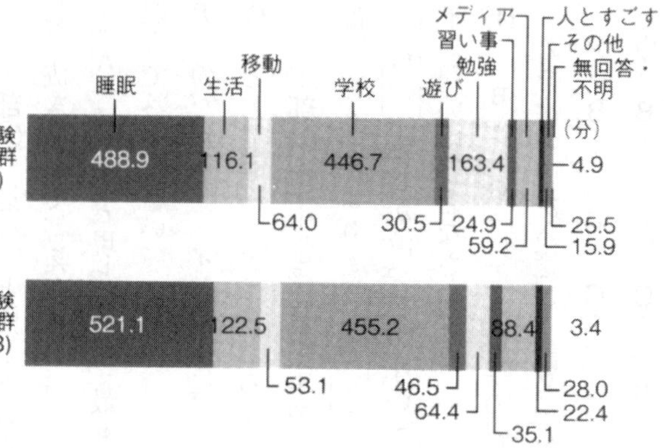

【第４段落】「小学生が夜遅(おそ)くまで勉強するなんておかしいという反論もあるだろう。では、実際、中学受験をするのとしないのとでは、生活リズムはどう変わるのか。

ベネッセ教育総合研究所「放課後の生活時間調査報告書」（二〇〇八年）の小学校五～六年生を対象にしたデータによれば、「中学受験予定あり群」でも一日八時間九分の睡眠(すいみん)時間を確保できている（図１）。

図１　小学校５～６年生の一日の時間配分

睡眠　生活　移動　学校　遊び　勉強　習い事　メディア　人とすごす・その他　無回答・不明　（分）

中学受験予定あり群（n=432）　488.9　116.1　64.0　446.7　30.5　163.4　24.9　59.2　25.5　15.9　4.9

中学受験予定なし群（n=1,688）　521.1　122.5　53.1　455.2　46.5　64.4　88.4　35.1　28.0　22.4　3.4

さらに、④「中学受験予定あり群」の一日の勉強時間は「なし群」のそれよりも［B］分長いが遊びの時間自体は約［C］分しか減っていない。そもそも現代の小学生の放課後は短いのだ。［Ⅳ］

五時の鐘(かね)が鳴り、帰宅し、夕食をとったあとはテレビ、パソコン、マンガ、本、音楽などのメディアの時間となる。「中学受験予定なし群」ではここが一日約九〇分もある。

⑤これをどうとらえるかである。

【第５段落】日がとっぷりと暮れるまで友達と野山を駆(か)けまわって遊べる環境(かんきょう)にいるのなら、それはそれで魅力的(みりょく)だが、それができない環境で、結局ゲームしたり、スマホを見たりして時間を潰すことになるのなら、目標に向かって努力する中学受験という経験に、その時間を当ててもいいのではないか。そして中学二～三年生で、高校受験を気にせずに、部活に打ち込んだり、友達と遠出をしたりしたほうが、人間的な成長の糧(かて)になる経験が多く得られるかもしれない。［Ⅴ］

実際ある中学受験生は「いま友達と遊ぶとしても五時の鐘が鳴るまで近所の公園で遊ぶかゲームをするか。でも中学三年生にもなれば、しかも私立の学校で友達をつくれば、電車に乗っていろいろなところに遊びに行けるし、友達同士でできることも増えるはず。できることが全然違(ちが)う。だったらいま我慢(がまん)したほうがいい」と言っていた。一理も二理もある。

「小学生のうちは日が暮れるまで外で友達と遊んでいるのがいい」と言われると、かつてのテレビドラマの「あばれはっちゃく」を思い出す。半面、中学生になったらもっとたくさん無為(むい)な時間を過ごさなければいけないのも、忘れてはいけない真実である。要するに、「あばれはっちゃく体験」をとるか「※コペル君体験」をとるかという問題だ。

おそらく明確な正解はなく、判断基準はあくまでも個人の価値観と言うことになる。私の理想は「⑥あばれはっちゃくにコペル君体験をさせてやれないか」である。

（おおたとしまさ『なぜ中学受験するのか？』）

※注　・先述の通り…現代の中学生は、高校受験の際に有利となるよう、無意識的に優等生を目指してしまうと説明されている。

・コペル君…吉野源三郎(よしのげんざぶろう)の小説『君たちはどう生きるか』に登場する十五歳の少年。コペル君は生きていくうえで遭遇(そうぐう)する問題とどのように向き合っていくべきかを考える。そして、色々な人から意見を聞き、多くの場所で学びながら自分らしさを模索(もさく)していく。

問一　――部①「未来の自分に対する信頼感」とありますが、これは

ウ　鶴の一声　　エ　泣きっ面に蜂

二　次の文章を読んで、後の問いに答えなさい。

【第１段落】　高校三年生と中学一年生では、体格的にも精神的にも、文字通り大人と子どもほどの違いがある。入学したばかりの中学一年生からしてみれば、高校二年生や三年生は先生よりもおっかない。

Ⅰ

しかし同時に不思議に思う。中学二年生や三年生の先輩がさかんに先生たちに楯突いたりだらけたりしているのに、もっと体格がよくて弁も立つであろう高校生たちが、むしろ先生たちと穏やかに、まるで大人同士のような関係を築いているのはなぜか。

そこではたと気づく。これが成長なんだと。自分たちもいずれこうなるのだと。

その①未来の自分に対する信頼感のもとで、やはり自分たちも中学二年生や三年生の時分にはいきがって、先生たちに反抗的態度を示してみたりする。先生たちもいずれは落ち着くことを知っていて、受けて立つ。まるで掌の上で転がすように。

【第２段落】　ある中高一貫校の教員は「ちょっと不安定になる時期があっても数年後には落ち着いているに違いないという見通しがあるからこちらもおおらかに構えていられるし、実際に立派な青年になって巣立っていくのを見て頼もしく思える。でももし一五歳でお別れだったら、その先がどうなるのか心配でしょうがないし、だからこそ中学生のうちにあれこれ小言を言ってしまうだろうと思う」と語る。

Ⅱ

一般的な中学校だと、いきがっている盛りの中学三年生の姿までしか見られない。いきがっている中学三年生がいてくれるならまだましかもしれない。

※先述の通り、多くの中学生は、むしろ高校受験のために〝いい子〟を演じなければいけないプレッシャーの下にいる。中高一貫校で見られるような成長の起伏が表れにくい。

【第３段落】　他者という②鏡を利用できずに自分の成長を実感することは非常に困難だ。

その点、中高一貫校では、思春期ゆえの葛藤を高校受験に邪魔されず、しかもそれを乗り越えて行くまでの成長の③過程をお互いにつぶさに見ることができる。同じ釜の飯を食った［　A　］、同じ胎内で育まれたといってもいいほどの一体感が生まれる。

中高一貫校の卒業生は一般的な中学校や高校の卒業生よりもつながりが弱いとよくいわれるが、それは単に六年間という時間の長さによるのではない。思春期における葛藤と成長のストーリー全体をお互いによく知っていることによる部分が大きいだろうと私は思う。

いくら反抗期に重なる時期に高校受験をさせるのが子どもの発達に合っていないとはいっても、小学生に過酷な勉強をさせるほうがもっと子どもの発達を無視しているのではないかという反論があるだろう。

ただし「子どものころは外で思い切り遊んだほうがいい」という教育関係者に「子どものころとは具体的に何歳くらいまでのことか」と尋ねると、概ね小学校低学年くらいまでという答えが返ってくる。

Ⅲ

脳科学者の林成之氏は著書『子どもの才能は3歳、7歳、10歳で決まる！』(幻冬舎新書)で、三歳までの時期に知識の詰め込みや難易度の高い問題を解かせることはデメリットのほうが大きいなど、教育熱心な親が子どもに勉強させすぎることには慎重な姿勢を見せる一方で、「10歳以降は、脳はほとんど大人と同じになりますから、ガンガン勉強させてかまいません」と太鼓判を押している。

ちょうど中学校受験が始まる時期と一致する。

2023年度

浦和実業学園中学校

【国　語】〈第一回午後入試〉（五〇分）〈満点：一〇〇点〉

【注意】字数制限のある問題の場合は、句読点や符号、促音「っ」・拗音「ゃ」「ゅ」「ょ」なども一字分として字数に含めます。

一　次の各問いに答えなさい。

問一　――部のカタカナを漢字に直しなさい。

(1) 塾で授業をシンケンに受ける。
(2) 今後の動向にサイシンの注意をはらう。
(3) 来年こそは家族そろっておハカマイりをしたい。
(4) ケビョウで学校を休むのはよくない。
(5) ついにオモニから解放されるときがきた。

問二　――部の漢字の読みをひらがなで答えなさい。

(1) 寝坊する癖は直ちになおさなければならない。
(2) 友人と過ごした日々は思い出の宝庫だ。
(3) 卒業式が厳かにとり行われた。
(4) 公園には紅白の桜が見える。
(5) 屋上から見る夕映えは美しい。

問三　次の□に当てはまる四字熟語として、最も適当なものを後の【語群】よりそれぞれ選び、記号で答えなさい。

(1) 趣味と実益を兼ねた□の仕事を生業とする。
(2) □な男だから、すぐには決断できないだろう。
(3) 考え方はひとそれぞれであるため、□な意見が出るのは当たり前だ。
(4) 目標を変えることなく□して、見事達成した。
(5) クラス全員で□して、卒業後も活躍できるよう努める。

【語群】
ア　切磋琢磨　　イ　一石二鳥　　ウ　初志貫徹
エ　優柔不断　　オ　千差万別

問四　次の慣用句やことわざについて、後の問いに答えなさい。

A　□も歩けば棒に当たる
B　天高く□肥ゆる秋
C　□の手も借りたい
D　□に真珠
E　前門の□後門の□
F　□は千年、□は万年

(1) A～Fの□に入る語を考え、どれにも使用されないものを次の中から二つ選び、記号で答えなさい。

ア　虎　　イ　牛　　ウ　猫　　エ　鶴　　オ　犬
カ　狼　　キ　猿　　ク　亀　　ケ　馬　　コ　豚

(2) A、D、Eと同様の意味を持つ慣用句やことわざとして、最も適当なものを下の中からそれぞれ選び、記号で答えなさい。

A　ア　水を得た魚
　　イ　やぶをつついて蛇を出す
　　ウ　捕らぬ狸の皮算用
　　エ　犬猿の仲
D　ア　馬の耳に念仏
　　イ　猿も木から落ちる
　　ウ　蜘蛛の子を散らす
　　エ　二兎を追う者は一兎をも得ず
E　ア　生き馬の目を抜く　　イ　鬼に金棒

2023年度

浦和実業学園中学校　▶解　答

※　編集上の都合により，第１回午後入試の解説は省略させていただきました。

算　数　＜第１回午後入試＞（50分）＜満点：100点＞

解　答

1 (1) 300　(2) 12　(3) 129　(4) 107　(5) 0.4　(6) 23.625　2 (1) 42km　(2) 99分　(3) 150g　(4) 58羽　(5) 5枚　(6) 8日　3 (1) 右のグラフ　(2) 11.2cm²　(3) 2秒後と10.5秒後　4 (1) 10個　(2) 6660　(3) 13320　5 (1) 225度　(2) 40.5cm²　6 (1) 台形　(2) 63cm³　(3) 8cm²　(4) $5\frac{13}{27}$cm

(cm²)
15
10
5
0　5　10　15(秒)

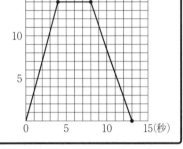

国　語　＜第１回午後入試＞（50分）＜満点：100点＞

解　答

一 **問１** 下記を参照のこと。　**問２** (1) ただ(ちに)　(2) ほうこ　(3) おごそ(か)　(4) こうはく　(5) ば(え)　**問３** (1) イ　(2) エ　(3) オ　(4) ウ　(5) ア　**問４** (1) イ，キ　(2) **A** イ　**D** ア　**E** エ　二 **問１** (i) 経験　(ii) 価値観　**問２** ウ　**問３** 弱い→強い　**問４** ストーリー　**問５** エ　**問６** (1) ウ　(2) エ　**問７** ア　**問８** エ　**問９** Ⅲ　三 **問１** イ　**問２** イ　**問３** エ　**問４** **A** エ　**B** イ　**C** ア　**D** ウ　**問５** **ア** B　**イ** A　**ウ** B　**エ** A　**問６** (i) 病気　(ii) 気持ち　**問７** ア　**問８** イ　**問９** あと回し　**問10** イ　**問11** ア　**問12** (例) 一般的な中学生と同様の生活を送りたいが，家庭の特殊な事情によりそれを叶えられない状況にある自分の境遇をなげき，その辛さをごまかし気持ちを軽くするための笑い方。　**問13** (例) 朱音にとって家事はお手伝いではなく，仕事そのものであるとわかってくれないことが腹立たしかったから。　**問14** 年相応

●漢字の書き取り

一 **問１** (1) 真剣　(2) 細心　(3) 墓参　(4) 仮病　(5) 重荷

Dr.福井の

入試に勝つ! 脳とからだのウルトラ科学

歩いて勉強した方がいい？

みんなは座って勉強しているよね。だけど，暗記するときには歩きながら覚えるといいんだ。なぜかというと，歩いているときのほうが座っているときに比べて，心臓が速く動いて（脈はくが上がって）脳への血のめぐりがよくなるし，歩いている感覚が背骨の中を通って脳をつつくので，頭が働きやすくなるからだ（ちなみに，運動による記憶力アップについては，京都大学の久保田名誉教授の研究が有名）。

具体的なやり方は，以下のとおり。まず，机の上にテキストを広げ，1ページぐらいをざっと読む。そして，部屋の中をゆっくり歩き回りながら，さっき読んだ内容を思い出す。重要な語句は，声に出して言ってみよう。その後，机にもどってテキストをもう一度読み直し，大切な部分を覚え忘れてないかをチェック。もし忘れている部分があったら，また部屋の中を歩き回りながら覚え直す。こうしてひと通り覚えることができたら，次のページへ進む。あとはそのくり返しだ。

さらに，この“歩き回り勉強法”にひとくふう加えてみよう。それは，なかなか覚えられないことがら（地名・人名・漢字など）をメモ用紙に書いてかべに貼っておくこと。ドンドン貼っていくと，やがて部屋中がメモでいっぱいになるハズ。これらはキミの弱点集というわけだが，これを歩き回りながら覚えていくようにしてみよう！　このくふうは，ふだんのときにも自然と目に入ってくるので，知らず知らずのうちに覚えることができてしまうという利点もある。

歴史の略年表や算数の公式などを大きな紙に書いて貼っておくのも有効だ。

Dr.福井（福井一成（ふくいかずしげ））…医学博士。開成中・高から東大・文Ⅱに入学後，再受験して翌年東大・理Ⅲに合格。同大医学部卒。さまざまな勉強法や脳科学に関する著書多数。

2023年度 浦和実業学園中学校

＊【適性検査Ⅰ】は国語ですので、最後に掲載してあります。

【適性検査Ⅱ】〈第１回適性検査型入試〉（50分）〈満点：100点〉

1 みのるはA地点，B地点，C地点の３つのタクシー乗り場の間を移動することを考えました。そこでインターネットで調べると，A地点から乗るP社のタクシーとB地点から乗るQ社のタクシーでは，それぞれ値段が異なることが分かりました。

下の表はそれぞれの会社のタクシー料金をまとめたものです。

・P社のタクシー料金表

	区間	料金
初乗り料金	2 km まで	700 円で固定
加算料金	600 m 走るごと	110 円が加算

・Q社のタクシー料金表

	区間	料金
初乗り料金	1 km まで	500 円で固定
加算料金	800 m 走るごと	100 円が加算

これらの表を見ながらみのるとかずみが話しています。また，それぞれのタクシー乗り場の移動は，すべて同じ道を進んだものとします。

次の会話文を読み，後の問いに答えなさい。

かずみ：タクシーに乗っても自分で払(はら)ったこと無いから分からないよ。

みのる：簡単だよ！どちらのタクシー会社も最初は「初乗り料金」といって固定料金なんだ。「初乗り料金」の区間を超(こ)えると，１区間走るごとに「加算料金」が「初乗り料金」に足されていくんだ。

かずみ：うーん，想像つかないよ。

みのる：例えばA地点でP社のタクシーに乗って，6 km 移動したとするよ。まず最初の 2 km は「初乗り料金」の 700 円がかかる。2 km を超えると 2.6 km までは 810 円，2.6 km を超える

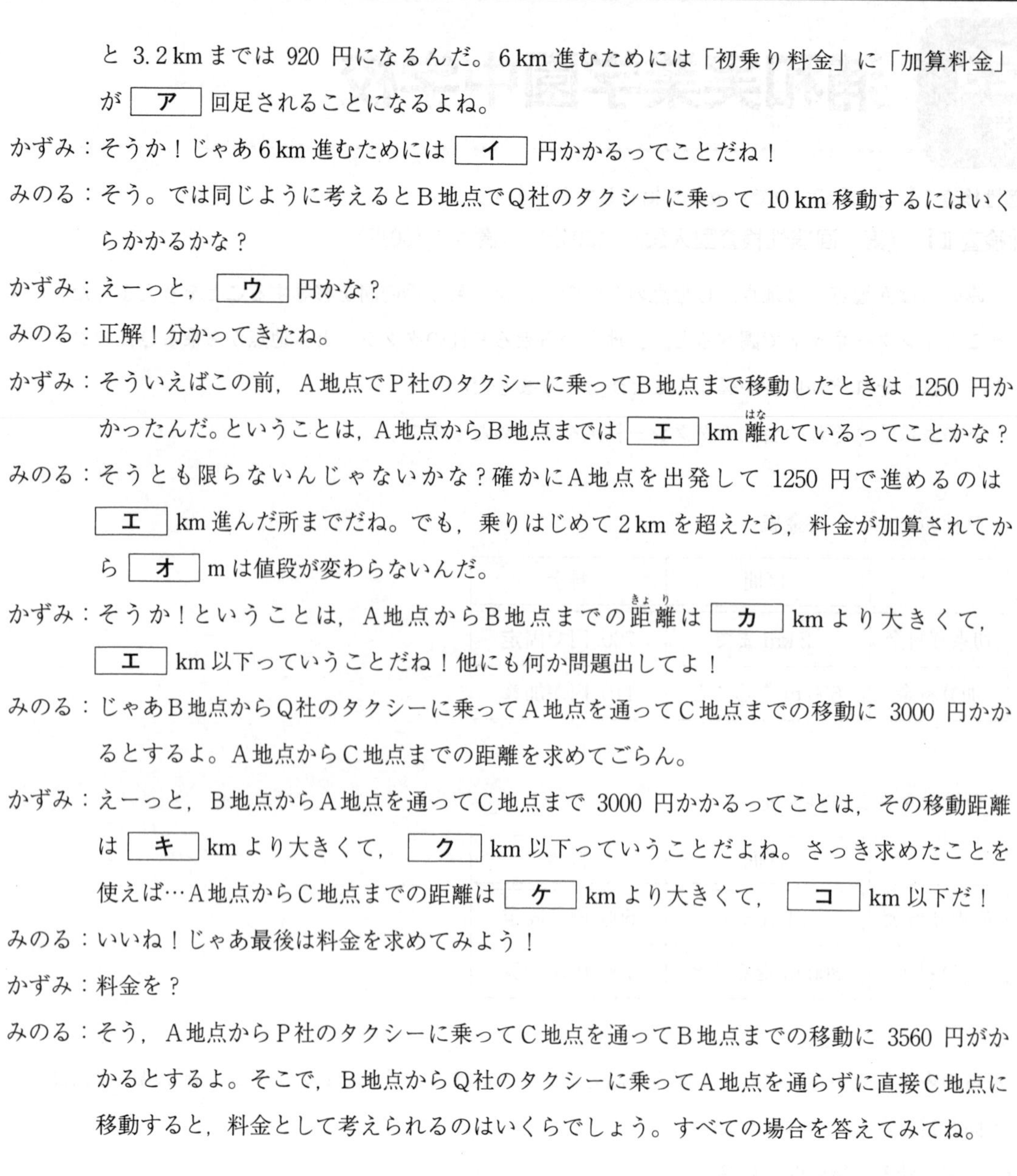

と 3.2 kmまでは 920 円になるんだ。6 km 進むためには「初乗り料金」に「加算料金」が［ア］回足されることになるよね。

かずみ：そうか！じゃあ 6 km 進むためには［イ］円かかるってことだね！

みのる：そう。では同じように考えるとＢ地点でＱ社のタクシーに乗って 10 km 移動するにはいくらかかるかな？

かずみ：えーっと，［ウ］円かな？

みのる：正解！分かってきたね。

かずみ：そういえばこの前，Ａ地点でＰ社のタクシーに乗ってＢ地点まで移動したときは 1250 円かかったんだ。ということは，Ａ地点からＢ地点までは［エ］km 離れているってことかな？

みのる：そうとも限らないんじゃないかな？確かにＡ地点を出発して 1250 円で進めるのは［エ］km 進んだ所までだね。でも，乗りはじめて 2 km を超えたら，料金が加算されてから［オ］m は値段が変わらないんだ。

かずみ：そうか！ということは，Ａ地点からＢ地点までの距離は［カ］km より大きくて，［エ］km 以下っていうことだね！他にも何か問題出してよ！

みのる：じゃあＢ地点からＱ社のタクシーに乗ってＡ地点を通ってＣ地点までの移動に 3000 円かかるとするよ。Ａ地点からＣ地点までの距離を求めてごらん。

かずみ：えーっと，Ｂ地点からＡ地点を通ってＣ地点まで 3000 円かかるってことは，その移動距離は［キ］km より大きくて，［ク］km 以下っていうことだよね。さっき求めたことを使えば…Ａ地点からＣ地点までの距離は［ケ］km より大きくて，［コ］km 以下だ！

みのる：いいね！じゃあ最後は料金を求めてみよう！

かずみ：料金を？

みのる：そう，Ａ地点からＰ社のタクシーに乗ってＣ地点を通ってＢ地点までの移動に 3560 円がかかるとするよ。そこで，Ｂ地点からＱ社のタクシーに乗ってＡ地点を通らずに直接Ｃ地点に移動すると，料金として考えられるのはいくらでしょう。すべての場合を答えてみてね。

問１　［ア］～［コ］に当てはまる数を答えなさい。

問２　みのるの最後の質問に対する答えとして，正しいものを答えなさい。また，その理由を説明しなさい。

2　次の会話文を読み，後の問いに答えなさい。

先生　：昨日ごみを回収所まで出しに行ったら，ほとんどが分別されておらず，残念な気持ちになりました。

みのる：分別されていれば，リサイクルなどの有効活用ができるのに…。でも実際にどのくらいリサイクルされているかは分からないのですけどね…。

先生　：では実際に①ごみがどのように処理され，どのくらいリサイクルされているかを見てみましょうか。**資料１**を見てください。これは各国と日本のごみ処理とリサイクルの割合を示しています。

資料１　世界各国の廃棄物（はいきぶつ）処理とリサイクルの割合

国＼項目	リサイクル	焼却（しょうきゃく）（エネルギー回収）	単純焼却（たんじゅんしょうきゃく）	埋め立て（うめたて）
ドイツ	65%	22%	13%	0％
スイス	51%	49%	0％	0％
イギリス	43%	21%	0％	34%
アメリカ	35%	12%	0％	54%
カナダ	24%	0％	4％	72%
韓国	59%	24%	1％	16%
日本	19%	71%	6％	1％

※四捨五入により合計が100%にならないものもある
※エネルギー回収…発電など再利用すること
（「OECD　2013」より作成）

みのる：日本の焼却（しょうきゃく）（エネルギー回収）における割合は70%以上もあります。日本は資源を有効活用しているのですね。

先生　：はい，確かにそうですね。日本では約1100もの焼却炉（しょうきゃくろ）が絶（た）え間なく動いていることで，焼却による発電をしたり，多くのごみを一気に処理したりしています。しかし有効活用の反面，②短所もあります。

みのる：それを聞くと，ごみを燃やすのを控（ひか）えたくなりますね。

先生　：そうですね。そういえば，資源の有効活用の反面で生じる問題がもう１つありました。プラスチックごみ問題です。プラスチックは私たちの生活に欠かせないものなので，③プラスチックごみの発生する量は非常に多いですよね。

みのる：確かに，言われてみるとプラスチックごみは常にたくさんでてきます。ペットボトルとか食品トレーとか発泡（はっぽう）スチロールとか！これらは上手く有効活用できていないのですか？

先生　：はい，例えば④日本はプラスチックごみの一部を海外に輸出しています。資源不足の国に輸出しているという点では有効活用ですが，すべてが資源として使えるかというとそうではありません。使えないものは単純にプラスチックごみとなってしまう点を考えると，改善していく必要があります。

みのる：なるほど，他国がごみ処理場になってしまうわけですか。ごみ問題ってまだまだ解決されていないことが多いのですね。

先生　：そうだ！せっかくなので，ごみ問題についての知識を深めるために，明日ごみ問題について調べる宿題を出します！

～数日後～

先生　：みのるさん，宿題は進んでいますか？

みのる：はい！私はＳＤＧｓ注1の14番目の目標である，“海の豊かさを守ろう”について，先日先生が話していたプラスチックごみと関連させて調べています。世界中の海には約３億5000万トンのプラスチックごみがあると言われていて，カメや海鳥，クジラなどの海の生き物たちがプラスチックごみをエサと間違えて食べてしまって命を落としています。

先生　：それは非常にかわいそうですね。

みのる：さらに小魚や貝なども細かく砕(くだ)かれたマイクロプラスチックを食べてしまっていて，その魚介類(ぎょかいるい)が食卓に並べられ，私たちが食べているのも現実のようです。いずれは人間もプラスチックの摂取(せっしゅ)により，何らかの病気にかかってしまうことが心配されています。この問題をどうにか解決したいです。

先生　：みのるさんのように考えてくれる人たちが増えると，海の環(かん)境も改善されそうです。

注１…ＳＤＧｓ（エスディージーズ）：国連の加盟国が決めた持続可能でよりよい世界を目指す17個の目標。

問１　下線部①に関して，**資料１**から分かることとして適切でないものを**ア**～**エ**から１つ選び，記号で答えなさい。

ア　日本はリサイクルの占める割合が他国と比べて低い。

イ　アメリカとカナダは廃棄物(はいきぶつ)処理を埋(う)め立てに大きく依存(いぞん)している。

ウ　韓国のリサイクルが占める割合は５割を超えている。

エ　ヨーロッパの国々は埋め立てを実施(し)していない。

問２　下線部②に関して，あなたの考える短所を１つ答えなさい。

問３　下線部③に関して，下の写真に写っているのはお菓子の入っているプラスチック製品です。プラスチックごみの発生を減らす観点から，あなたならどのような工夫を商品に加えて再開発するか，工夫する点を２つ考えて答えなさい。

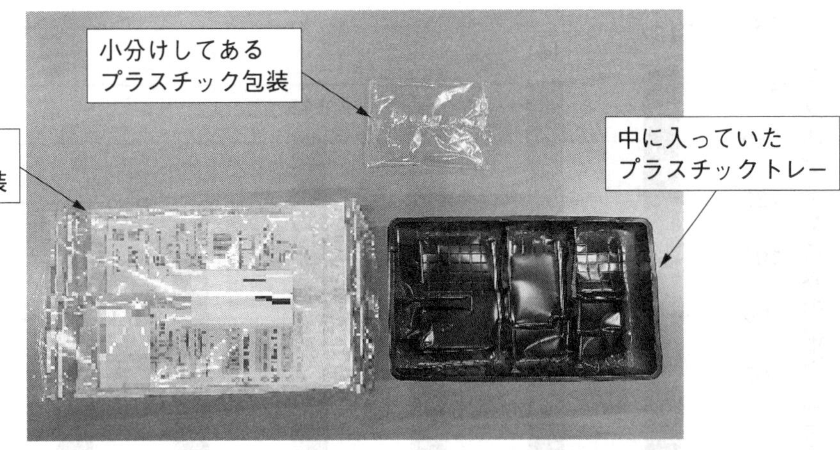

（一部画像を加工してあります）

問４　下線部④に関して，**資料２**と**資料３**から分かる2017年から2018年にかけてのプラスチックごみ輸出量の変化の特徴を答えなさい。また，変化の原因として推測されることを答えなさい。

資料２　日本のプラスチックごみの輸出量

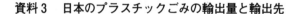

プラスチックごみの輸出量（万トン）

年	2014	2015	2016	2017	2018	2019	2020
輸出量（万トン）	167	161	153	143	101	90	82

（一般社団法人　産業環境管理協会『リサイクルデータブック2022』より作成）

資料３　日本のプラスチックごみの輸出量と輸出先

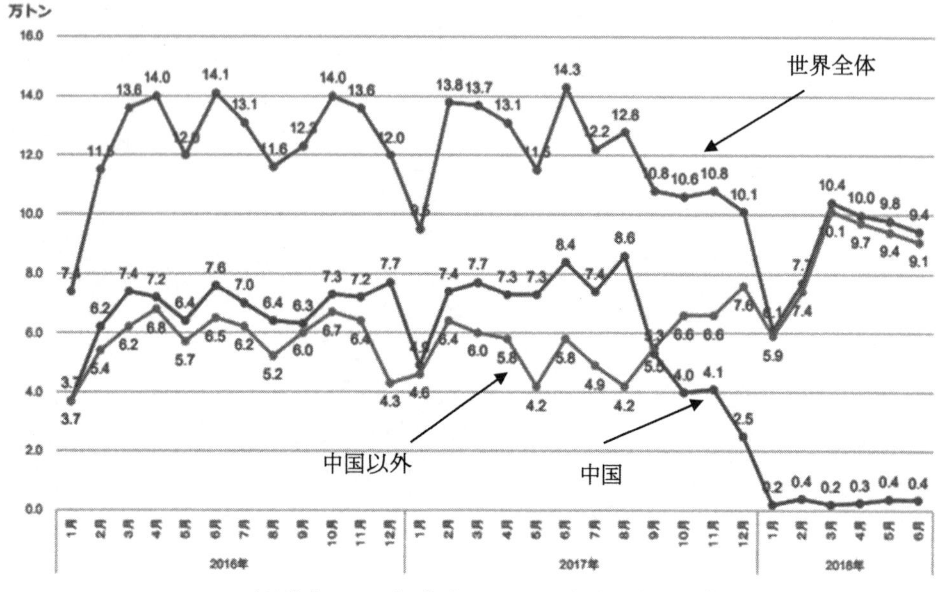

（環境省　2018年「プラスチックを取り巻く国内外の状況」より引用）

問5　あなたはみのると“プラスチックごみが海洋環境と生態系に及ぼす影響”について，まとめる係になりました。みのると先生の会話文や，みのるのメモ（**資料4**）と**資料5**を参考にして，“プラスチックごみが海洋環境と生態系に及ぼす影響”について以下の指定語句を必ず用いて，文章でまとめなさい。

指定語句：[　マイクロプラスチック　　長期間　　人間　]

資料4　みのるのメモ

①　処理されなかったプラスチックごみのゆくえ

未処理のプラスチックごみは雨で流されたり，動物によって運ばれたりして，川に行き着くものが多い。その後，河川敷や海岸に漂着するものもあるが，多くは海へ流れ出る。

②　マイクロプラスチックとは

マイクロプラスチックとは，紫外線などの様々な理由によって細かく砕けた，直径5ミリメートル以下のプラスチックのことを指す。

（参考『ポプラディア』14巻より）

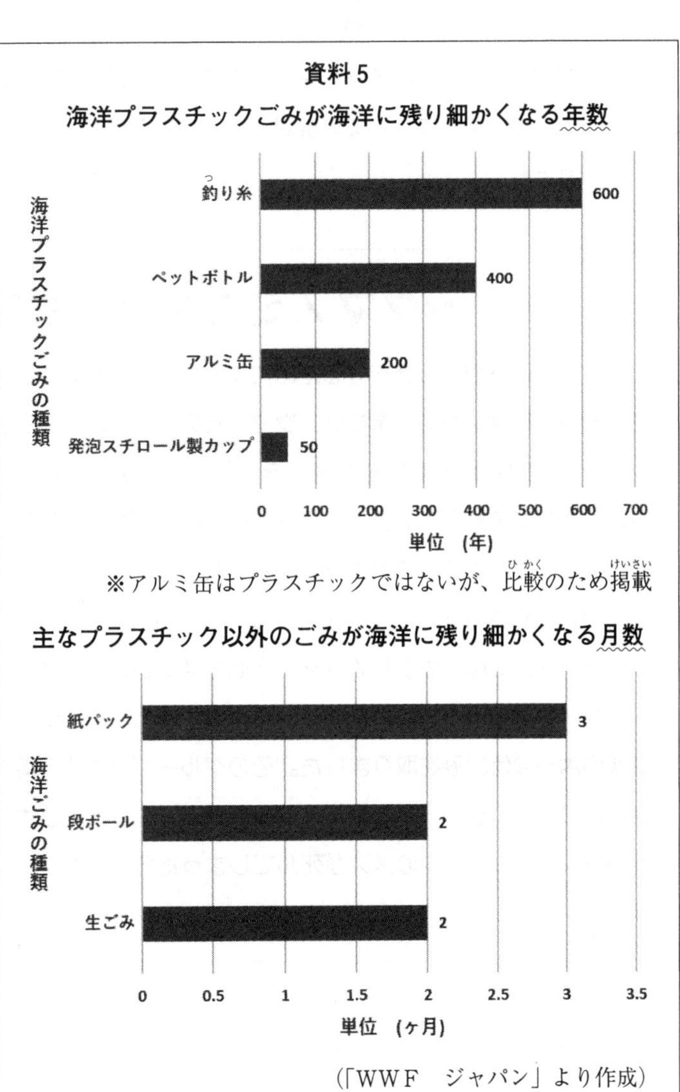

3　次の会話文とレポートを読み，後の問いに答えなさい。

みのる　：水族館にはたくさんの生き物がいるね。

お父さん：みのるは水族館の生き物で好きな生き物は何かな。

みのる　：僕はクマノミと，イルカが好きだよ。クマノミは映画のキャラクターになっているしね。イルカのショー楽しみなんだ。

お父さん：ほら，ここにクマノミがいるね。

みのる　：本当だ。クマノミはイソギンチャクの中で生活しているんだね。

お父さん：ここにクマノミについての解説がのっているよ。

みのる　：どれどれ。

～クマノミの生活と生態～

クマノミは外敵から身を守るためにイソギンチャクの中で生活をしています。イソギンチャクには毒がありますが，クマノミの体は粘液（ねんえき）でおおわれているので，イソギンチャクの触手（しょくしゅ）に触（ふ）れても解毒（げどく）できる仕組みになっています。一方のイソギンチャクは，クマノミが食べた餌（えさ）の残りを食べることができ，こうしてたがいに利益を得ながら生活しています。このような関係を共生といいます。共生とは，異なる種の生物がたがいの利益のために共に生活することをいいます。

またクマノミは，生まれてきたときはオスでもメスでもありません。クマノミはイソギンチャクのまわりに数ひきのグループで暮らしています。クマノミは進化の過程で次のような仕組みを取りました。そのグループの中で１番大きいクマノミだけがメスになり，そのグループの中で２番目に大きいクマノミがオスとなります。そして，万が一，グループの中のメスが死んでしまったら，２番目に大きかったクマノミがメスになります。

みのる　：へぇ～。クマノミはイソギンチャクと仲良しなだけではなく，おたがい支えあって生活しているんだね。

お父さん：自然界にはクマノミとイソギンチャクのように，おたがい支えあって生活している生き物がいるんだよ。たとえば［　A　］と［　B　］のようにね。

みのる　：そうなんだ。あと，クマノミが生まれたときに性別がないっていうのは初めて知った。

お父さん：生き物の不思議だね。

みのる　：次の水槽（すいそう）はなんだろう。わぁ！とても大きな水槽だ。あそこにたくさんの魚が群れているね。あれは何かな。

お父さん：あれはイワシだよ。

みのる　：なんでイワシは群れで生活しているのかな。エサを食べるときに他の仲間にそのエサを食べられちゃいそうなのに…。

お父さん：なんでだろうね。群れについて帰ってからインターネットで調べてみようか。

みのる　：そうしよう。

お父さん：最後はみのるが一番楽しみにしていたイルカショーだね。

みのる　：うん。

～イルカショー後～

みのる　：イルカショーすごかった。イルカは色々な種類がいたね。バンドウイルカ，シロイルカ，カマイルカ…。でこぼこのかべに映像が映し出されたものもキレイだった。

お父さん：［　C　］だね。東京駅舎にも映し出されていたよ。

みのる　：ニュースで見たけど東京駅のもすごかった。そういえば，シロイルカって，ショーに出た他のイルカと少し体形がちがって，口の形がシロイルカだけがとがっていなかった。シロイルカはイルカの仲間なんだよね？

お父さん：名前はイルカとついているけど，シロイルカはどのように分類されているんだろう。これも家に帰って調べてみたらいいんじゃないかな。

みのる　：そうだね。

レポート１

テーマ

なぜイワシは群れで行動するのか。

調べたこと

群れとは…統一的な行動をとる集団である。

群れでいることには，メリットとデメリットがある。

メリット

○狩りなど食料の捕食が効率的になる。

例　ライオンが連けいをとって１対１ではかなわない，より大きな獲物を狩る。

○繁殖が効率的になる。

例　どこにいるか分からない異性を探しに行かなくてすむ。

○エネルギーの節約ができる。

例　魚が泳ぐときに周囲に流れができエネルギーを節約できる。

○外敵からの防衛に役立つ。

例　敵への警戒の目が増え，敵の発見が早くなる。

特定の個体が標的になりにくくなり，捕食者の目をまどわせる。

デメリット

○食料や異性をめぐって争いが起こる。

○伝染病が広がりやすくなる可能性がある。

まとめ

群れにはメリットとデメリットのバランスをとった最適な大きさがある。

イワシは群れをつくることで，外敵から身を守ることや，泳ぐときのエネルギーを節約することができる。これらのことから，食料を争うデメリットよりもメリットが大きいため，群れをつくっているのではないかと考えられる。

レポート２

テーマ

シロイルカとイルカは同じイルカなのに体形がちがうのはなぜか。

調べたこと

○分類学上イルカという系統は存在しない。イルカとクジラは同じ仲間で，その中の比較的小型のものをイルカと呼ぶことが多い。

○ＤＮＡが知られていなかったときは外見や活動スタイルによって分けられていた。イルカやクジラは海にすむ生物という理由で，魚類に分類されていたこともある。

○現在はＤＮＡによって生物の分類が行われている。生物同士のＤＮＡを比べて，ＤＮＡを構成する物質の並び方の相違数（いくつかのものを比べて，同一でない部分の数）で分類されるようになっている。下の図をＤＮＡの物質の並び方の相違数からつくられた系統樹という。例えば，イッカク科とネズミイルカ科の相違数は小さく，イッカク科とゴンドウクジラ亜科は大きい。インドカワイルカ科はさらに相違数が大きくなっている。

○バンドウイルカ・カマイルカ・シャチ・ゴンドウクジラがマイルカ科に属していて，ネズミイルカ・スナメリがネズミイルカ科に，シロイルカはイッカク科に属する。

○シロイルカという名は和名で，海外では５メートルをこえるのでクジラに区別されることが多い。

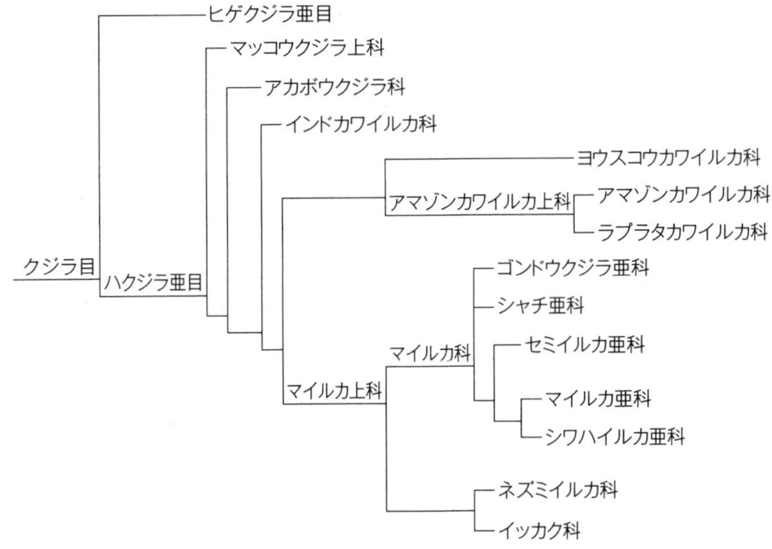

※生物の分類は大きい順に界→門→綱→目→科→属→種となる。
場合によっては科の下に亜科や，目の下に亜目などが入る場合がある。

まとめ

シロイルカは，イルカと名前がついているが，クジラの仲間でもある。イルカと名前がついているもの同士でも，同じ種であるとは限らないため体形が異なっていると分かった。

問１　会話文中の［　A　］・［　B　］に入る生き物を下から１つずつ選んで記号で答えなさい。

ア　アリ　　**イ**　テントウムシ　　**ウ**　アブラムシ

エ　カマキリ　　**オ**　アゲハチョウ

問２　クマノミのようなオスの役割とメスの役割を果たすことができる魚を雌雄(しゆう)同体魚と呼びます。カタツムリはクマノミとは少し仕組みが異なりますが，産まれたときからオス・メス両方の生殖器(せいしょくき)を持つ雌雄同体です。なぜカタツムリが雌雄同体というつくりをとっているのでしょうか。カタツムリの特性をふまえながら書きなさい。

問３　**レポート１**より，次のようなことが起こった場合，(　　)内の動物の群れの大きさはどのように変化すると考えられますか。理由を含(ふく)めて答えなさい。ただし，はじめの群れの大きさは最適な大きさだったものとします。

(１)　自然界で外敵が増えた。(イワシ)

(２)　自然界で獲物が少なくなった。(ライオン)

問４　会話文中の［　C　］に入る語をカタカナ13字で答えなさい。

問５　下の生物の中でシロイルカと最もＤＮＡが似ている種はどれか。下から１つ選んで記号で答えなさい。

ア　バンドウイルカ　　**イ**　スナメリ　　**ウ**　シャチ　　**エ**　カマイルカ

問６　**レポート２**の下線部より，次の生物ａ～ｅのＤＮＡを構成する物質の相違数を調べたら，下の表のようになった。最も適する系統樹を下から１つ選んで記号で答えなさい。

	生物ａ	生物ｂ	生物ｃ	生物ｄ	生物ｅ
生物ａ		15	25	15	3
生物ｂ	15		25	4	15
生物ｃ	25	25		25	25
生物ｄ	15	4	25		15
生物ｅ	3	15	25	15	

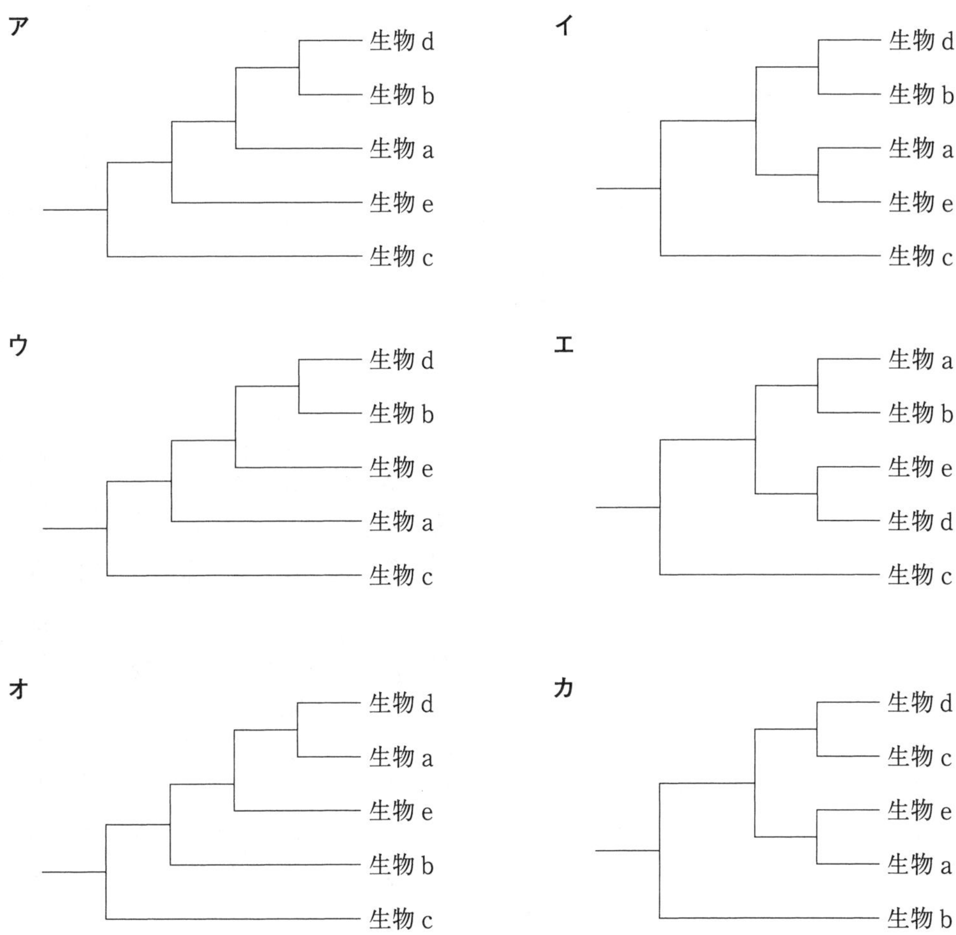

三　「私が怒っていること」というテーマで**三五〇字以上四〇〇字以内**のエッセイを書きなさい。ただし、エッセイの中で「たとえ」を**二つ**使い、その部分の横に波線（〜）を付けなさい。なお、後の〔きまり〕に従うこと。

【エッセイ（随筆）とは】
○書き手の思ったこと、感じたこと、考えたことを自由に書き記した文章です。
○書き手の体験や知識などとそれに対する思いつきや考えたことで構成されます。
○書き始めを工夫するなど、個性豊かに表現することが大事です。
○身近な事柄をテーマにしながらも、独自の視点を持つことが求められます。

〔きまり〕
○題名は書かず、最初の行から書き始めます。
○各段落の最初の字は一字下げて書きます。
○行をかえるのは、段落をかえるときだけとします。会話を入れる場合は行をかえてはいけません。
○句読点・かぎかっこ（、や。や」）も、それぞれ字数に数えます。これらの記号が行の先頭に来るときには、前の行の最後の字と同じます目に書きます。
○段落をかえたときの残りのます目は、字数として数えます。ただし、最後の段落の残りのます目は、字数として数えません。

野生の手袋
変わり身の術
手袋を外して本気を出そうとした人がいた
※ボンバーマンのアイテム
魔法陣で召喚されたもの
このあたりの風習で
正直者にしか見えない

想像はつきることがない。

さて、なぜこのような想像をしたかというと、たとえ作りに役立つからに他ならない。想像したものをそのままたとえに使うことが可能なのだ。

『○○のように手袋が落ちている』

○○の部分に先ほどの想像を入れる。

決闘が行われたかのように手袋が落ちている
道に迷わないために置いてあるかのように手袋が落ちている
場所取りしているかのように手袋が落ちている
道に置かれたオブジェのように手袋が落ちている
被害者の遺留品のように手袋が落ちている
犯人の凶器のように手袋が落ちている
罠のように手袋が落ちている
魔界との穴をふさいでいるかのように手袋が落ちている
本物そっくりのＣＧのように手袋が落ちている
野生のように手袋が落ちている
変わり身の術の後のように手袋が落ちている
手袋を外して本気を出そうとした人がいたかのように手袋が落ちている
ボンバーマンのアイテムのように手袋が落ちている
魔法陣で召喚されたかのように手袋が落ちている
そういう風習があるかのように手袋が落ちている
正直者にしか見えないように手袋が落ちている

このように想像はたとえ作りの大きな武器になる。

※注　・ボンバーマン……テレビゲームの名前。

問五　**「想像」を利用して**「長い」「短い」のたとえをそれぞれ考えて作りなさい。その際、何についてのたとえなのかわかるように次のような形で答えなさい。

○○○のように長い（短い）□□□

問二 (a)「できたての綿菓子のような雲」と表現するのと、(b)「時間が経った綿菓子のような雲」と表現するのとでは、どのような印象の違いがありますか。わかりやすく説明しなさい。(a)・(b)の後の［　］には、それぞれの表現の印象が書かれています。

問三 ――部「誰でも思いつきそうなたとえ、誰もが使っているたとえ、使い古されているたとえ」を別の言い方で表現している部分を**文章Ⅱ**から**十四字**で抜き出して答えなさい。

問四 「おもちゃ箱をひっくり返したような〇〇」という表現の「おもちゃ箱」の部分に自分の言葉でアレンジを加えなさい。また、そのアレンジを加えることでどのような印象になるか、説明しなさい。

［　　　　］おもちゃ箱をひっくり返したような

文章Ⅲ

道にはよく手袋(てぶくろ)が落ちているものだ。特に寒い季節になると頻繁(ひんぱん)に目にするようになる。両方落ちているのは稀(まれ)で、大抵(たいてい)は片方だけ落ちている。

今、あなたの目の前に手袋が落ちている。その手袋をじっと見る。そしてなぜそこにあるのか考える。

落し物

真っ先に思うのはこれだ。実際90％以上は落し物だと思われる。しかし１００％ではない。そこに想像の余地がある。落し物ではないのならば、いったい何か？それを考えてみる。

決闘(けっとう)が行われた跡(あと)
帰り道がわかるように置いてある
場所取りで置いてある
もしかしたらオブジェ
ここで事件があって、被害者の遺留品(いりゅうひん)
ここで事件があって、犯人の凶器(きょうき)
手袋が大好きな人をおびき寄せる罠(わな)
魔界(まかい)との穴をふさいでいる
実はＣＧ

ではどうアレンジするのかというと、「綿菓子のような雲」の綿菓子を具体的にして差別化を図るのだ。

綿菓子のような雲

↓

懐かしい味のする綿菓子のような雲

「懐かしい味のする」という言葉を加えただけで印象が変わる。よくある雲だったはずが、昔を懐かしむ大人が見ている雲に思えてくる。故郷を思い出しながら見ている雲だろうか。「綿菓子のような雲」の時よりも情景が浮かぶ。

別の言葉で綿菓子を具体的にしてみよう。

できたての綿菓子のような雲…(a)

[　　　　　　　　]

時間が経った綿菓子のような雲…(b)

[　　　　　　　　]

誰かが齧った綿菓子のような雲

綿菓子と言われると球形のものを想像するが、これはそうでもない歪な雲だ。

※縁日で親に買ってもらった綿菓子のような雲

懐古と郷愁。雲をたとえながらも心情が強く出ている。

このようにわずかでも良いから自分の言葉を付加してアレンジすることで、自分も相手も新鮮な気持ちになれる。

もうひとつ別の例で考えてみよう。

※『おもちゃ箱をひっくり返したような○○』

このような表現がある。『おもちゃ箱をひっくり返したような音』『おもちゃ箱をひっくり返したような舞台』『おもちゃ箱をひっくり返したような映画』などと評論などでよく使用され、とにかく手あかがつきまくっている表現だ。つきまくっているどころか、手あかそのものだと思ってもらって構わない。

そのまま使うのはさすがに恥ずかしい。そこでアレンジを加える。

※注
・会うや否や……会うとすぐに。
・近似値……ここでは本物に似ているもの、ほとんど同じものという意味。
・楊貴妃……中国、唐の玄宗皇帝の妃。
・懐古・郷愁……昔のことや、故郷のことを懐かしく思う気持ち。
・おもちゃ箱をひっくり返したような……非常に散らかっていることのたとえ。

示しているというわけだ。

　このような、Aをたとえたい時にAに似たBを探し、「BのようなA」とシンプルに並べるやり方はたとえ作りの基本中の基本といえよう。

　まずは似た「形」から作るのがわかりやすい。例として「雲」で考えてみる。

　空に浮かぶ白い雲をたとえたい。その場合、雲をAとし、雲の形に似たBを探す。

　A　雲
　B　綿菓子、煙、ポップコーン、雪、牡蠣、マンガの吹き出し、白キクラゲ

　これを先ほどの「BのようなA」という方程式に当てはめる。

綿菓子のような雲
煙のような雲
ポップコーンのような雲
雪のような雲
牡蠣のような雲
マンガの吹き出しのような雲
白キクラゲのような雲

するとこのように7つのたとえが生まれる。どれも説明は要らないと思うが、一応白キクラゲについて補足しておくと、白キクラゲは文字通り白いキクラゲで、※楊貴妃が美容と健康のために食べていたと言われているものだ。

　この方法は見たままをたとえに使うだけなので直感的に作ることができ、早急にたとえが必要な時に便利な方法だ。

　この方法は手軽にできる方法であったが、その分問題もある。それは他人と同じような表現になってしまうことが多々あるということ。「綿菓子のような雲」はその最たる例ではないだろうか。老若男女、誰もが思いつきそうなたとえで、これを口にするとつまらない人と思われても仕方ない。

　一方「牡蠣のような雲」はなかなか耳にしないたとえである。良い表現と思うかどうかは人それぞれだろうが、「ん？牡蠣？」と思わせ、少なからず興味をひくことはできる。

　つまり似たものを探すセンスが必要となる。他人とは被らないような、綿菓子以外を選択するセンスがいるのだ。

　とはいえ「私は綿菓子しか思いつかない……」という人もいるだろう。だからといって落胆する必要はない。オリジナリティを出す方法はもうひとつある。

　それがここで述べるアレンジするという方法だ。誰でも思いつきそうなたとえ、誰もが使っているたとえ、使い古されているたとえなど、既存のたとえをアレンジする。

おばあちゃんが孫の名前を呼び間違えるようにたいしたことない
会計の時伝票をテーブルに忘れたようにたいしたことない
一瞬だけ外に出る時に母親のサンダルを履いたようにたいしたことない
カップ麺の「お召し上がりの直前に入れてください」と書いてあるスープを先に入れてしまったようにたいしたことない

「気にするな。ＣＤの再生に問題のない小さな傷のようにたいしたことない」

「たしかに再生に問題ないならたいしたことないか。レンタルＣＤなんて結構傷だらけだけど問題ない。そうか、たいしたことないな！」

　こうして「たいしたことなさ」が共有され、ミスがちっぽけなものに思えてくる。いつまでもくよくよしているのが恥ずかしくなり、馬鹿らしくなるはずだ。

※注　・信ぴょう性に欠ける……信用できない。

問一　「たとえ」を使うことの効果を筆者はどのような点にあると言っていますか。わかりやすく説明しなさい。

文章Ⅱ

　たとえたくなったら、たとえを作ることになる。その場合、真っ先に考えられるのは似たものを探すという方法である。

　あなたが友人と待ち合わせしていたとする。※待ち合わせの場所へ行く途中、かわいい子とすれ違う。あなたは友人に会うや否やこう言うだろう。

「さっきすれ違った子、凄くかわいかった！」

　しかし、かわいいは千差万別で、誰かにとってのかわいいは他の誰かにとってはかわいくなく、その逆もある。つまり「かわいい」だけだと、興奮しているあなたと友人とのイメージの共有は難しい。

　そこでたとえる。

「アイドルのようにかわいかった」
「女優のようにかわいかった」
「朝ドラのヒロインのようにかわいかった」
「同級生の○○さんのようにかわいかった」
「個性的な顔をした猫のようにかわいかった」

　これによりややぼけていたかわいさがクリアになり、「そんなにかわいいの！」と友人は返答することだろう。逆に鮮明になった分、自分の好みとは違うことがわかり「そうかなあ？」との返事もあり得る。特に最後のたとえのかわいさは人を選ぶ。

　さて、このたとえはすれ違った子と同等のかわいさを持った人物（＋猫）をたとえに利用している。いわば似ているものを、※近似値を、提

夢かと思うほどうれしい
死ぬほどうれしい

「とても」「凄く」「大変」はどこか子どもっぽさを感じさせる。あなたが子どもならば構わないが、そうでないのなら使わないほうが無難だ。「尋常ではない」「夢かと思うほど」「死ぬほど」になると今度は大げさになってしまい、※信ぴょう性に欠ける。相手に気持ちが伝わることはない。「ふざけてるのか！」と怒らせてしまう可能性すらある。

　ではどうするか。ここでたとえの出番である。うれしさをたとえてみるのだ。

「この犬、他の人に懐くこと滅多にないのよ」と言われた時のようにうれしい
最後の期末テストが終わった時のようにうれしい
思っていたより買取額が高かった時のようにうれしい
大浴場に自分ひとりだけのようにうれしい
二度寝してもオッケーな時間だった時のようにうれしい

　たとえが感情の輪郭を明確にし、うれしさを鮮明にしてくれる。
「『この犬、他の人に懐くこと滅多にないのよ』と言われた時のようにうれしいです！」「なるほど！自分が特別な存在になったようにうれしいんだな！」

　このように相手とうれしさが共有される。たとえは感情を出すことが苦手な人のサポートもしてくれるのだ。

　また、友人がかなり落ち込んでいる時。あなたは友人を励まそうとする。

　どんな言葉が最適だろうか。ただ単に「大丈夫だ」と言っても、相手は「ありがとうございます」と感謝の言葉を口にするだろうが、それは明らかに上辺だけのもので、落ち込み具合に何の影響もない。しかも「大丈夫だ」なる言葉はちょっと言い方を間違えると志村けんのようになり相手を怒らせてしまう。かといって、「いつまでもくよくよするなよ！」と強めに言うのも逆効果になる可能性がある。

「気にするな。たいしたことないよ」これも同じこと。ただの慰めにしか聞こえない。ならば励ますことは不可能なのか。「私は人を励ますことができない人間なのだ」と今度はあなたが落ち込む。それを見た他の誰かがあなたを励まそうとする。しかしその人も励ますことができずに落ち込んでしまう。落ち込みの連鎖が延々と続いていく……。

　そんな流れを断ち切るためにたとえがある。たとえを使ってたいしたことなさを説明し、励ますのだ。

　CDの再生に問題のない小さな傷のようにたいしたことない

2023年度

浦和実業学園中学校

【適性検査Ⅰ】〈第一回適性検査型入試〉（五〇分）〈満点：一〇〇点〉

【注意】字数制限のある問題の場合は、句読点や符号、促音「っ」・拗音「ゃ」「ゅ」「ょ」なども一字分として字数に含めます。

一 次の①～⑤の文の空欄に当てはまる言葉として最も適当なものを、後の語群よりそれぞれ選び、記号で答えなさい。ただし、同じ記号は一度しか使えないものとする。

① 体育館の天井に挟まったバレーボールのように【　　　】。

② 姉が進学で家を出たのでひとりで使えるようになった部屋のように【　　　】。

③ 浴槽にお湯をはったつもりが水だったときのように【　　　】。

④ 「私は未来から来たお前だ」と言われたときのように【　　　】。

⑤ グラウンドに引かれた白線のように【　　　】。

ア　広い

イ　鮮やか

ウ　信じられない

エ　どうすることもできない

オ　驚く

二 次の 文章Ⅰ ～ 文章Ⅲ は『たとえる技術』（せきしろ著）の一部である。よく読んで、後の問いに答えなさい。

文章Ⅰ

喜びをうまく表現できないという人はいないだろうか。

実は私もそのひとりである。素直に表現している人を見るたび、いつも羨ましくなる。

例えば、プレゼントをもらう。うれしい。うれしいのだが、うまく表現できない。「うれしい」と口に出しても、相手にうまく伝わらない。「この人、本当にそう思っているのか？」と思われるのがオチだ。

そこで動作を取り入れてみたこともある。オーバーアクションを交えて「うれしい」と言ってみるが、今度はわざとらしくなってしまう。「もっと自然にやらなければ……」と意識すればするほど、よりぎこちなくなってしまう。慣れないことはすべきではない。

それならばやはり言葉で伝えるほうが良い。「うれしい」だけではこちらの気持ちをうまく伝えられないのならば、何か言葉を付けてうれしさをアップさせてみる。

とてもうれしい

凄くうれしい

大変うれしい

尋常ではないほどうれしい

2023年度

浦和実業学園中学校

▶解　答

※　編集上の都合により，第１回適性検査型入試の解説は省略させていただきました。

適性検査Ⅰ　＜第１回適性検査型入試＞（50分）＜満点：100点＞

解　答

1　①　エ　②　ア　③　オ　④　ウ　⑤　イ　2　**問１**　（例）　感情を表現しようとするとき，たとえを使うことでその感情のかたちが明確になり，相手と共有しやすくなる。　**問２**　（例）「できたての綿菓子のよう」と表現すると，真っ白でふわふわできれいな形の雲が想像できるのに対し，「時間が経った綿菓子のよう」と表現すると，必ずしも真っ白ではない，固さを感じさせる雲が想像できる。　**問３**　手あかがつきまくっている表現　**問４**　（例）　お金持ちの友だちの(おもちゃ箱をひっくり返したような)／**説明**…散らばったおもちゃがどれも高価なものばかりという高級感を抱かせる。　**問５**　（例）　ギネス記録に挑戦しているか(のように長い)フランスパン／安土桃山時代(のように短い)夏休み　3　（例）　下記を参照のこと。

3　（例）

　名前は、生まれた時から身近にあり、一生付き合っていく家族のようなものだ。初対面の相手に「ありふれた名前」だと笑われたときの怒りは忘れられない。相手は個性的な名前を自まんに思っているようだったが、平凡ゆえに覚えてもらいやすい自分の名前が私は好きだ。長く使ってきて親しみもある。そもそも命名者ではない私を笑うのも筋ちがいだが、名付けた私の親にも失礼だ。

　身体的特ちょうや名前など、変えられないものをばかにすることに、私は強い怒りを感じる。黒いからとカラスを笑い、白くなれと言うようなものだ。相手は「変な名前」だとからかわれたことがあって、平凡な名前の人を見下すことでプライドを保っているのかもしれないが、し返しややつあたりで不快感を解消しても、標的にした相手へ不快感をたらい回しにするにすぎず、無意味でむなしい行いだ。自分がされていやなことは他人にするまいと、負の連鎖を断ち切る勇気が求められる。

適性検査Ⅱ　＜第１回適性検査型入試＞（50分）＜満点：100点＞

解　答

1　**問１**　**ア**　7回　**イ**　1470円　**ウ**　1700円　**エ**　5km　**オ**　600m　**カ**　4.4km　**キ**　20.2km　**ク**　21km　**ケ**　15.2km　**コ**　16.6km　**問２**　**答え**…500円，600円，700円／**理由**…(例)　Ａ地点からＣ地点を通ってＢ地点まで移動すると3560円かかるため，加算した

回数は，(3560－700)÷110＝26(回)で，最大移動距離は，２＋0.6×26＝17.6(km)になる。よって，ＡからＢは17～17.6km，ＡからＣは15.2～16.6kmより，ＢからＣは0.4～2.4kmである。よって，ＢからＣの移動は，0.4～１kmのときは500円，１～1.8kmのときは600円，1.8～2.4kmのときは700円となる。　**2** **問１**　エ　**問２**　(例)　有害物質が発生してしまう。　**問３**　(例)　紙袋の包装にする。(プラスチックトレーをなくす。)　**問４**　**特徴**…(例)　日本のプラスチックごみ輸出量が大きく減少している。　**原因**…(例)　日本から中国への輸出が大幅に減少したから。　**問５**　(例)　未処理のプラスチックごみの多くは，海洋プラスチックごみとして長期間海にただよい続け，マイクロプラスチックを生成します。それを小魚や海鳥が食べることで命を落とし，個体数の減少が生じます。すると，人間の食べ物が減り，食物れんさに影響がおよび，さらにはマイクロプラスチックを含んだ小魚などを食べることで人体にも悪影響が出る可能性があります。　**3** **問１**　**Ａ**　ア　**Ｂ**　ウ　**問２**　(例)　カタツムリは動きが遅く，一生に出会うカタツムリは少ないため，出会ったカタツムリと確実に交配するため。　**問３**　(例)　⑴　警戒の目を増やさなければならないため，群れは大きくなる。　⑵　食料の捕食を効率よくしなければならないため，群れは大きくなる。　**問４**　プロジェクションマッピング　**問５**　イ　**問６**　イ

Memo

2023年度

浦和実業学園中学校

【適性検査Ⅲ】 〈第２回適性検査型入試〉 (50分) 〈満点：100点〉

1 次の会話文を読んで，後の問いに答えなさい。

みのる　：「犬」という漢字３個（猋）で「つむじかぜ」と読むんだって。つむじって何？

お父さん：頭のてっぺんでは髪(かみ)が渦(うず)を巻(ま)いているだろう。木(こ)の葉(は)がぐるぐる舞(ま)い上がるような風のことだよ。

みのる　：なんで「犬」が３個なの？

お父さん：んー何でだろう。たくさんの犬が鬼(おに)ごっこしている内にぐるぐる回りだしたのか…最初にだれかが言い出して広まってみんなが認知するようになったのかな。最近流行(はや)っている「バズる」や「エモい」なんて父さんが小さいころはなかったぞ。

みのる　：同じ漢字３個で構成されている漢字を「品字様(ひんじよう)」というらしいよ。品の様な漢字ということかな。「皿」３個で【かいてんずし】というのはどう？

お父さん：ハハハ。食べ終わったら重ねるからね。創作漢字で勉強するのもいいきっかけだなぁ。

みのる　：「木」３個で【もり】
【もり】３個で【おおもり】
【おおもり】３個で【しんりん】
【しんりん】３個で【じゅかい】
【じゅかい】３個で【みつりん】
きれいに並べて書くとこれだけで大きな木みたいに見えてくるよ。

お父さん：だったら【みつりん】３個で【たいじゅ】だな。

みのる　：「林」は２個並んでいる漢字だから「林字様(りんじよう)」というのかな。僕(ぼく)は双子座(ふたござ)だから「双字様(そうじよう)」がいいな。

お父さん：「［ア］字様」なんてのはどうだ？「品字様」とも音も似ているし，［ア］には［ア］べるの他に並べるという意味もあるそうだ。

みのる　：インターネットで調べて見ると…え！全然違(ちが)う…なんで？

お父さん：んー［イ］ったなぁ。やはり最初に決めた人がいてみんなに広まったのか…。

みのる　：最初に決める人は責任重大だね。

「木」の位置について

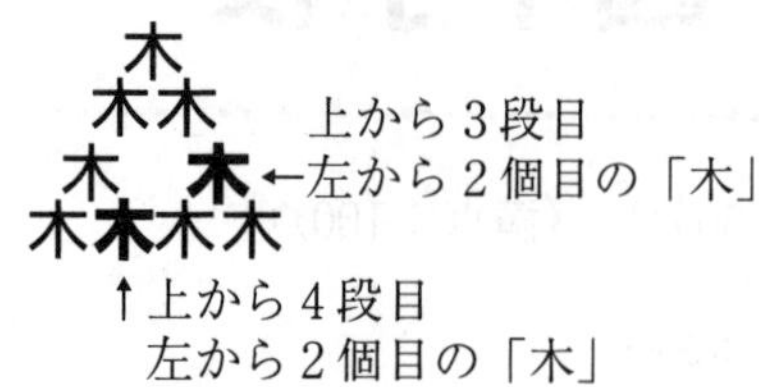

書く順番について

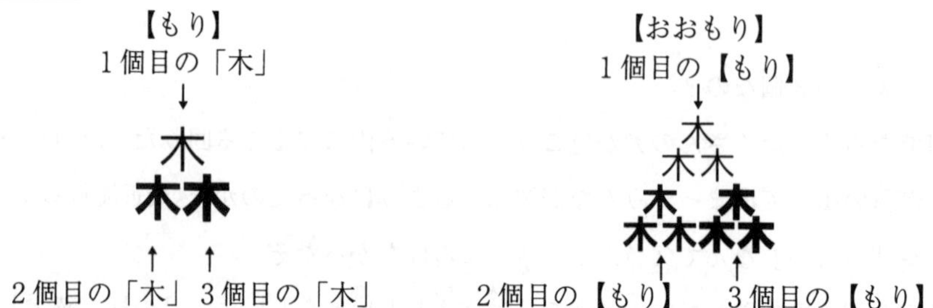

【もり】の書き順のように，【おおもり】は１個目の【もり】，２個目の【もり】，３個目の【もり】の順番に書くことにして，【しんりん】，【じゅかい】，【みつりん】，【たいじゅ】も同様です。

問１　【しんりん】の総画数は何画ですか。算用数字で答えなさい。

問２　【たいじゅ】の総画数は何画ですか。算用数字で答えなさい。

問３　【たいじゅ】の 100 画目の木は上から何段目の左から何個目の木ですか。

問４　【たいじゅ】の 1000 画目の木は上から何段目の左から何個目の木ですか。

問５　［ア］，［イ］にはみのるが言う「双字様」の漢字が入ります。文脈にあうようにそれぞれ漢字一字で答えなさい。

問６　「品字様」の漢字を１個創作しましょう。

①　どのような漢字ですか。

②　どのように読みますか。

③　お父さんの「森」の話を参考にして成り立ちを説明しなさい。

2　次の会話文を読み，後の問いに答えなさい。

先生　：みのりさんのＴシャツ，すてきですね。

みのり：これは姉からもらいました。姉は服をたくさん買うのですが，すぐに着ないといって私にくれるのです。あっ，今日の先生のワンピースは私の好きな色！すてきです。

先生　：ありがとう。私のお気に入りで，もう10年ぐらい着ていますよ。

みのり：えっ，10年！大切に着ているんですね。

先生　：みのりさんは「サスティナブルファッション」という言葉を知っていますか。

みのり：サスティナブルファッション？

先生　：知りませんか。では，インターネットで調べてみましょう。

みのり：えっと…「衣服の生産から着用，廃棄(はいき)に至るプロセスにおいて将来にわたり持続可能であることを目指し，生態系を含(ふく)む地球環境(かんきょう)に関わる人・社会に配慮(はいりょ)した取り組みのこと」と書いてあります。

先生　：分かりましたか。

みのり：ちょっと難しくてよく分かりません。

先生　：服を作る，売る，着る，そして手放すということの裏には様々な問題があります。

みのり：そうなんですか。

先生　：たとえば，服の原料となる植物を育てるときや，色をそめたりするときなどに，大量の水を使います。服を１枚作るのにおよそ2300 L，ふろの湯船約11ぱい分の水が必要です。同時に二酸化炭素はおよそ25.5 kg も発生します。これは，500 mL のペットボトルをおよそ255本作るときに出る量と同じくらいです。

みのり：服を１枚作るために，そんなに水を使ったり二酸化炭素が出るのですか。

先生　：それだけではありません。体に合わなくなった，好みではなくなったなどの理由で捨てられる服も増えています。手放される服の68％がゴミとして処分されていて，①<u>リサイクルやリユース</u>に回っている服は32％だけだそうです。

みのり：そういえば，お店で着なくなった服を入れるリサイクル箱を見たことがあります。

先生　：ゴミとして処分された服は，燃やされるかうめられるかになります。もちろん，売れなかった服も同じように処分されます。ゴミとなった服を燃やすと②<u>二酸化炭素が多量に出ます</u>し，うめ立て処分場をどんどんうめていっていることも問題となっています。

みのり：そこまで考えたことはなかったです。

先生　：着なくなった服について捨てる以外の方法を考えることが，地球を守ることにつながりますね。

みのり：はい。

先生　：その他にも，どうせ捨てるからといって安い服が売れやすくなると，働く人にはらうお金が減り，安いお金で働かされる人が出ていることも問題になっています。また，たくさん服を作るために綿などの原料を作る量が増え，原料を生産する地域の環境が変わってしまう可能性もあります。だから，現在，日本だけでなく世界でも環境にやさしい服づくりで，１着を長く大切に着てもらう「サスティナブルファッション」へと変わってきているそうですよ。

みのり：ということは，先生もそのワンピースを長い間大切に着ているから，その取り組みをしているということですね。

先生　：せっかく気に入って買った服ですから長く着たいですし。

みのり：たしかに。

先生　：今よりも１年長く着ることで，日本全体として４万ｔ以上捨てる量を減らすことができるそうです。

みのり：どうしたら服を大切に長く着られるようにできますか。

先生　：いろんな方法がありますが，特に私は洗たくのしかたに気をつけています。服の種類や材質，よごれの性質などで洗剤（せんざい）を選んでいますよ。みのりさんは自分で洗たくをしますか。

みのり：お母さんがいそがしくてできないときは私がやることもあります。

先生　：そのとき，服の材質を考えて洗剤を変えたり，③<u>洗たく物の量にあった洗剤の量</u>を入れていますか。

みのり：洗剤を変えるのはお母さんに言われた通りにやっていますが，量はいつもだいたいでしか入れていないかも…

先生　：服の材質で洗剤を変えるのはいいことですね。洗剤の量はちゃんと量った方がいいです。量を正しく使わないとよごれがちゃんと落ちていなかったり，すすぐ水をよけいに多く使うことになり，環境によくありません。

みのり：そもそも，洗剤はどうやってよごれを落とすのですか。

先生　：では，この説明を読んでみて下さい。

洗剤がよごれを落とすしくみ

洗剤のはたらきは，主に界面活性剤によるものです。界面活性剤は，マッチ棒のような形をしていて，図１のように油となじみやすい部分と水になじみやすい部分をもっています。

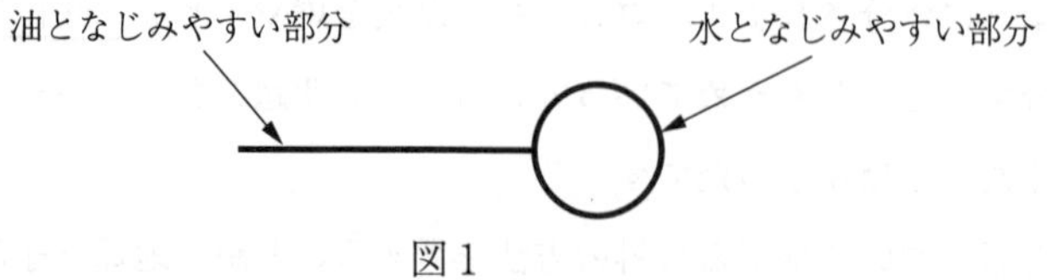

図１

洗たくをするときに洗剤を入れると，布についている油よごれ（主に体から出たもの）や布のせんいに界面活性剤が集まり，油よごれを布のせんいから引きはなします。

そして，④<u>油よごれは界面活性剤に包まれて</u>水中に散らばっていきます。

みのり：なるほど。こういうしくみでよごれが落ちるんですね。

先生　：正しい量を使うことで服も長持ちするし，水を多く使いすぎず，よごれた水も増えずと一石二鳥どころか一石三鳥ですよ。

みのり：今度からはちゃんと洗剤を量って入れます。

先生　：ちょっとしたことですが，環境への影響（えいきょう）を少なくすることができますね。

みのり：私も，先生みたいにこのＴシャツを10年着ることができるように大切にしていきます。

先生　：まずは，お姉さんにサスティナブルファッションのことを教えてあげてくださいね。環境にもお財布にもやさしいですから。

問１　環境保護の取り組みとして，「３Ｒ」が知られています。それは，下線部①にある「リサイクル」，「リユース」ともう一つは何でしょうか。正しいものを次より１つ選び，記号で答えなさい。

（ア）　リフォーム

（イ）　リデュース

（ウ）　リマインド

（エ）　リラックス

問２　下線部②について，以下の問いに答えなさい。

（１）　二酸化炭素の性質について正しい文章を次より１つ選び，記号で答えなさい。

（ア）　ドライアイスを水に入れると二酸化炭素の白いけむりが出てくる。

（イ）　空気中の体積のおよそ$\frac{1}{5}$は二酸化炭素である。

（ウ）　二酸化炭素だけでふくらませた風船は空気中でうく。

（エ）　二酸化炭素がとけた水に赤色のリトマス紙をつけても色は変化しない。

（２）　二酸化炭素が<u>発生しない方法</u>を次より１つ選び，記号で答えなさい。

（ア）　炭酸水を熱する。

（イ）　石灰水に息をふきこむ。

（ウ）　ロウソクを燃やす。

（エ）　貝がらにうすい塩酸をかける。

（３）　二酸化炭素のように，地球温暖化の主な原因となっている気体を，何ガスといいますか。漢字４文字で答えなさい。

（４）　**（３）**の気体が増え続けると地球温暖化が進み，地球の平均気温が上昇（じょうしょう）します。このことで起こりうる地球環境への影響の例を１つ書きなさい。

問３　下線部③について，みのりは洗剤の量とよごれを落とす力の関係を知るために,「洗剤の濃(こ)さ」と「よごれを落とす力」について実験をしました。その結果は下の表のようになりました。

洗剤の濃さ	0	0.5	1	1.5	2
よごれを落とす力〔%〕	32	83	100	102	104

「洗剤の濃さ」は使用量の目安を１としたときの倍率
「よごれを落とす力」は，洗剤を使用量の目安で使用したときによごれの落ちる割合を100%としたもの

（１）　この表をグラフにしなさい。ただし，縦軸(たてじく)は「よごれを落とす力」，横軸は「洗剤の濃さ」とし，目もりには数字をつけること。

（２）　**（１）**のグラフから，洗剤の量とよごれを落とす力の関係についてどんなことが分かりますか。あなたの考えを書きなさい。

問４　界面活性剤について，以下の問いに答えなさい。

（１）　下線部④について，油よごれが界面活性剤に包みこまれている図（断面の図）として，最もふさわしいものを次より１つ選び，記号で答えなさい。ただし，油よごれと界面活性剤は図２のように表します。

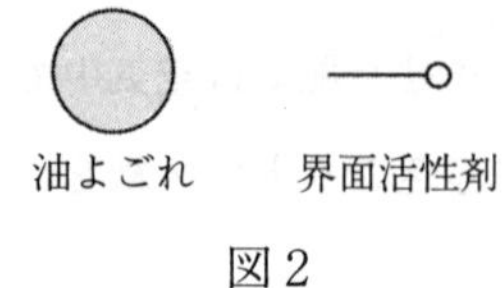

図２

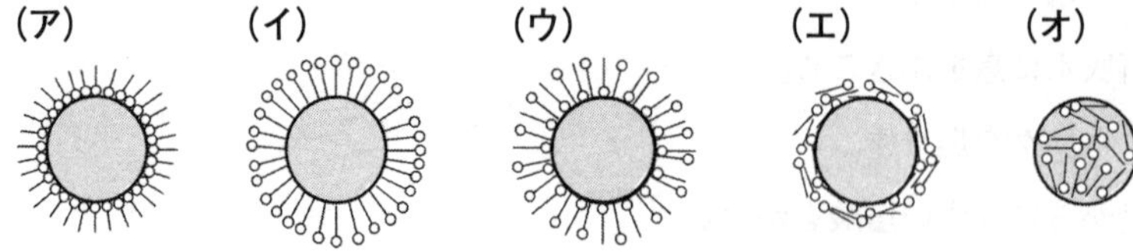

(2) シャボン玉は界面活性剤の混ざった水でできたあわで，その断面は図３のようなつくりになっています。シャボン玉の中で，界面活性剤がどこにあるのか図で表しなさい。ただし，界面活性剤は図２で表すこと。

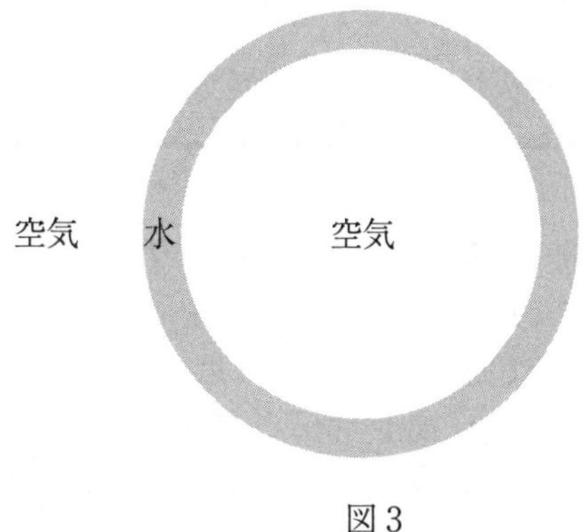

図３

2023年度

浦和実業学園中学校 ▶解　答

※　編集上の都合により，第２回適性検査型入試の解説は省略させていただきました。

適性検査Ⅲ ＜第２回適性検査型入試＞（50分）＜満点：100点＞

解　答

1 **問１**　108画　**問２**　2916画　**問３**　上から７段目の左から４個目　**問４**　上から35段目の左から２個目　**問５**　**ア**　比　**イ**　弱　**問６**　（例）①　𪚲　②　おやごころ　③　親はどんなときも我が子のことで頭がいっぱいだと思います。「児」が三つ並ぶことで，子を思う親の愛を表しています。　2 **問１**　(イ)　**問２**　(1)　(エ)　(2)　(イ)　(3)　温室効果(ガス)　(4)　（例）　海面の上昇　**問３**　(1)　下の図１　(2)　（例）　洗剤の量を使用量の目安より多くしても，よごれを落とす力はあまり変わらない。　**問４**　(1)　(イ)　(2)　下の図２

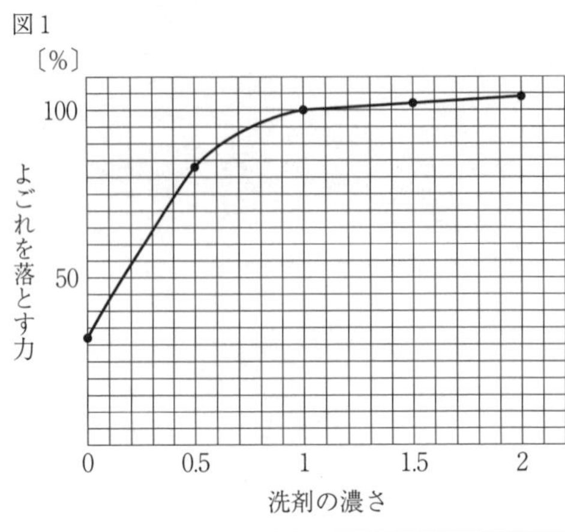

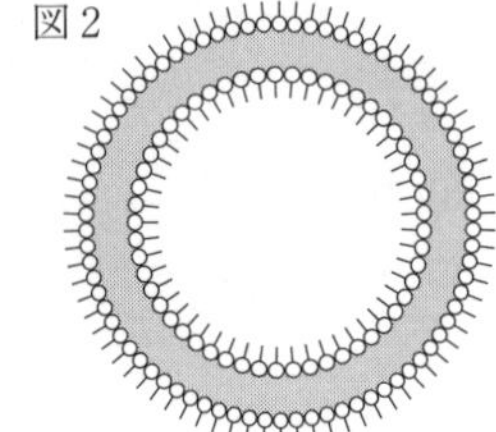

2022年度　浦和実業学園中学校

〔電　話〕　048(861)6131
〔所在地〕　〒336－0025　埼玉県さいたま市南区文蔵３－９－１
〔交　通〕　JR京浜東北線・武蔵野線「南浦和駅」西口より徒歩12分

【算　数】〈第１回午前試験〉（50分）〈満点：100点〉

【注意】１．定規は使用してもかまいませんが、三角定規、分度器、コンパス、電卓は使用できません。
２．途中（とちゅう）の計算式や考え方も書くように指示されている問題については、解答用紙の所定のところに記入してください。特に指示のない問題については解答だけ記入してください。

1　次の計算をしなさい。

(1)　$55 \times 2 \div 5 - 33 \times 6 \div 11$

(2)　$41 - (9 - 16 \div 2)$

(3)　$(1.72 + 0.47 - 0.19) \times 0.56$

(4)　$35 \times 48 \div 12 \div 7 \times 6 \div 4$

(5)　$2\frac{2}{5} \div \frac{3}{5} + \frac{1}{4} \times 1\frac{1}{3}$

(6)　$2.64 + 5.28 + 1.32 + 3.96$

2　次の各問いの □ にあてはまる数を答えなさい。

(1)　10円玉，100円玉，500円玉が合わせて16枚であり，合計金額2300円です。
100円玉は □ 枚です。

(2)　１周3.2 kmの庭の周りを，姉は毎分100 m，妹は毎分60 mの速さで，
同じ場所から同時に出発し反対方向に進みます。２人がはじめて出会うのは，
出発してから □ 分後です。

(3) 長さ 15 cm のテープを，のりしろの長さをどこも 3 cm にして 3 本つなげました。全体の長さは □ cm です。

(4) いま，A君は 12 才で，A君のお母さんは 42 才です。お母さんの年れいがA君の年れいの 4 倍だったのは，いまから □ 年前です。

(5) ある仕事をA君が 1 人ですると 30 分かかり，A君とB君が 2 人ですると 20 分かかります。この仕事をB君が 1 人ですると □ 分かかります。

(6) 10650 円の 40% は □ 円です。

3 120 cm はなれた 2 つの地点AとBを結ぶ直線上を，点Ｐ，Ｑが 2 回重なるまで往復します。点Ｐは毎秒 8 cm でAを，点ＱはBを同時に出発します。次のグラフは点Ｐと点Ｑが出発してからの時間と点Ｐ，Ｑの間のきょりを途中(とちゅう)まで表したものです。このとき，次の問いに答えなさい。

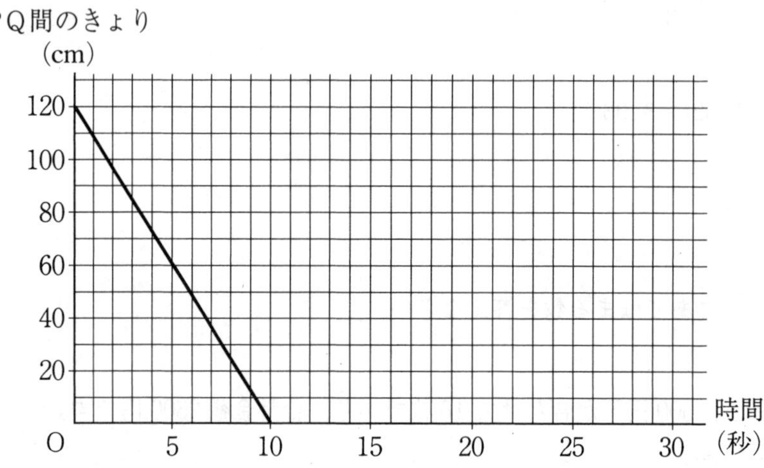

(1) 点Ｑの速さは毎秒何 cm ですか。

(2) 点ＰがBにはじめて着いたとき，点Ｐ，Ｑの間のきょりは何 cm ですか。

⑶　点Ｐ，Ｑが２回目に重なるのは，出発してから何秒後ですか。

⑷　点Ｐ，Ｑが２回目に重なるときまでのグラフを完成しなさい。

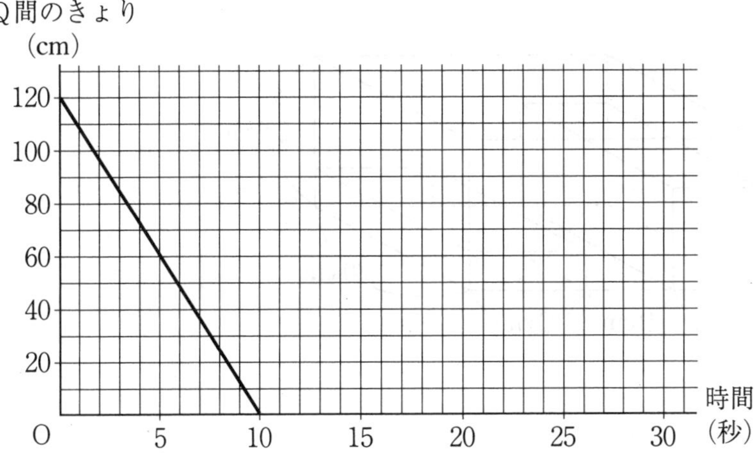

4　縦 40 cm，横 96 cm の長方形の紙があり，その頂点の１つを点Ａとします。この紙について，次のような作業を行います。

【作業】　縦または横の辺と平行に切り，２つの長方形に分ける。点Ａを含(ふく)む紙を残し，点Ａを含まない紙を捨てる。ただし，点Ａを含む紙は，点Ａを含まない紙の面積より小さくならないように切る。

このとき，次の問いに答えなさい。

⑴　作業を２回行ったあと，捨てた紙の面積は最大で何 cm^2 ですか。

⑵　作業を２回行ったあと，正方形が残りました。この正方形の面積は何 cm^2 ですか。

⑶　作業を７回行ったあと，正方形が残りました。この正方形の面積が最小となるとき，正方形の１辺の長さは何 cm ですか。

5　図のように，縦 30 cm，高さ 20 cm の水そうの底に，縦 30 cm の直方体を２本すき間なく置いてあります。グラフは，この水そうに一定の割合で水を入れたときの時間と，水面の高さとの関係を表したものです。このとき，次の問いに答えなさい。

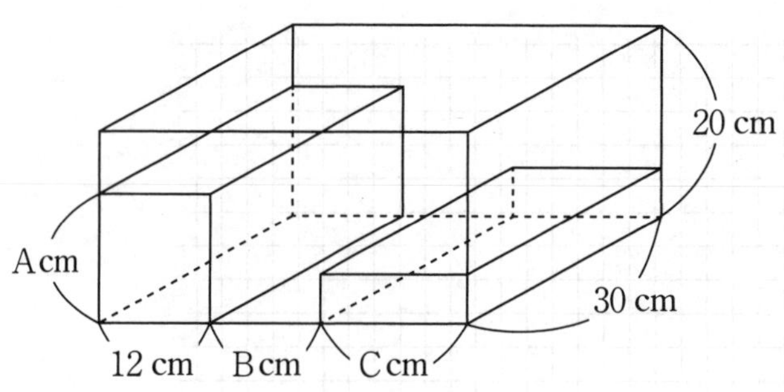

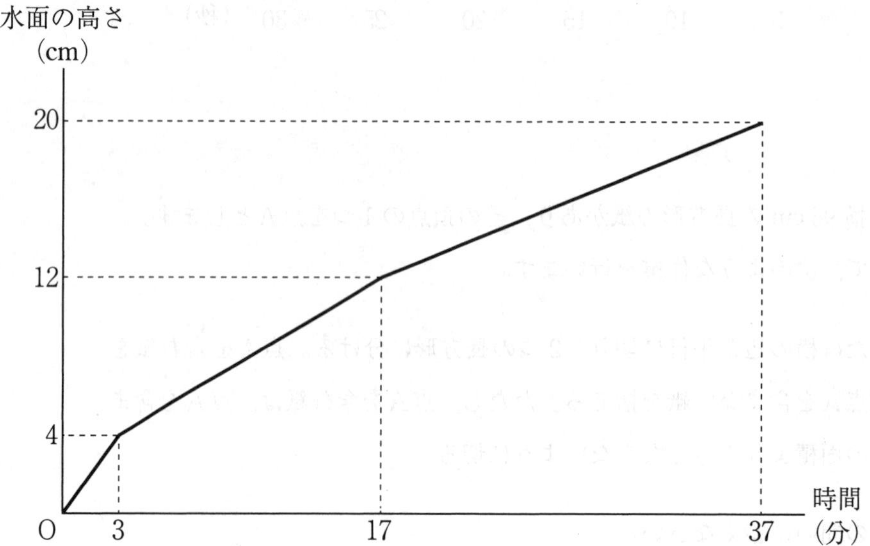

(1)　A，B，Cをそれぞれ求めなさい。

(2)　１分間に入れる水の量は何 cm^3 ですか。

6 Ａ，Ｂ，Ｃの３つの箱は，０より大きい整数を入口から入れると次のような計算がされて出口から出てきます。

Ａ：整数に３がかけられます。　　　例：『４』をＡの箱に入れると $4 \times 3 = 12$

Ｂ：整数に５が足されます。　　　　例：『４』をＢの箱に入れると $4 + 5 = 9$

Ｃ：整数に同じ数がかけられます。　例：『４』をＣの箱に入れると $4 \times 4 = 16$

そのため，例えば『４』を Ａ→Ｂ の順に入れると『17』が出てきます。

このとき，次の問いに答えなさい。

(1) ある数を Ａ→Ｂ の順に入れた結果は，Ｃに入れた結果より５小さくなりました。ある数を求めなさい。

(2) ある数を Ａ→Ａ→Ａ の順に入れた結果は，Ｂ→Ｃ の順に入れた結果より５大きくなりました。ある数を２つ求めなさい。

(3) 箱の出口から整数を入れると，計算をする前の数字が入口から出てきました。例えば『10』をＢの箱に出口から入れると『５』が入口から出てきます。それでは，ある数をＢの入口→Ａの出口→Ｃの出口の順に入れていくと，『５』が出てきました。ある数を求めなさい。

【社　会】〈第１回午前試験〉(30分)〈満点：50点〉

1　**康伸(やすのぶ)さんは東士(とうじ)さんと今年行われたオリンピックのサッカー日本代表について話をしています。康伸さんと東士さんの会話を読み，以下の設問に答えなさい。**

康伸：一年越(こ)しに行われたオリンピックのサッカーの予選が終わったね。日本代表のサッカーを振(ふ)り返(かえ)ってみよう。

東士：オーバーエイジの選手が３人出ていたけれど，Ａ代表にも出ているだけあってチームを引っ張っていたと思う。

康伸：そう感じたんだね。第１節の①南アフリカ戦はどうだった？

東士：初戦に勝利することがとても大切だと思う。だから１対０でも勝てて安心したよ。

康伸：そうだね。初戦というのは入り方が難しいものだよね。第２節の②メキシコ戦はどうだった？

東士：初戦に比べて良い立ち上がりで，前半に２点を取って試合を優位に進められたことが２対１で勝った理由だと思う。

康伸：グループ最大の難敵と言われていたチームに勝てて良かったよね。最後の第３節の③フランス戦はどうだった？

東士：やっぱり前半に２点取ることができたのは素晴らしかったよ。そこからは今後のことも考えて交代選手をうまく使っていた印象だったな。

康伸：この後の決勝トーナメントが楽しみだね。そういえば，フランス人の友達のジダンが日本に来たら④寿司(すし)を食べに行きたいと言っていたよ。

東士：僕(ぼく)も…。

康伸：そうだよね。

東士：寿司が食べたいな。

康伸：え？

問１　下線部①について，次の二つの資料を見て⑴・⑵に答えなさい。

〈資料１〉

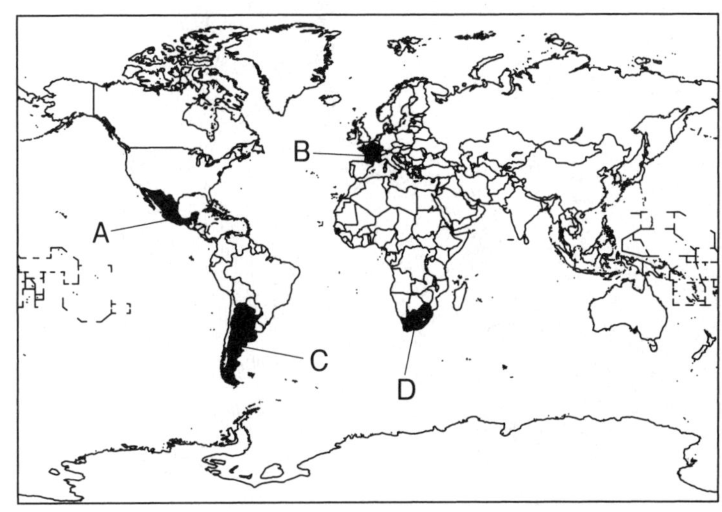

〈資料２〉

a.

b.

c.

d.

⑴　南アフリカの位置を〈資料１〉の**A**～**D**から，国旗を〈資料２〉の**a**～**d**から選び，その組み合わせとして正しいものを次の**ア**～**カ**から一つ選び，記号で答えなさい。

ア．**A―b**　　**イ**．**B―d**　　**ウ**．**C―c**

エ．**C―d**　　**オ**．**D―a**　　**カ**．**D―b**

⑵　〈資料１〉に関する説明として**誤っているもの**を次の**ア**～**エ**から一つ選び，記号で答えなさい。

ア．地球をそのまま小さくしたもので，正しい方位・面積で描(か)かれている。

イ．海岸線と国境線が描かれている。

ウ．世界にはユーラシア大陸，アフリカ大陸，オーストラリア大陸，北アメリカ大陸，南アメリカ大陸，南極大陸があり，全て描かれている。

エ．世界には太平洋，大西洋，インド洋があり，全て描かれている。

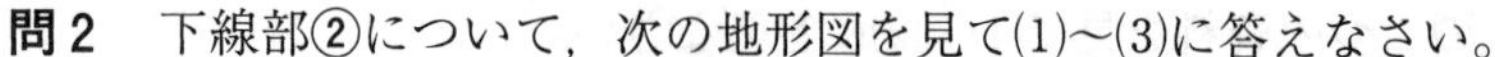

問２　下線部②について，次の地形図を見て(1)〜(3)に答えなさい。

(1)　メキシコにはオリサバ山という標高5,675 mの山がある。日本を代表する富士山よりも高い。上の地形図は国土地理院発行の２万５千分の１地形図「富士山」である。オリサバ山の高さは富士山の高さの何倍ですか。小数第２位を四捨五入した数値として正しいものを次の**ア**〜**エ**から一つ選び，記号で答えなさい。

ア．1.1倍　　**イ**．1.3倍　　**ウ**．1.5倍　　**エ**．1.7倍

(2)　上の地形図中に見られない地図記号を次の**ア**〜**エ**から一つ選び，記号で答えなさい。

ア．三角点　　**イ**．水準点　　**ウ**．神社　　**エ**．郵便局

(3)　－・－・－・－は都府県の境界を示している。この線の北側に位置する県名を**漢字**で答えなさい。

問３　下線部③について，18世紀にフランスのある思想家は，『法の精神』という書物で国会が立法権，内閣が行政権，裁判所が司法権を受け持ち，それぞれが独立して他の権力を抑え合い，基本的人権を守るための仕組みを主張した。このような仕組みを何というか。**漢字４字**で答えなさい。

問４　下線部④について，右のイラストを見て(1)～(3)に答えなさい。

(1)　寿司は日本を代表する食べ物である。これに欠かせない食材として米がある。右の表は日本の都道府県ごとの米の収穫量を多い順に並べたものである。表中の都道府県名**Ａ**の雨温図として，正しいものを下の**ア**～**エ**から一つ選び，記号で答えなさい。

都道府県名	米の収穫量（2020年）（t）
A	666,800
B	594,400
C	527,400
山形県	402,400
宮城県	377,000

（『日本国勢図会　2021／22年版』より作成）

ア.

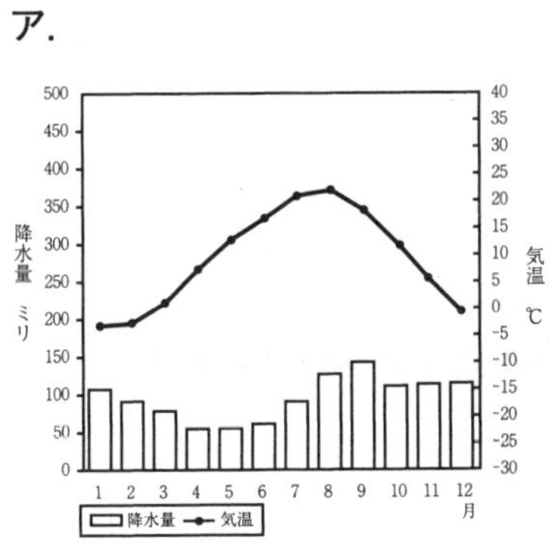

イ.

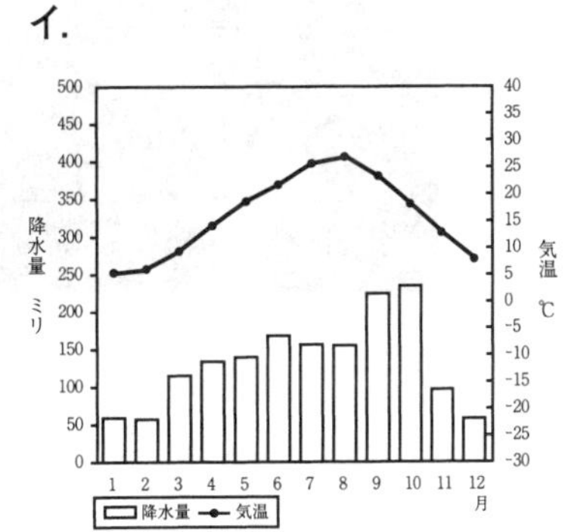

ウ.

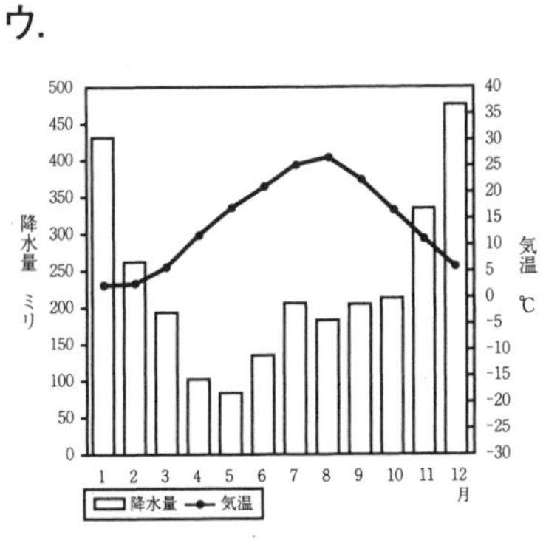

エ.

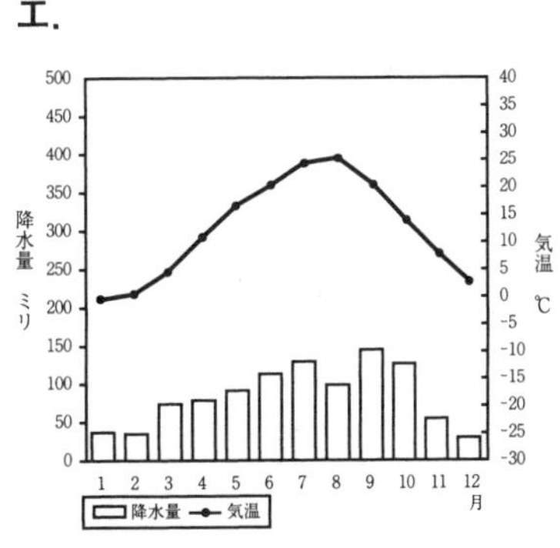

(2)　18世紀の初め，ある将軍は米価の安定に気を配ったため米将軍と呼ばれた。その政策のうち，上げ米の制についての説明として正しいものを次の**ア**～**エ**から一つ選び，記号で答えなさい。

ア．飢饉に備えて諸藩に米を蓄えさせる制度。

イ．年貢の率を四公六民から五公五民に引き上げる制度。

ウ．石高１万石につき100石の米を幕府に献上させる制度。

エ．農村を復興させるために農民を帰村させる制度。

(3)　近年，世界の海では乱獲や環境悪化などの影響により，食用の魚が年々減ってきている。日本は海の幸が豊富だと言われるが，日本の海域を含む北西太平洋であっても34％の水産資源が生物学的に持続不可能と評価されている。そこで2015年に世界の国々はＳＤＧｓ目標14「海の豊かさを守ろう」の達成を誓い合った。この目標は他の16個の目標のうち，特に目標15の「陸の豊かさを守ろう」と深く関わっている。次の写真を見て漁業関係者が植林活動をする機会が増えている理由を森の機能に着目しながら説明しなさい。

（農林水産省Ｗｅｂページより）

2 **新型コロナウイルスの感染拡大に伴(ともな)って毎年夏に旅行に行っていたしんごさんはどこにも行けず，残念な思いをしていたところに長野に住んでいるいとこのゆうじさんから連絡が来ました。その時の会話を読み，以下の設問(せつもん)に答えなさい。**

しんご：久しぶりだね！今年も①長野に行くことが出来なくてとても残念。ゆうじさんは元気にしている？

ゆうじ：うん。元気だよ。今年も直接会えなくて残念。そう言えば，この間善光寺(ぜんこうじ)に行ってきたんだけどその時の写真を送るよ！しんごさんは歴史やお寺が好きだよね？

しんご：本当に?! ありがとう !!

（ここでゆうじから善光寺の写真がスマートフォンで送られてくる）

ゆうじ：善光寺の入り口は仁王門(におうもん)っていって仁王像が左右に立っているんだよ。

しんご：へえ！②東大寺南大門(とうだいじなんだいもん)にも似たものを見たことがあるよね！

ゆうじ：そうそう。お寺の本堂(ほんどう)を守るように門の左右に立っているみたいに見えるよね。善光寺のこの仁王門は③大正７年（1918）に再建されたんだって。

しんご：あっ。この仁王像を作った人僕(ぼく)知ってるよ。お母さんから聞いたことがある。④高村光雲(たかむらこううん)っていう明治時代，大正時代に活躍した彫刻家(ちょうこくか)の人だよ。

ゆうじ：しんごさんは本当に歴史が好きなんだね。物知りでびっくりするよ。じゃあ次にこの写真を送るね。

ゆうじ：善光寺の本堂の写真だよ。中は撮影できないからこの写真を撮ったよ。あと，ここに行くまでの道（参道）の説明書きにこう書いてあるよ。

> 善光寺参道は正徳4年（1714）に完成した。本堂普請の後，参道の路面状態が悪く，参拝人に難儀をきたしていたため，境内入口の二天門跡から山門下までの397メートルが⑤日本橋三丁目の大竹平兵衛の寄進により敷設された。
>
> 伝説によると，平兵衛は，⑥伊勢出身で江戸で財をなしたが，長男が放蕩で家へ寄り付かなかった。ある夜，盗賊が入ったので突き殺すと，それが我が子であったという。平兵衛は世の無常を感じ，家を後継者に譲り，巡礼の途中に善光寺に来て，諸人の難儀を救うため敷石を寄付した。平兵衛は後に出家し，⑦享保11年（1726）に没した。

しんご：善光寺は本堂だけではなくいろいろな場所のエピソードがあるんだね。

ゆうじ：そうそう。中の写真は撮れないけれど善光寺本堂もすごかったんだよ。ご本尊っていう善光寺の中心にいらっしゃる仏様は⑧朝鮮半島の百済から日本にやってきた日本最古の仏像って言われているんだって。そして皇極天皇の元年（642）に善光寺にまつられたという話らしいよ。

しんご：善光寺には資料館もあるんだね。ここは⑨戊辰戦争から第二次世界大戦で亡くなった方をまつっている場所でもあるんだね。

ゆうじ：あとはね，本堂の外に鐘楼(しょうろう)っていう⑩嘉永(かえい)６年（1853）に再建された今でも毎日時を知らせる鐘(かね)があるんだけど，これは長野市民から親しまれる鐘でもあるんだよ。

しんご：そうなんだね。善光寺というお寺一つをとってもいろいろなことが知れるね。ああ，早くコロナが収束(しゅうそく)してまたたくさん旅行がしたいなあ。

問１　下線部①について，この県には2019年に堤(てい)防が決壊(けっかい)して大きな被(ひ)害を生んだ川が流れている。その川は新潟県に入ると信濃川(しなのがわ)と呼ばれているが長野県では何という川の名前で呼ばれているか。**漢字**で答えなさい。

問２　下線部②について，東大寺南大門の金剛力士像(こんごうりきしぞう)の作者として正しいものを次の**ア～エ**の中から一人選び，記号で答えなさい。

ア．雪舟(せっしゅう)　　**イ**．鴨長明(かものちょうめい)　　**ウ**．運慶(うんけい)　　**エ**．世阿弥(ぜあみ)

問３　下線部③について，大正時代には第一次世界大戦が起こった。この第一次世界大戦について述べた次の文**ア～エ**のうち，**誤っているもの**を一つ選び，記号で答えなさい。

ア．大戦前からヨーロッパの国々は三国同盟と三国協商に分かれて対立をしていた。

イ．日本は日英同盟にもとづいて連合国側で戦争に参加した。

ウ．アメリカ合衆国は連合国側で戦争に参加し，その後ドイツの降伏で戦争が終わった。

エ．戦争が終わった後に開かれた講和会議をワシントン会議といった。

問４　下線部④について，明治時代や大正時代には優れた文学者，芸術家，科学の業績を残した人物が多く登場した。この当時に黄熱病の研究をし，現在の千円札の肖(しょう)像になっている人物を**漢字４字**で答えなさい。

問５　下線部⑤について，日本橋は江戸時代に整備された陸上交通の起点（きてん）となる場所である。この全国各地にのびる主要な道をまとめて何と呼んだか。**漢字３字**で答えなさい。

問６　下線部⑥について，伊勢には伊勢神宮があるが，ここには古くから多くの人々が参拝している。室町幕府の３代将軍で日明貿易を行った人物もその一人だが，この人物は誰か。**漢字４字**で答えなさい。

問７　下線部⑦について，この時代に行われた享保の改革では民衆の意見を聞き入れるため，あるものが設置された。それを何と言うか。**漢字３字**で答えなさい。

問８　下線部⑧について，朝鮮半島の百済は日本と結んで663年に唐（とう）と新羅（しらぎ）の連合軍と戦った。この戦いを何というか。次の**ア～エ**から一つ選び，記号で答えなさい。

ア．白村江の戦い　　**イ**．文永の役

ウ．文禄（ろく）の役　　**エ**．東学党の乱

問９　下線部⑨について，戊辰戦争に関係しない人物を次の**ア～エ**から一人選び，記号で答えなさい。

ア．吉田松陰（よしだしょういん）　**イ**．勝海舟（かつかいしゅう）　**ウ**．西郷隆盛（さいごうたかもり）　**エ**．徳川慶喜（とくがわよしのぶ）

問10　下線部⑩について，この年にペリーが開国を求め，日本にやってきた。それまで江戸幕府（えどばくふ）は長崎で二つの国のみ貿易を許していたが，その国を次の**ア～エ**から**二つ**選び，記号で答えなさい。

ア．フランス　**イ**．中国（清（しん））　**ウ**．オランダ　**エ**．イギリス

3　次の文章を読み，以下の設問に答えなさい。

人類の歴史が始まって以来，争いがなかった時代はありません。今現在も世界のどこかで戦争や紛(ふん)争が起こっています。地球上から争いをなくすのは難しいのかもしれませんが，それでも節目には過去を振り返り，平和について考える必要があります。

昨年は戦争や紛(ふん)争をめぐるさまざまな出来事の節目でした。2021年からちょうど80年前の1941年には太平洋戦争が始まりました。以下の表は宮内庁のサイトに示されている「忘れてはならない４つの日」をもとに作成したものです。この４つの日はいずれも太平洋戦争に関するものです。表中，（　①　）県では太平洋戦争において日本で唯(ゆい)一地上戦が行われました。

毎年６月23日	（　①　）慰霊(いれい)の日
毎年８月６日	広島原爆(ばく)の日
毎年８月９日	長崎原爆の日
毎年８月15日	終戦記念日

戦争に敗れた日本は新しい憲法を制定し，二度と戦争をしない誓(ちか)いを立てました。それは以下のような規定からも読み取れます。

> 第９条　第１項(こう)　日本国民は，正義と秩(ちつ)序を基調とする国際平和を誠実に希求し，国権の発動たる戦争と，武力による威嚇(いかく)又(また)は武力の行使は，国際紛(ふん)争を解決する手段としては，永久にこれを放棄(き)する。
> 第２項　前項の目的を達するため，陸海空軍その他の（　②　）は，これを保持しない。国の交戦権は，これを認めない。

その後，昨年から70年前の1951年にはサンフランシスコ平和条約で日本が独立を回復し，同時に日米安全保障条約も結ばれました。なお，その５年後の1956年には日本は③<u>国際連合</u>に加盟し，国際社会に復帰しています。そして同じく昨年から20年前の2001年９月には④<u>「同時多発テロ事件」</u>が起こりました。

現在の日本は一見平和に見えます。しかし⑤周辺国と領土問題を抱(かか)えるなど，この平和が永久に続く保証はありません。みなさんにはこれから平和な社会の建設者として活躍(やく)することが期待されています。

問１　空欄(らん)（　①　）に当てはまる語句を**漢字**で答えなさい。なお，文中には（　①　）が二つあるが同じ語句が入る。

問２　空欄（　②　）に入る語句を**漢字**で答えなさい。

問３　下線部③について，この組織について述べた次の各文のうち，**誤っているもの**を次の**ア**～**エ**から一つ選び，記号で答えなさい。

ア．全加盟国からなる総会が年１回開かれる。

イ．安全保障理事会の常任理事国はアメリカ・イギリス・ドイツ・フランス・中国である。

ウ．ＰＫＯは，紛(ふん)争当事者に対し，平和的解決を促(うなが)す国連の活動である。

エ．2021年９月現在，事務総長はポルトガル出身のグテーレス氏が務めている。

問４　下線部④について，この「同時多発テロ事件」が起こった国を次の**ア**～**エ**から一つ選び，記号で答えなさい。

ア．アメリカ　　**イ**．フランス　　**ウ**．イギリス　　**エ**．ドイツ

問５　下線部⑤について，次の地図を見て，現在日本が抱(かか)えている領土問題について，その領土の「地図上の位置」,「日本での呼び方」および「その紛(ふん)争相手国」の組み合わせとして適切なものを次の**ア**～**エ**から一つ選び，記号で答えなさい。

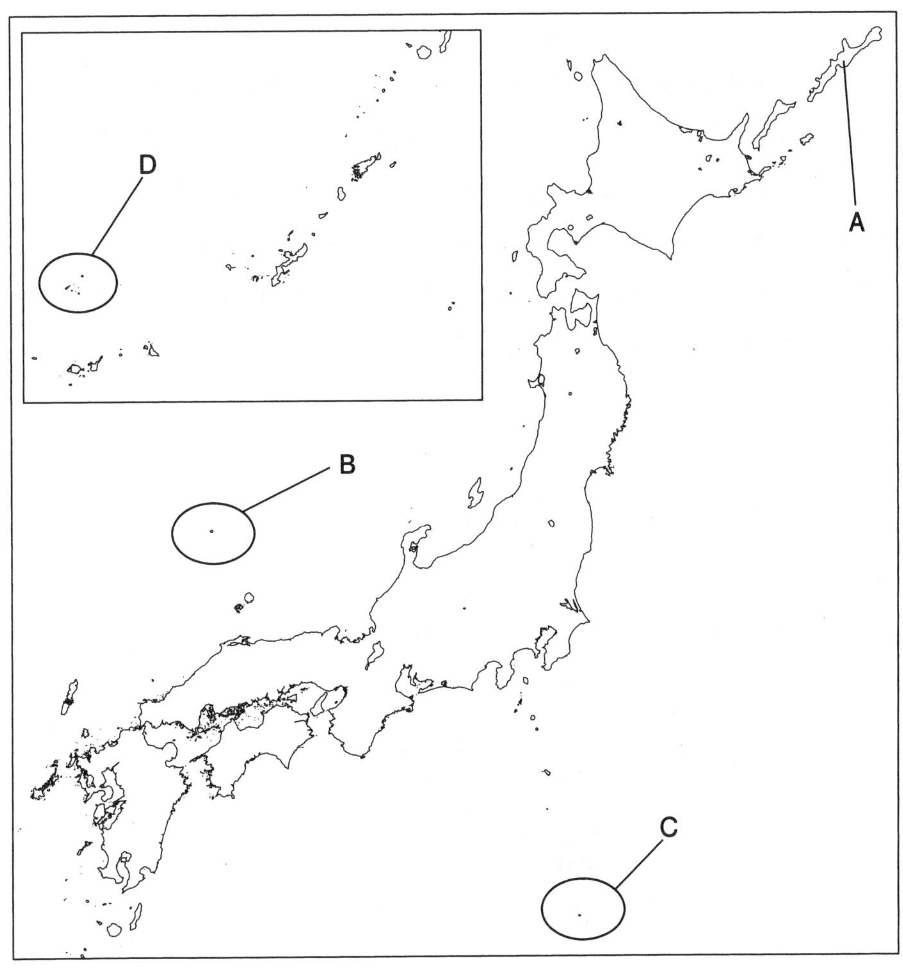

ア．A ― 択捉(えとろふ)島 ― アメリカ　　　イ．B ― 沖ノ鳥島 ― フィリピン
ウ．C ― 竹島 ― 大韓民国　　　エ．D ― 尖(せん)閣諸島 ― 中国

【理　科】〈第１回午前試験〉（30分）〈満点：50点〉

【注意】１．字数制限のある問題の場合は、句読点や符号(ふごう)なども１字分として字数にふくめて記入してください。
２．定規は使用してもかまいませんが、分度器、コンパス、電卓は使用できません。

1　次の文章を読んで，以下の問いに答えなさい。

金星，地球，火星，木星などの星は太陽を中心に，そのまわりをまわっています。金星は，地球より内側をまわっているため，地球から見ると月と同じように満ち欠けをしているように見えます。下**図**は，太陽のまわりをまわる金星と地球のようすを表したものであり，地球の北極のはるか上空から太陽や金星を見たものであるとします。次の問いに答えなさい。ただし，地球は太陽のまわりを矢印**A**の向きに１年で１周し，地球は**B**の向きに自転しているとします。

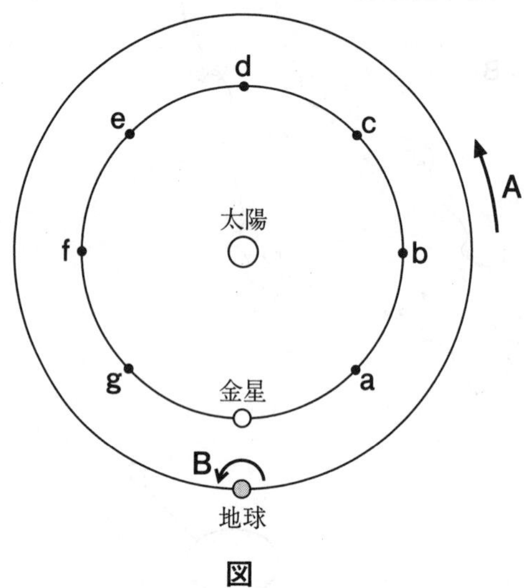

図

問１　みずからは光を出さず，太陽のまわりをまわっている，地球や金星のような星のことを何といいますか。最もてきとうなものを次の**ア**～**エ**から１つ選び，記号で答えなさい。

ア　恒星(こうせい)　　**イ**　惑星(わくせい)　　**ウ**　衛星　　**エ**　彗星(すいせい)

問２　**図**の**a**の位置に金星があるとき，埼玉県のある地点からながめるとどの方向に見えますか。最もてきとうなものを次の**ア**～**エ**から１つ選び，記号で答えなさい。

ア　東の空　　**イ**　南の空　　**ウ**　西の空　　**エ**　北の空

問３　**図**の**c**，**g**の位置に金星があるとき，埼玉県のある地点から観測した金星のようすはどう見えますか。最もてきとうなものを次の①～⑥から１つ選び，番号で答えなさい。

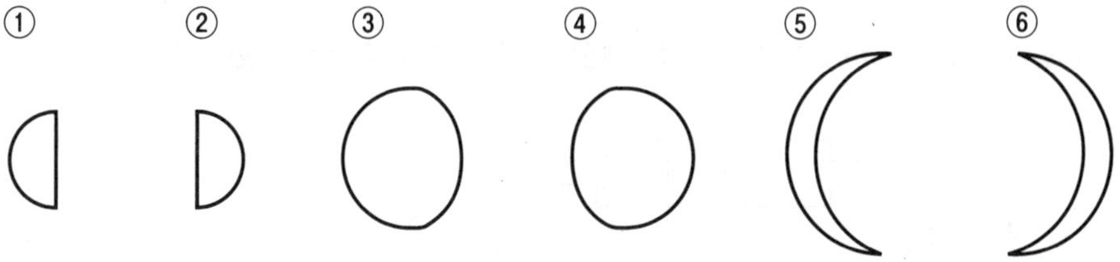

問４　明けの明星とよばれる金星を，**図**の**a**～**g**からすべて選び，記号で答えなさい。

問５　日ぼつ後，最も長く見ることができる金星はどれですか，**図**の**a**～**g**から１つ選び，記号で答えなさい。

問６　金星は太陽のまわりを地球と同じ向きに，およそ225日で１周します。太陽，金星，地球がこの順に一直線に並んでから，次にこの順に一直線に並ぶまでの日数はおよそ何日ですか。最もてきとうなものを次の**ア**～**エ**の中から１つ選び，記号で答えなさい。

ア　100日　　**イ**　200日　　**ウ**　400日　　**エ**　600日

2　**次の文章を読んで，以下の問いに答えなさい。**

血液は，体の細ぼうに酸素や栄養分を運び，二酸化炭素や不要になった物を受け取る役割をしています。血液にふくまれる傷口をふさぐ血小板という細ぼうと，体の細ぼうに酸素を運ぶ赤血球という細ぼうの２つが出血することで失われると，動物は死んでしまいます。心臓は，その大事な血液を全身に送り出すポンプの役割をしています。魚類の心臓は２つの部屋，両生類とは虫類の心臓は３つの部屋，ヒトの心臓は４つの部屋に分かれていて，それぞれの部屋は規則正しく動いています。この動き（はく動）によって，全身や肺から流れてきた血液が心臓に流れこみ，一方で血液を全身や肺に送り出しています。心臓の部屋が多く分かれているほど，効率よく血液を循環（じゅんかん）させることができます。次の**図**は，血液の循環経路の**図**です。

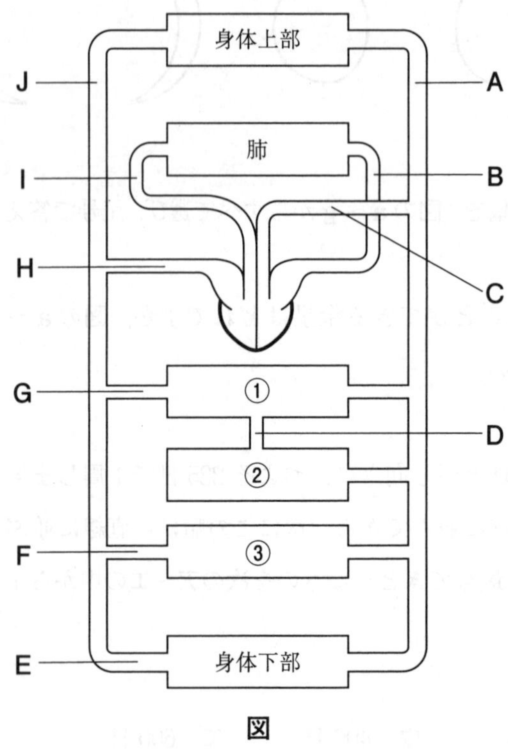

図

問１　**図**の①～③の器官の名前を次の**ア**～**エ**からそれぞれ１つずつ選び，記号で答えなさい。

ア　心臓　　**イ**　かん臓　　**ウ**　じん臓　　**エ**　小腸

問２　次の**ア**～**ウ**の条件の血液が通るのは，どの血管ですか。図中の**Ａ**～**Ｊ**からすべて選び，記号で答えなさい。

ア　酸素の多い血液
イ　食後，最も栄養分をふくんでいる血液
ウ　二酸化炭素以外の不要になった物が最も少ない血液

問３　心臓に入る血液が流れる血管を静脈といい，心臓から出る血液が流れる血管を動脈といいます。血液の流れの順番として正しいものを次の**ア**～**エ**から１つ選び，記号で答えなさい。

ア　左心ぼう→左心室→肺動脈→肺静脈→右心ぼう→右心室
イ　左心ぼう→左心室→肺静脈→肺動脈→右心ぼう→右心室
ウ　右心ぼう→右心室→肺動脈→肺静脈→左心ぼう→左心室
エ　右心ぼう→右心室→肺静脈→肺動脈→左心ぼう→左心室

問４　おとなの体では，１回のはく動で，70 mLの血液が心臓から送り出されます。１分間のはく動は70回です。また，血液１Ｌが運べる酸素の量は最大73 mLです。心臓から体の各部に送り出された血液により１時間で最大何mLの酸素が運べると考えられますか。ただし，答えが小数になった場合は，小数第一位を四捨五入し，整数で答えなさい。

３　**次の文章を読んで，以下の問いに答えなさい。**

　みのる君は，学校の授業で水溶液(すいようえき)について学びました。液体にとけている物質は溶質(ようしつ)といい，溶質をとかしている液体を溶媒(ようばい)といいます。水溶液とは，溶質が水にとけた液全体のことをいいます。

　水溶液に興味を持ったみのる君は，自分で水溶液について調べました。すると，同じ温度・同じ量の水にとける溶質の量は決まっていて，100 gの水に溶質がとける時には，その量に限度があり，それ以上はとけないことが分かりました。みのる君は，この量を溶解度(ようかいど)ということを知りました。そこで，学校の先生にたのんで，

食塩の溶解度を調べる次のような実験をさせてもらいました。５つのビーカーに水を100ｇずつ入れ，それぞれのビーカーに，上皿てんびんではかりとった10ｇ，20ｇ，30ｇ，40ｇ，50ｇの食塩を入れてよくかきまぜてとかしました。しばらく時間がたって，水温が室温と同じになったところで，それぞれの食塩水のうわずみ液をメスシリンダーではかりとって重さを比べてみました。結果は以下の通りでした。

〔結果〕

とかす食塩の量　　（ｇ）	10	20	30	40	50
食塩水 50 cm^3 の重さ（ｇ）	55.0	60.0	65.0	67.9	67.9
食塩のとけるようす	すべてとけた			とけ残った	

問１　とかす食塩の量が20ｇの場合，はかりとったうわずみ液ののう度は何％ですか。割り切れなかった場合は，小数点以下第二位を四捨五入し，小数点以下第一位まで答えなさい。

問２　とかす食塩の量が40ｇと50ｇの場合，同じ体積のうわずみ液の重さはどちらも同じで，こさが変わらなかった。このような液を□□□水溶液という。□□□に入るひらがな３文字を答えなさい。

問３　この実験の〔結果〕から分かることを，次の**ア**～**エ**からすべて選び，記号で答えなさい。

ア　食塩水の重さはとかした食塩の重さだけ重くなるが，体積はほとんど変わらない。

イ　とけ残った食塩は，温度をあげればすべてとける。

ウ　食塩の量が40ｇより少ないならば，すべてとける。

エ　とかす食塩の量が45ｇの場合，得られる食塩水 50 cm^3 の重さは 67.9ｇである。

問４　この実験の〔結果〕から，食塩の溶解度はいくつですか。ただし，答えが小数になった場合は，小数第一位を四捨五入し，整数で答えなさい。

4 **ふりこの規則性を調べる実験を行い，次のような結果が得られました。この実験結果をもとに，以下の問いに答えなさい。**

ある日の休み時間に，たろうくんとまなぶくんが理科実験室に行き，**図1**のように軽くてじょうぶでのびない糸に100gのおもりをつけ，ふりこを作り，糸の長さを変えてふりこが1往復にかかる時間（周期）を測定する実験をしました。

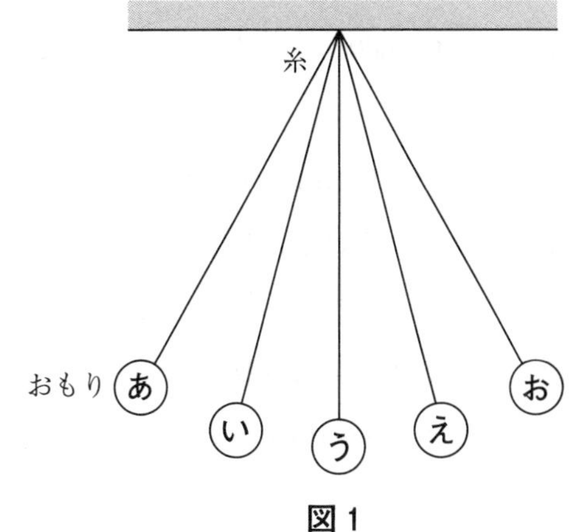

図1

ふりこは，『**あ→い→う→え→お→え→う→い→あ**』のように1往復するとし，表はその実験結果を示したものです。

ふりこの長さ　(cm)	25	50	75	100	150	①	400
1往復する時間　(秒)	1	1.4	1.7	2	2.4	3	4

問1　最もおもりが速くなるのはどの位置になりますか。**図1**の**あ**～**お**から1つ選び，記号で答えなさい。

問2　実験結果の表の①にあてはまる最もてきとうな値を次の**ア**～**エ**から1つ選び，記号で答えなさい。

ア　175　　**イ**　200　　**ウ**　225　　**エ**　250

問3　おもりを50gのものにとりかえて，同じように実験をしました。ふりこの長さが100cmのとき，1往復にかかる時間は何秒ですか。

問４　１往復にかかる時間が５秒になるのは，ふりこの長さを何 cm にしたときですか。最も近い値を次の**ア〜エ**から１つ選び，記号で答えなさい。

ア　500　　**イ**　600　　**ウ**　700　　**エ**　800

問５　ふりこの長さを 100 cm にし，**図２**のように支点から 50 cm 下の位置にくぎを打って，ふりこをふらせました。このとき，ふりこの周期は何秒になると考えられますか。表の値を参考にして答えなさい。

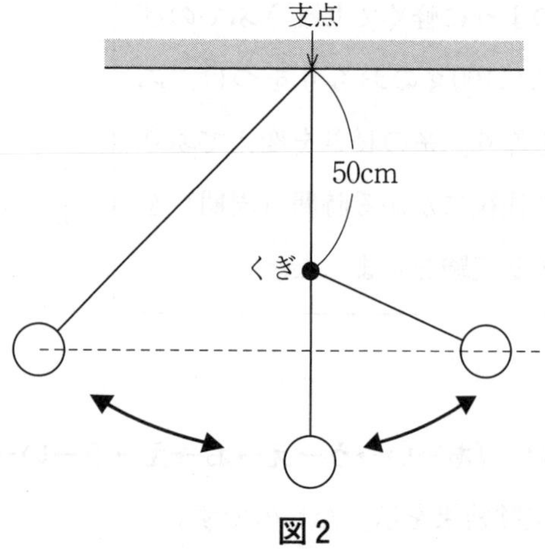

図２

問６　今までのおもりをはずして，**図３**のようにプラスチックケースの底に穴をあけ，砂で満たしたおもりを作り，ふりこをふらせました。ふりこの周期は時間とともにどのようになりますか。次の**ア〜ウ**から１つ選び，記号で答えなさい。

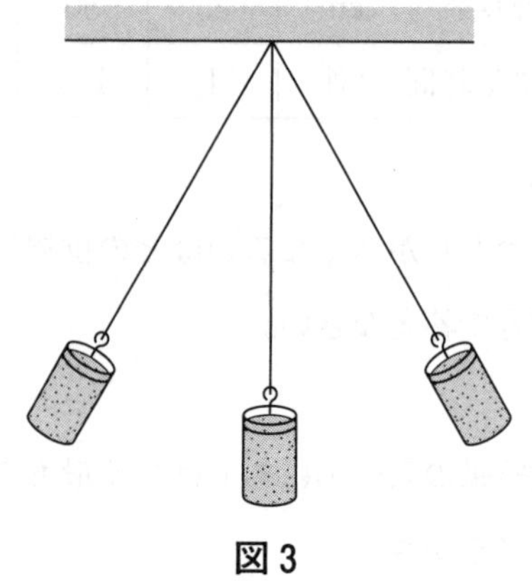
図３

ア　短くなる
イ　変わらない
ウ　長くなる

ウ　おじいさんとの触れ合いを通して、物事を一方的に捉える傾向の強かった考え方から解放され、新しい自分に変われたことを体の底から嬉しく感じている。

エ　風に飛ばされたおじいさんの帽子を追いかけてみると、自分の体とは思えないような軽さを感じ、その変化をこの上なくおもしろいものだと感じている。

問九　ⓓに入る言葉として、最も適当なものを次の中から選び、記号で答えなさい。

ア　失礼しました　　イ　おはようございます
ウ　ありがとうございました　　エ　すみませんでした

問十　次に示すのは本文を読んだ後に、五人の生徒が文章の主題や表現の特色などについて話し合った場面である。本文の主題や表現の特色などに関する発言として**適当でないもの**を次の中から**二つ**選び、記号で答えなさい。

ア　生徒Ｉ―蒼真は教室の金魚を殺したことで思い悩んでいるけれど、おじいさんと出会って話をするうちに、その悩みの原因が自分のものの見方にあると気づきはじめ、最終的には一回り大きな人間に成長する、というのがこの話の主題なのかな？

イ　生徒Ｋ―それは同感だね。蒼真の感情が限界を迎えて涙を流す場面では、彼の感情を高ぶらせるかのように荒々しく波が押し寄せて、さらに波つぶと金魚の目がイメージとして重なり、さまざまなマイナスの感情で押しつぶされそうになっているよね。

ウ　生徒Ｅ―なるほどね。比喩表現が多用されているので蒼真の心情が非常に印象的に描かれているわけだね。おじいさんの様子も直喩が所々に使われていて、病と必死に戦っている感じが強調されているね。だからこそ、命の尊さを本当に理解しているんだよね。

エ　生徒Ａ―おじいさんが語る星の砂つぶの話は感動的だけど、おじいさんの描かれ方で他にも印象的なのは、常に笑みを浮かべながら蒼真と向き合っている点なんだね。Ｉさんが言ったように蒼真の成長は物語の最後で蒼真自身が笑っている場面に読みとれるよね。

オ　生徒Ｓ―確かに、おじいさんの笑顔は蒼真を優しく包みながら彼の怒りを和ませているね。蒼真が笑えるようになったということは、おじいさんのことを信頼しているということでもあるよね。おじいさんから学んだことを実践していけば蒼真は幸せになれるよね。

きの僕の心情を説明したものとして、最も適当なものを次の中から選び、記号で答えなさい。

ア　しぶきをあげて迫りくる波に自分が飲み込まれるのではないかと感じ、理由もなく金魚の命を奪ったことに後ろめたさを感じている。

イ　大きな音を立てて襲い掛かろうとする波しぶきと殺した金魚のイメージが重なり、自分がとがめられているような恐ろしさを抱いている。

ウ　おじいさんのかたい手の感触と波の荒々しさを同時に感じ、自分の命も危機にさらされているのではないかと不安感を募らせている。

エ　おじいさんの質問に返答できない自分に波しぶきが迫ってくるので、早く返事をしなければならないと焦る気持ちでいっぱいになっている。

問五　――部③「少し考えて、僕は小瓶を持った手を下ろした」とありますが、僕がこのようにした理由を説明したものとして、最も適当なものを次の中から選び、記号で答えなさい。

ア　おじいさんの話す鮮やかな島の世界に魅力を感じたが、ぼんやりとした気持ちのままで生きている自分にとって、そのような世界は不似合いだと考えてしまったから。

イ　胸が高鳴るような鮮やかな色に満ちた島があることを知ったが、おじいさんにその島の名前は自分で調べなさいと笑いながら言われ、自分はからかわれたのだと気づいたから。

ウ　海外は色の曖昧さがないというお姉さんの話と、色鮮やかな島の存在を教えてくれたおじいさんの話とが重なったが、島の名前を教えないおじいさんに不信感を抱いたから。

エ　薄汚れた現実に生きる僕にとっておじいさんの語る砂粒の話は魅力的だったが、その正体が原生生物の死体だと分かった瞬間、殺した金魚のことを思い出し悲しくなってしまったから。

問六　――部④「僕はあわてて目をそらした」とありますが、このときの僕の心情として**適当でないもの**を次の中から一つ選び、記号で答えなさい。

ア　恥ずかしさ　**イ**　照れくささ

ウ　気まずさ　**エ**　健気さ

問七　――部⑤「なぜだか、それはすとんと僕の中におさまっていた」とありますが、このことが僕にとってどのような意味を持っているかを説明するとき、(i)～(iv)にあてはまる言葉を「　」がつけられている部分から抜き出して答えなさい。ただし、□一つを一字分とします。

◎　**人間は自分が(i)□□□□□も、何であるかも分からない(ii)□□□□□□のような小さな存在ではあるが、(iii)□□□□□□を通して胸を痛めることで、命は(iv)□□□□□□□□と願うしかない。このおじいさんの言葉は、世界と関係を持って生きていく道しるべのような説得力があったということ。**

問八　――部⑥「手足なんか、ちぎれてもいいと思った」とありますが、このときの僕の心情を説明したものとして、最も適当なものを次の中から選び、記号で答えなさい。

ア　風で吹き飛ばされたおじいさんの帽子を取り戻すために駆け出したところ、予想外に早く走ることができる自分の新たな一面に気づき、少し戸惑っている。

イ　おじいさんから星の砂をもらったことで、金魚を殺してしまった罪の意識が無くなり、感謝の気持ちを伝えるために何としてでも帽子を取り戻したいと思っている。

し、そう叫びながら手を伸ばして、おじいさんの帽子をつかんだ。砂を蹴散らして、止まった。

どくどくいう胸を押さえた。気持ちのいいどくどくだった。笑いながら手をふる。

おじいさんがバッグをひきずりながらゆっくり歩いてくる。僕は走って戻ると、帽子とハンカチを渡した。

「ありがとう」

おじいさんは静かに瞬きをしながら僕を見た。少し息が荒い。くちびるの色が青ざめている。苦しいのだろうか。胸がずくんとした。

何か言おうとすると、「大丈夫」とそっと息をついて笑った。

「星の砂は君にあげるよ」

「いいんですか」

「いいよ、私も人からもらったんだ。だから、実は星の海岸に行けてはないんだ」

「でも、海は繋がっているんでしょう」

「そうだよ」

おじいさんは荒れた海をふりかえった。眼はさみしげな色に見えた。色もひとつじゃない。きっと、お姉さんが僕に色鉛筆をくれたのは、正しい色の名前を教えたかったからじゃない。いろんな色の呼び名があるってことだ。

「ご両親が心配するよ、そろそろ」

僕はおじいさんを見あげた。今、僕に伝えられる言葉はひとつだった。

［　ⓓ　］

（千早　茜『ほしつぶ』）

※注　・武生…僕（蒼真）のおじさん。
・お姉さん…僕の家庭教師をしている女性のこと。

問一　〰〰部A「ばつが悪くなって」、〰〰部B「無我夢中」の本文中の意味として、最も適当なものを後の中からそれぞれ選び、記号で答えなさい。

A　「ばつが悪くなって」

ア　優しい言葉を素直に受け入れられないことにいらだちを感じて

イ　穏やかな雰囲気に包まれた感動を隠せない気持ちになって

ウ　上手に応対することができないことに恥ずかしさを感じて

エ　見慣れない光景を目の当たりにし、ぼう然としてしまって

B　「無我夢中」

ア　夢を見ている間は我を忘れること

イ　我を忘れて懸命になっていること

ウ　意識がすっかり失われていること

エ　私心を捨て自然に身を委ねること

問二　［ⓐ］～［ⓒ］に入る言葉として、最も適当なものを下の中からそれぞれ選び、記号で答えなさい。

［ⓐ］　**ア**　ぷくぷくと　**イ**　じゃぶじゃぶと　**ウ**　ふわふわと　**エ**　ぼくぼくと

［ⓑ］　**ア**　しんみりと　**イ**　つんと　**ウ**　ほっこりと　**エ**　じっとりと

［ⓒ］　**ア**　しゃんしゃんと　**イ**　ゆらゆらと　**ウ**　ぴかぴかと　**エ**　ころころと

問三　――部①「『あ』と声をだしてしまった」とありますが、その理由を次のように説明するとき、［　］に入る表現を五十～七十字で答えなさい。

◎　**父親の車を降りてから、［　五十～七十字　］から。**

問四　――部②「心臓がばくばくいっている」とありますが、このと

「その砂、何でできていると思う?」
「え、砂は砂でしょう?　まさか流れ星とか?」
おじいさんは細長い指で僕の手をひらいた。冷たい手だった。星の砂がさらりとゆれた。
「バクロギプシナ・スファエルラタ」
「え?」
「海の中にいる有孔虫という小さな虫だよ。その死体なんだ」
「死体」
「そう、死体。その虫は原生生物っていう、植物でも動物でもない生きもののひとつだよ。五百万年くらい前から海にいる。その中にはもしかしたら数万年前の化石化したものも入っているかもしれない。彼らは海にただよっているゴミみたいな虫なんだ。イルカやイソギンチャクや華やかな熱帯魚と違って誰も欲しがらない、誰も気にとめない。どれだけ小さな死が積み重なっても誰も泣かない。けれどね、ゴミみたいな死骸でもこうして美しい名がつく。君が見とれるくらいの」
④僕はあわてて目をそらした。おじいさんは柔らかく笑った。
「私にはね、命が大切かはわからない。正直なところね。もちろん、大切であって欲しいものだとは思うけどね。ただ、よめないんだ、命は。命だけじゃない、こんな歳まで生きてもね、見えないものはたくさんある。こんなふうに、ちっぽけな虫の死が何万年もかけて光り輝く砂浜を生んだりする。今、知っていることだけで、全てを決められはしないんだよ。この小さなひとつぶひとつぶはきっと知らなかったよ。自分が死んだあと、人に美しいと言われるなんて」
おじいさんは静かに僕を見つめた。
「「君も学校や社会の中の無数の人間のひとりだ。もちろん、私も。この広い砂浜の砂のひとつぶみたいなものだよ。わかるはずがないんだよ、私たちには。自分がどうなるかも、自分、が何であるかも。だから、私たちは祈るしかない。命が大切であって欲しいと願うしかない。でもね、君はこうして星の砂に出会えた。きれいだって思えただろう。小さな痛みや死も知ることができた。今はまだ何が正しいかわからなくても、君の胸は痛んだ。それが大切なのだと、私は思うよ」」
「それにね」と、おじいさんは笑った。
「こんなところでベソをかいている小さな君が人殺しに見える人はいないと思うよ。それくらいは私でもわかるね」
耳が熱くなった。
「すみませんでした」
頭をさげると、おじいさんは手をふった。
「いや、年寄りじみた長話をしてしまってすまなかったね」
そんなことない、と言おうとした。おじいさんの話には答えはなかった。よくわからないところもあった。でも、⑤なぜだか、それはすとんと僕の中におさまっていた。でも、どう伝えたらいいのだろうか。
その時、ひときわ大きな風が吹いた。ぱっとおじいさんの帽子が浮きあがった。「あ」とおじいさんの口がひらいた。帽子は松林の方にくるくると飛んでいく。
気がついたら僕は走りだしていた。
ハンカチをポケットに突っ込んで、片手に星の砂を握りしめながら、くるくる回る帽子を追って、砂を蹴っていた。
風が僕の背中を押した。足が軽かった。まるで飛べそうなくらいに。手の中で星の砂が［ⓒ］鳴っていた。音にあわせて頭の中で光がはじけた。
⑥手足なんか、ちぎれてもいいと思った。それくらいB無我夢中で走った。
はあはあともれる息がいつの間にか笑い声になった。ばかみたいだ、と思った。思ったけれど、僕は笑いながら駆けた。あと少し、あと少

のひとつぶひとつぶが見えた。 ⓐ ふくれあがりながら僕を見ていた。見ひらかれた金魚の目のように。

首をすくめた。波は僕の鼻先で力を失い、落ちた。海水が靴に飛び散る。

「おおっと」

おじいさんが帽子から手を離して、僕の背中をそっと押した。かたい手が服ごしに僕の背骨にあたった。

「荒れてきたね。危ないから、もう少しこっちに」

一歩進んだ。後ろで波がどうどうと音をたてていた。僕に吠えつくみたいに。

②心臓がばくばくいっている。波がきた一瞬、息ができなかった。

おじいさんの細長い横顔を見上げた。

「僕は人殺しに見えますか？」

おじいさんの驚いた顔と目が合った。空気もおじいさんの眼も髭もくすんでいた。

「僕はそういう顔をしていますか？　僕は金魚を殺しました。だって、誰もいらないと思っていたから。それは間違いなんですか？　いらないって思っていたくせに、忘れていたくせに、みんなどうして命が大切だなんて言えるんですか？　僕はおかしいんですか？」

声が裏返った。目と鼻の奥が ⓑ して、熱いものがこみあげた。熱い涙が頰をつたっていく。まずいと思ったけど止められなかった。でも、すぐにいやと思った。風と波がどんどん吹きつけてきて、僕の涙も声もかき消してくれたから。

僕はしばらく泣いた。おじいさんは黙ったままじっと横に立っていた。時々、シューシューと小さな空気の音がきこえていた。

まぶたが熱かった。眼の奥もじんじんしている。

僕はおじいさんが渡してくれたチェックのハンカチで鼻を押さえた。きっと赤くなっているだろう。大きく息を吐いた。ハンカチがあたたかくしめった。

「落ち着いたかい？」

おじいさんがゆっくり言った。僕はうなずいた。

「さっきの質問だけどね……」

「もう、いいんです。すみません」

僕は首をふってさえぎった。おじいさんは笑った。

「いやいや、待ちなさい。私は年寄りだけど何でも知っているわけじゃない。だから答えられないんだよ」

おじいさんはポケットからガラスの小瓶を取りだした。

「これが何かわかるかい？」

中で砂のようなのがさらさらとすべった。僕の手のひらにのせる。象牙色の大粒の砂が入っていた。砂にはでこぼこがあって、よく見ると小さな星形をしていた。金平糖みたいでもある。

「星だ」

「そう、星の砂だよ。南のあたたかい島の海岸の砂だよ」

※お姉さんが言っていたことを思い出した。海外は不思議なくらい色がはっきりしているのよ、と、赤いくちびるで笑っていた。

「その島は空も海もはっきりした色をしている？」

「ああ、全てが目に痛いくらい鮮やかだよ。海も突き抜けるような本当の青だ。そして、海岸は全部、星の砂で光っているよ」

「具体的になんていう島？」

おじいさんは笑った。

「それは自分で調べるんだ」

③少し考えて、僕は小瓶を持った手を下ろした。やっぱりそんな島なんか知りたくなかった。きっと僕には似合わない。ぼんやりした色の僕は消えてしまう気がした。

とも、浮かんでは消えていった。そのうちに、僕すらも消えた。僕は足だけになって歩いていた。

「どこまで行くのかな?」

ふいに頭の真後ろで声がした。僕は驚いて立ち止まった。

どうっと風の音が戻って、横で波が白くはじけた。

ふりむくと、背の高いおじいさんが立っていた。

杉の木みたいな人だと思った。とてもやせていて、深緑のベストを着ているからか。

浜には一直線に僕の足跡がついていた。おじいさんの足跡は波がけずりとった崖下の流木から続いていた。細い車輪の跡もついている。おじいさんは細長い紺色の袋をひきずっていた。車輪のついた小型のゴルフバッグみたいな袋。

シューとかすかに空気のもれる音がきこえた。顔をあげると、おじいさんの鼻から透明のチューブが伸びていた。チューブは車輪のついたバッグに繋がっている。

「珍しいかい?」

穏やかな声でおじいさんが言った。僕は A ばつが悪くなって砂で汚れた靴を見つめた。

「このバッグにはかためた酸素がね、入っているんだ。私はこうして直接入れないとうまく肺に酸素がいかないのさ。そういう病気なんだ」

僕は金魚のぱくぱくした口を思いだした。苦しげに動く赤いえらも。

「でも、これさえあれば苦しくないからね。それにしても、君はずいぶん一心に歩いていたね。海も見ないで」

見ると、父さんの車が豆粒みたいになっている。①「あ」と声をだしてしまった。おじいさんは髭をゆらして笑っている。少し銀の交じったきれいな髭だった。外国映画の探偵みたいな帽子をかぶって、片手で押さえている。

「探し物かい?」

首をふった。

「考えごとをしていたような気がします」

「ような? ああ、でもわかるかもしれない。私も海を見ながら考えごとをしていたはずなのだけどね、途中から消えてしまった。君は海じゃなくてずっと足元を見ていたね」

「ここの海はあまり好きじゃなくて。でも、僕には似合いだろうけど」

おじいさんは僕をじっと見て「変わったことを言う」と笑った。

うちのおじいちゃんとは違った。うちのおじいちゃんはでっぷりしていて、髪も黒く染めている。その髪をべったり撫でつけて、まだ毎朝仕事に行っている。夜は父さんとお酒を飲みながら、ざらざらした声でむずかしい話をしている。こんな風におじいさんらしくはない。

「君はどんな海が好きかな?」

「わからない」と、僕は正直に答えた。

「好きなものはあまり多くないし想像がつかない」

おじいさんはまた笑った。「私は」と、ゆっくり首をゆらす。

「どんな海も好きだ。海はひとつだからね。どこで眺めていても今まで見た全ての海を思いだせる。でも、しばらく海を見られなくなりそうだからね、時間をかけて見ていたんだよ。君は何を考えていたのかな?」

おじいさんの眼は黒じゃなかった。灰色ににぶい青が混じったような色。僕の名前の蒼はこんな色なのかもしれない。

「僕は」

口をひらきかけた。その時、大きな波がぐわっと僕の横で立ちあがった。のみ込まれると思った瞬間、足が動かなくなった。泡立つ波

気が生じ始めたということ。

イ　ヴァーチャル方言を用いたコミュニケーションを積極的に行うことで伝達技術が向上し、それに伴って伝える内容も豊かなものへと変化していくということ。

ウ　伝達の方法に気を配る若い世代の増加とともにヴァーチャル方言への注目が高まり、現代では方言を用いたコミュニケーションが当然になったということ。

エ　ヴァーチャル方言を用いて気分を表現するという現代の傾向は、内容よりも伝え方に気を配るという今のコミュニケーションの特質を映し出しているということ。

問八　――部⑦「これまでスルーしていた風景がまったく違ったものとして立ち上がってくる」とありますが、それはなぜですか。その理由を次のように説明したとき、(i)・(ii)にあてはまる言葉をそれぞれ**【第四段落】**の**「　」**がつけられている部分から抜き出して答えなさい。ただし□一つを一字分とします。

◎　**ヴァーチャル方言には、リアル方言が使われている環境やそこに生きる人々の**(i)□□□□□□□□□**にも影響を与える可能性が秘められており、その力がこれまで見過ごされてきた**(ii)□□□□□□□□**に及ぶことで、それらを捉え直す新たな試みとなり得るから。**

問九　各段落の内容を説明しているものとして最も適当なものを次の中から選び、記号で答えなさい。

ア　**【第一段落】**では、標準語に価値を置こうとする明治国家の政策が、一九五〇年代までその影響を及ぼしてきたと述べられている。

イ　**【第二段落】**では、人々の頭の中で共有されている方言のイメージが、リアルな方言とは水準を異にするものだと述べられている。

ウ　**【第三段落】**では、ヴァーチャル方言を格式の高い公式の場面で使うことで、方言への偏見が減少してきていると述べられている。

エ　**【第四段落】**では、ヴァーチャルな方言に注目することで、日本のメディア社会を見通すことができるようになると述べられている。

※**問二**〔**資料1**〕の文章と〔**資料2**〕のグラフ、**問六**〔**資料3**〕〔**資料4**〕の表などは田中ゆかり『方言萌え!?』からの引用

三

僕（蒼真）は教室で飼っている金魚を殺した一件で、先生や親から説教や見当違いな質問を受けた。殺した理由は、幼馴染の気の弱い女子が金魚の世話を一人押しつけられながらも律儀にやり続けているのを横で見ているといらいらしたからであった。金魚の件で思い悩む日々が続く中、蒼真は両親とのドライブでおもむいた海辺で見知らぬおじいさんと出会う。以下の文章は蒼真とそのおじいさんの対話場面である。よく読んで後の問に答えなさい。

海風が横からどんどんぶつかってくる。小さな水滴の混じった重い風だった。くちびるをなめると、苦いようなしょっぱいような味がした。

足元の土だけを見て歩いた。特に目をひくものはなかった。壊れた白い貝殻やビニール袋や、元が何かわからなくなったゴミや海藻くらいしかなかった。さびしい海だった。

歩いていくうちにいろんなものが消えていった。さっきの父さんの横顔も、家にDSを忘れてきてしまったことも、金魚のぱくぱくする口も、※武生さんの煙草のけむりも、月曜にある算数の小テストのこ

問六 ――部⑤「方言ステレオタイプ」とありますが、これに関して次の〔**資料3**〕と〔**資料4**〕を読み、どちらにも共通する強い結びつきをもつ「方言ステレオタイプ」を説明したものとして**適当でないもの**を後の中から一つ選び、記号で答えなさい。

〔**資料3**〕

2010年全国方言意識調査（n＝1,347）
８つのイメージ語にあてはまる「方言」

〔B〕地域 ブロック / 都道府県 ＼ イメージ語	おもしろい	かわいい	かっこいい	温かい	素朴	怖い	男らしい	女らしい
〔B〕東北	△			○	◎（白黒反転）			
青森	○				○			
秋田					△			
〔B〕首都圏								
東京			◎（白黒反転）					
〔B〕近畿								
京都		◎（白黒反転）		△				◎（白黒反転）
大阪	◎（白黒反転）		△			◎（白黒反転）		
〔B〕中国								
広島						△		
〔B〕四国								
高知							△	
〔B〕九州							◎（白黒反転）	
福岡							△	
熊本							△	
鹿児島							○	
〔B〕沖縄								
沖縄	○			◎（白黒反転）				

白黒反転：選択率１位
◎：10％以上、 ○：5％以上、 △：3％以上

〔**資料4**〕

2015年全国方言意識Web調査（n＝10,689）
８つのイメージ語にあてはまる「方言」

〔B〕地域 ブロック / 都道府県 ＼ イメージ語	おもしろい	かわいい	かっこいい	温かい	素朴	怖い	男らしい	女らしい
〔B〕北海道				△				
北海道				△	◎			
〔B〕東北				○	◎			
青森	○			○	◎（白黒反転）			
岩手				○	◎			
宮城				△	◎			
秋田				○	◎			
山形				△	◎			
福島				△	◎			
〔B〕北関東								
栃木	○				◎			
茨城					◎			
〔B〕首都圏			○		×			
東京			◎（白黒反転）		×			
神奈川			○					
〔B〕甲信越								
新潟				△	◎			
山梨					◎			
長野				△	◎			
〔B〕北陸				△				
富山				△	◎			
石川				△	◎			
福井					◎			
〔B〕東海								
愛知	○							
〔B〕近畿	○					△		
京都		△（白黒反転）		△				◎（白黒反転）
大阪	◎（白黒反転）				×	◎（白黒反転）	△	
兵庫	○					△		
〔B〕中国								
広島								
〔B〕四国								
愛媛				△				
高知							△	
〔B〕九州				△			◎（白黒反転）	
福岡		△		△			○	
熊本							△	
宮崎				△				
鹿児島				△			○	
〔B〕沖縄				△				
沖縄	○			◎（白黒反転）				

白黒反転：選択率１位
◎：20％以上、 ○：10％以上、 △：5％以上
※「素朴」選択率20％以上、5％未満（×）のみ表示

ア 多くの人々は青森県で使われている言葉に「素朴（そぼく）」で「温かい」という二つの印象を抱（いだ）いている。

イ 多くの人々は大阪府で使われている言葉に「おもしろい」というイメージの反面、「怖（こわ）い」という印象ももっている。

ウ 多くの人々は京都府で使われている言葉に「かわいい」「女らしい」という二つのイメージをもっている。

エ 多くの人々は東京都で使われている言葉に「かっこいい」というイメージをもっている。

問七 ――部⑥「そのような時代を映す鏡」とありますが、これはどういうことですか。その説明として最も適当なものを次の中から選び、記号で答えなさい。

ア 伝達内容よりも伝達の方法を気にかける傾向が強くなってきた現代では、ヴァーチャル方言を本物の方言とは認めない雰囲

〈資料2〉

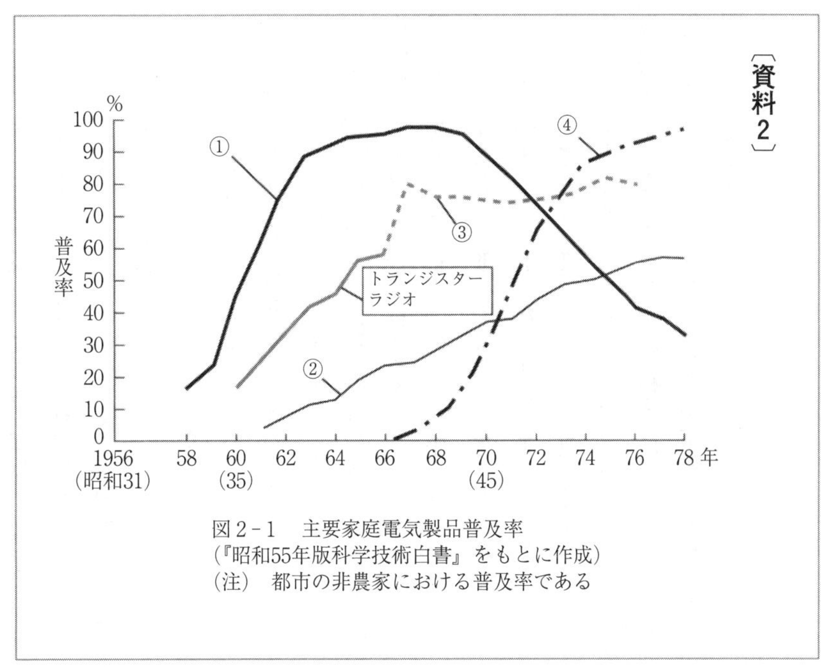

図2－1　主要家庭電気製品普及率
(『昭和55年版科学技術白書』をもとに作成)
(注)　都市の非農家における普及率である

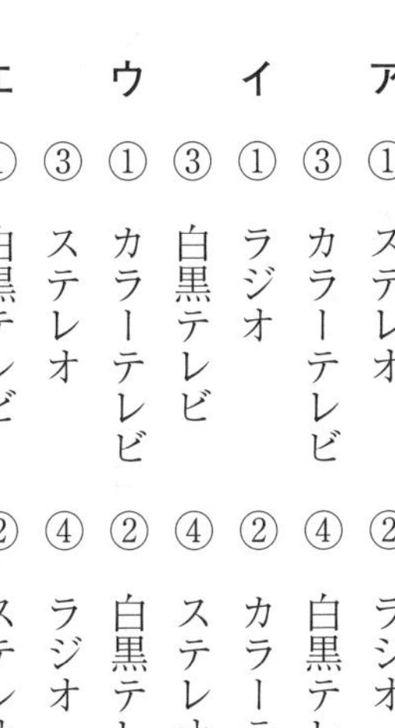
ア　①　ステレオ　　②　ラジオ
　　③　カラーテレビ　④　白黒テレビ
イ　①　ラジオ　　②　カラーテレビ
　　③　白黒テレビ　④　ステレオ
ウ　①　カラーテレビ　②　白黒テレビ
　　③　ステレオ　　④　ラジオ
エ　①　白黒テレビ　②　ステレオ
　　③　ラジオ　　④　カラーテレビ

問三　――部②「そのことがよく分かります」とありますが、「その」が指している内容を**【第一段落】**から**二十四字**で探し、**最初の三字**を答えなさい。なお、記号も字数に含みます。

問四　――部③「前者を『リアル方言(本方言)』、後者を『ヴァーチャル方言(仮想方言)』と呼ぶことにします」とありますが、これら二つの言葉を次のようにまとめるとき、(i)・(ii)の□にあてはまる言葉を**【第二段落】**から抜き出して答えなさい。ただし、□一つを一字分とします。

方言
リアル方言
⇦ (i)□□・(ii)□□を通して再び示される
ヴァーチャル方言
・ジモ方言
・ニセ方言／なんちゃって方言

問五　――部④「方言コスプレ」とありますが、この言葉の説明として最も適当なものを次の中から選び、記号で答えなさい。

ア　地域と結びついた生活の言葉としてのヴァーチャルな方言を使い、気分を切り替えてコミュニケーションを取る言語活動。
イ　人々の頭の中で共有されている画一的な方言を着脱(ちゃくだつ)可能なものとして身にまとい、ある種のキャラを演出する言語行動。
ウ　ヴァーチャル方言でのコミュニケーションを世に広めるために、魅力(みりょく)的な地元の方言を分かりやすいものにする言語活動。
エ　地方の言葉に憧(あこが)れをもつ首都圏の若者がわざと方言を使うことで、それまで評価されてきた標準語の歴史に抗(あらが)う言語活動。

ていた風景がまったく違ったものとして立ち上がってくるのです。

（田中ゆかり『方言萌え!?』）

※注
・高度経済成長…飛躍的に経済規模が継続して拡大すること。日本では１９５４年から１９７３年までの期間。
・契機…きっかけ。
・緘黙…口を閉じて何も言わないこと。
・多様なコンテンツ類…コンテンツとは情報の中身という意味。本文ではその例として方言を積極的に話すご当地アイドルやご当地キャラ、方言が使われているドラマ、小説、マンガ、アニメ、ゲームなどが、たくさんあることをこれより前の部分で指摘している。
・ステレオタイプ…行動や考え方が、画一的で新鮮味のないこと。
・逸脱…本筋から外れること。
・煎じ詰める…最後まで深く考えること。
・遍在…広くゆきわたって、どこにでもあること。

問一 Ⅰ～Ⅲに入る言葉の組み合わせとして最も適当なものを次の中から選び、記号で答えなさい。

ア Ⅰ 要するに　Ⅱ だから　Ⅲ それから
イ Ⅰ すなわち　Ⅱ やはり　Ⅲ ところで
ウ Ⅰ つまり　Ⅱ たしかに　Ⅲ しかし
エ Ⅰ まさしく　Ⅱ ただし　Ⅲ また

問二 ――部①「標準語の普及」とありますが、これに関して次の〔**資料１**〕を読んだうえで、〔**資料２**〕に示された①～④の「家庭電気製品」の組み合わせとして最も適当なものを後の中から選び、記号で答えなさい。

〔**資料１**〕

「標準語」が「普通のことば」として受け止められるには、それらが「普通に使えるもの」という感覚が広く共有される必要があります。その共通語を運用する能力と、運用能力をもつという感覚が醸成される背景には、「標準語」「共通語」を全国津々浦々に放射する装置であるテレビの普及が関与していると推測されます。

【中略】

ラジオ放送も全国に「標準語」「共通語」を拡散する装置であったわけですが、その普及速度と接触時間などを踏まえると、教育やラジオが下地を作り、テレビが共通語運用能力を飛躍的に押し上げた立役者であったとみることができそうです。

一方でこのようなヴァーチャル方言を用いたコミュニケーションに対して、生活のことばとしての方言を、ことば遊びに使うなんて、と顔をしかめる人もいるかもしれません。さらには、このようなふるまいを、方言をもたない地域の人が方言をもつ地域を下に見た行動と受け取る人もいるかもしれません。［Ⅱ］「方言コスプレ」に代表されるような「方言」を一種のコミュニケーションツールとして用いる言語行動は、公式なあるいは格式の高い場面にあらわれるものではありませんし、当初は方言意識の希薄(きはく)な首都圏(しゅとけん)の若者の行動として発現してきたという経緯(けいい)もあります。

しかし、もはや、こういった「方言」を一種の演出的ツールとして用いる言語行動は、ごく限られた属性をもつ人々による限定的な場面のみに観察されるものではなくなっています。そのことはまぎれもない事実ですし、首都圏の若者の多くは「方言をもたない自分たちは残念な人である」と捉えているので、決して「方言」を下に見た行動とはいえないのです。

【第四段落】

ヴァーチャル方言を用いた言語行動を、キブンをあらわす最適な表現を探る一つの方略と考えれば、コミュニケーションの両輪である「何を伝えるか」と「どうやって伝えるか」の後者についての方略の一種として捉え直すことが可能です。ネット上のコミュニケーションの例をあげるまでもなく、こんにちでは、「どうやって伝えるか」ということにもっとも心を砕(くだ)く時代です。⑥そのような時代を映す鏡とみることもできるのです。

ヴァーチャル方言は、コミュニケーションツールとしてだけではなく、ここまでみてきたように多様な場面やメディアで活発に用いられています。

仮想空間と現実空間は、それぞれを投影(とうえい)し合う、無限に往還(おうかん)する関係にあります。単なる等分の投影ではなく、ある部分が拡張されたり、※煎(せん)じ詰(つ)められたりしながら往還する関係にあるのが仮想空間と現実空間であるといっていいでしょう。

「ヴァーチャル方言とリアル方言の関係性も同様です。ヴァーチャル方言はリアル方言の投影ですが、多くの場合、リアル方言のあり方がそのまま投影されるものではありません。また、ヴァーチャル方言がリアル空間にインパクトを与(あた)えることもあるでしょう。たとえば、自治体などによる方言キャッチフレーズは今では使われなくなった伝統的な「方言」が使われることが少なくありません。しかしながら、そのような蔵出しヴァーチャル方言がその後その地域に住むリアルな人々のアイデンティティーの一部となっていくというようなこともありそうです。

「方言」の研究といえば、特定の地域に赴(おもむ)き、そこで生まれ育った方々へのインタビューを行うといったフィールドワークに基づくものを思い浮(う)かべる人が多いと思います。そのような手法に基づく記録と研究成果はじつに豊かで、それらはリアル方言を後世に伝える貴重な資料でもあります。一方、ヴァーチャル方言は、身近にあるものの中に存在することが多いため、日本語や日本語社会の様々な断面を探るヒントにあふれているにもかかわらず、価値あるものとして顧(かえり)みられることはそれほど多くはありません。」

［Ⅲ］、先に述べたように身近な素材に※遍在(へんざい)するヴァーチャル方言は、日本語と日本語社会を映す格好の素材です。それに着目することによって、日本語と日本語社会の姿を捉える新たな試みとなり得るのです。

つまり、ヴァーチャル方言が、どのような場においてどのように用いられるのかをつぶさに見ていくことによって、⑦これまでスルーし

ように自ら「方言」を用いて積極的に発信するなどということは考えにくい時代であったことが想像できるでしょう。

【第二段落】

それから、見逃しがちですが、先に示した※多様なコンテンツ類にあらわれる「方言」は、元々の意味における方言に備わる「特定の地域と結びついたリアルな生活の中で使われる素のことば」とは異なるものであるということを意識しておくことも重要です。

コンテンツ類にあらわれる「方言」は、「素のことば」がそのまま使われているのではないという認識です。いわば生活のことばとしてのホンモノの方言に対して、何らかの水準において編集・加工を経て再提示されたもの、それが各種コンテンツ類で用いられている「方言」であるということです。

一般に「方言」といった場合、最初に喚起されるのは、地域と結びついた生活のことばとしての「素のことば」であるホンモノの方言です。それとは別に、コンテンツ類などに再現される編集・加工を経た仮想の方言が存在します。［Ⅰ］、「方言」には少なくともこの二つの水準が認められるということに気づいておいてもらいたいと思います。

ここからは、両者を区別するために、③前者を「リアル方言（本方言）」、後者を「ヴァーチャル方言（仮想方言）」と呼ぶことにします。ヴァーチャル方言の典型は、ドラマなどの創作物において用いられる「方言」です。この意味においてヴァーチャル方言は、日本語社会で暮らす人々の頭の中に共有される「〇〇方言」と言い換えることも可能です。

【第三段落】

ヴァーチャル方言のなかには、方言の根幹であるはずの「特定の土地との結びつき」から解き放たれた用法をもつものも存在しています。元々、ある「方言」を使うということはその人がその「方言」の分布する地域で生まれ育ったか、少なくとも保育者がかかわっているなどの地域との密接な結びつきを示すものですが、そうではない用法が認められるということです。

土地との結びつきから解き放たれた「方言」を用いた典型的な言語行動としては、自分の生まれ育った地域の方言ではないもの、いうならば「ニセ方言」あるいは「なんちゃって方言」を使うという行為を指摘することができます。

そう、関西人でもないのに「なんでやねん」とつっこんだり、土佐人でもないのに「行くぜよ！」と「龍馬語」でスカッと言い切ったりする、そのふるまい――「方言」に付随する※ステレオタイプを用いてある種のキャラを臨時的に発動させることばを用いたコスチューム・プレイ、「④方言コスプレ」――のことです。

もちろん、地元の方言を編集・加工した「分かりやすく処理された地元の方言（ジモ方言）」を用いて、より「地元人らしく」ふるまう、これもヴァーチャル方言を用いた「方言コスプレ」の一種です。

さらには、もはや⑤方言ステレオタイプを用いたキャラ発動というレベルからも※逸脱し、単なるキブンの切り替えツールとして「方言」を用いる行動も目に付きます。たとえば「関西弁」由来の一人称の「うち」や「めっちゃ」「しんどい」などは、「関西方言」として意識されず、ちょっとキブンを切り替えるための表現として全国に浸透していると見ることもできるかもしれません。

どうですか？　自分は使わないという人でも、ちょっと周りを見渡せば一人や二人はヴァーチャル方言を表現ツールの一種として使っている「事例」を見出すことができるのではないでしょうか。

二〇二二年度 浦和実業学園中学校

【国語】〈第一回午前試験〉（五〇分）〈満点：一〇〇点〉

【注意】字数制限のある問題の場合は、句読点や符号、促音「っ」・拗音「ゃ」「ゅ」「ょ」なども一字分として字数に含めます。

一 **次の各問いに答えなさい。**

問一 ――部のカタカナを漢字に直しなさい。

(1) エンドウに立ち並ぶビル。

(2) 各国のシュノウが集まる。

(3) 大会の開会をセンゲンする。

(4) 雨で試合がジュンエンになる。

(5) 服のスンポウを測る。

問二 ――部の漢字の読みをひらがなで答えなさい。

(1) 手紙を拝見する。

(2) 当たり障りのないことを言う。

(3) 彼の胸板はとても厚い。

(4) 儀式を厳かにとり行う。

(5) 試験に向けて奮起する。

問三 次の言葉の意味として最も適当なものを後の中からそれぞれ選び、記号で答えなさい。

(1) 千里眼

(2) 水魚の交わり

(3) 杜撰

(4) 他山の石

(5) 蛇足

ア 余計なもの。

イ 遠い場所のできごとなどを直感的に知る能力。

ウ 他人の言動を自分の成長の参考にすること。

エ 非常に親密な交際のこと。

オ 詩文や書物の内容などに誤りが多いこと。

二 **次の文章を読んで、後の問いに答えなさい。**

【第一段落】

一九七〇年代の終わりごろまでは、標準語に価値をおく考え方が支配的でした。この背景には、明治期における国家の近代化政策の一環として推進された標準語政策が大きく関与します。標準語政策とは、近代的な国語、すなわち、一つの国家に一つの国語＝標準語という考えに基づくものですから、各地に存在する多様な「方言」は、一つの国家の象徴である①標準語の普及を妨げるものとして位置づけられ、撲滅されるべきものとして捉えられていたのです。

戦後も、※高度経済成長がスローダウンするまでは、中央集権的・東京一極集中的考え方が主流で、地方を象徴するものとして「方言」を低くみる考え方は継承されました。そのため、長く「方言」は「恥ずかしい」「かっこ悪い」「隠したい」ものだったわけです。高度経済成長期の一九五〇年代半ばから一九六〇年代にかけての新聞記事や投書を読むと、②そのことがよく分かります。高度経済成長を支えた地方からの上京青年たちが自身の「方言」を笑われたことを※契機に※緘黙状態に陥る、さらに深刻なケースとしては自ら命を絶つあるいは殺人事件に発展するという悲しい事件が、少なからず報じられています。

このようなことを踏まえると、少なくとも一九七〇年代までのアイドルがアイドルとしてふるまうに際して、戦略的にせよ、こんにちの

2022年度 浦和実業学園中学校 ▶解説と解答

算　数　＜第１回午前試験＞（50分）＜満点：100点＞

解　答

1 (1)　4　(2)　40　(3)　1.12　(4)　30　(5)　$4\frac{1}{3}$　(6)　13.2　2 (1)　２枚
(2)　20分後　(3)　39cm　(4)　２年前　(5)　60分　(6)　4260円　3 (1)　毎秒４cm
(2)　60cm　(3)　30秒後　(4)　解説の図を参照のこと。　4 (1)　2880cm^2　(2)　1600cm^2
(3)　６cm　5 (1)　*A*　12cm　*B*　12cm　*C*　16cm　(2)　480cm^3　6 (1)
5　(2)　２と15　(3)　70

解　説

1 四則計算，計算のくふう

(1)　$55\times2\div5-33\times6\div11=22-18=4$

(2)　$41-(9-16\div2)=41-1=40$

(3)　$(1.72+0.47-0.19)\times0.56=2\times0.56=1.12$

(4)　$35\times48\div12\div7\times6\div4=\dfrac{35\times48\times6}{12\times7\times4}=30$

(5)　$2\frac{2}{5}\div\frac{3}{5}+\frac{1}{4}\times1\frac{1}{3}=\frac{12}{5}\times\frac{5}{3}+\frac{1}{4}\times\frac{4}{3}=4+\frac{1}{3}=4\frac{1}{3}$

(6)　$2.64+5.28+1.32+3.96=(2.64+3.96)+(5.28+1.32)=6.6+6.6=13.2$

2 つるかめ算，旅人算，植木算，年れい算，仕事算，割合と比

(1)　まず，合計金額が2300円なので，10円玉の枚数は10の倍数であり，10枚とわかる。このとき，100円玉と500円玉は合わせて，16－10＝６(枚)で，10円玉を除いた合計金額は，2300－10×10＝2200(円)である。500円玉が６枚あるとすると，500×６＝3000(円)となり，実際よりも，3000－2200＝800(円)高くなる。よって，500円玉を減らして100円玉を増やすと，合計金額は１枚あたり，500－100＝400(円)ずつ安くなるから，100円玉の枚数は，800÷400＝２(枚)と求められる。

(2)　２人が反対方向に歩くとき，２人がはじめて出会うのは，２人合わせて１周(3200m)歩いたときである。また，２人が１分間に歩く道のりの和は，100＋60＝160(m)である。よって，２人がはじめて出会うのは，出発してから，3200÷160＝20(分後)とわかる。

(3)　テープを３本つなげるとき，できるのりしろの個数は，３－１＝２(個)である。よって，全体の長さは，15×３－３×２＝45－６＝39(cm)とわかる。

(4)　お母さんの年れいがＡ君の年れいの４倍だったのが□年前として図に表すと，右の図のようになる。また，お母さんとＡ君の年れいの差は，42－12＝30(才)のままであり，これが，④－①＝③にあたるから，①にあたる年れいは，30÷３＝10(才)とわかる。よって，□＝12－10＝２(年前)である。

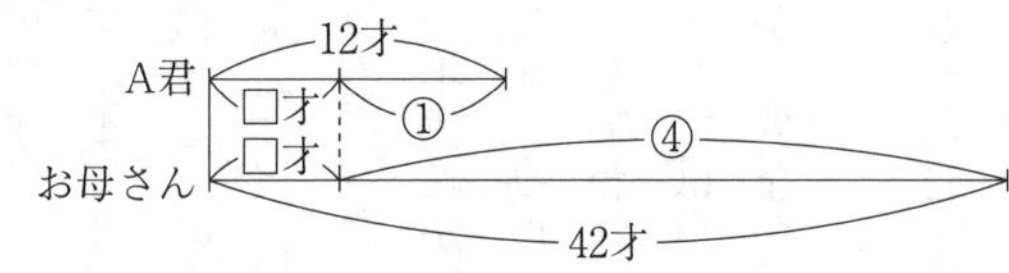

(5) ある仕事全体の仕事量を30と20の最小公倍数である60とすると，Ａ君が１分にする仕事の量は，60÷30＝２，Ａ君とＢ君が１分間にする仕事の量の和は，60÷20＝３となり，Ｂ君が１分にする仕事の量は，３－２＝１とわかる。よって，Ｂ君が１人で仕事をすると，60÷１＝60(分)かかると求められる。

(6) 40%はもとの0.4倍にあたるから，10650円の40%は，10650×0.4＝4260(円)である。

3 グラフ―旅人算

(1) 点Ｐ，Ｑがはじめて重なるのは出発してから10秒後なので，点Ｐ，Ｑの秒速の和は，120÷10＝12(cm)とわかる。点Ｐの速さは毎秒８cmなので，点Ｑの速さは毎秒，12－８＝４(cm)と求められる。

(2) 点ＰがＢにはじめて着くのは出発してから，120÷８＝15(秒後)で，このとき点ＱはＢから，４×15＝60(cm)のところにいる。よって，点Ｐ，Ｑの間のきょりも60cmとわかる。

(3) (2)の位置から，点Ｐ，Ｑの間のきょりは１秒間に，８－４＝４(cm)ずつ近づく。よって，点Ｐ，Ｑが２回目に重なるのは(2)のときから，60÷４＝15(秒後)となり，それは出発してから，15＋15＝30(秒後)である。

(4) (2)より，点Ｐ，Ｑの間のきょりは15秒後に60cmとなった後，30秒後に０cmとなるまで近づいていく。よって，グラフは右の図のようになる。

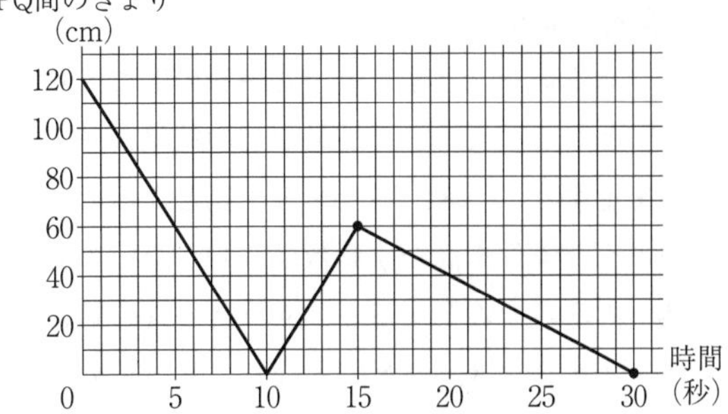

4 平面図形―構成，分割

(1) 紙の面積が半分になるように切れば，捨てる紙の面積を最も大きくすることができる。このとき，作業を２回行ったあとに残った紙の面積は，もとの面積の，$\frac{1}{2}\times\frac{1}{2}=\frac{1}{4}$になる。よって，求める面積は，$40\times96\times\left(1-\frac{1}{4}\right)=40\times96\times\frac{3}{4}=2880$(cm²)とわかる。

(2) 作業を２回行ったあとに正方形が残ったとき，残った正方形の１辺の長さはもとの長方形の縦の長さである40cmになる。よって，この正方形の面積は，40×40＝1600(cm²)と求められる。

(3) 残った正方形の面積をできる限り小さくするには，６回目までに捨てる紙の面積を最も大きくする必要があり，６回目までの作業はすべて紙の面積が半分になるように切ればよい。よって，６回目まではたとえば右の図のように紙を切ればよく，６回目の作業のあとに残った紙はかげの部分のようになる。これは縦の長さが，$40\times\frac{1}{2}\times\frac{1}{2}=10$(cm)，横の長さが，$96\times\frac{1}{2}\times\frac{1}{2}\times\frac{1}{2}\times\frac{1}{2}=6$(cm)の長方形だから，作業を７回行ったあとに残る正方形の１辺の長さは６cmとわかる。

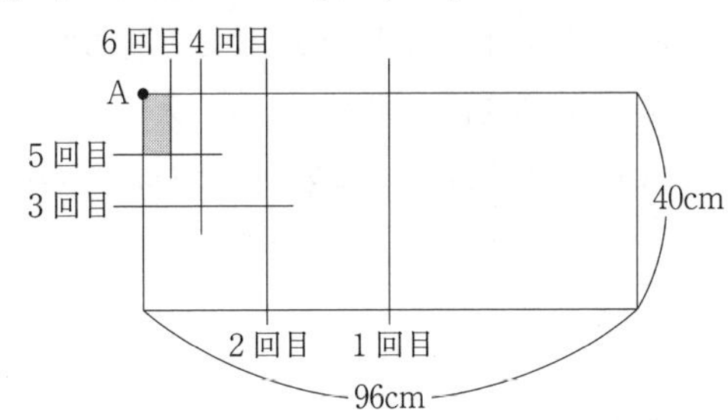

5 グラフ―水の深さと体積

(1) 問題文中のグラフより，小さい直方体の高さは４cm，大きい直方体の高さは12cm(…A)とわかり，水そうを正面から見ると下の図のようになる。図の①～③の順に水が入り，それぞれの部分

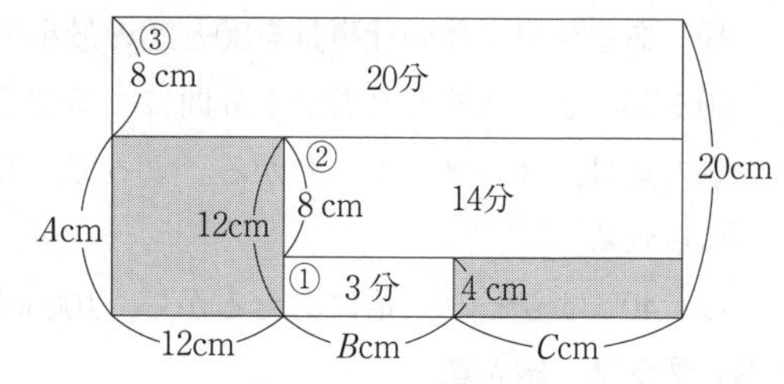

に水が入るのにかかった時間は，３分，17－３＝14(分)，37－17＝20(分)なので，①～③の部分の容積の比は３：14：20となる。ここで，①～③の部分の高さはそれぞれ，４cm，12－４＝８(cm)，20－12＝８(cm)であり，高さの比は，４：８：８＝１：２：２である。また，①～③の部分の奥(おく)行(ゆ)きは等しい。したがって，①～③の部分の横の長さの比は，$\frac{3}{1}:\frac{14}{2}:\frac{20}{2}=3:7:10$となり，この比の，10－７＝３が12cmにあたる。よって，$B=12\times\frac{3}{3}=12$(cm)，$C=12\times\frac{7-3}{3}=16$(cm)と求められる。

(2)　37分間で入れられた水の体積は，水そうの容積から２本の直方体の体積を引けば求められる。よって，その体積は，(12＋12＋16)×30×20－(12×12×30＋４×16×30)＝24000－6240＝17760(cm³)だから，１分間に入れる水の量は，17760÷37＝480(cm³)と求められる。

6　条件の整理

(1)　ある数を○とすると，A→Bの順に入れた結果は，○×３＋５となり，Cに入れた結果は，○×○となる。A→Bの結果がCの結果より５小さいから，○×○－５＝○×３＋５であり，両辺に５を足すと，○×○＝○×３＋10となるので，○は10の約数とわかる。１，２，５，10のうち，このような条件を満たす整数は５しかないので，求める数は５である。

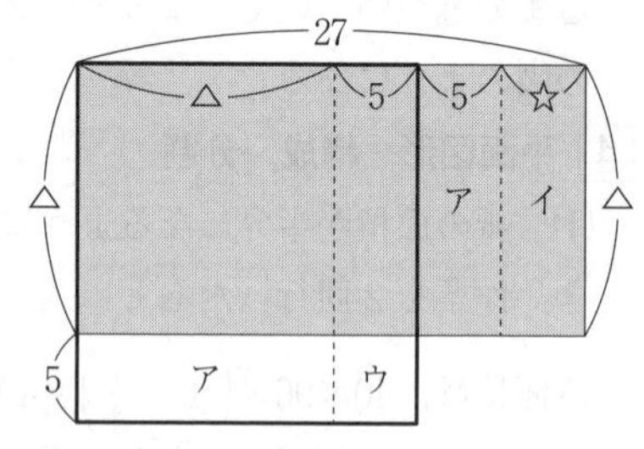

(2)　ある数を△とすると，A→A→Aの順に入れた結果は，△×３×３×３＝△×27となり，B→Cの順に入れた結果は，(△＋５)×(△＋５)となる。A→A→Aの結果はB→Cの結果より５大きいので，右の図のように表すと，かげの部分の面積が太線で囲まれた部分の面積より５大きくなる。かげと太線部分を比べると，アの面積は同じだから，イの面積がウの面積より５大きくなり，ウの面積は，５×５＝25である。よって，イの面積は，25＋５＝30となり，△×☆＝30，△＋☆＝27－５×２＝17になる。このような式を満たす△と☆の組み合わせは２と15なので，求める整数は２と15とわかる。

(3)　ある数を□とすると，Aの入口から出てきた数字は，(□＋５)÷３となる。また，Cの入口から出てきた数字が５ということは，Cの出口に入れた数字，つまりAの入口から出てきた数字は，５×５＝25であることがわかる。よって，(□＋５)÷３＝25となり，□＝25×３－５＝70と求められる。

社　会　＜第１回午前試験＞（30分）＜満点：50点＞

解　答

1　**問１**　(1)　カ　(2)　ア　**問２**　(1)　ウ　(2)　イ　(3)　山梨(県)　**問３**　三権分立　**問４**　(1)　ウ　(2)　ウ　(3)　(例)　森林から栄養分に富んだ水が海に流れこみ，魚が集まるため。　**2**　**問１**　千曲(川)　**問２**　ウ　**問３**　エ　**問４**　野口英世　**問５**　五街道　**問６**　足利義満　**問７**　目安箱　**問８**　ア　**問９**　ア　**問10**　イ，ウ　**3**

問１ 沖縄　**問２** 戦力　**問３** イ　**問４** ア　**問５** エ

解説

１ 地図を題材にした問題

問１ (1) 南アフリカ共和国はアフリカ大陸の最も南に位置する国で，金やプラチナ，レアメタルなどの産地であることや，1991年まで，アパルトヘイトという人種隔離政策が行われていたことなどで知られる。国旗は，中央にＹを横にしたようなもようが描かれたもので，ｂがあてはまる。なお，Ａはメキシコで国旗はｃ，Ｂはフランスで国旗はｄ，Ｃはアルゼンチンで国旗はａ。　(2)〈資料１〉は，メルカトル図法で描かれた世界地図である。メルカトル図法の地図では，経線と緯線が直角に交わるように描かれているため，赤道から離れ，緯度が高くなるほど，方位や面積が不正確になる。

問２ (1)～(3) 富士山は，山梨県南部と静岡県北部の県境に位置する山である。地形図中で最も標高が高いところが，富士山の山頂で，富士山の高さを表す。地図中で最も標高が高いのは，「剣ヶ峯」の下に書かれた標高3775.6mで，ここから富士山の標高は，およそ3776mとわかる。そして，標高5675mのオリサバ山との比率は，5675÷3776＝1.50…より，オリサバ山は富士山よりも約1.5倍高いことがわかる。最後に地図記号について，まず「剣ヶ峯」の下などに，三角点(△)の地図記号が書かれている。また，「剣ヶ峯」の少し東のところにある「銀明水」の近くに，郵便局(〒)と，神社(⛩)の地図記号が書かれているが，地形図中に水準点(⊡)は見られない。

問３ 国の権力を，立法権(法律をつくる権力)，行政権(実際に政治を行う権力)，司法権(裁判を行う権力)の３つに分けてそれぞれ別の機関に受け持たせ，お互いを監視して抑え合うようにするしくみを三権分立という。三権分立は，権力が一つの機関に集中するのを防ぎ，国民の基本的人権を守ることを目的としたしくみである。

問４ (1) 2020年の米の収穫量は新潟県が全国第１位で，以下，北海道，秋田県と続く。なお，統計資料は『日本国勢図会』2021／22年版による(以下同じ)。新潟県は，北西の季節風の影響で冬の降水量が多い日本海側の気候に属しているので，ウの雨温図(新潟県上越市高田)があてはまる。なお，アは札幌(北海道)，イは東京，エは松本(長野県)の雨温図。　(2) 江戸幕府の第８代将軍徳川吉宗は，享保の改革とよばれる幕政改革に取り組み，その中で上げ米の制を定めた。これは，大名に対して，石高１万石につき100石の米を幕府に献上させる代わりに，参勤交代で江戸に住む期間を１年から半年に短縮するというもので，苦しい幕府の財政を立て直すことを目的として行われた。　(3) 河川や湖沼，海岸のまわりに森林があると，木々のつくるかげが休息や産卵の場所になるなど，魚にとってよい環境がつくられる。また，森林から川や海へ流れ出た養分は，魚のえさのプランクトンを増やす。このように森林の保護が，漁業にとってよい影響をもたらすことから，漁業にたずさわる人の中には，山での植林に取り組む人たちもいる。

２ 各時代の歴史的なことがらに関係する問題

問１ 日本一長い川である信濃川は，長野県から新潟県にかけて流れているが，長野県内では千曲川，新潟県内では信濃川とよばれている。信濃川・千曲川流域では水害が多く，2019年にも台風19号による大雨が原因で，千曲川が氾濫し，死者が出るなどの大水害が起きた。

問２ 東大寺南大門にある金剛力士像は，鎌倉時代に運慶や快慶が中心となって，約3000の部材を組み合わせてつくる「寄木造」という手法でつくられた。なお，雪舟は室町時代に水墨画を大成した画家，鴨長明は鎌倉時代に随筆『方丈記』を書いた僧，世阿弥は室町時代に能を完成した人物。

問３　第一次世界大戦(1914～18年)はドイツの降伏によって終結し，フランスのパリ郊外にあるベルサイユ宮殿で講和会議が開かれた。そのため第一次世界大戦の講和会議は，パリ会議，またはベルサイユ会議とよばれる。この会議で結ばれたベルサイユ条約によって，ドイツは多額の賠償金を課され，植民地もすべて失った。

問４　野口英世は福島県出身の細菌学者で，北里伝染病研究所などに勤務したあと，アメリカに渡って感染症の研究で業績を上げた。その後，黄熱病研究のためにアフリカに渡ったが，みずから黄熱病に感染して亡くなった。野口英世の肖像は，2022年時点で発行されている千円札に用いられている。

問５　江戸時代には，江戸と各地を結ぶ五街道(東海道，中山道，甲州街道，日光街道，奥州街道)が整備され，日本橋が五街道の起点とされた。そのなごりで現在も日本橋は，多くの国道の起点となっている。

問６　足利義満は，室町幕府の第３代将軍に就任すると，室町に「花の御所」を造営して政治を行い，幕府の全盛期を築いた。その後，明(中国)から「日本国王」と認められた足利義満は，明と国交を開き，日本が貢ぎ物を送り，その返礼を受け取る朝貢貿易という形式で，日明貿易を行った。

問７　江戸幕府の第８代将軍徳川吉宗は，享保の改革の中で広く民衆の意見を聞くため，目安箱を設置した。目安箱への投書をもとに，町人のための消防組織である町火消や，貧しい人の治療を行う小石川養生所などが設置された。

問８　660年，朝鮮半島南部にあり，日本と友好関係にあった百済が新羅によって滅ぼされると，中大兄皇子は百済を復興しようと朝鮮半島に出兵したが，663年，新羅と唐(中国)の連合軍に大敗した。これを白村江の戦いという。なお，文永の役は1274年に行われた元(中国)との戦い(１回目の元寇)，文禄の役は1592～93年に豊臣秀吉が行った１回目の朝鮮出兵，東学党の乱は日清戦争のきっかけとなった，1894年に朝鮮半島で起こった暴動で，甲午農民戦争ともよばれる。

問９　吉田松陰は長州藩(山口県)の萩郊外で松下村塾を営み，明治維新で活躍する多くの人材を育てた。しかし，1859年，幕府の対外政策を批判したとして，大老井伊直弼が行った安政の大獄で処刑された。戊辰戦争(1868～69年)がはじまる前に亡くなっているので，関係しない人物といえる。なお，徳川慶喜は，戊辰戦争が行われた時の江戸幕府第15代将軍。勝海舟と西郷隆盛は，それぞれ旧幕府軍代表，新政府軍代表として会談を行い，新政府軍による江戸城総攻撃を回避して江戸城の無血開城を実現した。

問10　江戸幕府は，キリスト教の禁止を徹底し，貿易の管理と統制をはかることを目的として鎖国を行った。鎖国中はキリスト教の布教を行わないオランダと清(中国)に限り，長崎で幕府と貿易することを許した。

３　平和を題材にした問題

問１　太平洋戦争末期の1945年４月には，アメリカ軍が沖縄本島に上陸し，日本国内で唯一となる激しい地上戦が行われた。集団的な戦闘は６月23日に終結したが，日本・アメリカ両軍の軍人だけでなく，多くの市民が犠牲になった。現在６月23日は，沖縄県が制定した「慰霊の日」とされ，沖縄戦で亡くなった人々に祈りがささげられる。

問２　日本国憲法第９条は，日本国憲法の三大原則の一つとされている平和主義について規定している。その第１項では戦争の放棄が，第２項では陸海空軍などの戦力を保持しないことや，国の交戦権を認めないことが定められている。

問３　安全保障理事会は，世界の平和と安全を守る国際連合の中心的機関で，アメリカ・イギリス・ロシア・フランス・中国の常任理事国５か国と，任期２年の非常任理事国10か国で構成されている。ドイツは非常任理事国に選出されたことはあるが，常任理事国ではない。

問４　2001年９月11日，アメリカで４機の旅客機がテロリストにハイジャックされ，２機はニューヨークにある世界貿易センタービルに，１機はワシントンにある国防総省に衝突，１機は原野に墜落した。これがいわゆる同時多発テロ事件で，全世界に大きな衝撃を与えた。

問５　Ａは択捉島，Ｂは竹島，Ｃは鳥島，Ｄは尖閣諸島を指している。このうち，国後島・歯舞群島・色丹島とともに北方領土にふくまれる択捉島は，ロシアとの間で領有権をめぐる問題がある。竹島は島根県に属する日本固有の領土だが，韓国が警備隊を常駐させて実効支配しており，領土問題となっている。尖閣諸島は沖縄県に属しているが，中国などが領有権を主張している。なお，伊豆諸島の一つである鳥島は東京都に属し，領土問題は発生していない。

理　科　<第１回午前試験>（30分）<満点：50点>

解　答

[1] **問１**　イ　**問２**　ア　**問３**　**c**　③　**g**　⑥　**問４**　a，b，c　**問５**　g　**問６**　エ　[2] **問１**　①　イ　②　エ　③　ウ　**問２**　**ア**　A，B，C　**イ**　D　**ウ**　F　**問３**　ウ　**問４**　21462mL　[3] **問１**　16.7％　**問２**　ほうわ　**問３**　ア，エ　**問４**　36　[4] **問１**　う　**問２**　ウ　**問３**　２秒　**問４**　イ　**問５**　1.7秒　**問６**　ウ

解　説

[1] 惑星についての問題

問１　太陽のように，みずから光る天体を恒星とよび，恒星のまわりを公転し，みずからは光を出さず，その光を反射して光る天体を惑星とよぶ。なお，惑星のまわりを公転している天体は衛星という。彗星はおもに氷でできたとても小さな天体で，地球に近づくと長い尾を引くため，ほうき星ともよばれる。

問２　金星は地球よりも太陽に近いところを公転しているので，地球上のある地点から金星が見えるとき，金星は太陽の近くにある。金星は昼間には太陽の光で見ることができず，図で，地球から見て太陽よりも右側にあるときには日の出前，太陽よりも左側にあるときには日ぼつ後のわずかな間だけ観測することができる。ａの位置にある金星は明け方の東の空に，太陽よりも先に見え始める。

問３　金星は太陽のほうを向いている側が太陽に照らされる。つまり，太陽側の半面が光っていて，太陽と反対側の半面は暗い。地球から金星を観察すると，地球側を向いた半面のうち太陽に照らされている部分が見える。ｃの位置にある金星は，日の出前の地点から見ると，多くの面が光ってい

て，右側の一部だけが暗い。よって，③のように見える。一方，ｇの位置にある金星は，ｃの位置にあるときよりも地球に近いため大きく見え，日ぼつ後の地点から見ると左側が暗く，右側が光っている。そのため，見えるようすとして，⑥が選べる。

問４　日の出前に観測できる金星を明けの明星とよぶ。問２で述べたように，図で，地球から見て太陽より右側に位置する金星は日の出前に観察できる。

問５　日ぼつ後に観測できる金星は，よいの明星とよばれる。図で，地球から見て太陽より左側に位置する金星は日ぼつ後に観察できる。その中で，地球と太陽を結ぶ線と，地球と金星を結ぶ線がつくる角度が大きい，つまり，地球上で空を見たときに太陽から離(はな)れている金星ほど，日ぼつ後長い時間見ることができる。

問６　１日に公転する角度は，金星が，360÷225＝1.6(度)，地球が，360÷365＝0.986…より，約１度で，１日あたり金星のほうが地球よりもおよそ，1.6－１＝0.6(度)多く回る。太陽，金星，地球が一直線に並んでから，この公転する角度の差が360度になると，再び３つの天体がこの順に一直線に並ぶ。その日数はおよそ，360÷0.6＝600(日)である。

２ 血液の循環(じゅんかん)についての問題

問１，問２　図で，肺と直接血管でつながる器官は心臓である。①はかん臓，②は小腸で，小腸で血液中に取りこまれた栄養分は，Ｄの血管を通ってかん臓に運ばれ，その一部がかん臓にたくわえられる。そのため，Ｄを流れる血液は，食後に最も栄養分を多くふくんでいる。かん臓を通った後の血液は，Ｇを流れる。①と②につながる血管のようすから，血液は肺と心臓をのぞく各器官をおよそ右から左に流れてＨから心臓に入るとわかる。血液は，心臓から肺に送られて，酸素を取りこんだ後，心臓にもどり各器官に酸素を届けるため，Ａ～Ｃには酸素の多い血液が流れる。また，③はじん臓で，ここでは血液中から二酸化炭素以外の尿素(にょうそ)などの不要物がこしとられる。そのため，じん臓を通った後のＦの血液は，二酸化炭素以外の不要になったものが最も少ない。

問３　全身からもどってきた血液は，Ｈから右心ぼうに入り，右心室からおし出されてＩの肺動脈を通って肺に送られる。肺では血液中に酸素を取りこみ，二酸化炭素を放出する。その後，Ｂの肺静脈を通って左心ぼうに入り，左心室からおし出されてＣの大動脈を通って全身に届けられる。

問４　１時間に心臓から送り出される血液は，70×70×60＝294000(mL)，つまり294Lである。血液１Ｌが運べる酸素の最大量は73mLなので，心臓から送り出された血液は１時間で最大，73×294＝21462(mL)の酸素を運ぶことができる。

３ 溶解度(ようかいど)についての問題

問１　結果より，20ｇの食塩は100ｇの水にすべてとけている。よって，うわずみ液ののう度は，20÷(100＋20)×100＝16.6…より，16.7％と求められる。

問２　とかす食塩の量が40ｇと50ｇの場合で，どちらもこさが変わらないのは，水にとける限度の量をこえていたためである。このような状態の水溶液を，ほうわ水溶液とよぶ。

問３　ア　水100ｇの体積はおよそ100cm^3である。結果より，とかす食塩の量が10ｇの場合，体積100cm^3あたりの食塩水の重さは，$55.0\times\frac{100}{50}$＝110(ｇ)と求められ，水100ｇに対して重さがとかした食塩の量と等しい，110－100＝10(ｇ)増えている。このことから，水に食塩をとかしても体積はほとんど変わらず，食塩水の重さはとかした食塩の量だけ重くなると考えられる。これは，とかした食塩がすべてとけている20ｇや30ｇの場合からも考えることができる。　　イ　この実験では一定の水温(室温)のもとで結果を比べているので，とけ残った食塩が温度をあげると，すべてとけるかはわからない。　ウ，エ　問２でも述べたように，とかす食塩の量が40ｇのときには水にとける限度の量をこえているため，とかす食塩の量が45ｇのときも40ｇのときと同じく食塩水50cm^{3}の重さが67.9ｇになる。なお，この実験の結果からは，水にとける限界の量は30ｇと40ｇの間にあると考えられ，とかす食塩の量を40ｇより少なくしてもすべてとけるとはいえない。

問４　表で，とかす食塩の量を増やしても，食塩水50cm^{3}の重さは67.9ｇ，つまり，食塩水100cm^{3}の重さは，$67.9\times\frac{100}{50}=135.8$(ｇ)より多くならない。このことから，水100ｇにとける限度の量(食塩の溶解度)は，135.8－100＝35.8より，36ｇと求められる。

4　ふりこの周期についての問題

問１　ふりこは，おもりが高い位置から低い位置に落下する力で運動しているので，最もおもりが速くなるのは，最も低い位置のときである。

問２，問４　ふりこが１往復する時間が，２÷１＝２(倍)，４÷１＝４(倍)になるとき，ふりこの長さは，100÷25＝４(倍)，400÷25＝16(倍)になっている。このことから，１往復する時間を□倍にするためには，ふりこの長さを(□×□)倍にすればよいとわかる。よって，１往復する時間を１秒から３倍の３秒にするためにはふりこの長さを，25×３×３＝225(cm)，１往復する時間を１秒から５倍の５秒にするためにはふりこの長さを，25×５×５＝625より，約600cmにすればよい。

問３　ふりこが１往復する時間は，ふりこの重さやおもりをはなす高さには関係がなく，ふりこの長さによって変化する。そのため，おもりの重さを変えても，ふりこの長さが100cmで変わらない場合，１往復する時間は２秒で変わらない。

問５　図２のふりこは，左半分では長さ100cm，右半分では長さ，100－50＝50(cm)のふりことしてふれる。よって，このふりこの周期は，(1.4＋２)÷２＝1.7(秒)となる。

問６　図３で，砂はプラスチックケースの下にたまっているので，砂がこぼれていくと支点からおもりまでの長さ，つまりふりこの長さがしだいに長くなると考えられる。そのため，ふりこの周期も長くなっていく。

国語　<第１回午前試験>（50分）<満点：100点>

解答

一　**問１**　下記を参照のこと。　**問２**　(1)　はいけん　(2)　さわ(り)　(3)　むないた　(4)　おごそ(かに)　(5)　ふんき　**問３**　(1)　イ　(2)　エ　(3)　オ　(4)　ウ　(5)　ア

二　**問１**　ウ　**問２**　エ　**問３**　地方を　**問４**　(i)　編集　(ii)　加工　**問５**　イ　**問６**　ア　**問７**　エ　**問８**　(i)　アイデンティティー　(ii)　日本語や日本語社会　**問９**　イ

三　**問１**　Ａ　ウ　Ｂ　イ　**問２**　ⓐ　ア　ⓑ　イ　ⓒ　ア　**問３**　(例)　自分自身を見失うほど思いつめて歩いていたところ，おじいさんの言葉で我に返り，思いのほか遠くまで歩いてきてしまったことに気づかされた　**問４**　イ　**問５**　ア　**問６**　エ　**問７**　(i)　どうなるか　(ii)　砂のひとつぶ　(iii)　小さな痛みや死　(iv)　大切であって欲しい　**問８**　ウ　**問９**　ウ　**問10**　ウ，オ

●漢字の書き取り

一 問１ (1) 沿道　(2) 首脳　(3) 宣言　(4) 順延　(5) 寸法

解説

一 漢字の書き取りと読み，語句の知識

問１ (1) 道路沿いの場所。　(2) 組織の指導者や国家の最高権力者。　(3) 多くの人に向けて方針などを発表すること。　(4) 行事などの日程が後日に延期されること。　(5) 物の長さ。

問２ (1)「見る」の謙譲語。　(2) 音読みは「ショウ」で，「故障」などの熟語がある。「当たり障りのない」は，物事を進めるのに支障や悪い影響がないようす。　(3) 胸の平らになっている部分。　(4) 音読みは「ゲン」で，「厳格」などの熟語がある。　(5) やる気を奮い起こすこと。

問３ (1) 遠くまで見通す力があること。「里」は，昔のきょりを表す単位。　(2) お互いを尊重し合いながら親しく付き合うこと。　(3) いい加減であること。　(4) 他人のつまらない言葉や失敗であっても，自分の成長のために役立てようとすること。　(5) なくてもよいむだなもののたとえ。

二 出典は田中ゆかりの『方言萌え!?―ヴァーチャル方言を読み解く』による。方言を「リアル方言」と「ヴァーチャル方言」に分けたうえで，現代の日本語や日本語社会の姿を捉えるために，「ヴァーチャル方言」にも価値を置くべきだと述べる。

問１ Ⅰ　直前で述べた「ホンモノの方言」と「仮想の方言」を，「方言」の「二つの水準」と言いかえているので，前に述べた内容をまとめて言いかえるときに用いる，「要するに」，「すなわち」，「つまり」があてはまる。　Ⅱ　前では，筆者の意見に反する意見が述べられ，後では，それをいったん認めたうえで，次の段落のはじめの「しかし」以降で，筆者自身の意見を述べている。よって，正しいさまを表す「たしかに」がよい。　Ⅲ　前では，「ヴァーチャル方言」は価値あるものと認められることが少ないと述べ，後では，「ヴァーチャル方言」は日本語と日本語社会を映す格好の素材だと述べているので，前のことがらを受けて，それに反する内容を述べるときに用いる「しかし」が合う。　以上より，ウが適する。

問２ 〔資料１〕で，「標準語」「共通語」が全国に広がった背景として，ラジオが下地となったうえでテレビの普及が共通語運用能力を「飛躍的に押し上げた」と書かれていることを読み取り，〔資料２〕のグラフを見る。すると，①は，まず飛躍的に普及し，1968年以降に急激に減少した「白黒テレビ」であり，それと入れ替わって急激に普及した④は，「カラーテレビ」であると判断できる。また，③の「トランジスターラジオ」のグラフの延長上にあるのは，一般的な名称となる「ラジオ」であると推測できる。残りの②は「ステレオ」である。

問３ 直前の一文にある，昔は，方言が「恥ずかしい」「かっこ悪い」「隠したい」ものだったということを受けている。これは，その前の文の「地方を象徴するものとして『方言』を低くみる考え方」と同内容である。

問４ 前の段落に注目すると，「前者」は「ホンモノの方言」であり，そこに「編集・加工」をした「仮想の方言」が存在し，これが「後者」であるとわかる。

問５ 「コスプレ」とは，アニメや漫画などのキャラクターの服装をすることで，一時的にそのキャラクターになりきること。「方言コスプレ」とは，直前の説明から，「方言」に関連する「画一的」な考え方で方言を使って，ある種のキャラを演じることである。

問６　アについて，〔資料３〕の「青森」のイメージで「温かい」に印がついていないので，青森の「温かい」という印象は，〔資料３・４〕の「どちらにも共通する」とは言えない。

問７　「そのような時代」とは，直前にある「どうやって伝えるか」ということに心を砕く時代のことである。また，「時代を映す鏡」とは，その時代の特徴を最もよく表しているものということである。

問８　「ヴァーチャル方言がリアル空間にインパクトを与えること」の具体例として，方言キャッチフレーズが，その地域の「人々のアイデンティティーの一部となっていく」ことが挙げられている。また，ヴァーチャル方言は，身近にあるものの中に存在することが多く，「日本語や日本語社会の様々な断面を探るヒント」にあふれたものであるとも，述べられている。

問９　イが，「ヴァーチャル方言」と「リアル方言」を「二つの水準」であるとしているので，正しい。なお，アは，標準語政策の影響は「一九五〇年代」までではなく「一九七〇年代」までなので，誤り。ウは，「ヴァーチャル方言」は「公式なあるいは格式の高い場面にあらわれるものではありません」とあるので，誤り。エは，ヴァーチャル方言から見通せるのが，「日本のメディア社会」ではなく「日本語と日本語社会」なので，誤り。

三　**出典は千早茜の『からまる』所収の「ほしつぶ」による。**教室の金魚を殺したことを責められて，心が不安定になっていた僕は，海岸で出会ったおじいさんから「星の砂」をもらい，命の大切さについて教わる。

問１　**Ａ**　「ばつが悪い」は，自分の行動のせいで居心地の悪さが感じられるようす。ここでは，おじいさんの酸素吸入器を珍しそうに見ていたことを指摘された僕が，きまり悪さを感じたことを表している。　**Ｂ**　ほかのことを考えずに，一心に行動すること。ここでは，僕がおじいさんの帽子を懸命に追いかけたことを表している。

問２　ⓐ　泡立つ波のつぶがふくれる様子なので「ぷくぷく」が適する。　ⓑ　涙が出そうになるとき，目と鼻の奥は「つんと」する。　ⓒ　砂がこすれあって鳴る音を表すので「しゃんしゃん」が合う。

問３　おじいさんに「君はずいぶん一心に歩いていたね」と言われて，僕は「父さんの車が豆粒みたいになっている」ことに気づいて，「あ」という驚きの声をあげたのである。前書きから，両親とのドライブで海辺に来たことがわかるので，車が小さく見えるということは，車から遠くまで歩いてきたということである。また，文章の最初の部分で，歩いていくうちに「いろんなもの」が頭から消え，「僕すらも消え」，「足だけになって歩いていた」とあるので，自分自身を見失うほど思いつめてひたすら歩いていた様子がわかる。おじいさんの言葉で僕は我に返ったのである。

問４　「心臓がばくばく」するとは，“どきどきしたり脈が速くなったりする”という意味。直前で，僕が大きな波にのみ込まれると思ったとき，「泡立つ波のひとつぶひとつぶ」を「見ひらかれた金魚の目」のようだと感じたり，背後で音を立てる波を「僕に吠えつくみたい」と感じたりしていることから，襲ってくる波しぶきと殺した金魚のイメージが重なって，恐ろしさを感じていることがわかる。

問５　直後から，星の砂のある「南のあたたかい島」に対して「きっと僕には似合わない」と興味を失ったときに,「小瓶を持った手」を下ろしていることがわかる。

問6　エ「健気さ」は,心がけがしっかりしている様子なので,「目をそらす」しぐさとは合わない。

問7　おじいさんは,人間は「自分がどうなるか」も,「何であるかも」わかるはずがない,「広い砂浜の砂のひとつぶみたいな」小さい存在だから,「命が大切であって欲しい」と祈ることしかできないが,「小さな痛みや死」を知り,胸を痛めることが大切だと語っている。この言葉に,僕は納得がいったのである。

問8　おじいさんの言葉に納得して,胸のつかえがとれた僕は,軽やかな気持ちになって,無我夢中に走っている。

問9　おじいさんに,人生について大切なことを教えてもらったのだから,感謝を示す「ありがとうございました」がふさわしい。

問10　おじいさんは,「でも,これさえあれば苦しくないからね」と,病の深刻さを努めて見せないようにしていたので,ウは誤りである。また,僕は,「怒り」というよりも心の痛みや孤独を感じているので,オも誤りである。

2022年度　浦和実業学園中学校

〔電　話〕　048(861)6131
〔所在地〕　〒336－0025　埼玉県さいたま市南区文蔵３－９－１
〔交　通〕　JR京浜東北線・武蔵野線「南浦和駅」西口より徒歩12分

【算　数】〈第１回午後試験〉（50分）〈満点：100点〉

【注意】 １．定規は使用してもかまいませんが、三角定規、分度器、コンパス、電卓は使用できません。
２．途中(とちゅう)の計算式や考え方も書くように指示されている問題については、解答用紙の所定のところに記入してください。特に指示のない問題については解答だけ記入してください。

１ 次の計算をしなさい。

(1)　101×99

(2)　$\{(28 - 15) \times 4 + (12 + 3) \div 5\} \div 3.5$

(3)　$(0.55 + 0.23 + 0.92) \div 0.17$

(4)　$65 \div 3 \times 21 \div 5 \div 7$

(5)　$\frac{1}{3} + \frac{1}{4} - \frac{1}{6} + \frac{1}{2}$

(6)　$1.12 + 2.24 - (1.11 + 2.22)$

2 次の各問いの □ にあてはまる数を答えなさい。

(1) せんべいを焼く仕事をしました。うまく焼けると20円もらえますが，失敗すると20円はもらえず，しかも，50円で買い取らなければなりません。200枚焼いて1900円もらいました。うまく焼けたのは □ 枚です。

(2) 1周3 kmの池の周りをA君は毎分50 m，父は毎分100 mの速さで，同じ場所から同時に出発し反対方向に進みます。2人がはじめて出会うのは，出発してから □ 分後です。

(3) 長さ240 cmの材木を6 cmずつ同じ長さに切り分けます。1回切るのに5分かかり，切ったあとは2分休みます。すべて切り終わるのに □ 分かかりました。

(4) いま，B君の年れいは10才で，B君の母の年れいは40才です。母の年れいがB君の年れいの3倍になるのは，いまから □ 年後です。

(5) ある仕事をA君が1人ですると30分かかり，B君が1人ですると20分かかります。この仕事をA君とB君の2人ですると □ 分かかります。

(6) 200円の □ %は120円です。

3 兄は自転車で，弟は走って移動します。２人は地点Ｐを同時に出発して，それぞれ一定の速さで地点Ｐと地点Ｑの間を１往復しました。兄は地点Ｑを折り返して，地点Ｑから1.2 km の地点で弟とすれ違いました。また，兄が地点Ｐに戻ったとき，弟は地点Ｑを折り返して地点Ｐまであと４km の地点にいました。兄の自転車の速さは毎時９km です。このとき，次の問いに答えなさい。

(1) 兄が地点Ｑに着いたとき，弟は地点Ｑまであと何 km の地点にいますか。

(2) 弟の速さは毎時何 km ですか。

(3) 地点Ｐ，Ｑの間のきょりは何 km ですか。

4 次のように，ある規則にしたがって数が並んでいます。

１，２，２，３，３，３，４，４，４，４，５，……

これらの数を最初からかけあわせます。このとき，次の問いに答えなさい。

(1) はじめて一の位の数が０となるのは，最初から何番目の数までをかけあわせたときですか。

(2) 最初から15番目の数までをかけあわせてできる数は，一の位から０が何個続きますか。

(3) 一の位からちょうど100個続けて０が並ぶ数は全部で何個ありますか。

5 下の図のように，Ａ地点に高さ 24 cm の円柱形の容器Ｕ（図１），Ｂ地点に同じく高さ 24 cm の円すい形の容器Ｊ（図２）を置き，雨の量を測定しました。雨が降り始めてから 24 時間後に，Ａ地点，Ｂ地点のいずれの容器にも 12 cm の高さまで雨がたまっており，両方の水面の面積の大きさは同じでした。図３はそれぞれの容器を横から見た図を表しています。このとき，次の問いに答えなさい。

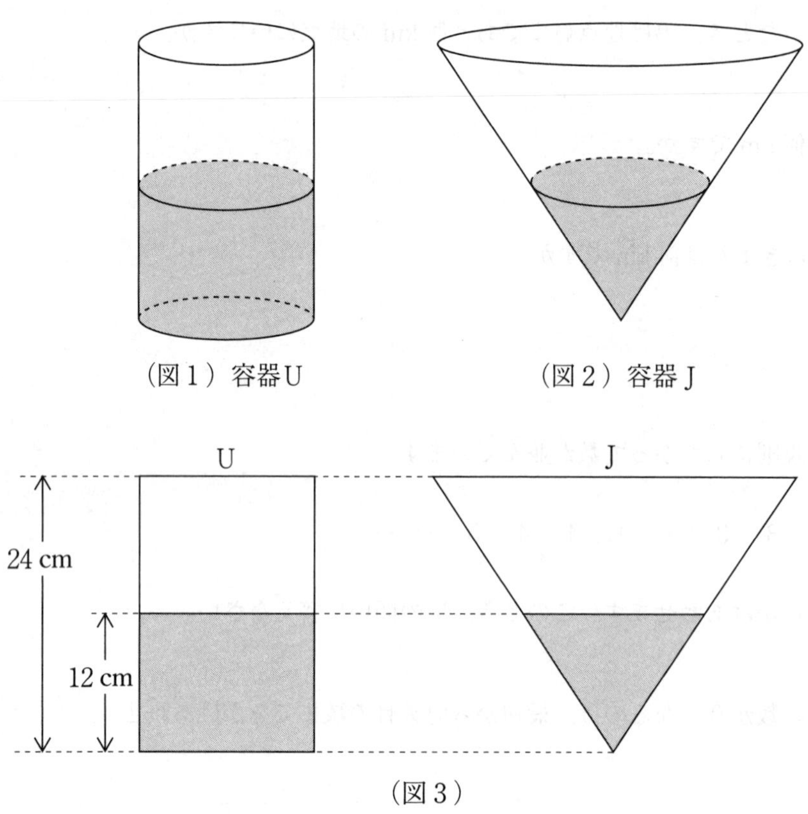

（図１）容器Ｕ　（図２）容器Ｊ

（図３）

⑴　容器Ｕ，Ｊにたまった雨の量の比を，もっとも簡単な整数で表しなさい。

⑵　容器Ｕ，Ｊがそれぞれ満水になったとき，水面の面積の比を，もっとも簡単な整数で表しなさい。

⑶　もし，Ｂ地点に容器Ｕを置いていたら水面までの高さは何 cm になりますか。

6 １年から６年まで，各学年ともＡ組，Ｂ組，Ｃ組の３組ずつある小学校について，次のことがわかっています。

① 全校で女子の人数は，男子の人数のちょうど７割いる。

② 全校でメガネをかけていない生徒の人数は，かけている生徒の人数を基準にすると，ちょうど６割多い。

③ 全学年のＡ組の生徒の総数は，全学年のＢ組の生徒の総数より５人少ない。また，全学年のＣ組の生徒の総数は，全学年のＢ組の生徒の総数より10人多い。

④ １つの組の人数は36人以上55人以下である。

このとき，次の問いに答えなさい。

(1) 全校の女子の人数と男子の人数の比を，もっとも簡単な整数で表しなさい。

(2) 全校のメガネをかけていない生徒の人数とかけている生徒の人数の比を，もっとも簡単な整数で表しなさい。

(3) 全校生徒の人数を３で割ったときの，余りを求めなさい。

(4) 全校生徒の人数を求めなさい。

問十二　本文の表現や内容について、**正しいものには○、そうでないものには×**と答えなさい。

ア　啓太は経済を研究し、株を運用する能力を養うことで、時間と自分の価値を高めようと努力している。一方、綾はカウンセラーとして経験がなく、啓太に対し何もできない状態になっている。

イ　啓太にとっては呑気と感じるくらい綾の思考や行動はゆったりとしている。ここには時間をかけて啓太を知っていきたいという綾の気持ちが表現されている。

ウ　本文では、啓太の会話は短く、綾の会話は長くなっている。これは早く話を切り上げたい啓太と、自分の考えを伝えながら時間をかけて啓太のかたよった考えを正したいと考える綾が対比的にえがかれている。

エ　本文において、【中略】の前は啓太の視点から、【中略】の後ろは綾の視点から物語をえがいている。途中で視点を変更することで、それぞれの立場から相手の心情が理解できるように工夫されている。

啓太の気持ちとして最も適当なものを次の中から選び、記号で答えなさい。

ア　啓太は限られた時間の中で生産性を上げることが必要だと考えているが、時間や給与を気にもとめずに働く綾をみてあきれている。

イ　時間を無駄に使うことは許されないと考えている啓太は、「ゆっくりしていっていいわよ」という的外れな言葉をかける綾にいきどおりを感じている。

ウ　労働時間に見合った賃金を得なければ働く意味がないと考えている啓太は、その常識を無視して無収入でカウンセラーをしている綾を不思議に感じている。

エ　啓太はちらちら時計を見ることで、早くこの場を切り抜けたいという気持ちを暗にほのめかしているにもかかわらず、その様子に全く気付いていない綾に失望している。

問四　――部④「メガネのブリッジを押し上げる」とありますが、この行動はどのような意味がありますか。その説明として**適当でないもの**を次の中から一つ選び、記号で答えなさい。

ア　とりとめのない話がようやく終わりそうなので、一気に結論を伝えようと決めている。

イ　とりとめのない話の中でも、ようやく自分の主張が理解され優越感に浸(ひた)っている。

ウ　とりとめのない話が続いたため、何とか話題を変えなければとあせっている。

エ　とりとめのない話をしていくうちに、少ししか理解できていない綾をばかにしている。

問五　Ⅰ に入る言葉として、最も適当なものを次の中から選び、記号で答えなさい。

ア　処理(しょり)能力　　イ　特殊(とくしゅ)能力

ウ　判断(はんだん)能力　　エ　学習(がくしゅう)能力

問六　Ⅱ には体の一部を表す**漢字一字**が入ります。その漢字を本文中より抜き出して答えなさい。

問七　――部⑤「やってらっしゃる」を次のように言い換えた場合、どのようになりますか。空らんに当てはまる言葉を自分で考えて答えなさい。ただし□一つを一字分とします。

◎　**お母さんが□□□□いるのね**

問八　――部⑥「足の裏がうずうずしてきた」とありますが、啓太のどのような気持ちを表現していますか。その説明として**適当でないもの**を次の中から一つ選び、記号で答えなさい。

ア　世界経済や株式運用の知識はあるものの、子どもであるため実際に取引することはできない状況をもどかしく感じている。

イ　株式運用の知識を利用して子どもの頃からお金をかせぐことができれば、将来の目標を達成できると意気込んでいる。

ウ　金融に関する情報を集めながら経済知識を深めることで、実際に株取引をしている母の助けになりたいと願っている。

エ　世界の金融市場の状況や本日の株価チャートが気になり、早く家に帰って経済の最新情報を得たいと思っている。

問九　Ⅲ には、この場面での時刻が入ります。何時何分ですか。**漢数字**で答えなさい。

問十　――部⑦「急ぎ足でやってきた」とありますが、これはなぜですか。その理由を**本文冒頭から「あの」の行までの中より十三字**で探し、**初めの四字**を答えなさい。

問十一　――部⑧「わざと断定的に言った」とありますが、なぜ綾は啓太に対してこのように言ったのですか。**三十字以内**で説明しなさい。

ね」

啓太は珍しく耳を傾けていた。

「橋本くんは、ゴウスケさんに会ったことある？」

もしかして、と思って質問をしてみたが、啓太は首を左右に振った。

綾は「あれ？」と思った。

動かした首がなぜか重たそうだったのだ。

悔しそう。

「そんなの見たいとも思わないし」

案の定、啓太はふてくされたように口をとがらせた。ばかにしているというより、負け惜しみにきこえて、綾にはその感情がわからないこともない。

前回来たときに、啓太は綾に株のことを言い当てられたと誤解し、色をなして「勘が働く人」だの「カリスマ」だのと口走っていた。啓太が夢中になっている世界には特別な才能がある人がいるのかもしれない。そしてそれが羨ましいのかもしれない。

「そう。よかった。そういうおかしなものは見えない方が絶対いいよ」

だから綾は、⑧わざと断定的に言った。

「そう、ですか？」

啓太は壁の時計に目をやり、ちょっと首をひねった。さっきよりも大きなアクションだが、その理由は口にしなかった。

綾はさらにゆっくりしゃべる。

「うん。だって、そんなもの、見えている時間がもったいないでしょう。株の相場だって刻々と変わるから、変なものを見ているうちに、タイミングを逃してしまうこともあるでしょう」

「それはそうだけど。でも、予知能力は欲しいよ」

（まはら三桃『日向丘中学校カウンセラー室』）

※注
・ルーティーン…日常規則的に繰り返される生活様式。習慣。
・時給換算…月にもらえる給与を時間単位に置き換えること。
・驚愕…自分の予想と違う事に出会って心の平静を失うこと。
・浪費…効果がないことに金や物、時間を使うこと。

問一 ――部①「三十分ですね」とありますが、「ですね」に込められた啓太の気持ちはどのようなものですか。その説明として最も適当なものを次の中から選び、記号で答えなさい。

ア 生活リズムを乱されることが何よりも嫌いな啓太は、終了時刻をあいまいに説明されると自分の日課が崩されると感じ、いらだちを覚えている。

イ 担任と信頼関係を失っている啓太は、担任から突然カウンセラー室へ急いで行きなさいと指示されたので、怒りを抑えられないでいる。

ウ まっすぐ家に帰ろうと考えていた啓太は、急な担任の指示を受けてしまうとすぐ帰宅できないので断わろうと考えたが、無視できない状況なのであきらめている。

エ ルーティーンを守ることが生きる上で最も大切なことであると考えている啓太は、イレギュラーな指示があったことで、どうしてよいかわからず混乱している。

問二 ――部②「ぼくは教室を飛び出した」とありますが、これはなぜですか。その説明として最も適当なものを次の中から選び、記号で答えなさい。

ア エネルギーと時間が有り余っているため。

イ 遅れるとカウンセラーに迷惑がかかるため。

ウ すぐにでもカウンセラーに会いたいため。

エ ほんのわずかな時間でも無駄にしたくないため。

問三 ――部③「本格的に呑気な人らしい」とありますが、この時の

「もういいですか。昨日はだいぶ荒れてたから、今日の寄りつきがめっちゃ気になる」

ぼくは立ち上がった。おおむね損をしたが三分節約できたことが、せめてもの救いと割り切る。が、荷物を持って歩き出そうとすると綾さんが言った。

「もう一回だけ来てくれる?」

「は?　なんで?」

「もうちょっとだけ話をききたいから」

「……え、は?　わかりました」

ぼくはとにかく承諾して走り出す。抵抗する時間がもったいない。

【中略】

「こんにちは。忙しいところごめんなさいね」

一週間後、⑦急ぎ足でやってきた啓太を綾は明るく迎えた。しぶしぶながらもやっかいごとにつきあう啓太は、なかなか律儀な性格のようだ。

資産運用なんかしなくても、こんなに真面目ならだいたい大丈夫そう。

啓太はソファに座るなり言った。

「三十分以内にお願いします」

時計に目をやった啓太にうなずいて、綾はロッキングチェアーを指さした。

「その椅子に座ってみない?」

「は?」

「たまにはゆっくりしてみるのもいいんじゃないかと思ったんだけど」

だが綾の目論見は軽い鼻息に吹き飛ばされた。

「ふっ。そういうの、大丈夫ですから」

あえなく断られ、自然の力を借りるのはあきらめる。でも、もうひと踏ん張りしてみた。

「ゴウスケさんのことは知っている?」

ならば、ちょっとしたファンタジーの力を借りることにする。

元はこの学校の生徒だったゴウスケさんは、日常の人だった。だが、語り継がれている今のゴウスケさんは、非日常の中に生きている。日常から非日常にズレたゴウスケさんなら、壮大なファンタジーほどには飛躍をせず、啓太の心に響くかもしれない。

だが、啓太はぽかんとした。

「は?」

「ゴウスケさんよ。この学校にいるっていう、ゴースト的な」

「ああ、その話」

知らなかったわけではなく、予想外のことだったらしい。理解したとたん、開いていた唇を引き締め、目を細めた。細い目のまま、ちらっと壁の時計を見た。けれども……。

何も言わなかった。気がつかないようだったので、綾は続ける。

「ゴウスケさんって、日向丘中学校の生徒だったのよ。でも、わけあって不登校になったの」

「え、あ、そうなんですか」

すると啓太は初耳だからか、少し関心を示した。

「いじめられた友達をかばったのに、それが裏目に出ちゃったの。それだけでも辛かったのに、教師も家族も本当の気持ちをわかってくれなかった。それで学校にも行けなくなったんだって。日向丘中学校で、生徒たちが幽霊みたいなものを見ちゃうのは、いろんなことがあった学校に、ゴウスケさんの気持ちが残っちゃってるからかもしれない

のぞいていた。今日は急いで帰り支度をしたので閉め忘れていたらしい。

本のタイトルは『ウイルスにもエイリアンにも負けない株取引』。ぼくの愛読書だ。

「なんだあ」

ほっとした。

「妙に勘がいい人がいるんだよね。カリスマ的な。綾さんもそのタイプの人かと思ったよ」

ついひとりごとを言いながら、ファスナーを閉め、壁の時計を見やる。四時十二分。

「そうです。株です。日本の相場はもう終わりましたけど、記録をとってニューヨークの寄りつきに備えなければ」

ぼくの自宅での時間の使い方は、おもに金融市場の情報を集めることと、経済の知識を深めるためにある。ユーチューブやツイッターも、基本的に経済関連のものしか見ない。その辺の事情を初心者にもわかるように、かいつまんで説明した。

「実際に株取引をしているの？」

「まだ実際にはやらせてもらえないんです。毎日株価を記録してチャートにしているだけ。やってみたいんですけど」

「ならよかった。大学生のとき、やってた同級生がいたけど、うまくいってなかったみたいよ。世の中予想もつかないことがおこったりするでしょう」

「ふっ。なめてもらっちゃ困るな」

ぼくは綾さんの心配を、再び Ⅱ であしらった。こう見えてもちょっとした投資家のつもりだ。

「もう、五年は研究してるんですよ」

「てことは、小学校の三年生くらいから？」

「はい。株は生きものですよ。よっぽどの事態じゃない限り、チャートをつけているとそれぞれの個性がわかる。母さんもそう言う」

「お母さんが⑤やってらっしゃるのね」

「はい。だから母さんの仕事中は、ぼくが動きを見て記録をつけるんです。勉強にもなるし、うちはシングルマザーだから助け合わなきゃ。ぼくは筋がいいって、母さんからも言われる。冷静なんです。ああ、早く自分の力を試したいよ。お金が欲しい」

⑥足の裏がうずうずしてきた。なのに、綾さんはまたとんちんかんな質問をした。

「どうしてそんなにお金が？」

「だってお金があればなんだってできるじゃないですか？　欲しいものは買えるし、行きたい所にも行ける。どうして疑問が出る？」

「たとえば、将来留学したいとか、会社を興したいとか、目標があるの？」

「……今はわからない。でもそういう気分になったときこそ、お金は必要でしょう？」

この会話は成り立っているのだろうか。

やりとりをしながら、考える。

いや成り立っていない。質問の往戦だ。落とし所なし。従って無駄。結論を出したのに、綾さんはまだズレたことを言っていた。

「でもね。お金っていう言い方は、直接的すぎるんじゃないかしら。なんかちょっとしんどい……ああそうだ。この間、昔の小説を読んでたら、先立つものっていう表現が出てきたわ。そのまま言うと生々しいけど、言い方を変えてみたら、まろやかでしょ」

食レポか。

「ぼく、昔の人じゃないし」

壁の時計を睨む。 Ⅲ 。

「いや、そんなことときかれたの初めてだったから」

綾さんは苦笑しながら、

「※時給換算なんてしたことないなあ」

と首をかしげた。③本格的に呑気な人らしい。

「私は市の嘱託職員で、時給ではなく、給与は月額同じ額が支給されてるの。月によって、勤務時間に多少の差は出るけどあまり気にしたこともなかったわ。なんかいろいろ引かれてるし」

「やばいっすね」

「そうですか」

「そうですよ。世の中はコストと時間で動いているのに。時給を知らないってことは、自分にとっての時間の価値がわからないってことですよ」

そう言いながら、ぼくは壁の時計をちらっと見て、ちっと舌うちをした。

四時五分。およそ三百も数える間、無駄な時間を過ごしてしまった。しかも、

「私の時間の価値……」

もう切り替えたいのに、綾さんはまだこだわっている。

「時給ってそういうことなの？　たとえばこの県の最低賃金は、八百五十円くらいだったから、この県に住んでいる働き手は、最低でも八百五十円分の時間を持っていることになるの？」

「そうですよ」

ぼくは首を大きくひとつ上下に動かした。④メガネのブリッジを押し上げる。

「人の能力によって、持っている時間の価値も当然変わってくるんです」

「そ、そんなばかな」

「ばかなって」

綾さんは※驚愕の表情を浮かべたが、驚いたのはこっちのほうだ。新入社員と大企業のＣＥＯが持っている時間の価値が同じわけがない。

「時間はすべての人が平等に持っているものでしょう。平等ってことは、等価ってことよね」

身を乗り出して訴えてきた。

「だから、」

ぼくは言葉を切った。嫌な予感がした。かみあわない価値観の落とし所を見つけるまでに、大きな時間を※浪費しそうだ。

「すみません、その話はもういいです」

声にいらいらがこもった。

「ぼくはここに用事はなかったんです。でも近藤先生が行けって言うからしかたなく」

「そうなのね。そんなに忙しいんだ」

「はい。家に帰ってネットやらなくちゃ」

「ゲーム？」

「ふっ、ゲームなんかじゃないですよ」

ぼくは、鼻で笑った。ゲームとはいかにも中学生を軽んじた発想だ。

だが、次の瞬間耳を疑った。綾さんがこう言ったからだ。

「じゃあ、株？」

これまでの会話の間、株というワードは一度も使ってないはずなのに、言い当てられてしまった。

「どうしてわかるんです？」

まさか、［Ⅰ］か。

だが綾さんは平然とした顔で、脇に置いていた荷物を指さした。

「だってそれ」

見ると、スポーツバッグのファスナーが開いていて、本の背表紙が

三 **次の文章を読んで、後の問いに答えなさい。**

ぼくは急いでいた。朝礼の後、担任から思いもよらない所へ行けと言われたからだ。

カウンセラー室。

「今日ですか？」

突然のことに面食らったが、担任は、

「急で悪いが行ってみてくれ。放課後三十分くらいで終わると思う」と、言った。

「①三十分ですね」

ぼくは言い替えた。くらいとか、程度とかいう尺度は嫌いだ。ずるずると時間を食いつぶす危険がある。時は金なり。時間は大切だ。

ぼくの一日は、しっかりとした※ルーティーンの上に成り立っている。

午前七時に起床、朝食、身支度を済ませ七時五十五分に通学のため出発、学校で五時限なり六時限なりの授業をこなして、遅くとも五時前には家に帰る。一分一秒無駄にしたくはない。もちろん家でも同じだ。ベッドに入るまでの計画は細かく定められていて、乱れそうになると、気持ちが落ち着かなくなる。

だから、担任のイレギュラーな指示は迷惑でしかなかったが、断りはしなかった。ぐだぐだ抵抗している時間の方がもったいない。世の中には反抗期という時期を持つ人間もいるらしいが、あれは膨大な時間とエネルギーの損失だ。

終礼が終わるや否や、②ぼくは教室を飛び出した。階段を駆け下り、別館の一階にあるというカウンセラー室に走った。

「あの」

半びらきの扉からのぞくと、おかっぱ頭の年齢不詳なお姉さんがいた。

「先生に言われてきたんですけど。綾さんですか」

担任から教わった名前を確認すると、

「はい。三年三組の橋本啓太くんですね。どうぞ」

綾さんはにっこりと笑った。

「はい。ここですね」

勧められたソファにさっと座り、まず時計を見た。四時ジャスト。

「私もここに座るわね」

「どうぞ」

確かめた綾さんに、ぼくは快くうなずいた。時計がきりの良い時間を示しているのが気持ちよかった。帰る時間がわかりやすい。

なのに綾さんは、

「担任の先生からは何もきいてないから、自由に話をしましょうね。ゆっくりしていってていいわよ。」

などと言った。

なんて呑気な。

「一時間、いくらなんですか」

だから思わずそうきくと、綾さんは、何かのふたが開くように、ぽかんと口を開いた。

「はい？」

「一時間いくらですかってきいたんです」

不毛な繰り返しに苛立ちを抑えながら言うと、「無料です」という答えが返ってきて、今度は噴き出しそうになってしまった。

「ぼくが払うお金じゃありませんよ。綾さんは時給いくらもらうのか、ときいたんです」

「私の時給……」

「知らないの？」

［資料］

　僕たちの本屋は、お客さまからこんな声をいただくことがよくあります。

［A］

　率直に言って、お客さまには申し訳ないと思っております。本を置くスペースには限りがあります。広く浅くでは、本屋はもはや成立しません。その店の顔をしっかりと打ち出さないと、小規模な本屋は埋没（まいぼつ）してしまいます。

　自分たちが一番自信を持てるところはどこなのか。その点に真剣に向き合い、自分たち流の売り方をする。大型書店が来るからと驚（おどろ）いて、中途半端（ちゅうとはんぱ）に美術本を一列揃えたりして背伸（の）びをしてしまうと、むしろうまくいきません。

　身の丈（たけ）でよいのです。例えば［B］と棚を大きく取る。そういうメリハリを利かせていくか。これをやるためにも、店に来るお客さまはどういう人なのか、さらにはどんな人に来てもらいたいのかを考え、店づくりをしなければなりません。

　さて、先にご紹介したお客さまの声はこう続きます。

［C］

　こんな風に言ってもらえることが、何よりもうれしく、大事なことだと思っております。本をリアル書店に買いに来る人たちは、実はそういう期待感で足を運んでくださっていると思うからです。

［A］

ア　「この店はさぁ、インターネットで在庫検索ができないの。」

イ　「この店はさぁ、本はたくさん並んでるけど読みたいものはないなあ。」

ウ　「この店はさぁ、どこにどのジャンルの本があるのかわからないんだよね。」

エ　「この店はさぁ、買おうと思った本が置いていないんだよね。」

［B］

ア　うちは蔵書数地域一番の店なので何でも見つかる。

イ　うちは学生さんが多いから参考書では絶対に負けない。

ウ　うちは本嫌いな人でも読みたい本と出合える。

エ　うちは全国に店舗があるので欠品はありえません。

［C］

ア　「だからさあ、もう少し棚に置く本の種類を増やしてくれると、本を買ってしまうんだけどね。」

イ　「そうだなあ、まあ素直に謝（あやま）ってくれたから悪い気はしないよ。また来るね。」

ウ　「かといって、ネット書店で買おうとしてもどうしてよいかわからないから、ここで買うよ。」

エ　「でもなあ、買おうと思っていた本とは違う本を、いつも二、三冊買っていっちゃうんだよなぁ。」

※問八［資料］の文章は田口幹人『まちの本屋　知を編み、血を継ぎ、地を耕す』から引用。

問五 ――部④「大型書店は本を読者に届けるための動脈や静脈でまちの本屋は毛細血管だと考えています」とありますが、このたとえから、筆者はどのようなことを伝えたかったのですか。このことについてクラスで話し合いをしました。五人の中で、筆者の意見を正しくとらえている人は**誰と誰**ですか。**ア**～**オ**の中からそれぞれ選び、記号で答えなさい。

ア Aさん…大型本屋とまちの本屋は共に本との出合いを生み出し、本を地方にも届ける重要な存在であることを血管にたとえて述べているよ。特にまちの本屋は自分たちの身近にあり、地域に根付いているから毛細血管のようだと思うよ。

イ Bさん…大型本屋とまちの本屋は共に人口密度や地域格差に関係なく店舗運営ができるため、様々なところに存在することを、体の隅々に存在する血管にたとえて述べているんだ。

ウ Cさん…ネット書店は出店するときに費用がかからないため、際限なく作ることができるよね。けれども売り上げが悪いとすぐに撤退(てったい)できるので、まちの本屋の役割は果たせないと筆者は断言しているよ。動脈が止まったら人も亡くなるように、本も将来無くなってしまう。

エ Dさん…大型書店は多種多様の本を店頭に並べることで本との出合いを演出できるので、重要な機能である動脈・静脈にたとえているよね。まちの本屋は少ない種類でもお客様のニーズに合わせて本を取り揃えることができるので毛細血管にたとえたんじゃないかな。

オ Eさん…出版販売が低迷(ていめい)し、大型書店や町の本屋が姿を消しつつある中で、ネット書店が本の流通を担っている。本文でたとえている動脈・静脈・毛細血管全ての役割を果たしているといえるね。

問六 ――部⑤「本屋へ足を向けるきっかけ」とありますが、このきっかけを作るために筆者はどのようにしたらよいと述べていますか。その説明として最も適当なものを次の中から選び、記号で答えなさい。

ア 過去に販売をしベストセラーになった本を多く仕入れて商品を充実させる。

イ 購入履歴から分析された客の購入行動をもとに売れる本を陳(ちん)列(れつ)する。

ウ 客にとって魅力的な本との出合いを演出する意外性のある店舗作りをする。

エ インターネットで自分の店を検索する客が多いことを踏まえてホームページを工夫する。

問七 ――部⑥「本の魅力」とはどのようなことですか。その内容を次のように説明したとき、(i)～(iv)の空らんに当てはまる言葉を【**第七段落**】の中から探し、抜き出して答えなさい。ただし□一つを一字分とします。

◎ **本を読もうとする**(i)□□□□**を多く持ち、読みたい本に出合えた経験を積み重ねることによって、**(ii)□□□**と**(iii)□□**がかき立てられ、また次の本を読みたくなる。そして、本への興味が**(iv)□□**に広がる。この積み重ねによって、新しい自分が生まれるということ。**

問八 ＝＝部「リアル書店は、そういうネット書店にできないことを担保しなければいけない」とありますが、本文全体の内容をふまえた次の【**資料**】を読み、Ａ・Ｂ・Ｃに当てはまる言葉を後から選び、それぞれ記号で答えなさい。

つの興味と好奇心から、次の本へとつながっていく道筋を考えたとき、その可能性は無限にあります。
それがまた、⑥本の魅力なのかもしれません。

（田口幹人『まちの本屋　知を編み、血を継ぎ、地を耕す』）

※注
・勃興…突然勢力を得て、盛んになること。
・僕が本屋をなくしてしまった…筆者には代々受け継いできた実家の本屋を倒産させてしまった過去がある。
・付随…ある物事が付き従っていること。
・担保…将来生じるかもしれない不利益に対して、それを補うことを保証すること。

問一　――部a・b・cの意味として最も適当なものを後の中からそれぞれ選び、記号で答えなさい。

a　アクセス
ア　販売　イ　運動　ウ　勉強　エ　接近

b　キーワード
ア　手がかりとなる言葉　イ　問題解決の手段
ウ　強調する語句　エ　要点の解説

c　ツール
ア　距離　イ　理由　ウ　道具　エ　意思

問二　――部①「インターネットというものの一般化」とありますが、これを筆者はどのように考えていますか。その説明として最も適当なものを次の中から選び、記号で答えなさい。

ア　多くの本が検索できるため、自分に合った本を見つけることができる。
イ　販売店員が必要なく人件費が浮くため、価格を抑えて本を提供できる。
ウ　本を簡単に購入することができるため、年齢を問わず本への興味が高まる。
エ　自宅で本を購入できるため、書店に向かおうとする意欲が失せる。

問三　――部②「その距離」とありますが、これはどのようなことですか。その説明として最も適当なものを次の中から選び、記号で答えなさい。

ア　本屋が身近になくインターネットも使えない人は、本自体に全く興味関心を示さないこと。
イ　住んでいる地域に本屋がなく本を買う経験が少ない人たちは、本屋に対する親しみが薄れていくこと。
ウ　自分の求める本が本屋で見つけられない人たちは、本屋に対して嫌悪感を抱くこと。
エ　教養のない人は本屋に足を向けても、どのような本を買ってよいかわからず途方に暮れること。

問四　――部③「必要性」とありますが、なぜ筆者はネット書店を必要とするのですか。その説明として**適当でないもの**を次の中から一つ選び、記号で答えなさい。

ア　ネット書店は仮想空間であるため、様々な種類の本を客に提供することができるから。
イ　ネット書店は場所や時間に関係なく本を探すことができるため、本屋の少ない地域でも自分に合う本を見つけることができるから。
ウ　ネット書店は人口密度の影響を考えずに出店することができるため、人口密度の低い地域の人々でも気軽に本と触れ合うことができるから。
エ　ネット書店は簡単に本を購入することができるため、本の売り上げが増加し、地域経済も活性化するから。

ていくことができる。

出版不況が叫ばれるようになり、資本力の乏しい多くの小さな本屋が姿を消していきました。本を、全国の隅々まで届ける毛細血管として機能していたまちの本屋が姿を消したのです。そして、生き残った本屋や、動脈や静脈として機能している大型店も、けっして健康といえる状態にはありません。その、不安を抱える動脈や静脈、そして毛細血管のすべての役割を担おうとしているのが、ネット書店なのでしょう。

【第五段落】

しかし、ネット書店に本との出合いの場すべてが移ることはないと思っています。ネット書店においては、検索窓に何らかのbキーワードを入力しなければ、話は何も進みません。ただし、キーワードさえあれば、それに※付随するものがどんどん集まってきます。

逆に言えば、キーワードに付随するもの以外は出てこないということです。びっくりするような変化球や、思っているものと反対の提案は出てきません。

だからリアル書店は、そういうネット書店にできないことを※担保しなければいけないと僕は考えています。その対比を、うまく積み上げていかないといけない。ネット書店というのは、ただ本を買うためのcツールとしては、届けられるスピードも、仕組みも、本当によくできているからです。

【第六段落】

本屋に行ったら、思ってもみなかった本を買ってしまった、という経験を持っている人は少なくないと思います。本当はキーワードが決まっていたけれど、正反対の本を買ってしまった、などということもある。また、キーワードも何も決まっていなかったけれど、なんだか気になる本を見つけることができた、ということもある。

一冊の本の向こうに、数限りなくある規則性や類似性、意外性のバランスを取りながら生身の書店員によって組まれる本屋の棚は、ネット書店では味わえないものです。ネット書店では、自分の好きなものや、類書を効率よく探すことができるし、データとしては重宝するかもしれないけれど、思ってもみなかったものに出くわすことは難しいと思います。だからこそリアル書店は、そこで勝負すればいいのです。

過去の検索や購入履歴から分析されて表示される本の情報は、読んだ本や買われた本というつながりの中から生まれたものの公約数と、親和性から導き出されたものです。僕は、過去に読んだ本よりも読みたいと思える本を増やすことが、お客さまが⑤本屋へ足を向けるきっかけになるのではないかと思っています。

【第七段落】

読書の楽しみは、読者が自分で本を選択するところから始まります。そう、自分で選ぶ楽しみと喜びを味わうこともまた読書の一部と言えるのかもしれません。本の読み方には、機能的読書や娯楽的読書など、いろいろな読み方があります。

読書は、心を開拓し、自分の中に創造的で生産的なものを生み出してくれます。読書によって自分が変化したり、心に新しく生まれてきたものを育てることや、読み取ったものを日常に結びつけることもできます。

一冊一冊の本に、どのようにして出合うか。また、読みたいと思える本にどれだけ出合うことができたか。その体験の蓄積が、読書欲につながると思っています。読みたい本との出合いの場は、どこでもいいと思います。ネットでも、本屋の店頭でも、テレビでも雑誌でも、読んだ人に直接勧められることでもいい。読んでみたい、と思えるきっかけは、たくさんあったほうがいいのです。一冊の本から本へ。一

二　次の文章を読んで、後の問いに答えなさい。

【第一段落】

本の販売をめぐるこの二〇年の大きな変化の一つに、ネット書店の※勃興(ぼっこう)が挙(あ)げられます。

もっと言えば、①インターネットというものの一般化です。これが、リアル書店の経営に大きな影響を及ぼすことになりました。

僕自身は、インターネットにネガティブな意識を持ってはいません。本と出合える一つの大きなきっかけになるという意味で、インターネットには確実に新しさと便利さがあると思うからです。

※僕が本屋をなくしてしまった故郷のまちの人たちは、現在、本屋で本を買おうと思った場合、車で四〇分ほどかかる隣町(となりまち)に行かねばなりません。しかし当然ながら、毎日その距離(きょり)を移動して本を買いに行けるわけではありません。話を聞くと、多くの人がネット書店を利用しているそうです。書店空白地域に住む人たちにとって、本との出合いの多くは、現実的にネット書店という空間になっています。

【第二段落】

あのまちで本屋をしていた頃、お客さまの求める本を広く揃(そろ)えることができなかったことを考えると、ネット書店という空間を真っ向から否定することはできません。しかし、車やネットを利用する機会が限られる子どもたちにとっては、果たしてどうだろうかと考えてしまいます。本の未来を担う子どもたちが、日々本と出合う場は、やはりその地域にある本屋になるのでしょう。行けば当たり前のように本がある空間が近くにある地域で幼少期を過ごした人と、わざわざ時間をかけて車で出かけなければ本に出合うことができない地域で過ごした人とでは、大人になってからの本屋との距離感がまったく違うものになるのではないでしょうか。ネット書店は、②その距離を超える存在として利用されているのかもしれません。あくまで本屋側の視点からの話ですが。

【第三段落】

本がある場所、本と出合うことのできる場所は、人口密度に応じて増えていきます。人口密度の少ない地域では、本屋という商売は成立しにくくなります。また、公共図書館や学校図書館の蔵書も、人口密度の高い地域に比べれば、低い地域は少ないのも現実です。だからといって、本を求める人がいないということはありません。ネット書店は、そんな地域に住む人たちにとって、本との大切な出合いをつくり出してくれます。さまざまな問題を抱えていることは重々承知(じゅうじゅうしょうち)していますが、地域格差にとらわれることのない本との出合いを創出しているという点において、僕はその③必要性を感じています。

【第四段落】

本と出合う場には、いろいろな形があっていいと思います。本屋や図書館に限られてしまうことの方がおかしい。本との出合いの場が増えることは、これからの本の未来を広げることにつながると思います。本を必要とする人がいれば、その人がａアクセスしやすい場所に本があることが重要です。

生活様式の変化とともに、本との出合いの場も移り変わるのは当然だと思います。そういう状況をしっかりと認識したうえで、その出合いをあえて本屋に求めてもらうにはどうしたら良いのか。それを考えることが大切なのかもしれません。

ネット書店は、大型書店と同様、僕たちのような小規模な本屋とは役割が違います。

④大型書店は本を読者に届けるための動脈や静脈でまちの本屋は毛細血管だと考えています。人間が生きていくには、動脈も静脈も毛細血管も、同じようにすべてが大切です。どれかが健全であればいいということではありません。すべてが健全であるからこそ健康に暮らし

二〇二二年度 浦和実業学園中学校

【国　語】〈第一回午後試験〉（五〇分）〈満点：一〇〇点〉

【注意】字数制限のある問題の場合は、句読点や符号、促音「っ」・拗音「ゃ」「ゅ」「ょ」なども一字分として字数に含めます。

一　次の各問いに答えなさい。

問一　――部のカタカナを漢字に直しなさい。

(1) カンゴ師として病院で働く。
(2) 絵画をテンラン会に出品する。
(3) 世界の名所をレキホウする。
(4) めずらしい切手をシュウシュウする。
(5) 特効薬の開発にセンネンする。

問二　――部の漢字の読みをひらがなで答えなさい。

(1) 一寸の虫にも五分のたましい。
(2) 学校に紅白の桜の花が咲く。
(3) 空模様があやしくなってきた。
(4) 説明を聞いて誤解が解けた。
(5) オリンピックの聖火が会場にともる。

問三　ある四字熟語を物語にしました。Ⅰ・Ⅱに当てはまる漢字を答えなさい。ただし、□一つを一字分とします。

(1) わたしは勉強をがんばったよ。苦手な算数も国語もたくさん勉強した。あとは流れに身を任せて、良い結果を待とう。

Ⅰ雲流Ⅱ

(2) 通販は便利だね。しかもお店より安い！なんと千円引きで売っていたよ。あれ、小さく何か書いてある、「別に送料が千二百円かかります。」

朝Ⅰ暮Ⅱ

(3) 「あなたはわが社のほこり。あなたなしに会社は成り立たない。素晴らしい！」・・・・あの人、いつも心にもないことをいって、部長にお世辞をいっているね。

巧Ⅰ令Ⅱ

(4) 「なんで古文や漢文を学ぶの？」「道を作るには、僕の後ろにできた道にヒントを求めるからかな。」新しい世界を作る、高村光太郎みたいだね。

温ⅠⅡ新

(5) 私たちが調べたことを発表します。はい、1に、2に、3に・・・以上です。非常によくまとまった発表でしたね。素晴らしい！

Ⅰ路Ⅱ然

2022年度
浦和実業学園中学校　▶解　答

※　編集上の都合により，第１回午後試験の解説は省略させていただきました。

算　数　<第１回午後試験>（50分）<満点：100点>

解　答

[1] (1)　9999　(2)　$15\frac{5}{7}$　(3)　10　(4)　13　(5)　$\frac{11}{12}$　(6)　0.03　[2] (1)　170枚　(2)　20分後　(3)　271分　(4)　５年後　(5)　12分　(6)　60％　[3] (1)　２km　(2)　毎時６km　(3)　６km　[4] (1)　11番目　(2)　５個　(3)　111個　[5] (1)　３：１　(2)　１：４　(3)　１cm　[6] (1)　７：10　(2)　８：５　(3)　２　(4)　884人

国　語　<第１回午後試験>（50分）<満点：100点>

解　答

[一] 問１　下記を参照のこと。　問２　１　いっすん　２　こうはく　３　そらもよう　４　ごかい　５　せいか　問３　（Ⅰ，Ⅱの順で）　１　行，水　２　三，四　３　言，色　４　故，知　５　理，整　[二] 問１　a　エ　b　ア　c　ウ　問２　ア　問３　イ　問４　エ　問５　ア，オ　問６　ウ　問７　(i)　きっかけ　(ii)　読書欲　(iii)　好奇心　(iv)　無限　問８　A　エ　B　イ　C　エ　[三] 問１　ア　問２　エ　問３　ア　問４　ウ　問５　イ　問６　鼻　問７　なさって　問８　イ　問９　四(時)二十七(分)　問10　一分一秒　問11　（例）　カリスマ性にあこがれているといった啓太の本音を導き出すため。　問12　ア　×　イ　○　ウ　×　エ　○

●漢字の書き取り

[一] 問１　１　看護　２　展覧　３　歴訪　４　収集　５　専念

Dr.福井の

入試に勝つ！ 脳とからだのウルトラ科学

復習のタイミングに秘密あり！

算数の公式や漢字，歴史の年号や星座の名前……。勉強は覚えることだらけだが，脳は一発ですべてを記憶することができないので，一度がんばって覚えても，しばらく放っておくとすっかり忘れてしまう。したがって，覚えたことをしっかり頭の中に焼きつけるには，ときどき復習をしなければならない。

ここで問題なのは，復習をするタイミング。これは早すぎても遅すぎてもダメだ。たとえば，ほとんど忘れてしまってから復習しても，最初に勉強したときと同じくらい時間がかかってしまう。これはとっても時間のムダだ。かといって，よく覚えている時期に復習しても何の意味もない。

そもそも復習とは，忘れそうになっていることを見直し，記憶の定着をはかる作業であるから，忘れかかったころに復習するのがベストだ。そうすれば，復習にかかる時間が一番少なくてすむし，記憶の続く時間も最長になる。

では，どのタイミングがよいか？　さまざまな研究・発表を総合して考えると，１回目の復習は最初に覚えてから１週間後，２回目の復習は１か月後，３回目の復習は３か月後――これが医学的に正しい復習時期だ。復習をくり返すたびに知識が海馬（かいば）（脳の，知識をためる倉庫みたいな部分）にだんだん強くくっついていくので，復習する間かくものびていく。

この計画どおりに勉強するには，テキストに初めて勉強した日付と，その１週間後・１か月後・３か月後の日付を書いておくとよい。あるいは，復習用のスケジュール帳をつくってもよいだろう。もちろん，計画を立てたら，それをきちんと実行することが大切だ。

ちなみに，記憶量と時間の関係を初めて発表したのがドイツのエビングハウスという学者で，「エビングハウスの忘却（ぼうきゃく）曲線」として知られている。

えーと
1週間後
あ，そうだった！
1カ月後
あ，思い出した！
3カ月後
もう，覚えてるよ

Dr.福井（福井一成（ふくいかずしげ））…医学博士。開成中・高から東大・文Ⅱに入学後，再受験して翌年東大・理Ⅲに合格。同大医学部卒。さまざまな勉強法や脳科学に関する著書多数。

2022年度　浦和実業学園中学校

〔電　話〕　048(861)6131
〔所在地〕　〒336－0025　埼玉県さいたま市南区文蔵３―９―１
〔交　通〕　JR京浜東北線・武蔵野線「南浦和駅」西口より徒歩12分

＊【適性検査Ⅰ】は国語ですので、最後に掲載してあります。

【適性検査Ⅱ】〈第１回適性検査型入試〉（50分）〈満点：100点〉

1　さくらさんとかえでさんは，開店したばかりのカレー屋で注文票を見ながら話しています。以下の会話文を読み，後の問いに答えなさい。

《注文票》

★開店記念★
今ならおひとり様，500円分のトッピングが無料サービス！
同じトッピングを何個選んでも大丈夫！

50円トッピング
- ガーリック　25キロカロリー
- タルタルソース　110キロカロリー

100円トッピング
- ゆでたまご　86キロカロリー
- オクラなっとう　29キロカロリー
- コーン　41キロカロリー
- ツナ　98キロカロリー

さくら：500 円分が無料⁉　これはきっちり 500 円分注文しようよ！

かえで：そうだね，50 円トッピングだけで注文するなら［　A　］通りの頼(たの)み方があるね。

さくら：うーん，せっかくだし，大好きなガーリックとツナの２種類だけをできるだけ頼もうかな～
……とはいっても，それでも［　B　］通りも注文のしかたがあるなあ。

かえで：じゃあ私はラッキーナンバーになるように，全部で７個のトッピングを頼もうかな。

さくら：それって，50 円のトッピングが［　C　］個で，100 円のトッピングが［　D　］個でしょ？
ということは……［　E　］通りも頼み方があるよ！

かえで：ほんとだ，やめておこう(笑) じゃあトッピングの総カロリーが 250 キロカロリー未満になるようにしようかな。これとこれで……よし，私は決めたよ。

さくら：それって，総カロリー数の一の位はどんな数字なの？

かえで：え？　一の位は……８だよ。50 円と 100 円を１種類ずつトッピングするつもり。

さくら：なるほど。それって［ F ］っていう組み合わせかな？

かえで：え!?　なんでわかるの!?

さくら：ふっふーん，天才だからね。

問１　［ A ］～［ E ］に当てはまる数字を答えなさい。

問２　［ F ］に当てはまる注文のしかたを例のように答えなさい。また，その理由を説明しなさい。

例　『ガーリックが２個とゆでたまごが４個』

2　次の文を読み，以下の問いに答えなさい。

写真は林野庁ホームページより

オリンピック・パラリンピックでわいた有明体操競技場は巨大な建物です。その大きな特徴は多くの木材が用いられていることです。屋根そのものは金属ですが，それを世界最大級の長さ約90 m の木造のアーチが支える構造となっています。

木の成長は木全体が大きくなるのではありません。木の表面の皮と本体の間の細胞は水分を多く含み，水分・養分を送る役割を持っています。成長するのはこの部分です。春から夏にかけてよく成長すると，この部分は色が薄くなり，夏から秋にかけてゆっくり成長した部分は色が濃くなります。冬には成長しません。これが繰り返されて木の本体となり，色の違いが年輪になります。一度できた年輪は成長しません。①前年に成長した部分の外側に次の年の成長分が加えられるので，上に伸びるのは先端のみで，本体は年輪の外側に新しい年輪が加わっていきます。成長に従い，木の中心に近い細胞は役割が変わります。次第に水分が減って成分も変わり，色が濃くなり硬くなって木の体を支えます。（右の写真）

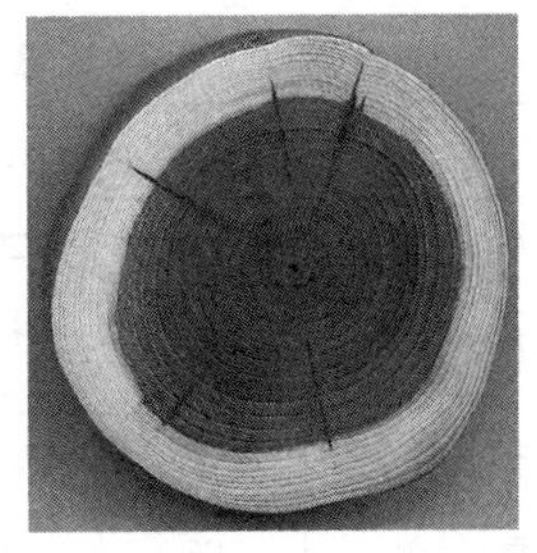

写真はWikipedia より

年輪の幅は一定ではなく，成長がよいと幅は広くなり，悪いと狭くなります。日のよく当たる側は成長がよくなります。また，斜面に生えた木は上に伸びようとして成長します。針葉樹と広葉樹の違いは葉の形だけではなく，成長にも表れます。針葉樹は本体がまっすぐ伸びるのに対し，広葉樹は本体が枝分かれして，広がるように伸びます。

②針葉樹は斜面の下側がよく成長して本体を上に押し上げ，広葉樹は斜面の上側がよく成長して本体を引き上げるような形で，どちらも上に向かうように伸びていきます。（図）

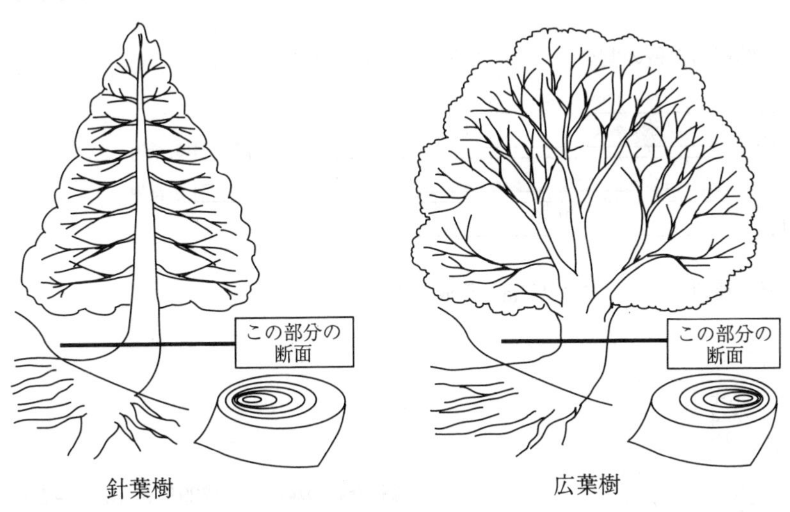

図

木は切った直後には多くの水分を含んでいます。一般に木は中心よりも周辺に多くの水分が含まれているので，乾燥するにつれて水分の量の違いからねじれたり，割れたりします。

木によっては乾燥させると，表面に近い方が中心に近い方よりも約２倍も縮みます。

また，湿度が高いと木は水分を吸収してふくらみます。その時にも表面に近い方が中心に近い方よりも大きくふくらみます。そこで材料として利用する場合には十分乾燥させてから利用します。それでも変形は起こるのでこの変化を考えて③板などの木材が作られます。

日本には地域の違いから多様な木が育ち，それぞれの木から作られた木材にはさまざまな性質があります。昨年，④世界遺産に登録された「縄文遺跡群」で出土した木材のように，日本では伝統的な建築や道具には木の性質やそれぞれの地域の特徴に合ったものが工夫されて用いられてきました。

次は８種類の木についての表です。木は部分により性質が異なるので主に中心の色が濃くなっている部分についての性質です。各数値はわかりやすいように改めてあります。

８種類の木の性質　地域・個体・部分により差があります。

	①	②	③	④	⑤	⑥	⑦	⑧
木の名前	カラマツ	クロマツ	スギ	ヒノキ	クリ	ケヤキ	イスノキ	キリ
分布	北海道～中部	東北～九州	北海道南部～九州	東北～九州	北海道～九州	東北～九州	西日本	北海道南部～九州
分類	針葉樹	針葉樹	針葉樹	針葉樹	広葉樹	広葉樹	広葉樹	広葉樹
樹高（m）	26	19	24	26	23	27	16	15
年輪の数	65	38	61	250	130	140	97	17
年輪の幅（mm）	2.5	5.0	3.2	1.0	3.4	1.5	1.3	6.9
比重注	0.5	0.6	0.38	0.4	0.6	0.6	0.8～1.02	0.19～0.30
硬さ（単位省略）	4	3	2	2～3	5	4～7	9	1

注　乾燥させたあと，木と同じ体積の，水に対する木の重さの割合。

国立国会図書館デジタルコレクションなどから作成

グラフ１　針葉樹と広葉樹の面積の割合　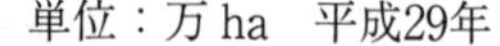
単位：万 ha　平成29年

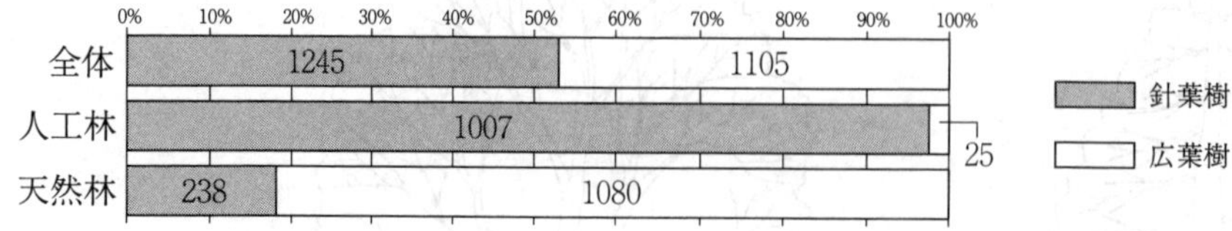

グラフ２　人工針葉樹の種類　　単位：万 ha　平成29年

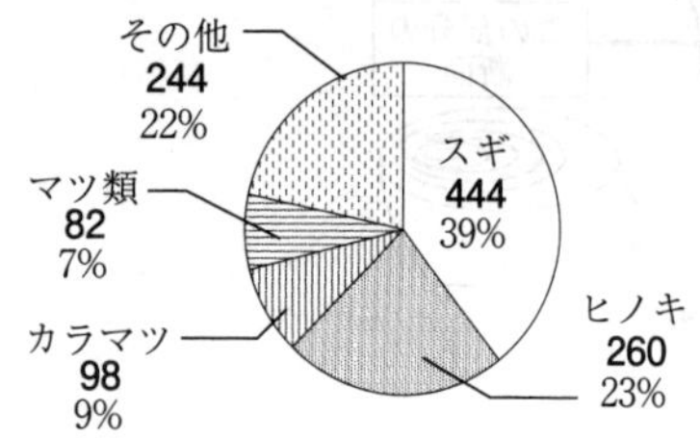

森林資源の現況（平成29年３月31日現在）
林野庁などから作成

問１　下線部①に関して，木の全体を横から図にあらわしたとすると，最も適切なものはどれですか。次より１つ選び，記号で答えなさい。

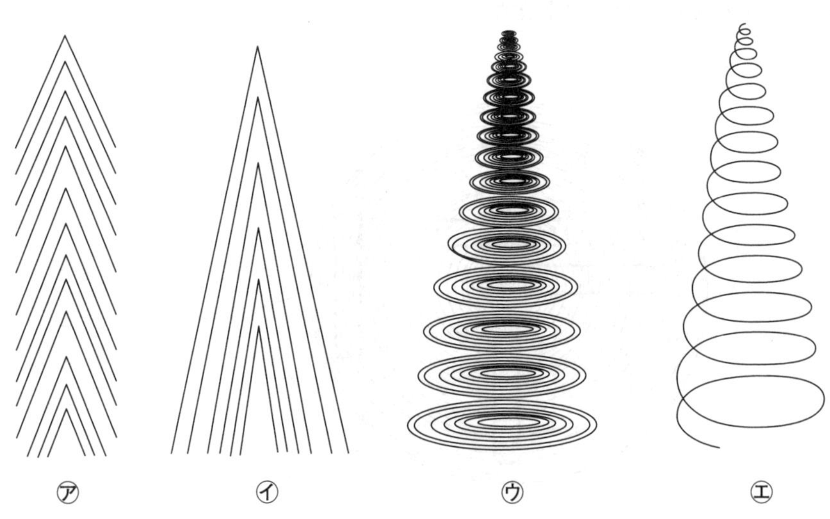

問２　下線部②に関して，次の地図を見て問題に答えなさい。

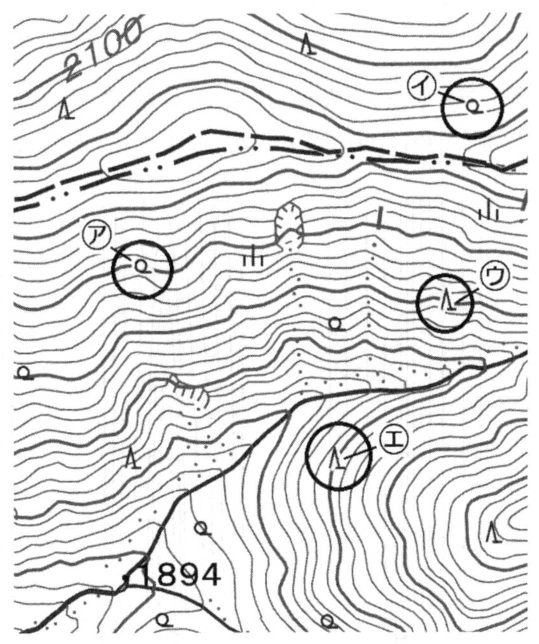

地図中の㋐～㋓の位置に，それぞれ直径１ｍの木の切り株があるとします。このうち，年輪の中心が最も南にかたよっていると考えられるものはどれですか，㋐～㋓の記号で答えなさい。

問３　下線部③に関して，次の図は，ある木を丸太にしたときの断面です。この丸太から可能なかぎり長い４枚の板を作ることを考えます。㋐〜㋓は４枚の板を切り出す個所で，すべて同じ長さ・厚さ・面積です。次の（１）・（２）に答えなさい。

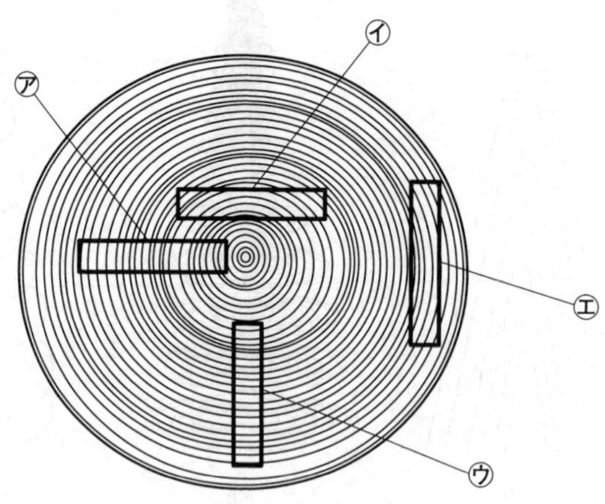

（１）　４枚の板のうち，乾燥したときに最も大きく反り返ってしまうものはどれですか。上の図の㋐〜㋓より１つ選び，記号で答えなさい。

（２）　次の図は，できた４枚の板を並べたものの一部です。各板は木の先端側を下にむけています。上の図の㋑にあてはまるものはどれですか。**A**〜**D**より１つ選び，記号で答えなさい。

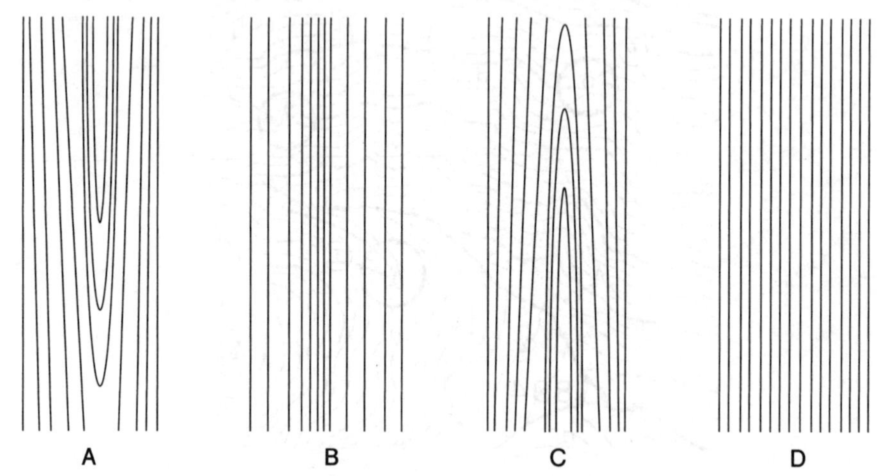

問４　下線部④に関して，この縄文遺跡群では用いられなかったと考えられる木を，４ページの「**８種類の木の性質**」の表の①〜⑧より１つ選び，番号で答えなさい。

問５　４ページの「**８種類の木の性質**」の表の④のヒノキはまっすぐに伸びていて，根元の直径は50 cmでした。このヒノキから可能なかぎり太い直径の円柱を**３本**切り出します。円柱の長さは次の通りです。

１本目　全体の半分の長さ。

２本目　１本目を切った残りの半分の長さ。

３本目　２本目を切った残りの半分の長さ。

１本目の円柱の直径を「１」と表すとすると，３本目の円柱の直径はいくつになりますか。数字で答えなさい。

問６　４ページの「**８種類の木の性質**」の表の⑤のクリに関しては『桃栗(ももくり)三年，柿(かき)八年』ということばがあります。このことばの意味に最も近いものを次より１つ選び，記号で答えなさい。

㋐　三日見ぬ間の桜(さくら)

㋑　石の上にも三年

㋒　三人寄れば文殊(もんじゅ)の知恵

㋓　三つ叱(しか)って五つほめ，七つ教えて子は育つ

問７　４ページの「**８種類の木の性質**」の表から読みとれないものを，次より１つ選び，記号で答えなさい。

㋐　８種類すべてが同じ高さまで育つとするとヒノキの成長が最もおそい。

㋑　８種類すべてが同じ高さまで育つとするとキリの成長が最もはやい。

㋒　木の中には水に沈(しず)むものがある。

㋓　広葉樹のほうが針葉樹より硬い。

問８　４ページの**グラフ１**では，日本全体の針葉樹と広葉樹の面積の割合は53：47とほぼ同じ比率です。一方，人工林と天然林では針葉樹と広葉樹の面積の割合はそれぞれ大きく異なっています。人工林と天然林では針葉樹と広葉樹の面積の割合が大きく異なっているのはなぜですか。その理由について，４ページの「**８種類の木の性質**」の表と**グラフ２**から考えて50字以内で説明しなさい。句読点は１文字とします。そのさいには，次の**（１）～（３）**の３つのことをすべてふまえて説明します。

（１）　４ページの「**８種類の木の性質**」の「**針葉樹**」の中から１種類を選んで説明に使用します。

（２）　「**成長がおそく**」または「**成長がはやく**」の言葉のうち，どちらか１つを選んでそのまま説明文の中に使用します。

（３）　「**建築**」または「**道具**」の言葉のうち，どちらか１つを選んで説明文の中に使用します。

（１）～（３）で選んだ語を使用する順番は自由とします。

3　次の会話文を読み，後の問いに答えなさい。

お母さん：おとなりのおばさんからアサリをこんなにもらったの。夕食にいただきましょう。
みのり　：スパゲッティにして食べたいな。アサリの入った，なんて名前だっけ。
お母さん：ボンゴレね。じゃあ，さっそくアサリの砂ぬきをしなくちゃ。
みのり　：砂ぬきってなに？
お母さん：アサリは海の砂の中で生きているから，中に砂が入ったままなの。だから，アサリの中にある砂をはき出させるのよ。
みのり　：どうやって砂をぬくの。
お母さん：海水と同じ濃（こ）さの塩水を作って，その中にアサリを入れておくの。
みのり　：それなら私もできるね。じゃあ，さっそく調べてみよう。…海水は3.4％なんだって。
お母さん：このアサリの量だったら，塩水が500ｇあれば十分ね。
みのり　：海水と同じ濃さで500ｇの塩水を作るには，ええっと…塩が（　Ａ　）ｇ，水が（　Ｂ　）ｇ必要ね。
お母さん：それだとちょっと量るのが大変。もっと簡単にできないかしら。
みのり　：インターネットで調べてみたら，もっと簡単な方法があった。塩大さじ１ぱいを水500 mLにとかせば，だいたい海水と同じ濃さになるんだって。
お母さん：それはいいわね。じゃあ，それで作りましょう。
みのり　：ところで，大さじ１ぱいの塩って何ｇなんだろう。とかす前に量ってみていい？
お母さん：いいわよ。はかりはここにあるから量ってみて。うちに塩は２種類あるから，両方調べてみたら。
みのり　：①<u>よく使う方の塩は18ｇ，粗塩（あらしお）の方は15ｇだ</u>。同じ塩なのになんでちがうんだろう。
お母さん：不思議ね。塩水は他の料理でも使うけれど，塩の種類のちがいまでそんなに気にしたことなかったわ。
みのり　：他の料理に塩水を使うことはあるの？
お母さん：まず，パスタのゆでじるでしょ。それから，皮をむいたリンゴの色が変わらないようにするときにも使うわね。②<u>切ったキュウリの水分をぬいてしんなりさせる</u>ときも塩水につけるわ。
みのり　：そのまま塩をつけてはだめなの。
お母さん：それでもできるけれど，味の調節が難しいから塩水の方がいいわね。

問１　空欄（らん）（　Ａ　），（　Ｂ　）に当てはまる数字を答えなさい。

問２　下線部①のようなちがいがあるのはなぜだと考えられますか。ちがいが分かるように解答用紙の図を利用し，絵を描いた上で説明しなさい。なお，大さじ１ぱいを量るとき，どちらも右図のように大さじの表面を平らにしました。

問３　塩が下線部②と同じはたらきをするものを次より１つ選び，記号で答えなさい。

(ア)　なべについたこげを塩で落とす。

(イ)　氷に塩を混ぜ，ジュースを冷やす。

(ウ)　じゅうたんにこぼしたコーヒーに塩をふりかけて，よごれをとる。

(エ)　塩鮭の塩をぬくのにうすい塩水につける。

問４　みのりさんは自由研究として，「水」，「海水と同じ濃さの塩水」，「海水よりも濃い塩水」の３種類を，なめたり飲んだりせず，下の**台所にある道具など**を使って区別する方法を考えました。あなたがみのりさんなら，どのような手順で３種類を見分けますか。見分ける手順と結果をあわせて書きなさい。なお，**台所にある道具など**は，同じものを２つ以上使ってもかまいません。

台所にある道具など

なべ，フライパン，ガスコンロ，はかり，計量カップ，温度計，はし 冷蔵庫，冷凍庫，スプーン，コップ，コーヒーフィルター，卵，石けん

問５　塩のつくり方には，いくつかの方法があります。

方法１　岩塩という塩のかたまりを土の中からほり出し，それをくだいてふるいわける。

方法２　塩水の湖（塩湖）の水を太陽の熱などで蒸発させ，そこから取り出す。

方法３　海水を砂の上にまいて，これを太陽の熱でかわかすことをくり返し，その砂にさらに海水を注いで濃い塩水をつくる。それを煮て水分を蒸発させる。

方法４　海水から塩の成分だけを取り出すことのできる特別な「まく」と電気の力を使って取り出す。

日本では，**方法３**と**方法４**のような，海水を使う方法で塩がつくられています。**方法３**では，海水を砂浜に何度もまき，太陽の熱と風でかわかして塩がたくさんついた砂ができます。

問４の**台所にある道具など**で，塩がついた砂から砂を取りのぞき，塩だけを取り出すにはどのような方法が考えられますか。その方法を１つ書きなさい。

問五　外国語を学習することは学習者にどのような効果をもたらすと思いますか。**文章A**・**文章B**の内容をふまえたうえで、あなたの考えを**三百五十字以上、四百字以内**で書きなさい。ただし、次の〔きまり〕を守ること。

〔きまり〕
○最初の行から書き始めます。
○各段落の最初の字は一字下げて書きます。
○行をかえるのは、段落をかえるときだけとします。会話を入れる場合は行をかえてはいけません。
○句読点・かぎかっこ（、や。や」）も、それぞれ字数に数えます。これらの記号が行の先頭に来るときには、前の行の最後の字と同じます目に書きます。
○段落をかえたときの残りのます目は、字数として数えます。ただし、最後の段落の残りのます目は、字数として数えません。

問二　次に示すのは、——部③「言語の特徴は一長一短です」という筆者の意見に関する、三人（**みのる、たろう、はなこ**）のやりとりです。このやりとりのあと、［Y］に当てはまる、**みのる**が示したと思われる考えを、**四十字以上六十字以内**で書きなさい。

みのる——日本語と英語を比べると、それぞれの特徴に気づくことができるよね。［文章A］の～～部「brotherやsister」を例に考えると、兄も弟も「brother」、姉も妹も「sister」というのは、日本語からすると不思議だけれど、その点についてはみんなはどう思う？

たろう——年齢の違いを区別できないのは不便だと思うな。英語を母語とする人たちが友人から兄弟を紹介（しょうかい）されたときに、その紹介された人は友人にとって兄なのか弟なのかは気にならないのかな？

はなこ——そうだよね。そう考えると、日本語には「兄」・「弟」、「姉」・「妹」と、それぞれの立場を表す形式があるから便利だよね。それぞれの違いが分かりやすい点は、日本語の長所だと思うな。

みのる——でも、「兄」・「弟」、「姉」・「妹」を区別することで生まれる短所もあるよね。たとえば、［Y］。

問三　——部④「母語」とありますが、以前は「母国語」という言葉が「母語」と同じ意味で使われていました。しかし、「母国語」という言葉は最近使用されなくなっています。それはなぜだと思いますか。その理由を答えなさい。なお、「母国語」とは「自分が生まれた国の言葉」を指します。

問四　［文章B］の筆者は、書くことを示す言葉として、「つくる」よりも「つづる」の方がふさわしいと述べていますが、それはなぜですか。その内容を次のようにまとめた場合、［ア］、［イ］に当てはまる言葉を自分で考え、それぞれ答えなさい。

◎書くことを「つくる」と表現すると、［ア］印象を持つが、「つづる」と表現すると［イ］印象を持つから。

日本でドイツ語を勉強している人にも、ドイツ語で日記をつけることを勧めたい。文法、スペル、その他、いろいろ間違いを犯すかもしれないが、そういうことは取り敢えずあまり気にしないで、書きたいことをなるべく楽しんで書く。面白いのは、日本語では恥ずかしくて書かなかったかもしれないようなことを平気で書けることもあるということである。そうやって、毎日書いているうちに、綴られた文章の連なりが織物のようなもう一人の自分を生み出していくかもしれない。外国語を学ぶということは、新しい自分を作ること、未知の自分を発見することでもある。わたしたちは日本語を通して世の中の仕組みを学び、人との付き合い方を学び、大人になってきたわけだから、こういうことは考えてはいけないとか口にしてはいけないというタブーが頭の中に日本語といっしょにプログラミングされている。つまり、日本語でものを書いている限り、タブーに触れないようにする機能が自動的に働いてしまう。それが、他の言語を使っていると、タブー※排斥機能が働かなくなって、普段は考えてもみなかったはずのことを大胆に表現してしまったり、忘れていた幼年時代の記憶が急に蘇ってきたりもする。

　チェコ出身のドイツ語作家リブーシェ・モニコヴァが生前、デビュー作の中で、主人公が暴力を受ける部分は、とても母語では書けなかった、それをドイツ語で書いたことが自分の文学的出発になった、と語っていた。

　精神分析は母語でなければできない、と言う専門家はもちろんたくさんいるが、敢えて外国語でやる精神分析というのもあるかもしれない。話したくないことも、外国語だと割に簡単に口から出てしまうこともあるのではないか。これまでで一番恥ずかしかったこと、最近泣いた理由、自分の嫌いな人についてなど、ドイツ語で綴ってみてはどうだろう。

（多和田葉子『エクソフォニー　母語の外へ出る旅』より）

※注
・陶酔……うっとりした気分になること。
・語感……言葉から受ける感覚的なイメージのこと。
・オーナメント……飾りや装飾品のこと。
・錦織……金銀などの色糸できれいな模様を織り出した、厚い絹織物。
・ライター・イン・レジデンス……世界各国から作家や詩人を招待し、アメリカの大学生活を味わいながら、自身の創作活動を援助する制度。
・母語……生まれた時から自然に習得した言語。
・排斥……好ましくないとして、拒みしりぞけること。

問一 [X] には、――部①と②の各文において、タクシーに「ある」や「いた」が使われる理由が述べられています。そのうち、――部②においてタクシーに「ある」ではなく、「いた」という言葉が使われているのはなぜだと思いますか。**文章A** の内容をふまえて、その理由を答えなさい。

題が増え、戸惑うことがあります。もし日本語に複数を表す形式があれば、こうした混乱は避けられたはずです。
③言語の特徴は一長一短です。

（石黒圭『日本語は「空気」が決める　～社会言語学入門～』より）

※注　・"daughters"……「daughter」は日本語で「娘」の意味。「daughters」は複数の娘がいることを示している。

文章B

「作文」という日本語は、考えてみると、随分そっけない。文を作ること。「作る」という作業のイメージは、材料を集めて、道具を使って、うまく組み合わせ、つなぎ合わせていくという感じである。しかし、実際には、文章を書いていくと、目には見えないものが肌の表面から宙に流れ出し、又、言語の方も生き物のように動き出し、両者の体温が上がり、書き手は自我を忘れて一種の※陶酔状態に入ることさえある。それは、「作る」という職人的な※語感には似合わない出来事である。書くという行為に相応しい、もっと魔的な単語はないか。

（中略）

ちょっと古いが、日本語には、他に、「綴り方」という言葉もある。綴るというのは、言葉をつなげて文章を作っていくということなのだろうが、ちょっと織物のような感じもする。糸偏の「綴」という感じは、糸が左側で支配していて、右には「又」という形が※オーナメント風に繰り返されている。見た目が※錦織のような綺麗な漢字だと思う。

現代日本語では、綴りと言えば、書くといっても、狭い意味での書き方、つまり、スペリングしか指さないが、「つづる」という語感の方が、わたしは「つくる」という語感よりも好きである。

一九九九年にボストンのマサチューセッツ工科大学に※ライター・イン・レジデンスで呼ばれて四ヶ月滞在していた時、ドイツ語を習っている学生たちに、作文を何回か書いてもらった。学期中に三回書いてもらった長めの作文の他にも、週二回の授業の後で、その時間に思ったこと、次の時間の予習をして読んだ小説の感想など簡単に書いて、毎回、授業の前に提出してもらっていた。工科大学であるから、専攻はみんな自然科学、数学、技術などだが、教養課程で外国語や文学が必修になっているので、彼らはドイツ語とドイツ文学を選択したわけだ。文学部ではないから作家になりたいなどという学生はいないし、小説など普通はほとんど読まないし、日記も書かない。そのせいか、逆に、この「作文」が楽しくなって、毎回枚数の増えていく学生が何人かいた。授業で扱った本のことだけでなく、その日に恋人と喧嘩した話などまで紛れ込んでくる。自分は普段は文章など書かないけれども書き始めたら楽しくなった、という感想を漏らす学生もいた。④※母語では手紙さえ書かない人間が、語学の授業の課題をきっかけに、外国語で自分の気持ちや夢など、個人的なことを綴るようになっていくのは奇妙と言えば奇妙だ。わたしから見れば、楽しい実験でもある。

二〇二二年度 浦和実業学園中学校

【適性検査Ⅰ】〈第一回適性検査型入試〉（五〇分）〈満点：一〇〇点〉

【注意】 字数制限のある問題の場合は、句読点や符号、促音「っ」・拗音「ゃ」「ゅ」「ょ」なども一字分として字数に含めます。

次の **文章A** と **文章B** を読み、後の問いに答えなさい。

文章A

英語を初めてならったときの新鮮な驚きは、brother や sister のところで考えたように、年齢差を気にしない一方、性差を気にするというところでしょう。日本語の場合、相手が男性でも女性でも「様」をつければ大丈夫ですが、英語の場合、Mr.と Ms.の区別をしなければなりません。

また、英語の専門書を見ていると、研究者を he か she かいずれかで受けるので、その研究者が男性か女性かがすぐにわかるようになっています。

（中略）

単数と複数の区別も日本語にはないので、ややこしいものです。一夫多妻の文化圏ならば別なのでしょうが、英語圏で"a wife"とわざわざ言うのも面倒なものです。しかし、子どもの話題なら、"a child"と"children"が区別できて便利でしょう。性別も含めて、"daughters"※と言えれば、初対面の人も、性差と複数形を手がかりに、相手の家族の具体的な話題が引きだせ、会話も弾みやすいでしょう。

日本語でも、「はじめに」で触れたように、「犬がいる。」「本がある。」のような有生（ヒトや動物）と無生（モノやコト）の区別があります。日本語を学ぶ人にとってはややこしい区別ですが、日本語を日々使っている人にとっては便利な区別です。

つぎの例文の「ある」「いる」にはどんな区別が込められているでしょうか。

① このホテルにはホテル専用のタクシーがある。

② 新幹線の駅を出たら、ロータリーにタクシーがいた。

［　X　］。同じタクシーでもこのような区別ができるのは、日本語が有生と無生の区別を持っているからこそです。

社会科学の文章を読んでいると、「諸問題」「諸要因」「諸側面」など、「諸」がやたらと目につきます。これらも欧米の言語の影響を受けたものと考えられます。「諸」は、いろいろあるという意味ですが、単に複数であるということを示すのにも用いられます。

単数と複数の区別は面倒なのですが、区別がないと困ることもあります。

「今回の法改正には大きな問題がある。」と書かれている文章を、問題は一つという前提で読みすすめていったら、「また、～」と突然問

2022年度

浦和実業学園中学校

※　編集上の都合により，第１回適性検査型入試の解説は省略させていただきました。

適性検査Ⅰ　＜第１回適性検査型入試＞（50分）＜満点：100点＞

解答

問１　(例)　——部②の「タクシー」には，運転手が乗っていたり，客を待っていたりするなどの状況が考えられ，有生の性質を持つから。　**問２**　(例)　兄や姉は年上としての役割を押しつけられることも多く，兄弟や姉妹の間に対等な関係を築くことはできないと思う　**問３**　(例)　自分が最も使いこなせる言葉と，その言語を使用する人の出身国や住んでいる国の公用語とが異なる場合があるから。　**問４**　**ア**　(例)　作業的で，無機質な　**イ**　(例)　創造的で，新しい価値を生み出し，また書き手の新しい一面も発見できる　**問５**　(例)　下記を参照のこと。

問５（例）

　外国語を学習することは、学習者にとって二つの効果があると思います。一つ目は、母語に対する関心が深まることです。文章Aでは、日本語と英語の比較を通して、英語の特徴はもちろん、日本語の特徴にも目を向けていました。外国語を学習することで、母語しか知らなかったときよりも、母語の特徴に対して敏感に気づくことができると思います。

　二つ目は、学習者が知らない間にとらわれている社会の常識や文化を自覚できることです。文章Bで説明されているように、自分の考えを外国語で書くことによって、母語やその背後にある文化を見つめ直すこともできると思います。

　このように、外国語を学習することは母語への関心や社会の常識を検討し、学習者に新たな視点を獲得させることが期待できます。それは、外国人とのコミュニケーションを通して、異なる文化や価値観を知ることと同じくらい価値があるものだと思います。

適性検査Ⅱ　＜第１回適性検査型入試＞（50分）＜満点：100点＞

解答

1　**問１**　**A**　11　**B**　4　**C**　4　**D**　3　**E**　100　**問２**　**F**　ガーリックが６個とオクラなっとうが２個／**理由**…(例)　総カロリーの一の位が８となるのは，①ツナが１個，②オクラなっとうが２個，③ゆでたまごが３個の３通りある。しかし，①と③では残りがすべてガーリックでも250キロカロリーをこえてしまうため，選んだのはガーリックが６個とオクラなっとうが２個となる。　**2**　**問１**　㋑　**問２**　㋐　**問３**　(1)　㋓　(2)　A　**問４**

⑦　**問５**　$\frac{1}{4}$　**問６**　㋑　**問７**　㋓　**問８**　(例)　スギなどの針葉樹の方が成長がはやく，建築用の木材に適しているために植えられたから。　**3**　**問１**　**A**　17　**B**　483
問２　**図**…(例)　下の図／**説明**…(例)　粗塩の方がつぶの大きさが大きいため，すき間が多い。だから同じ体積でも重さがちがう。　**問３**　(エ)　**問４**　**手順**…(例)　計量カップを使い，3種類の液体を同じ体積にする。その後，それぞれ，なべ(またはフライパン)に入れて熱し，水を蒸発させる。／**結果**…(例)　塩が残らなかったものが水，塩が一番多く残ったものが海水より濃い塩水，二番目に多く残ったものが海水と同じ濃さの塩水である。　**問５**　(例)　砂のついた塩を水にとかし，コーヒーフィルターを使ってこし分ける。その後，コーヒーフィルターから出てきた液をなべ(またはフライパン)で熱し，水を蒸発させることで塩を取り出すことができる。

よく使う方の塩　　粗塩

2022年度　浦和実業学園中学校

〔電　話〕　048(861)6131
〔所在地〕　〒336－0025　埼玉県さいたま市南区文蔵３－９－１
〔交　通〕　JR京浜東北線・武蔵野線「南浦和駅」西口より徒歩12分

【適性検査Ⅲ】〈第２回適性検査型入試〉（50分）〈満点：100点〉

1　浦和実業学園中学校の保健室の前には順番待ちのイスがおいてあります。次の会話文を読み，後の問いに答えなさい。

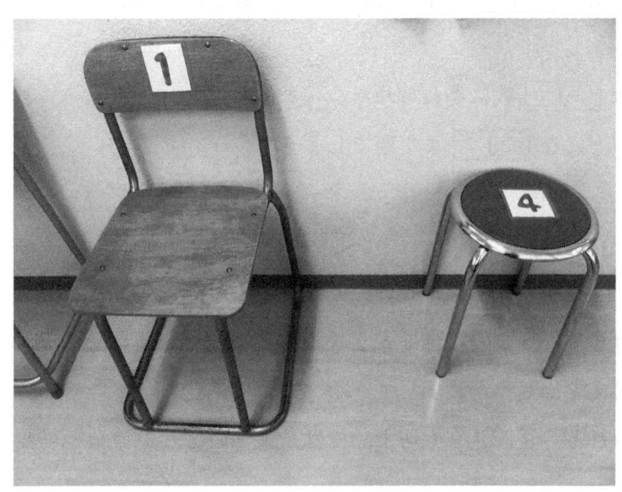

みのる：① と ④ が隣（となり）に並んでいるのはおかしいね。② と ③ は？

和実　：② は ④ の右隣に，③ は ① の左隣に並んでいるよ。

みのる：A<u>⑤ が一番右にあるね。</u>

和実　：そうか！これは［　B　］ディスタンスに気を配っているんだね。

みのる：① に座った人となるべく距離（きょり）をとるために ① の両隣には ② をおかないようにして，② の両隣には ③ をおかないようにしているんだね。

和実　：他にもこのような【［　B　］ディスタンスに気を配った並べ方】はあるかしら？

みのる：まずはイスが**３つの場合**を考えよう。

和実　：並べ方は，①②③，①③②，②①③，［　C　］，［　D　］，［　E　］の全部で６通りあるけれど…

みのる：どれも【［　B　］ディスタンスに気を配った並べ方】ではないから０通りだね。

和実　：イスが**４つの場合**はどうかしら？

みのる：①②③④，①②④③，… 候補だけでもいっぱいあって大変だよ。

和実　：まずは ①○○○ のときには，残りの ②③④ の並べ方を考えればいいから…

みのる：そうか。さっきの**３つの場合**の考え方で０通りだね。

和実　：○①○○ のときには，① の両隣には ② がないから ○①○② しかありえないわ。

みのる：③①④② か［F］しか候補はないけれど【［B］ディスタンスに気を配った並べ方】は ③①④② だけだね。

和実　：ということは**４つの場合**の【［B］ディスタンスに気を配った並べ方】は ③①④② か［G］の２通りだね。

みのる：意外に少ないなぁ。あ！この２通りは順番が逆になっているね。こういうのをえっと…左右［H］だっけ？

和実　：それは〈中学生を［H］にしたアンケート〉のように使うのよ。

みのる：この前授業で習った〈［I］的な色使いが際立つ風景画〉か！

和実　：残念！不正解。

みのる：〈団体戦の勝敗は［J］戦に委(ゆだ)ねられた。〉

和実　：左右［J］ってどんな［J］よ！変でしょう？

みのる：〈［K］時代〉！

和実　：それは元号よ。いい加減にして。

みのる：はい。左右［L］ですね。

和実　：ようやくね。ではイスが**５つの場合**はどうかしら？

みのる：どっちがはやく答えを出せるか競争しよう。

和実　：はやさも大切だけれど，正確さも大切よ。では，よーいどん！

問１　下線部**A**について，保健室のイスの並べ方はどうなりますか。解答欄(らん)の ○ の中に数字を入れなさい。

問２　［B］にあてはまる言葉を答えなさい。

問３　［C］，［D］，［E］にあてはまる ①，②，③ の並べ方はどうなりますか。解答欄の ○ の中に数字を入れなさい。

問４　［F］，［G］にあてはまる ①，②，③，④ の並べ方はどうなりますか。解答欄の ○ の中に数字を入れなさい。

問５　［H］，［I］，［J］，［K］，［L］にあてはまる熟語を次より１つずつ選び，それぞれ記号で答えなさい。

ア　大正　　**イ**　対象　　**ウ**　大将　　**エ**　対称(しょう)　　**オ**　対照

問６　イスが**５つの場合**に【［B］ディスタンスに気を配った並べ方】はぜんぶで何通りありますか。考え方や計算式も書いて答えなさい。

2　以下の会話文およびレポートを読んで，後の問いに答えなさい。

夏休みのある日，太郎君は家族でオーケストラのコンサートに行きました。

太郎君　：オーケストラ，すごかったねえ！

お母さん：ほんとうにね！コンサート会場で聞く生演奏はやっぱりちがうわね。

お父さん：コンサートホールでは，ステージ上の音が客席に向かって直接届くだけでなく，音をうまい具合にかべで反射させて，四方八方から届くように設計されているから，包み込まれるような音になるんだよ。

お母さん：へえ。すごいのねえ。

太郎君　：ぼくはオーケストラの中でもバイオリンが一番好きだな。ソロパートはもちろん最高だったけど，全体の演奏の中でも，バイオリンの音だけは特別にかがやいて聞こえたよ。

お母さん：へえ。たくさんの楽器がいっせいに音を出していても，太郎にはバイオリンの音だけを聞き分けることができるんだね。すごいわ。

太郎君　：ほんとだ。よく考えると不思議だね。いろいろな音の中で，ちゃんとバイオリンの音だけはよく聞こえるんだ。どんなに小さくってもさ。バイオリンの音だけじゃなく，ひとつひとつの楽器をよく意識しながら聞いていると，これはドラムの音，これはフルートの音，って，ちゃんとわかる。たくさんの音が出ていたらそれが混（ま）ざって別の音になってもおかしくないのに。なんで混ざらないんだろう。

お父さん：人が音を聞き分けるしくみはなかなか難しいのだけれど，ひとつひとつの音が混ざらずに聞き分けられることは，音のしくみから説明できる。実は音は，波の一種なんだ。海の波と同じように，音は波として空気を伝わってくるんだよ。ふるえが伝わっていくことを波というんだ，太郎は知っていたかい。

太郎君　：なんとなくは。糸電話だと，声のふるえが糸を伝わってくるってのは，やったことがあったなあ。

お父さん：そうそう。それが波だ。波は，さいしょにふるえがはじまるところがあって，そのふるえが物体の中を伝わっていくことで生じているんだ。

太郎君　：じゃあ，音は水の中では（　**A**　），宇宙では（　**B**　）ってことかな。

お父さん：そのとおり。太郎，今年の夏の自由研究は音について調べてみたらどうだい。

太郎君　：そうだね。じゃあ，バイオリンがどうしてあんなに素敵な音を出せるのか，調べてみようかな。

こうして太郎君は，音について色々と調べてみることにしました。

お父さん：まずは，波が混ざらないことを確かめてみよう。波はいろいろなところで見ることができる。たとえば，なわとびを水平にして，上下に振(ふ)ってみると，盛り上がったところがすーっと伝わっていくだろう。これも波だ。まずはこのロープを使って，波の伝わり方を調べてみよう。太郎，はしを上に１回振ってごらん。

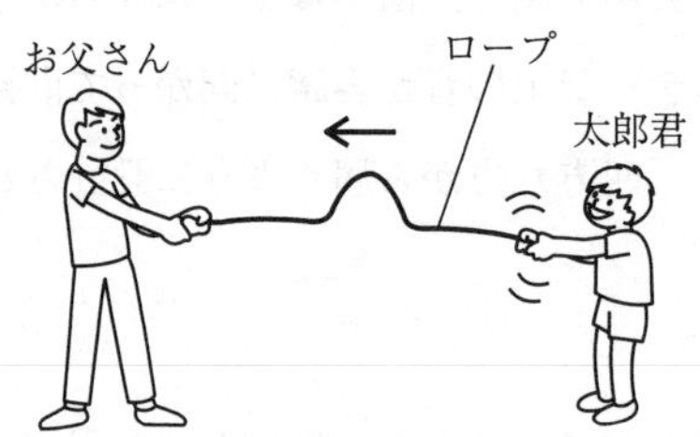

太郎君　：ほんとだ！山が伝わっていく。これが波なんだね。じゃあ，両方から波をぶつけると，どうなるんだろう。

お父さん：よし，じゃあやってみるぞ。せーの，せ。

太郎君　：あ，すりぬけた！

お父さん：相手が送った山にぶつかっても，自分の山はちゃんと相手に山のまま届いたね。波は，混ざらないんだね。

太郎君　：そうだね。①<u>今度は，ぼくは下に振って，へこんだ谷を送るから，お父さんは山を送って。せえの，せ！　………，ようし，予想通りだ！</u>

お父さん：これで，いろんな音が混ざっても，それぞれの音が波なら，その形がくずれずに伝わっていくということがわかったね。

太郎君　：そうか。だからいろいろな楽器が同時に鳴っても，バイオリンはバイオリン，フルートはフルートとしてそれぞれの音を聞くことができるんだね。でもお父さん，さっき言っていた，波の形ってどういうこと？ロープにできる山や谷のような形が音にもあるの？

お父さん：うん。音は見えないけれど，工夫することでロープを伝わる波と同じように，その形を見ることができる。ふるえを形にしたものを波形(はけい)とよぶ。お父さんのスマートフォンに入れてあるアプリを使えば，音の波形を見ることができる。ためしに何か音をだしてごらん。画面にその音の波形が表示されるよ（図１）。

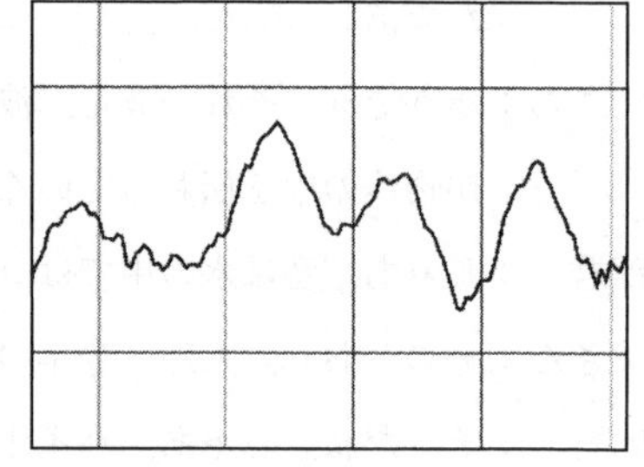

図１　声の波形

太郎君　：あ〜〜〜。へえ！ぼくの声，こんな形なんだ。面白い！

お父さん：ところで，さっきロープで波を送って２つの山がちょうど出合ったとき，どうなっていたか見ていたかな？山と山がぶつかっている間は，大きな山が見えただろう。

太郎君　：そういえば大きくなっていたような。もう一回やってみよう。……，うん，たしかに大きくなっている。じゃあ，山と谷がぶつかっているときはどうだろう。……，なんだかしぼんでしまったみたいに見えるね。

お父さん：これも波の特徴の一つで，波と波が同時に合わさったときは，元の波同士の山の高さを合わせたものがそのときの高さになるんだ。このシミュレーション映像をみてごらん(図２)。２つの山が重なっているときには，大きな山ができていることがわかる。今度は山と谷をぶつけてみよう。このときは，山の高さは，谷の深さの分だけ小さくなる。同じ形の山と谷がぴったり出合うと，波がなくなったように見えるときもある（図３）。最近のイヤホンには，②ノイズキャンセリング機能というものがついているものがあるね。これは，雑音の波形とちょうど逆の波形を同じタイミングでぶつけることで，雑音を打ち消しているんだ。

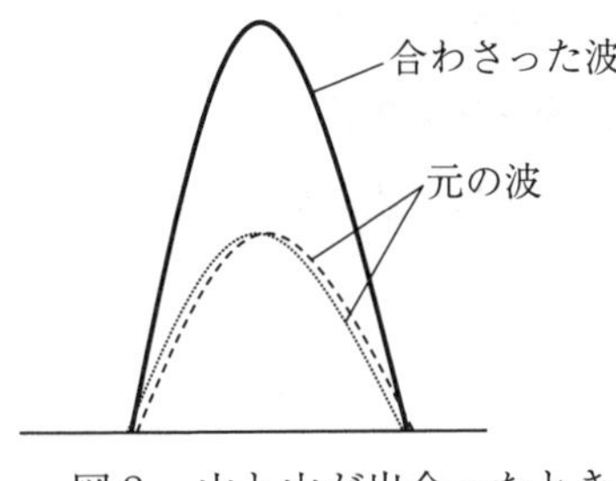

図２　山と山が出合ったとき

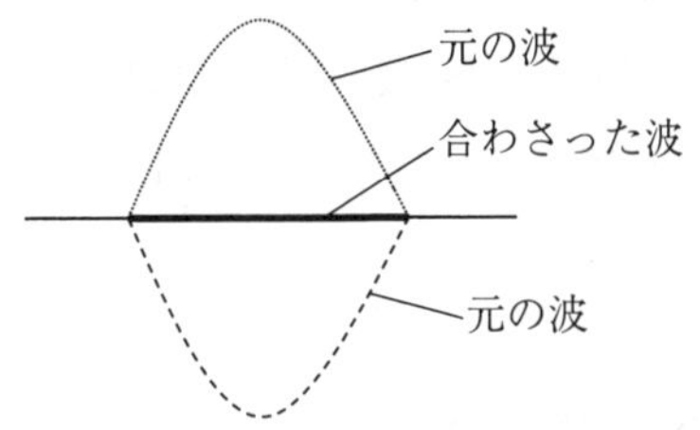

図３　山と谷が出合ったとき

太郎君　：へえ。そうなんだ。後でいろいろな波形を観察してみることにするよ。あとは，バイオリンのしくみをどうやって調べようか……。

お父さん：バイオリンは弦楽器だ。弦を振動させて音を出している。弦と，弦の振動をより大きな音にするための胴体があれば，弦楽器になるよ。

太郎君　：胴体って，バイオリンのひょうたんの形をしたところのこと？

お父さん：そうだ。まずは，ティッシュ箱を胴体に見立てて，そこにゴムを張って，弦楽器を作ってみたらどうだい？

太郎君　：オッケー。じゃあ，いろいろやってみるよ。

このあと，太郎君は，自由研究として２つの実験を考えました。

夏休み自由研究レポート　　６年１組　浦実太郎

テーマ：バイオリンの秘密を探る

目　的：コンサートで聞いたオーケストラの音楽で，バイオリンの音だけがよく聞こえた理由を知りたい。そのために，音の形についてと，バイオリンが音を奏でるしくみを調べる。

実験１　音のしくみ

波形観察アプリを使って，いろいろな音の特徴を調べる。

方　法　（１）　ピアノでドの音を出し，音の大きさを変えて波形を調べる。

（２）　ピアノでドの音を３オクターブ変えて出し，波形を調べる。

（３）　ピアノ，人の声，ウクレレでそれぞれドの音を出し，波形を調べる。

結　果

（１）　音の大きさのちがい

ドの音　小

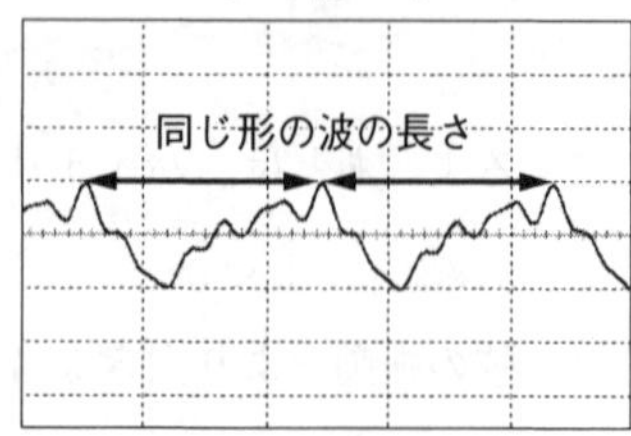

ドの音　中

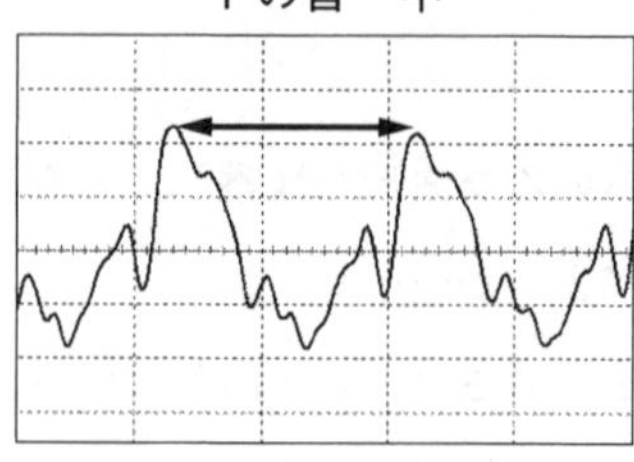

ドの音　大

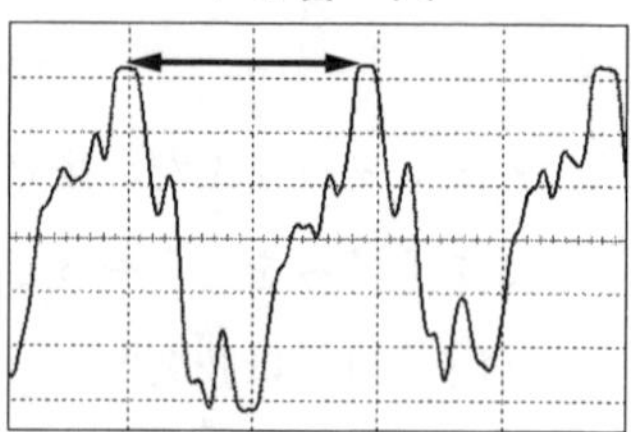

（２）　音の高さのちがい

低いドの音

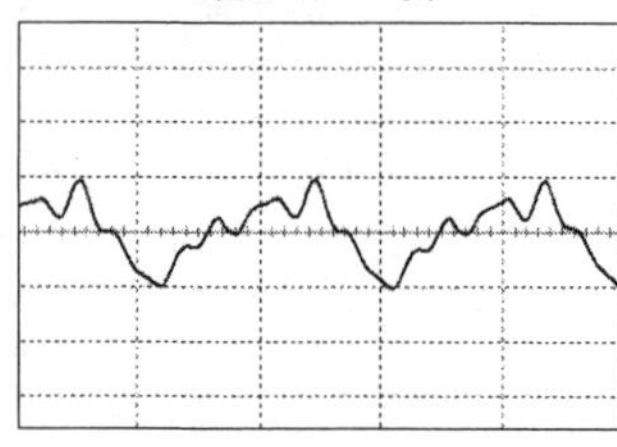

中くらいのドの音

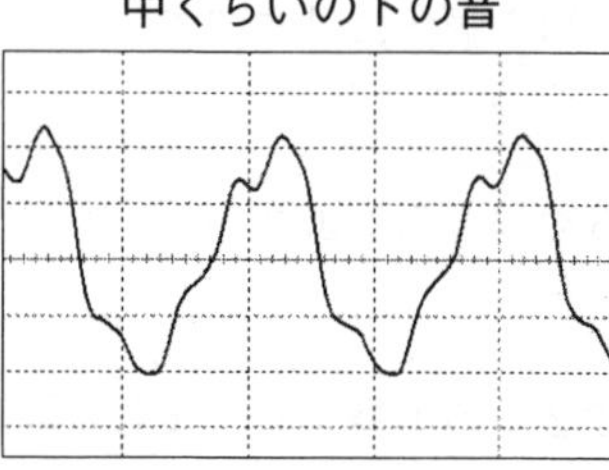

高いドの音

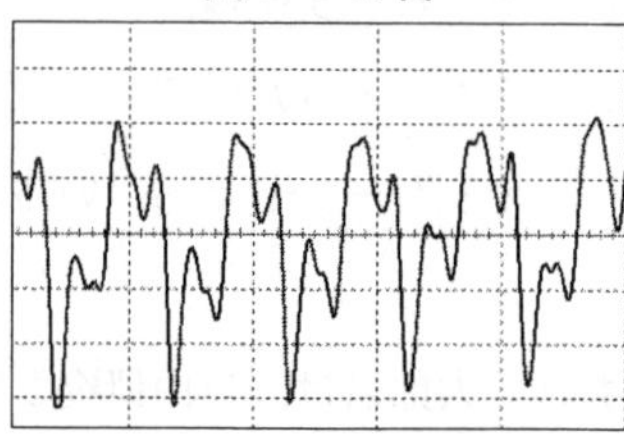

（３）　音の種類のちがい

ピアノのドの音

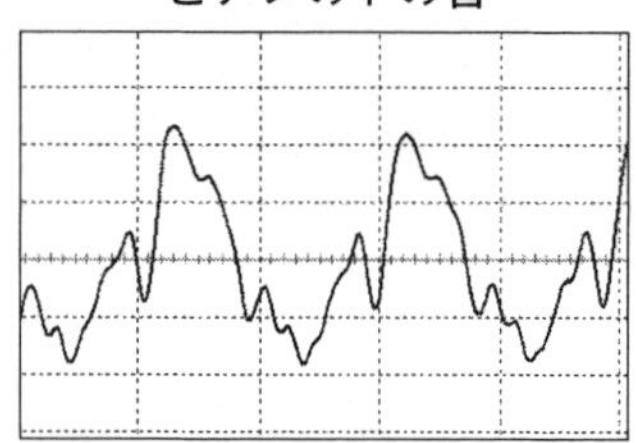

人の声のドの音

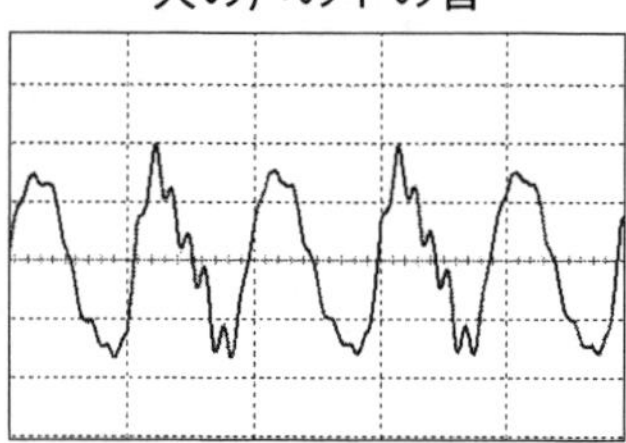

ウクレレのドの音

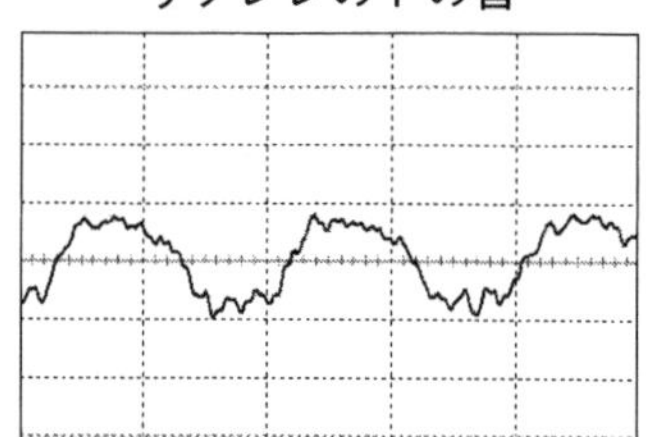

わかったこと

（1）　音の大きさが大きくなるほど，波形の縦のはばが大きくなることがわかった。同じ形の波の長さは，どの大きさの音でも同じだった。同じドの音でも，大きさが変わると波形がちがって見えた。

（2）　音が高くなると，画面に見える同じ形の波の個数が増えた。

（3）　同じ高さの音でも，音の種類が変わると見た目が大きく変化した。

まとめ　波形のちがいによる音のちがい

音の大きさ	波形の（　　C　　）が大きいほど大きくなる。
音の高さ	波形の（　　D　　）が短いほど高くなる。
音の聞こえ方（音色）	音の聞こえ方は波形のちがいによる。

実験２　バイオリンのしくみ

バイオリンの代わりに自作の弦楽器を作って，音の出方を調べる。

方　法　ティッシュの空き箱に強さのちがうゴムを張り，音の出方を調べる。

結　果

①　ゴムだけをはじくと，あまり音は出なかった。ゴムは大なわとびのような形にふるえていた。

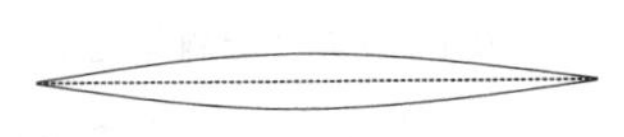

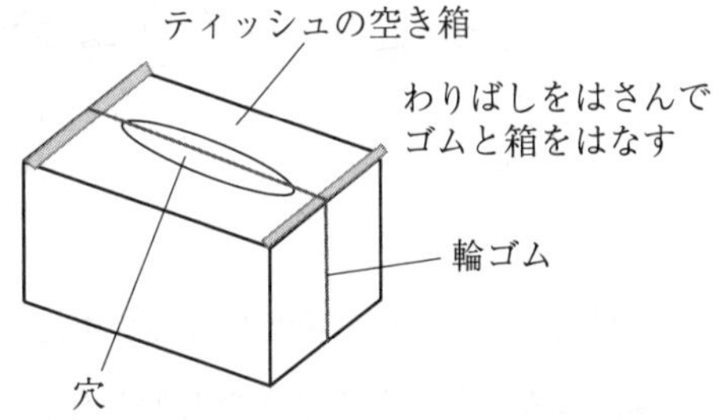

②　箱にとりつけたゴムでは，音がひびいて大きく聞こえた。強く張ったゴムほど高い音が出た。

③　ゴムの途中を指でおさえ，ゴムが振動する部分の長さを短くすると，音の高さが変わった。

④　ティッシュ箱の穴をふさぐと，音は小さくなってしまった。

⑤　ティッシュ箱の穴を広げると，音は小さくなってしまった。

調べたこと

インターネットで調べてみると，弦楽器の胴体部分は，音を大きくひびかせるために大事な役割があるとわかった。弦の振動は，胴体の内部でより大きな空気の振動に変わる。その振動が胴体の穴から出て，音を鳴らしている。胴体だけでなくバイオリンを作るあらゆるパーツの材料や形によって，バイオリンの美しい音色がつくられている。このため，まったく同じ音のバイオリンは２つとない，ともいわれている。

問１　文中の空欄（　A　），（　B　）に入る適切な言葉の組み合わせとして適当なものを，以下の**（ア）**～**（エ）**の中から１つ選んで記号で答えなさい。

（ア）　A　伝わり　　B　伝わる　　**（イ）**　A　伝わらず　　B　伝わる

（ウ）　A　伝わり　　B　伝わらない　　**（エ）**　A　伝わらず　　B　伝わらない

問２　下線部①について，波がすり抜けた後のようすとして適当なものを，以下の**（ア）**～**（エ）**の中から１つ選んで記号で答えなさい。

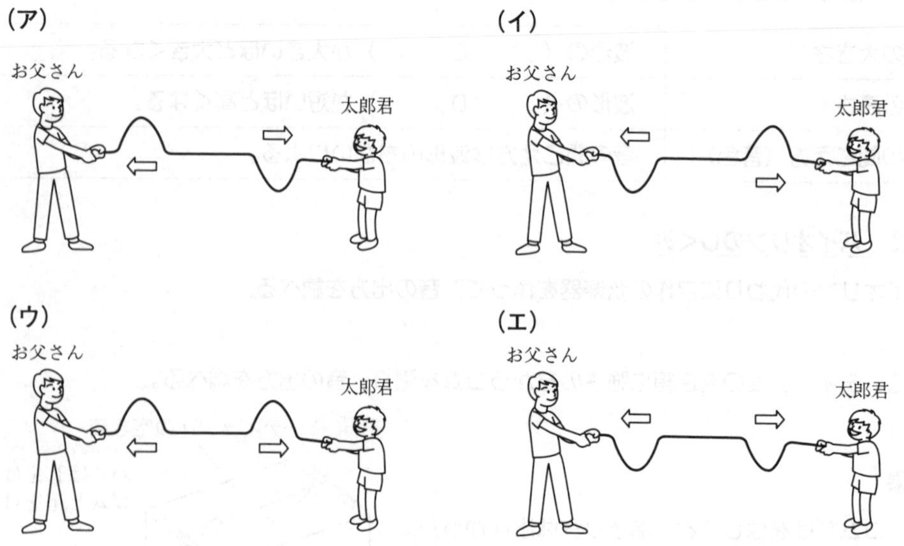

問３　下線部②について，雑音を打ち消すための波形を考えます。以下の図のような雑音を打ち消すには，この波形にどのような波形を合わせればいいでしょうか。もっとも適当なものを以下の**（ア）**～**（エ）**の中から１つ選んで記号で答えなさい。

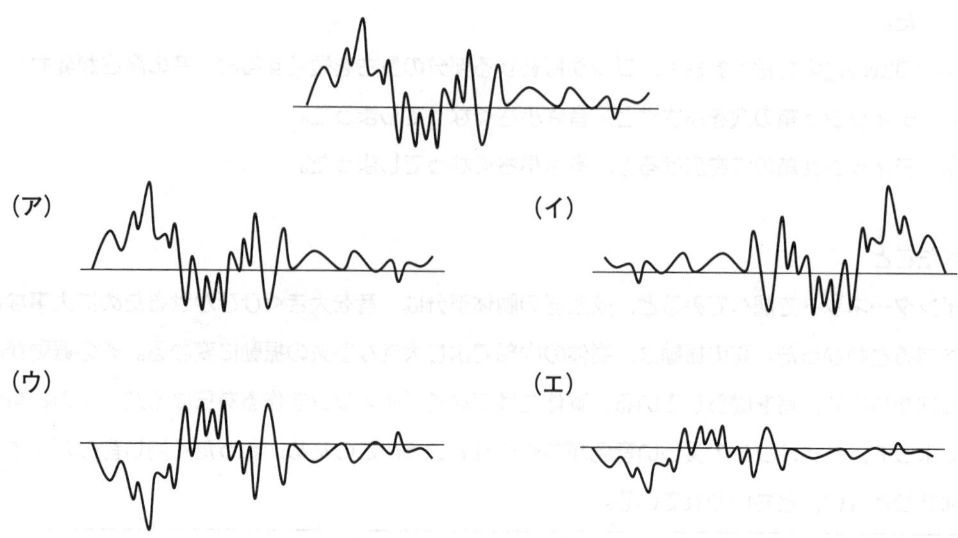

問４　**実験１（３）**の人の声の波形で，同じ形の波はどこからどこまでを指しますか。解答欄の図に，←→のような矢印を書き込みなさい。

問５　**実験１「まとめ」**の表中の，空欄（　C　），（　D　）に適当な言葉を入れなさい。

問６　弦楽器をひびかせるには，胴体が重要な役割をはたしています。上の文章とレポート結果をもとに，弦楽器の弦をはじいてから，音が人に聞こえるまでに，音がどのように伝わっているかを説明しなさい。

問７　弦楽器の音の聞こえ方は，胴体部分のひびき方によって大きく変わりますが，それ以外にも，弦にできる波形のちがいが音色のちがいの一つとなっています。実は弦には，大きな山１個分の波形だけでなく，ほかの波形の波もできています。この波形は，弦のあいだでちょうど山や谷２個分，３個分といった波形になります。たとえば，以下の(a)〜(c)のような波形が考えられます。

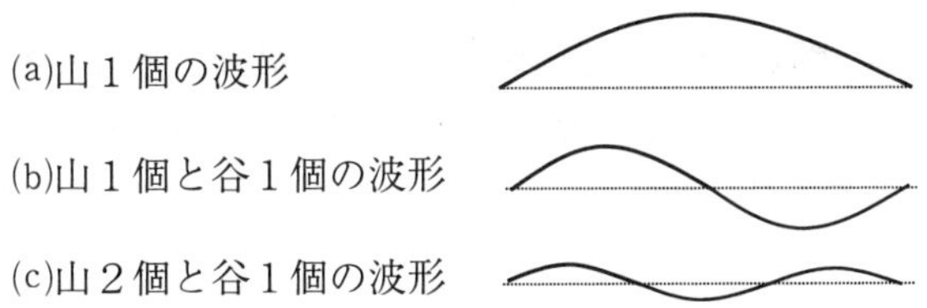

(ア)　(a)と(b)の波形が同時にあるとき
(イ)　(a)と(c)の波形が同時にあるとき
について，弦にできる波形のようすを解答欄に作図しなさい。

(ア)

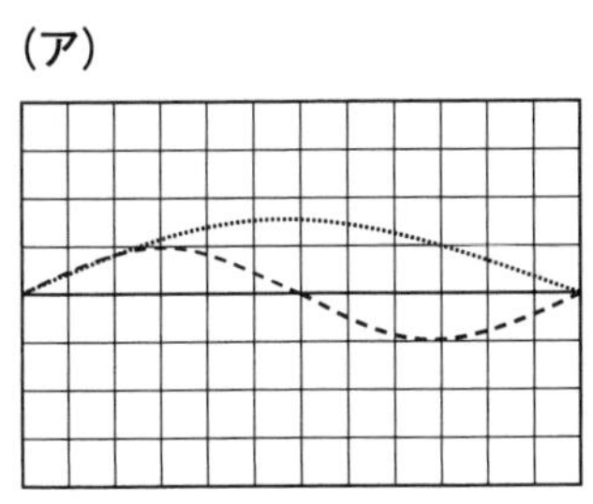

(イ)

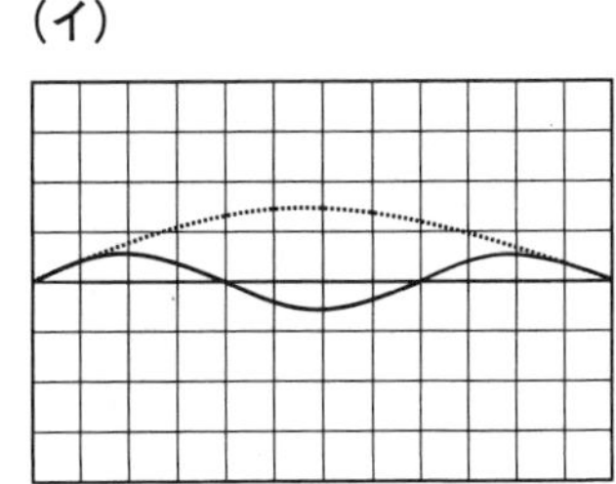

2022年度

浦和実業学園中学校 ▶解　答

※　編集上の都合により，第２回適性検査型入試の解説は省略させていただきました。

適性検査Ⅲ ＜第２回適性検査型入試＞（50分）＜満点：100点＞

解　答

1　問１　③①④②⑤　問２　ソーシャル（または，フィジカル）　問３　C　②③①　D　③①②　E　③②①　問４　F　④①③②　G　②④①③　問５　H　イ　I　オ　J　ウ　K　ア　L　エ　問６　14通り／考え方や計算式…（例）①が何番目にあるかで場合分けすると，右の表のように７通りある。これらの左右対称な形もあてはまるから，ぜんぶで，７×２＝14（通り）ある。

【①○②○○】…①④②⑤③
【①○○②○】…①③⑤②④
【①○○○②】…なし
【○①○②○】…③①④②⑤，③①⑤②④
【○①○○②】…④①③⑤②
【②○①○○】…②④①③⑤，②④①⑤③

2　問１　(ウ)　問２　(イ)　問３　(ウ)　問４　（例）下の図①　問５　（例）C　縦の幅　D　同じ形の波の長さ　問６　（例）弦が振動して音が出る。その振動が胴体の中の空気に伝わり，胴体の中で大きくなる。その後，大きくなった音が外の空気を伝わり人の耳に届く。
問７　(ア)　下の図②　(イ)　下の図③

図①
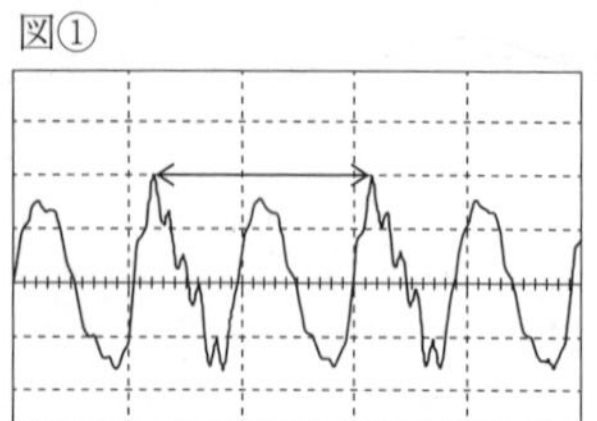

図②
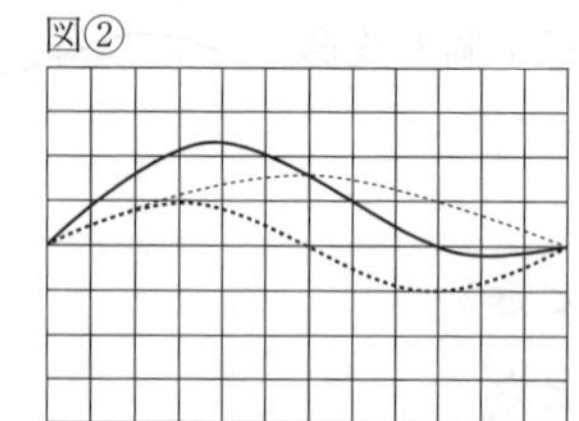

図③
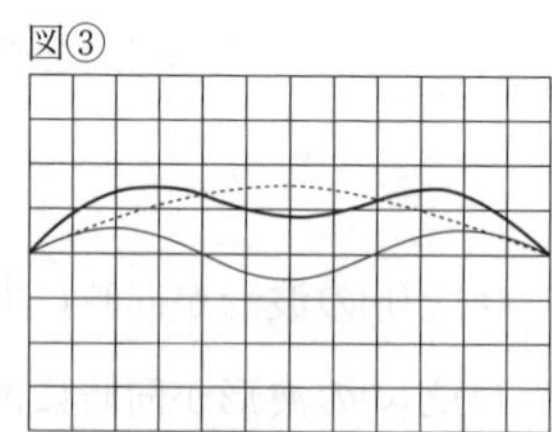

Memo

Memo

2025年度用

■編集人　声の教育社・編集部
■発行所　株式会社 声の教育社
〒162-0814 東京都新宿区新小川町8-15
☎03-5261-5061(代)　FAX03-5261-5062
https://www.koenokyoikusha.co.jp

※本書の内容についての一切の責任は当社にあります。内容・解説・解答・その他は当社ホームページよりお問い合わせ下さい。

よくある解答用紙のご質問

01

実物のサイズにできない

拡大率にしたがってコピーすると,「解答欄」が実物大になります。配点などを含むため,用紙は実物よりも大きくなることがあります。

02

A3用紙に収まらない

拡大率164％以上の解答用紙は実物のサイズ(「出題傾向＆対策」をご覧ください)が大きいために,A３に収まらない場合があります。

03

拡大率が書かれていない

複数ページにわたる解答用紙は,いずれかのページに拡大率を記載しています。どこにも表記がない場合は,正確な拡大率が不明です。

04

１ページに２つある

１ページに２つ解答用紙が掲載されている場合は,正確な拡大率が不明です。ほかの試験回の同じ教科をご参考になさってください。

【別冊】入試問題解答用紙編

解答用紙は本体からていねいに抜きとり、別冊としてご使用ください。

※　実際の解答欄の大きさで練習するには、指定の倍率で拡大コピーしてください。なお、ページの上下に小社作成の見出しや配点を記載しているため、コピー後の用紙サイズが実物の解答用紙と異なる場合があります。

●入試結果表

年度	回	項目		国語	算数	社会	理科	2科合計	4科合計	2科合格	4科合格
2024	第1回午前	配点(満点)		100	100	50	50		300		最高点
		合格者平均点	男	59.4	63.9	32.8	30.5		186.6		男 260
			女	63.0	59.2	30.9	28.1		181.2		女 250
		受験者平均点	男	51.4	54.0	28.2	26.7		160.3		基準点
			女	57.1	51.7	27.7	25.5		162.0		143
		キミの得点									
	第1回午後	配点(満点)		100	100			200		最高点	
		合格者平均点	男	63.8	68.5			132.3		男 166	
			女	67.2	65.1			132.3		女 172	
		受験者平均点	男	55.9	59.2			115.1		基準点	
			女	61.1	57.3			118.4		114	
		キミの得点									
	回	項目		適性Ⅰ	適性Ⅱ			適性合計		適性合格	
	第1回適性検査型	配点(満点)		100	100			200		最高点	
		合格者平均点	男	70.2	48.8			119.0		男 164	
			女	73.2	45.0			118.2		女 160	
		受験者平均点	男	62.7	45.1			107.8		基準点	
			女	64.5	41.7			106.2		93	
		キミの得点									
	〔参考〕第2回適性検査型(適性Ⅲ)の合格者平均点は男 65.9/女 63.0、受験者平均点は男 61.6/女 58.4 です。										
年度	回	項目		国語	算数	社会	理科	2科合計	4科合計	2科合格	4科合格
2023	第1回午前	配点(満点)		100	100	50	50		300		最高点
		合格者平均点	男	59.1	61.0	28.8	32.1		181.0		男 234
			女	68.0	57.3	27.0	31.5		183.8		女 238
		受験者平均点	男	52.9	54.7	25.5	29.4		162.5		基準点
			女	62.1	52.8	25.0	29.8		169.7		155
		キミの得点									
	第1回午後	配点(満点)		100	100			200		最高点	
		合格者平均点	男	60.3	66.9			127.2		男 161	
			女	66.7	59.8			126.5		女 168	
		受験者平均点	男	51.2	55.4			106.6		基準点	
			女	60.8	53.4			114.2		105	
		キミの得点									
	回	項目		適性Ⅰ	適性Ⅱ			適性合計		適性合格	
	第1回適性検査型	配点(満点)		100	100			200		最高点	
		合格者平均点	男	61.8	51.4			113.2		男 157	
			女	69.2	51.4			120.6		女 166	
		受験者平均点	男	55.1	46.9			102.0		基準点	
			女	64.0	47.6			111.6		90	
		キミの得点									
	〔参考〕第2回適性検査型(適性Ⅲ)の合格者平均点は男 59.6/女 56.0、受験者平均点は男 53.9/女 52.6 です。										

〔参考〕満点(合格基準点)　2022 年：第1回午前 300(163)　第1回午後 200(115)　第1回適性検査型 200(68)

※　表中のデータは学校公表のものです。ただし、2科合計・4科合計・適性合計は各教科の平均点を合計したものなので、目安としてご覧ください。

声の教育社

２０２４年度　浦和実業学園中学校

算数解答用紙　第１回午前

番号		氏名		評点	／100

1

(1)	(2)	(3)
(4)	(5)	(6)

2

(1) 本	(2) 毎分 m	(3) cm
(4) 年後	(5) 分	(6) 人

3

(1) m	(2) m	
(3) 分 秒後	A駅から km	(4) 分 秒後

4

(1)	(2)	(3)

5

(1) cm^2	(2) cm^2	(3) cm^2

6

(1) 角DAC 度	AC：CD ：	(2) cm^2

（注）この解答用紙は実物を縮小してあります。Ｂ５→Ｂ４(141%)に拡大コピーすると、ほぼ実物大の解答欄になります。

〔算　数〕100点(推定配点)

1　各３点×６　2～4　各４点×14　5　(1)，(2)　各４点×２　(3)　５点　6　(1)　各４点×２　(2)　５点

２０２４年度　浦和実業学園中学校

社会解答用紙　第１回午前

番号		氏名		評点	／50

1

問1	問2	問3	問4	
			(1)	(2)
	市			

問5		問6		
(1)	(2)	(1)	(2)	(3)
	m			

2

問1	問2	問3

問4	問5

問6
40

問7	問8	問9

3

問1	問2	問3
	行為	

問4	問5

（注）この解答用紙は実物を縮小してあります。Ｂ５→Ｂ４（141%）に拡大コピーすると、ほぼ実物大の解答欄になります。

〔社　会〕50点(推定配点)

1　各２点×10　2　問１～問５　各２点×５　問６　４点　問７～問９　各２点×３　3　各２点×５

２０２４年度　浦和実業学園中学校

理科解答用紙　第１回午前

番号		氏名		評点	／50

1

問1	問2	問3	問4	問5

問6
→　→（イ）→　→

2

問1	
①	②

問2

問3		問4
血管	Eの名前	mL

3

問1		問2	問3
	g		

問4	問5
%	g

4

問1	問2	問3	問4	問5

（注）この解答用紙は実物を縮小してあります。Ｂ５→Ｂ４（141％）に拡大コピーすると、ほぼ実物大の解答欄になります。

〔理　科〕50点(推定配点)

1　問1～問5　各2点×5　問6　3点＜完答＞　2　問1　各2点×2　問2　3点　問3　各2点×2　問4　3点　3　問1　3点＜完答＞　問2，問3　各2点×2　問4，問5　各3点×2　4　各2点×5

２０２４年度　浦和実業学園中学校

国語解答用紙　第一回午前

番号		氏名	

評点	／100

一

問一　(1)　(2)（める）　(3)　(4)　(5)

問二　(1)（ぐ）　(2)　(3)　(4)　(5)（らげる）

問三　(1)　(2)　(3)　(4)　(5)

二

問一　問二　問三 (i) (ii) (iii)　問四　問五　問六　問七　問八　問九

三

問一　A　B

問二

80　60

問三　問四　問五

問六　(i) A　B　C　D　E　F　(ii)

（注）この解答用紙は実物を縮小してあります。Ｂ５→Ａ３(163%)に拡大コピーすると、ほぼ実物大の解答欄になります。

〔国　語〕100点(推定配点)

一　各２点×15　二　問１　２点　問２　３点　問３　各２点×３　問４～問６　各３点×３　問７～問９　各４点×３　三　問１　各２点×２　問２　９点　問３～問５　各３点×３　問６　(ｉ)　各２点×６　(ⅱ)　４点

２０２４年度　　浦和実業学園中学校

算数解答用紙　第１回午後

番号		氏名		評点	／100

1

(1)	(2)	(3)
(4)	(5)	(6)

2

(1) 時間	(2) 分	(3) %
(4) 匹	(5) 年前	(6) 日

3

(1) 毎分 m	(2) m
(3) m	(4) 分後

4

(1)	(2)	(3)

5

(1) ：	(2) ： ：	(3) ：

6

(1) cm^2	(2) cm^2

（注）この解答用紙は実物を縮小してあります。Ｂ５→Ｂ４（141%）に拡大コピーすると、ほぼ実物大の解答欄になります。

〔算　数〕100点（推定配点）

1～3　各４点×16　4　(1)，(2)　各４点×２　(3)　５点　5　(1)，(2)　各４点×２　(3)　５点　6　各５点×２

２０２４年度　浦和実業学園中学校

国語解答用紙　第一回午後

番号		氏名		評点	／100

一

問一 (1) (2) (3) (4) (5)（まる）

問二 (1) (2) (3) (4)（める） (5)（した）

問三 (1) (2) (3) (4) (5)

二

問一　問二　問三 (i) (ii) (iii)　問四　問五 (i) (ii) (iii)　問六 X Y Z　問七

三

問一　問二　問三 Ⅰ Ⅱ　問四 Ⅰ Ⅱ　問五　問六 Ⅰ Ⅱ Ⅲ　問七　問八 ア イ ウ エ

60　80

（注）この解答用紙は実物を縮小してあります。Ｂ５→Ａ３（163％）に拡大コピーすると、ほぼ実物大の解答欄になります。

〔国　語〕100点（推定配点）

一　各２点×15　二　問１　２点　問２　３点　問３　各２点×３　問４　３点　問５，問６　各２点×６　問７　４点　三　問１　３点　問２，問３　各２点×３　問４，問５　各３点×３　問６　各２点×３　問７　８点　問８　各２点×４

２０２４年度　　浦和実業学園中学校　第１回適性検査型

適性検査Ⅱ解答用紙　No.1

番号		氏名		評点	／100

1

問1					
	ア	イ	ウ	エ	オ
	カ		キ	ク	ケ
	コ				

問2	
	サ
	考え方

２０２４年度　浦和実業学園中学校　第１回適性検査型

適性検査Ⅱ解答用紙　No. 2

2

問1	

問2		問3	

問4

説明	

問5	
問題	
対策	

問6

請願書

横浜港から輸出するよりも

以上の理由より，清水港の開港を求めます。

2024年度　浦和実業学園中学校　第1回適性検査型

適性検査Ⅱ解答用紙　No.3

3

問1	

問2	1位	2位	3位

問3	

問4	ウ	理由

問5	30

問6	つく　・　つかない	理由

（注）この解答用紙は実物を縮小してあります。B5→A3（163%）に拡大コピーすると、ほぼ実物大の解答欄になります。

〔適性検査Ⅱ〕100点（推定配点）

1　問1　各2点×10　問2　10点　2　問1　4点　問2　6点　問3　4点　問4，問5　各6点×2　問6　8点　3　問1　4点<完答>　問2　各2点×3　問3　4点　問4　8点　問5　6点　問6　8点

２０２４年度　浦和実業学園中学校　第一回適性検査型

適性検査Ⅰ解答用紙　No. 1

番号		氏名	

評点	／100

一

①

②

③

④

⑤

二

問一

問二

三

問三

①

②

③

問四

問一

①

②

③

問二

説明

２０２４年度　浦和実業学園中学校　第一回適性検査型

適性検査Ⅰ解答用紙　No.２

四

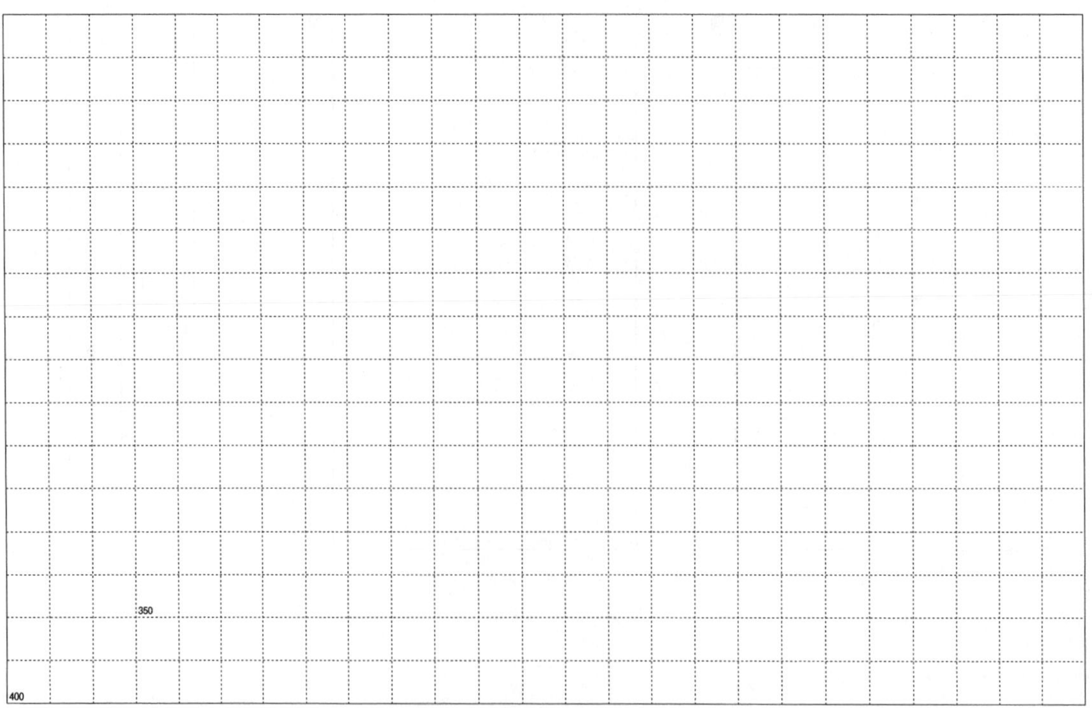

（注）この解答用紙は実物を縮小してあります。169％拡大コピーをすると、ほぼ実物大の解答欄になります。

〔適性検査Ⅰ〕100点(推定配点)

一　各２点×５　二　問１　６点　問２　８点　問３　各２点×３　問４　６点　三　問１　各２点×３　問２　８点　四　50点

２０２４年度　浦和実業学園中学校　第２回適性検査型

適性検査Ⅲ解答用紙　No.１

番号		氏名		評点	／100

1

問1		問2	通り	すべての答え

問3	順番
	方法

問4		問5	最も大きい数	最も小さい数

問6		問7	通り

問8	部屋	差
	考え方	

2024年度　浦和実業学園中学校　第2回適性検査型

適性検査Ⅲ解答用紙　No. 2

2

問1	

問2	2月	6月	8月	10月

問3	ア	イ	ウ	エ

問4	

問5	A	B

問6

領域	①	②	③	④
はたらく遺伝子				
	↓	↓	↓	↓
作られる構造				

問7	

（注）この解答用紙は実物を縮小してあります。179％拡大コピーをすると、ほぼ実物大の解答欄になります。

〔適性検査Ⅲ〕100点(推定配点)

1　問1，問2　各3点×3<問2の答えは完答>　問3，問4　各5点×3<問3の順番は完答>　問5　各3点×2　問6，問7　各5点×2　問8　部屋，差…各3点×2，考え方…5点　2　問1　10点　問2～問5　各2点×11　問6　7点　問7　10点

２０２３年度　浦和実業学園中学校

算数解答用紙　第１回午前

番号		氏名		評点	／100

1

(1)	(2)	(3)
(4)	(5)	(6)

2

(1) 枚	(2) 分後	(3) 本
(4) 年後	(5) 分	(6) %

3

(1) 毎分 m	(2) 毎分 m
(3) m	m

4

(1)	(2)	(3) 通り

5

(1) 度	(2) ：

6

(1)	(2)
(3) もっとも大きい値	もっとも小さい値

（注）この解答用紙は実物を縮小してあります。Ｂ５→Ｂ４（141%）に拡大コピーすると、ほぼ実物大の解答欄になります。

〔算　数〕100点（推定配点）

1～6　各４点×25

2023年度　浦和実業学園中学校

社会解答用紙　第１回午前

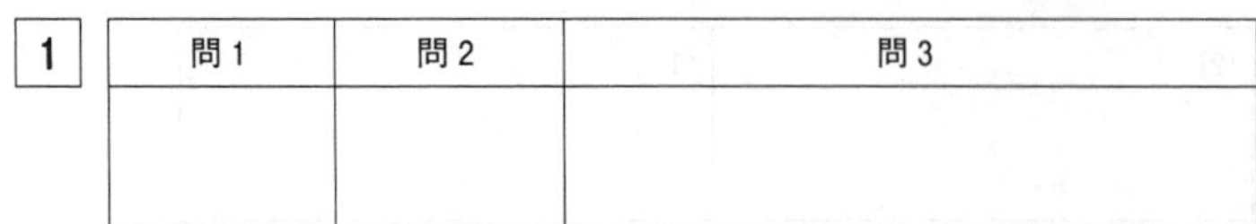

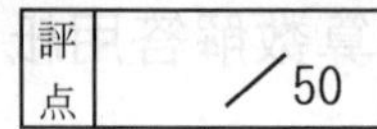

評点 ／50

1

問１	問２	問３

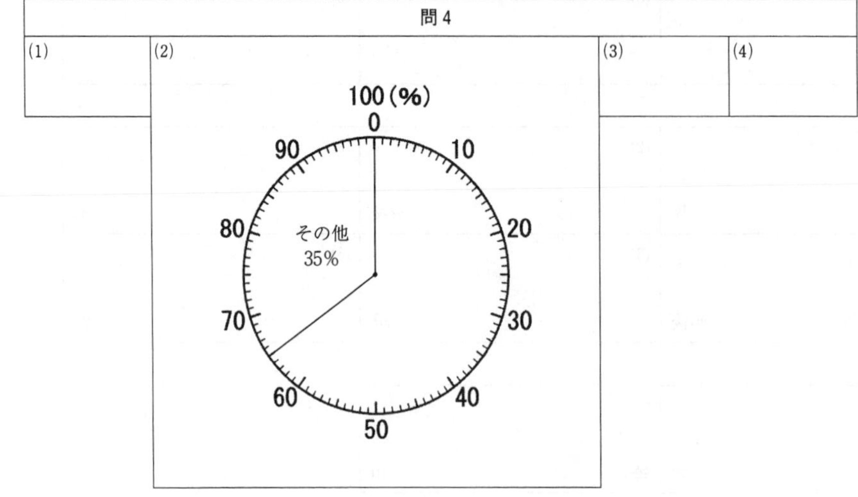

問５ (1)	問５ (2)	問６
m		

2

問１	問２	問３	問４

問５	問６	問７	問８

問９	問10

3

問１	問２	問３	問４	問５

（注）この解答用紙は実物を縮小してあります。Ｂ５→Ｂ４（141%）に拡大コピーすると、ほぼ実物大の解答欄になります。

〔社　会〕50点（推定配点）

1～3　各２点×25

２０２３年度　　浦和実業学園中学校

理科解答用紙　第１回午前

番号		氏名	

評点	／50

1

問1	問2		問3	問4
	内側	外側		
				→ → →

2

問1	
①	②

問2

問3		問4

3

問1		問2	問3
C	D		

問4		問5
	◯で囲ったところの、	

問6			
番号		方法	

4

問1	問2	問3
度		

問4	問5	問6
		8月＿＿＿日＿＿＿時

（注）この解答用紙は実物を縮小してあります。Ｂ５→Ａ３(163%)に拡大コピーすると、ほぼ実物大の解答欄になります。

〔理　科〕50点(推定配点)

1, 2　各２点×10＜1の問４, 2の問３は完答＞　3　問１～問３　各２点×４　問４　３点＜完答＞　問５, 問６　各２点×３　4　問１　２点　問２　３点＜完答＞　問３～問６　各２点×４＜問５は完答＞

二〇二三年度　浦和実業学園中学校

国語解答用紙　第一回午前

番号		氏名		評点	／100

一

問一 (1) (2) (3) (4) (5)

問二 (1) (2) (3) (4) (る) (5)

問三 (1) (2) (3) (4) (5)

問四 A B C D E

二

問一

問二 (i) (ii)

問三

問四 (i) (ii)

問五

問六 (i) (ii)

問七 (i) (ii)

問八

三

問一 Ⅰ Ⅱ Ⅲ

問二

問三

問四

問五

問六

問七

問八 (i) (ii)

問九

50

70

問十 (i) (ii) (iii)

問十一 ア イ ウ エ

（注）この解答用紙は実物を縮小してあります。Ｂ５→Ａ３（163%）に拡大コピーすると、ほぼ実物大の解答欄になります。

〔国　語〕100点(推定配点)

一　各１点×20　二　各３点×12　三　問１～問３　各２点×５　問４～問７　各３点×４　問８　各２点×２　問９　８点　問10　各２点×３　問11　各１点×４

２０２３年度　浦和実業学園中学校

算数解答用紙　第１回午後

番号		氏名	

評点	／100

1

(1)	(2)	(3)
(4)	(5)	(6)

2

(1) km	(2) 分	(3) g
(4) 羽	(5) 枚	(6) 日

3

(1) (cm²) 15, 10, 5, 0, 5, 10, 15 (秒)

(2) cm²

(3) 秒後と　秒後

4

(1) 個	(2)	(3)

5

(1) 度	(2) cm²

6

(1)	(2) cm³
(3) cm²	(4) cm

（注）この解答用紙は実物を縮小してあります。Ｂ５→Ａ３(163%)に拡大コピーすると、ほぼ実物大の解答欄になります。

〔算　数〕100点(推定配点)

1～5　各４点×20<3の(3)は完答>　6　各５点×4

二〇二三年度　浦和実業学園中学校

国語解答用紙　第一回午後

番号		氏名	

評点	／100

一

問一 (1) (2) (3) (4) (5)

問二 (1)（ちに） (2) (3)（か） (4) (5)（え）

問三 (1) (2) (3) (4) (5)

問四 (1) (2) A D E

二

問一 (i) (ii)

問二

問三 誤 ↓ 正

問四

問五

問六 (1) (2)

問七

問八

問九

三

問一

問二

問三

問四 A B C D

問五 ア イ ウ エ

問六 (i) (ii)

問七

問八

問九

問十

問十一

問十二 80

問十三 50 30 60

問十四

（注）この解答用紙は実物を縮小してあります。Ｂ５→Ａ３（163%）に拡大コピーすると、ほぼ実物大の解答欄になります。

〔国　語〕100点（推定配点）

一　各１点×20　二　問１　各２点×２　問２～問５　各３点×４<問３は完答>　問６　各２点×２　問７～問９　各３点×３　三　問１～問３　各２点×３　問４，問５　各１点×８　問６　各２点×２　問７～問11　各３点×５　問12　9点　問13　6点　問14　3点

2０２３年度　　浦和実業学園中学校　第１回適性検査型

適性検査Ⅱ解答用紙　No.１

番号		氏名		評点	／100

1

問1

ア　　回	イ　　円	ウ　　円	エ　　km	オ　　m
カ　　km	キ　　km	ク　　km	ケ　　km	コ　　km

問2

（答え）

（理由）

2

問1

問2

問3

問4

特徴

原因

問5

２０２３年度　浦和実業学園中学校　第１回適性検査型

適性検査Ⅱ解答用紙　No.２

3

問1	A	B

問2	

問3	(1)
	(2)

問4													13

問5		問6	

（注）この解答用紙は実物を縮小してあります。Ｂ５→Ａ３(163%)に拡大コピーすると、ほぼ実物大の解答欄になります。

〔適性検査Ⅱ〕100点(推定配点)

1　問１　各２点×10　問２　答え…４点<完答>，理由…８点　2　問１～問４　各４点×６<問３は各４点×２>　問５　８点　3　問１　各４点×２　問２　８点　問３～問６　各４点×５

二〇二三年度　浦和実業学園中学校　第一回適性検査型

適性検査Ⅰ解答用紙　No.1

番号		氏名		評点	／100

一

問一

①

②

③

④

⑤

問三

14

問四

おもちゃ箱をひっくり返したような

説明

問五

のように長い

のように短い

二

問一

問二

二〇二三年度　浦和実業学園中学校　第一回適性検査型

適性検査Ⅰ解答用紙　No. 2

三

350

400

（注）この解答用紙は実物を縮小してあります。169％拡大コピーをすると、ほぼ実物大の解答欄になります。

〔適性検査Ⅰ〕100点(推定配点)

一　各２点×５　二　問１　８点　問２　10点　問３　４点　問４　８点　問５　各５点×２　三　50点

２０２３年度　浦和実業学園中学校　第２回適性検査型

適性検査Ⅲ解答用紙　No.１

番号		氏名	

評点	／100

1

問1	画	問2	画

問3	上から　段目の左から　個目

問4	上から　段目の左から　個目

問5	ア	イ

問6	①	②
	③	

適性検査Ⅲ解答用紙　No.２

2

問1

問2 (1) (2) (3) ガス (4)

問3 (1)

〔%〕

よごれを落とす力

洗剤の濃さ

(2)

問4 (1) (2)

(注) この解答用紙は実物を縮小してあります。Ｂ５→Ａ３(163%)に拡大コピーすると、ほぼ実物大の解答欄になります。

〔適性検査Ⅲ〕100点(推定配点)

1 問1～問5　各5点×6　問6　①，②　各5点×2　③　10点　2 問1，問2　各5点×5　問3　(1) 7点　(2)　6点　問4　(1)　5点　(2)　7点

２０２２年度　浦和実業学園中学校

算数解答用紙　第１回午前

番号		氏名	

評点	／100

1

(1)	(2)	(3)
(4)	(5)	(6)

2

(1) 枚	(2) 分後	(3) cm
(4) 年前	(5) 分	(6) 円

3

(1) 毎秒 cm	(2) cm	(3) 秒後

(4)

PQ間のきょり
(cm)

120
100
80
60
40
20
O　5　10　15　20　25　30
時間
(秒)

4

(1) cm^2	(2) cm^2	(3) cm

5

(1) A cm	B cm	C cm	(2) cm^3

6

(1)	(2) と	(3)

（注）この解答用紙は実物を縮小してあります。Ｂ５→Ａ３（163％）に拡大コピーすると、ほぼ実物大の解答欄になります。

〔算　数〕100点（推定配点）

1～4　各４点×19　5　各３点×４　6　各４点×３＜(2)は完答＞

２０２２年度　浦和実業学園中学校

社会解答用紙　第１回午前

番号		氏名		評点	／50

1

問1		問2		
(1)	(2)	(1)	(2)	(3) 県

問3			

問4		
(1)	(2)	(3)

2

問1	問2	問3	問4			
川						

問5			問6			

問7			問8	問9	問10	

3

問1	問2	問3	問4

問5

（注）この解答用紙は実物を縮小してあります。Ｂ５→Ｂ４（141%）に拡大コピーすると、ほぼ実物大の解答欄になります。

〔社　会〕50点（推定配点）

1　問１～問３　各２点×６　問４　(1)，(2)　各２点×２　(3)　４点　2，3　各２点×15＜2の問10は完答＞

２０２２年度　浦和実業学園中学校

理科解答用紙　第１回午前

番号		氏名	

評点	／50

1

問1	問2	問3		問4	問5
		c	g		

問6

2

問1			問2		
①	②	③	ア	イ	ウ

問3	問4
	mL

3

問1	問2	問3	問4
%			

4

問1	問2	問3	問4	問5	問6
		秒		秒	

（注）この解答用紙は実物を縮小してあります。Ｂ５→Ｂ４（141％）に拡大コピーすると、ほぼ実物大の解答欄になります。

〔理　科〕50点（推定配点）

1　各２点×7<問４は完答>　2　問１，問２　各１点×6<問２は各々完答>　問３，問４　各３点×2

3　各３点×4<問３は完答>　4　各２点×6

二〇二二年度　浦和実業学園中学校

国語解答用紙　第一回午前

番号　　氏名　　評点　／100

一

問一　(1)　(2)　(3)　(4)　(5)

問二　(1)　(2)（り）　(3)　(4)（かに）　(5)

問三　(1)　(2)　(3)　(4)　(5)

二

問一　問二　問三　問四 (i) (ii)　問五　問六　問七　問八 (i) (ii)　問九

三

問一　A　B

問二　ⓐ　ⓑ　ⓒ

問三

50　70

問四　問五　問六

問七 (i) (ii) (iii) (iv)

問八　問九　問十

（注）この解答用紙は実物を縮小してあります。B５→A３(163%)に拡大コピーすると、ほぼ実物大の解答欄になります。

〔国　語〕100点(推定配点)

一　各１点×15　二　問１，問２　各３点×２　問３　４点　問４～問８　各３点×７　問９　４点　三　問１，問２　各２点×５　問３　８点　問４～問８　各３点×８　問９　２点　問10　各３点×２

２０２２年度　浦和実業学園中学校

算数解答用紙　第１回午後

番号		氏名		評点	／100

1

(1)	(2)	(3)
(4)	(5)	(6)

2

(1) 枚	(2) 分後	(3) 分
(4) 年後	(5) 分	(6) %

3

(1) km	(2) 毎時 km	(3) km

4

(1) 番目	(2) 個	(3) 個

5

(1) ：	(2) ：	(3) cm

6

(1) ：	(2) ：	(3)
(4) 人		

（注）この解答用紙は実物を縮小してあります。Ｂ５→Ｂ４（141%）に拡大コピーすると、ほぼ実物大の解答欄になります。

〔算　数〕100点(推定配点)

1～6　各４点×25

二〇二二年度　浦和実業学園中学校

国語解答用紙　第一回午後

番号　氏名　評点　／100

一

問一 (1) (2) (3) (4) (5)
問二 (1) (2) (3) (4) (5)
問三 (1) Ⅰ Ⅱ (2) Ⅰ Ⅱ (3) Ⅰ Ⅱ (4) Ⅰ Ⅱ (5) Ⅰ Ⅱ

二

問一 a b c
問二
問三
問四
問五
問六
問七 (i) (ii) (iii) (iv)
問八 A B C

三

問一
問二
問三
問四
問五
問六
問七
問八
問九 時 分
問十
問十一
30
問十二 ア イ ウ エ

（注）この解答用紙は実物を縮小してあります。B５→A３(163%)に拡大コピーすると、ほぼ実物大の解答欄になります。

〔国　語〕100点(推定配点)

一 各１点×15　二 問１～問７　各２点×13　問８　各３点×3　三 問１～問８　各３点×8　問９，問10　各４点×2　問11　6点　問12　各３点×4

2022年度　　浦和実業学園中学校　第1回適性検査型

適性検査Ⅱ解答用紙　No.1

番号		氏名		評点	／100

1

問1	A	B	C	D	E

問2	F
	理由

2

問1		問2		問3	(1)	(2)

問4		問5		問6		問7	

問8

50

２０２２年度　浦和実業学園中学校　第１回適性検査型

適性検査Ⅱ解答用紙　No.２

3

問1	A	B

問2

よく使う方の塩　　粗塩（あらしお）

説明

問3

問4	手順	結果

問5

（注）この解答用紙は実物を縮小してあります。Ｂ５→Ａ３(163%)に拡大コピーすると、ほぼ実物大の解答欄になります。

〔適性検査Ⅱ〕100点(推定配点)

1 問１　各４点×５　問２　Ｆ　４点　理由　６点　2 問１～問７　各４点×８　問８　６点　3 問１　４点<完答>　問２　８点　問３　４点　問４，問５　各８点×２<問４は完答>

二〇二二年度　　浦和実業学園中学校　第一回適性検査型

適性検査Ⅰ解答用紙　No.1

番号		氏名		評点	／100

問一

問二

問三

問四

ア

イ

二〇二二年度　浦和実業学園中学校　第一回適性検査型

適性検査Ⅰ解答用紙　No. 2

問五

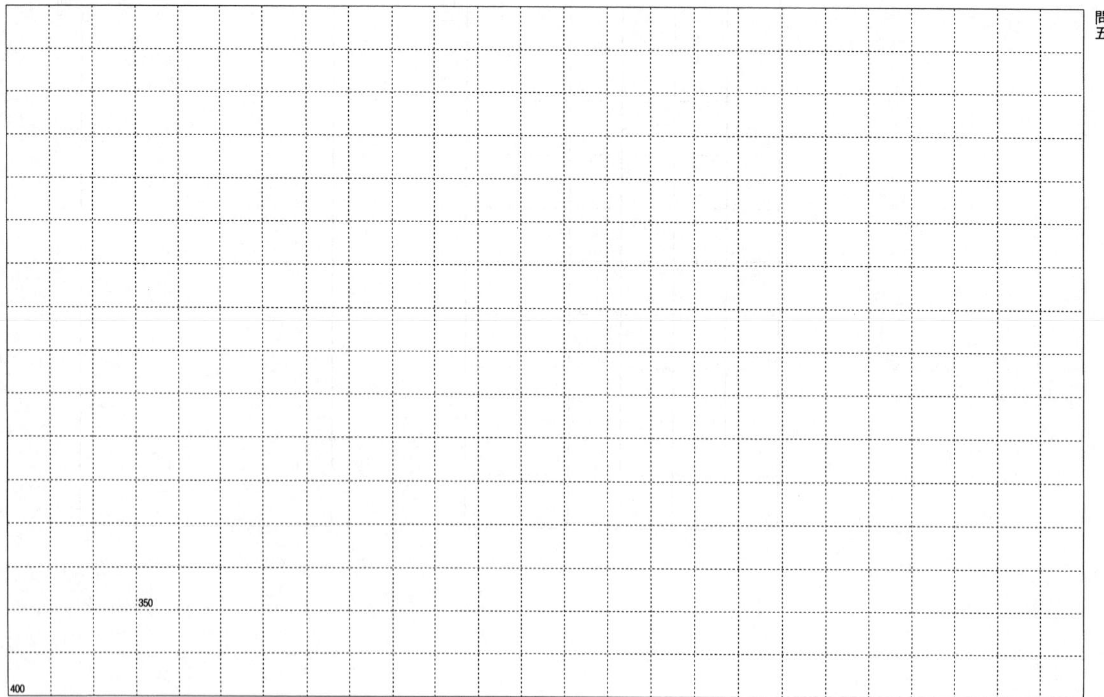

（注）この解答用紙は実物を縮小してあります。169％拡大コピーをすると、ほぼ実物大の解答欄になります。

〔適性検査Ⅰ〕100点(推定配点)

問1～問3　各10点×3　問4，問5　各5点×2　問5　60点

２０２２年度　浦和実業学園中学校　第２回適性検査型

適性検査Ⅲ解答用紙　No.１

番号		氏名		評点	／100

1

問1

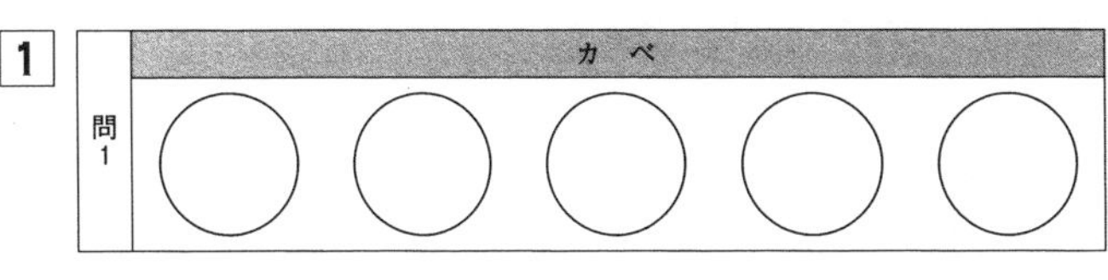

問2

問3

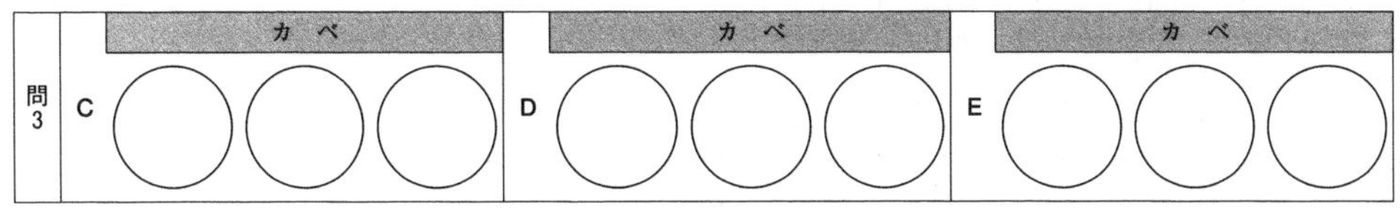

問4

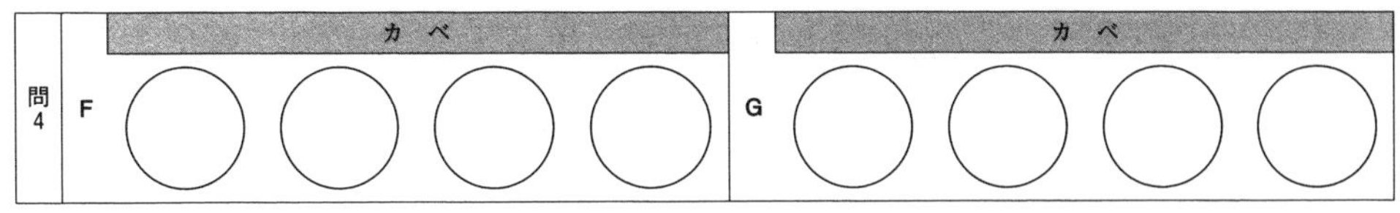

問5

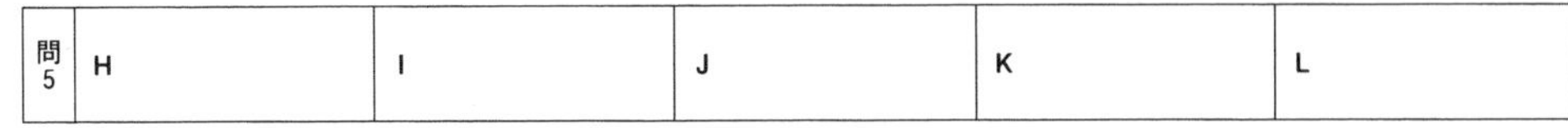

問6

２０２２年度　浦和実業学園中学校　第２回適性検査型

適性検査Ⅲ解答用紙　No.２

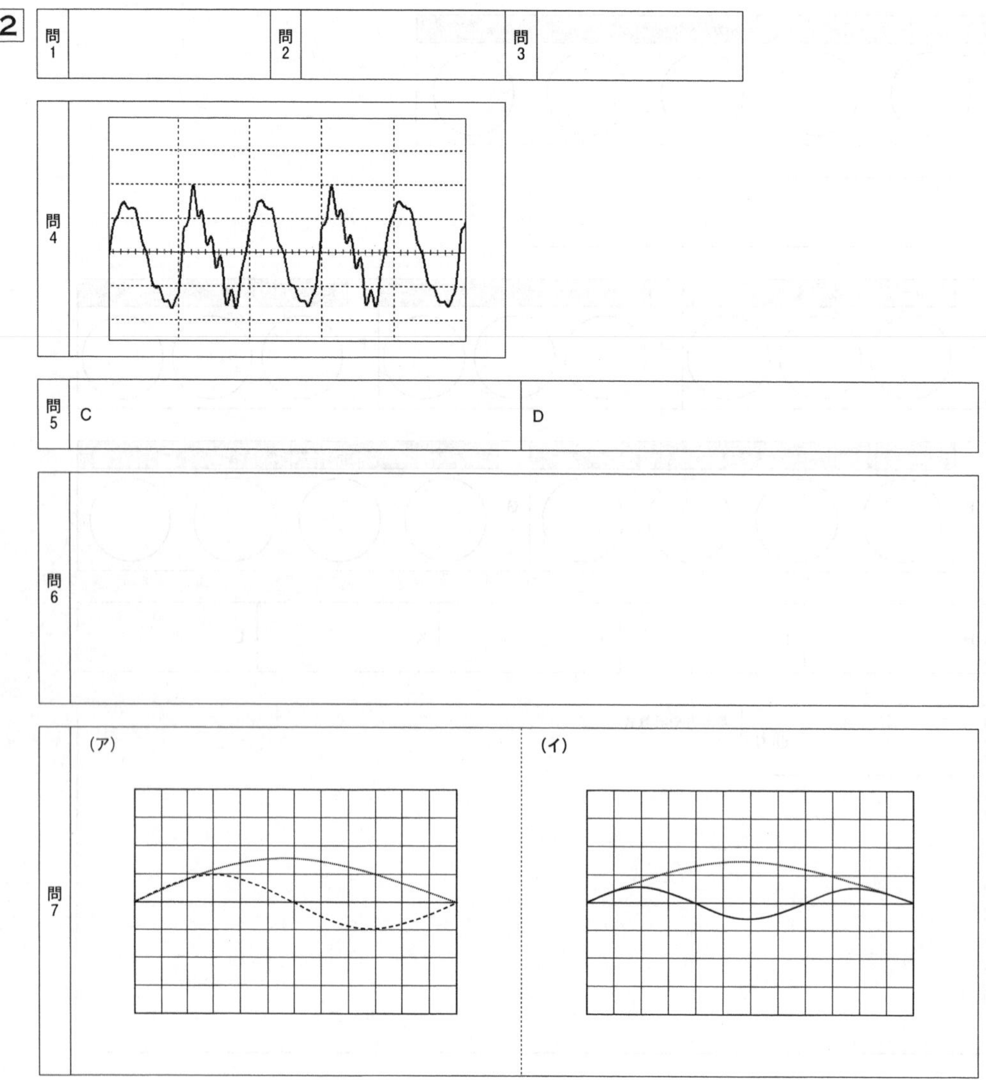

（注）この解答用紙は実物を縮小してあります。Ｂ５→Ａ３（163％）に拡大コピーすると、ほぼ実物大の解答欄になります。

〔適性検査Ⅲ〕100点（推定配点）

1　問１，問２　各５点×２　問３，問４　各４点×５　問５　各２点×５　問６　答え…５点，考え方や計算式…５点　2　問１～問５　各５点×６　問６　10点　問７　各５点×２

Memo

Memo

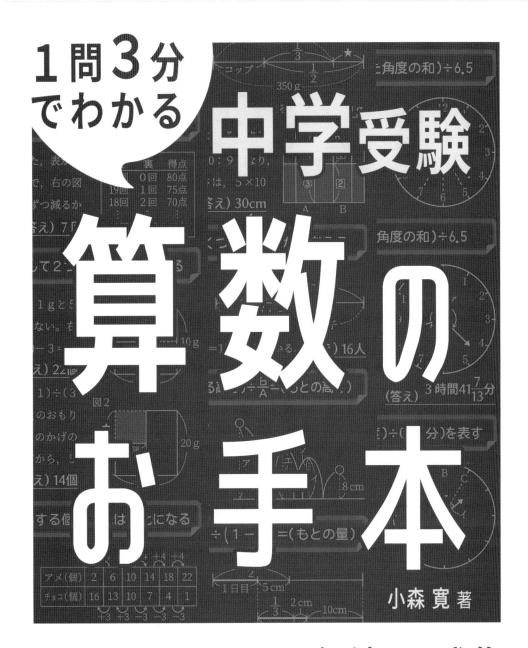